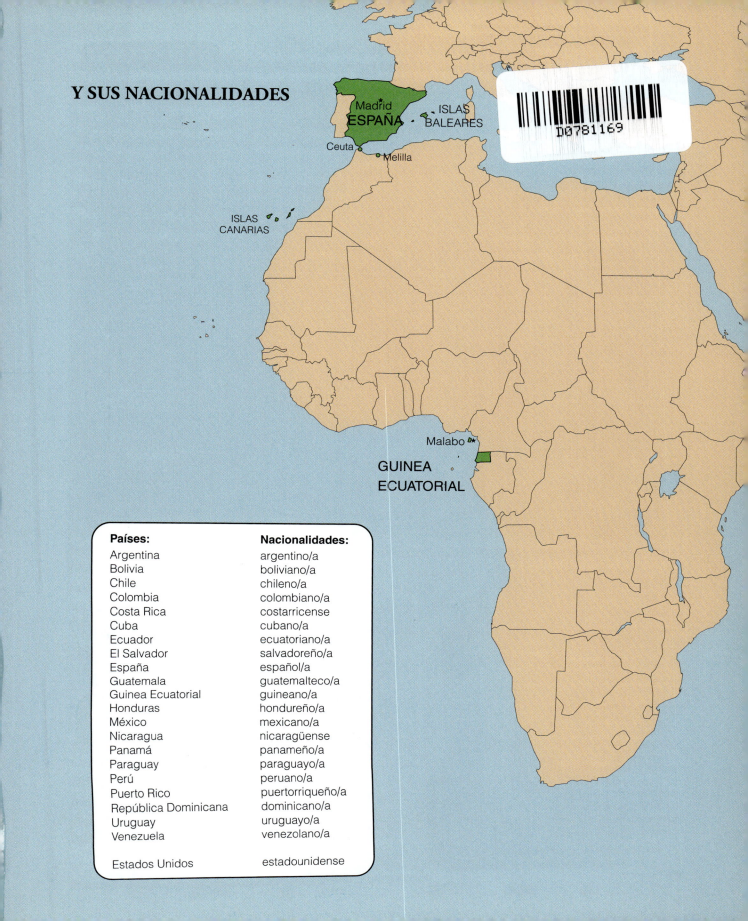

Y SUS NACIONALIDADES

ESPAÑA

Madrid

ISLAS BALEARES

Ceuta

Melilla

ISLAS CANARIAS

Malabo

GUINEA ECUATORIAL

Países:	Nacionalidades:
Argentina	argentino/a
Bolivia	boliviano/a
Chile	chileno/a
Colombia	colombiano/a
Costa Rica	costarricense
Cuba	cubano/a
Ecuador	ecuatoriano/a
El Salvador	salvadoreño/a
España	español/a
Guatemala	guatemalteco/a
Guinea Ecuatorial	guineano/a
Honduras	hondureño/a
México	mexicano/a
Nicaragua	nicaragüense
Panamá	panameño/a
Paraguay	paraguayo/a
Perú	peruano/a
Puerto Rico	puertorriqueño/a
República Dominicana	dominicano/a
Uruguay	uruguayo/a
Venezuela	venezolano/a
Estados Unidos	estadounidense

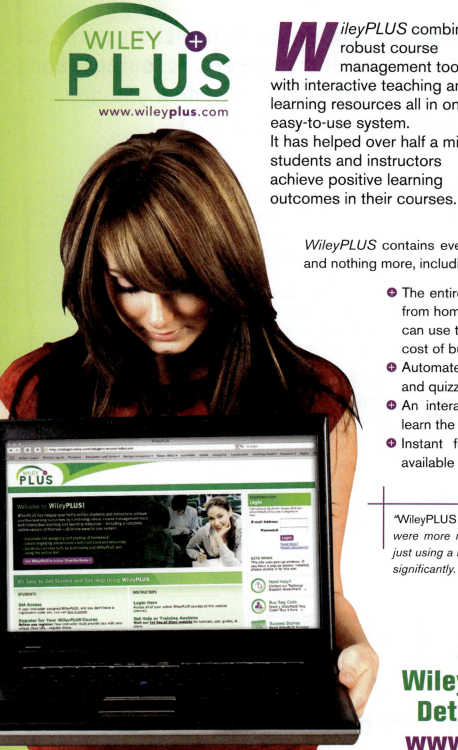

www.wileyplus.com

Wiley is committed to making your entire WileyPLUS experience productive & enjoyable by providing the help, resources, and personal support you & your students need, when you need it. It's all here: www.wileyplus.com

TECHNICAL SUPPORT:

⊕ A fully searchable knowledge base of FAQs and help documentation, available 24/7

⊕ Live chat with a trained member of our support staff during business hours

⊕ A form to fill out and submit online to ask any question and get a quick response

⊕ **Instructor-only** phone line during business hours: 1.877.586.0192

FACULTY-LED TRAINING THROUGH THE WILEY FACULTY NETWORK:
Register online: www.wherefacultyconnect.com
Connect with your colleagues in a complimentary virtual seminar, with a personal mentor in your field, or at a live workshop to share best practices for teaching with technology.

1ST DAY OF CLASS...AND BEYOND!
Resources You & Your Students Need to Get Started & Use *WileyPLUS* from the first day forward.

⊕ 2-Minute Tutorials on how to set up & maintain your *WileyPLUS* course

⊕ User guides, links to technical support & training options

⊕ *WileyPLUS for Dummies*: Instructors' quick reference guide to using *WileyPLUS*

⊕ Student tutorials & instruction on how to register, buy, and use *WileyPLUS*

YOUR WileyPLUS ACCOUNT MANAGER:
Your personal *WileyPLUS* connection for any assistance you need!

SET UP YOUR WileyPLUS COURSE IN MINUTES!
Selected *WileyPLUS* courses with QuickStart contain pre-loaded assignments & presentations created by subject matter experts who are also experienced *WileyPLUS* users.

Interested? See and try WileyPLUS in action!
Details and Demo: www.wileyplus.com

Más allá de las palabras

Intermediate Spanish

Annotated Instructor's Edition

Más allá de las palabras

2e

Intermediate Spanish

Olga Gallego Smith
University of Michigan

Concepción B. Godev
University of North Carolina, Charlotte

Mary Jane Kelley
Ohio University

Rosalba Esparragoza Scott
Davidson College

WILEY

VICE PRESIDENT AND EXECUTIVE PUBLISHER	Jay O'Callaghan
DIRECTOR, MODERN LANGUAGES	Magali Iglesias
SENIOR DEVELOPMENTAL EDITOR	Elena Herrero
EDITORIAL PROGRAM ASSISTANT	Lisha Perez
EXECUTIVE MARKETING MANAGER	Jeffrey Rucker
PROJECT EDITOR	Ana Bravo-Castro
SENIOR PRODUCTION EDITOR	William A. Murray
SENIOR DESIGNER	Kevin Murphy
INTERIOR DESIGN	Nancy Field
COVER DESIGN	David Levy
COVER PHOTO	Wayne H. Chasan/Photographer's Choice/Getty Images
SENIOR ILLUSTRATION EDITOR	Anna Melhorn
SENIOR PHOTO EDITOR	Jennifer MacMillan
SENIOR MEDIA EDITOR	Lynn Pearlman
MEDIA PROJECT MANAGER	Margarita Valdez

This book was set in Adobe Garamond by Pre-Press PMG and printed and bound by R.R. Donnelley.

This book is printed on acid free paper.

To order books or for customer service please call 1-800-CALL WILEY (225-5945).

ISBN: 978-0-470-04941-9
AIE ISBN: 978-0-470-43240-2

Printed in the United States of America

10 9 8 7 6 5 4 3 2 1

ABOUT THE AUTHORS

I was born in Bilbao and raised in Venezuela, I earned a B.A. in English from the Universidad Complutense de Madrid. I attended graduate school at Penn State University, where I earned a Ph.D. in Spanish Applied Linguistics with a concentration in Second Language Acquisition. As Spanish Program Director in the Department of Romance Languages at the University of Michigan from 1995 to 2006, I supervised the elementary Spanish curriculum and the training and coordination of instructional staff.

My professional interests focus on foreign language pedagogy and language acquisition, with emphasis on the development of pedagogical materials. For as long as I can remember, teaching has been my passion. I cannot imagine doing anything else; I guess teaching is what I was born to do.

Dedico esta segunda edición de *Más allá de las palabras* a la memoria de Carmeli.

Olga Gallego Smith

I became interested in the field of second language teaching and learning when I was hired as a language teaching assistant at Dickinson College. Later on, I went to graduate school at Penn State University, where I earned my Ph.D. in the field of Applied Linguistics. My research in this field as well as the hundreds of language students that I have taught have inspired my current approach to teaching, an approach that prompts the following comments from my students: "She makes her students feel comfortable speaking in class (even if we make tons of mistakes)."

I dedicate this work to my family and my students.

Concepción B. Godev

I began Spanish classes in elementary school, where I soon realized that language study was unique. The creativity, energy, and erudition of my language teachers in high school and college, along with several early opportunities to study abroad, inspired and led me naturally to a Ph.D. in Spanish. As Associate Professor of Spanish at Ohio University, some of my most rewarding teaching experiences occur in beginning and intermediate language classes, where I aspire to engage my own students in ways I learned from my gifted teachers. I am delighted to co-author the second edition of *Más allá de las palabras* and apply the guiding principle of intermediate language instruction I learned from the first: by offering high-interest cultural material and integrating cultural themes with grammar instruction, students engage with the language and produce rich and meaningful output.

Mary Jane Kelley

I dedicate my contribution to this second edition to my mother, in her ninetieth year.

I began teaching Spanish when I moved from Colombia to the United States. While earning my graduate degree and teaching as a graduate assistant at the University of Southern Mississippi, I had the good fortune of working with two professors that have been an inspiration for me ever since. Dr. Bill Powell was instrumental in giving me the background I have in applied linguistics and second language acquisition. Dr. Karen O. Austin is truly the best Spanish professor I have ever seen in a classroom. Learning and working with Dr. Austin gave me a rich foundation in the dynamics between teacher and student. It was during those formative years that I involved myself in the teaching of beginning and intermediate Spanish, and gained a better understanding of the challenges faced by second/foreign language learners. I am honored to be part of *Más allá de las palabras, second edition* and it is my hope that you, the learner, find this book to be the best companion in your quest to learn Spanish.

Rosalba Esparragoza Scott

I dedicate my contribution to this book to my entire family and to Dr. Karen Austin.

PREFACE

Más allá de las palabras is a culture-based intermediate Spanish program, designed for use at the third and fourth semesters of college study that integrates language skills with subject matter. The title *Más allá de las palabras*, or *Beyond Words,* reflects the primary goal of this program: to ensure a smooth transition from the practical knowledge of the Spanish language necessary for daily tasks to a deeper understanding of the cultures of the Hispanic world, taking students beyond the classroom.

Fully supported with technology, this program addresses the five Cs of ACTFL's Standards for Foreign Language Learning. **Culture** and language are carefully balanced and tightly integrated so that students accomplish meaningful **communication** in Spanish, and make **connections** to other disciplines such as history, geography, politics, music and literature. *Más allá de las palabras* systematically prompts students to make **comparisons** between Hispanic cultures and their own, and to use their knowledge of English grammar to support their learning of Spanish. The integrated, comparative approach to culture equips learners to explore Spanish-speaking **communities** in the real world and to become actual or virtual members of those communities.

PROGRAM FEATURES AND GOALS

Graduated learning and a *smooth transition* to the second year of language study.
Instructors of second-year Spanish face a variety of preparation levels among students in their classes, and an intermediate textbook cannot assume that all students have retained and assimilated first-year structures and skills. *Más allá de las palabras* helps all students succeed in second year by first reviewing familiar themes and communicative functions in chapters 1–5 and then introducing increasingly sophisticated functions in chapters 6–10.

Rich and effective *integration* of culture and language.
Each chapter in *Más allá de las palabras* focuses on a broad cultural theme fully integrated with language. Students complete grammar activities and practice the four skills in the context of relevant information about the Hispanic world. In addition, both the text and the *Activities Manual* frequently require students to compare what they have learned about Hispanic cultures with their own culture and to express their thoughts orally or in writing.

Thorough *recycling* of communicative functions and grammar.
In addition to recycling first-year grammar and functions early in the program, *Más allá de las palabras* recycles essential functions and grammar structures throughout the book. Description; narration in the present, past, and future; comparison; expression of opinion; summarizing and hypothesizing all recur in a variety of formats that sustain the students' interest. Through systematic reinforcement, students reach a higher level of proficiency in each of these important communicative functions.

Simplified instructional techniques.
To facilitate the learning process, *Más allá de las palabras* divides activities into subtasks that build gradually to the most complex component. As a result, students are able to perform complex speaking and writing tasks without feeling overwhelmed.

Substantial *listening comprehension* in various formats.

Tema 2 of each chapter in the textbook features a short lecture, or *Miniconferencia*, which instructors deliver in class after downloading the script and lecture tips from the Instructor Companion Web Site or WileyPLUS. The *Miniconferencia* provides students with cultural information in addition to listening comprehension strategies that prepare them for advanced courses in literature and civilization. The CD that accompanies the textbook contains a recorded version of both the *Miniconferencias* and the *Ven a conocer* readings from *Tema* 4 of each chapter.

The audio tracks for the *Activities Manual* contain four types of listening passages. In each of *Temas* 1–3, students hear one paragraph-length passage related to the cultural content in the chapter and one model conversation based on the textbook's *Vocabulario para conversar*. Activities require students to listen for important details. *Tema* 4 features a discourse-length passage with an activity that walks students through several stages of comprehension: 1) identifying the speaker and the context for the passage, 2) comprehending the main idea and 3) understanding important details. An additional task asks students to focus on verb forms. The fourth type of listening offers pronunciation practice of sounds difficult to pronounce for English speakers.

Strong support for *reading comprehension*.

Each chapter of ***Más allá de las palabras*** contains at least four reading passages through which students acquire the cultural knowledge they will react to and reflect on throughout the chapter. Clearly designed pre- and post-reading activities guide students through these readings. For readings of greater extension or higher levels of complexity, the authors have devised a technique to support the reading process in which students pause at different points, consider what they have read, and double-check their comprehension. This technique, in the *Momento de reflexión* boxes, helps students manage their reading skills effectively and promotes student awareness of the nature of reading in a foreign language.

High interest *literary selections*.

Más allá de las palabras treats literature as both a cultural and an artistic expression. The literary selection in each chapter reflects one of the chapter's cultural themes, and activities in both the textbook and the *Activities Manual* require students to interact personally with the text and reflect on the author's literary art.

Humor and light material.

Más allá de las palabras features cultural and linguistic details that appeal to students' sense of humor and creativity. Role-play activities allow students to put their own spin on history by impersonating fictional characters or historical figures. Many of the *Vocabulario para conversar* activities present humorous situations and provide students the linguistic strategies to engage fully. A *Curiosidades* section of each chapter offers a game, a joke or some other light-hearted feature.

CHAPTER ORGANIZATION

Más allá de las palabras is theme-based in chapters 1 through 5, and chapters 6 through 10 each focus on a region of the Spanish-speaking world. The chapters, subdivided into four *Temas,* contain the following sections:

Lectura or Miniconferencia

Temas 1, 3, and 4 begin with a photo-illustrated text with geographical, cultural, or past and present historical information about a particular country. Pre-reading activities emphasize the activation of background knowledge and the development of reading strategies with an emphasis on vocabulary building. Post-reading activities integrate the theme into written and oral communicative practice and reinforce vocabulary. Some activities call for individual completion while others require working in pairs or groups. *Tema* 2 begins with a mini-lecture **(Miniconferencia)** that features pre- and post-listening activities.

Gramática

This section provides concise and user-friendly grammatical explanations in English with examples in Spanish drawn from the readings or the chapter's cultural theme. The explanation is followed by communicative oral and written activities designed to move students gradually from controlled to more open-ended and creative practice. The *Grammar Reference* section at the end of the book provides support for students to review first-year grammar topics, and grammatical information that goes beyond the material presented in the chapter.

Vocabulario para conversar

Included in *Temas* 1 through 3, this section focuses and builds on the communicative functions and strategies learned in first-year Spanish and exposes students to new ones. Students acquire relevant vocabulary as they practice each function in open-ended dialogues in specific contexts.

Curiosidades

In *Temas* 1 and 2, this enjoyable section includes music, jokes, recipes, games, fun activities, and tests integrated with the chapter's themes. *Curiosidades* provides continuing opportunities for language use in the context of lighter material.

Color y forma

In *Tema* 3 students observe a work of art and, through speaking or writing activities, express their reactions. Each work reflects a thematic connection to the chapter.

Ven a conocer

Tema 4 presents sites of interest in the Spanish-speaking world. The section *Ven a conocer* offers interactive pre- and post- reading activities and stimulates students' interest in traveling to the area and/or exploring it in more depth on the Internet through a suggested *Viaje virtual*.

End of chapter material

Each chapter ends with a section called *Más allá de las palabras* subdivided as follows:

Redacción

This section takes a process-oriented approach to the development of writing skills. Writing assignments include a variety of text types from description and narration to expository and argumentative texts. Each step in the process assists the intermediate writer in generating a clear writing plan and organizing and expressing ideas in a coherent manner in addition to providing linguistic support.

El escritor tiene la palabra

Excerpts by major literary figures illustrate a theme from each chapter. Post-reading activities emphasize comprehension and prompt students to analyze the text critically. The *Activities Manual* includes additional exercises that introduce students to systematic literary analysis and literary terminology.

Vocabulario

Every chapter ends with a complete list of vocabulary, divided in three sections: *Ampliar vocabulario*, *Vocabulario glosado*, and *Vocabulario para conversar*. All items from the first two sections appear in the Glossary at the end of the book.

NEW FEATURES OF THE SECOND EDITION

- New design that makes this edition even more user-friendly and content clear.

- The table of contents and chapter organization are clear, concise and easy to use.

- The vocabulary list at the end of each chapter has been expanded and reorganized.

- The cultural content is fully revised and updated to reflect sociopolitical changes in the world.

- Includes three different vocabulary sections in each chapter: *Vocabulario antes de leer/escuchar* and *Vocabulario después de leer/escuchar*, and *Vocabulario para conversar*.

- More activities for vocabulary and speaking practice.

- Extensive annotations for instructors with extra information on activities, and supplements.

- *Viaje virtual*, a new feature in the *Ven a conocer* section of every chapter, has been included to encourage learners to explore the Internet to make deeper connections to the culture of a particular Spanish-speaking country.

- New recordings of *Ven a conocer* readings for listening skills practice.

- Revised *Miniconferencias*.

- A new *Tema* for Chapters 1–5 with new readings and activities.

- Each chapter includes a short, high-interest literary selection in the section *El escritor tiene la palabra*. These are new readings for Chapters 1–5.

SUPPLEMENTS

- The Activities Manual is available both in paper and electronic format, with the corresponding audio CDs. Includes new listening and *Pronunciación* activities.

- A fully revised video program provides additional cultural content and listening practice, and video activities.

- Updated and user-friendly web site for instructors and students with a variety of supplemental materials, including Testing Program, *Autopruebas,* Grammar Reference, and many other supporting materials.

- *WileyPLUS* includes an electronic version of the Textbook and Activities Manual, audio, videos, online homework, WIMBA voice-recording, Spanish grammar tutorials, and more!

THE COMPLETE PROGRAM

Student Resources

Textbook with Audio CDs
978-0-470-04941-9
The CDs shrinkwrapped with the textbook include recordings for the *Miniconferencia, Ven a conocer,* and vocabulary at the end of each chapter.

Activities Manual
978-0-470-04942-6
The Activities Manual includes vocabulary, grammar, listening, writing and pronunciation activities designed to provide additional individual practice. Each chapter in the Activities Manual follows the structure and content presented in each corresponding chapter in the textbook. Audio CDs are available for the listening comprehension and pronunciation activities. It includes an answer key and is available in paper and in WileyPLUS.

Laboratory Audio Program
978-0-470-50205-1
The Lab Audio Program includes recordings of the textbook (*Miniconferencia, Ven a conocer,* and vocabulary list at the end of the chapters) and the listening and pronunciation activities in the Activities Manual. The Laboratory Audio Program is available in WileyPLUS. The script is included in the Instructor Companion website and WileyPLUS.

Video
978-0-470-46169-3
The video consists of 28 segments featuring short documentaries and interviews with native speakers designed to expand on the cultural topics presented in the textbook. Pre-viewing, viewing and post-viewing activities are available in WileyPLUS.

Companion Web Site (www.wiley.com/college/gallego)
Updated and user-friendly web site for students with a variety of supplemental materials, including Internet Activities, *Autopruebas,* and *Panoramas culturales.*

Instructor Resources

Annotated Instructor's Edition
978-0-470-43240-2
The Annotated Instructor's Edition includes a variety of marginal annotations with teaching tips, expansion activities and answers to discrete point exercises.

Companion Web Site (www.wiley.com/college/gallego)
Updated and user-friendly web site for instructors with a variety of supplemental materials, including Testing Program, Sample Syllabi, Teaching Tips, Test Bank, PowerPoints for *Miniconferencias,* Video Script, Laboratory Audio Program Scripts, Activities Manual Answer Key, and other supporting materials.

Más allá de las palabras, second edition, is available with *WileyPLUS*, a powerful online tool that provides instructors and students with an integrated suite of teaching and learning resources in one easy-to-use Web site. *WileyPLUS* is organized around the activities you and your students perform in class.

FOR INSTRUCTORS

Read, Study, and Practice: In Read, Study, and Practice, *WileyPLUS* provides students with access to the complete online version of the text, self-guided study and practice activities, instant feedback as students are working, any time of day or night, interactive links from the online text to interactive resources such as animations, audio, video, tutorials and more...

> **Prepare & Present:** Create class presentations using a wealth of Wiley-provided resources—such as an online version of the textbook, PowerPoint slides, animations, overviews, and visuals from the Wiley Image Gallery—making your preparation time more efficient. You may easily adapt, customize, and add to this content to meet the needs of your course.

> **Create Assignments:** Automate the assigning and grading of homework or quizzes by using Wiley-provided question banks, or by writing your own. Student results will be automatically graded and recorded in your gradebook. *WileyPLUS* can link the pre-lecture quizzes and test bank questions to the relevant section of the online text.

> **Track Student Progress:** Keep track of your students' progress via an instructor's gradebook, which allows you to analyze individual and overall class results to determine students' progress and level of understanding.

> **Administer Your Course:** *WileyPLUS* can easily be integrated with another course management system, gradebook, or other resources you are using in your class, providing you with the flexibility to build your course, your way.

FOR STUDENTS

WileyPLUS provides immediate feedback on student assignments and a wealth of support materials. This powerful study tool will help your students develop their conceptual understanding of the class material and increase their ability to answer questions.

Read, Study, and Practice: This area links directly to the interactive electronic version of the text, allowing students to review the text while they study and answer. Resources include videos, concept animations and tutorials, visual learning interactive exercises, and links to Web sites for further exploration.

Create Assignments: This area keeps all the work you want your students to complete in one location, making it easy for them to stay "on task." Students will have access to a variety of interactive self-assessment tools, as well as other resources for building their confidence and understanding. In addition, all of the pre-lecture quizzes contain a link to the relevant section of the multimedia book, providing students with context-sensitive help that allows them to conquer problem-solving obstacles as they arise. A Personal Gradebook for each student will allow them to view their results from past assignments at any time.

Please view our online demo at www.wiley.com/college/wileyplus. Here you will find additional information about the features and benefits of *WileyPLUS*, how to request a "test drive" of *WileyPLUS* for *Más allá de las palabras*, and how to adopt it for class use.

WileyPLUS includes WIMBA voice recording and multimedia functionality.

WileyPLUS Premium Electronic Activities Manual

WileyPLUS Premium offers an electronic version of the Activities Manual, along with all the student and instructor resources of WileyPLUS – the interactive e-book, WIMBA voice recording, tutorials, animations and more. See your Sales Representative for more information on WileyPLUS Premium.

ACKNOWLEDGMENTS

The authors of *Más allá de las palabras* second edition would like to thank our families for their patience and support; the Wiley Modern Languages team for their belief in and attention to our project; our colleagues, from whom we have learned so much; and especially our students, who have challenged and inspired us over the years.

We are indebted to the loyal users of *Más allá de las palabras,* who over the years have continued to give us valuable insights and suggestions. For their candid commentary, mindful scrutiny, and creative ideas, we wish to thank the following reviewers and contributors for this edition:

Linda Ables, *Gadsen State Community College*

Ana Afzali, *Citrus College*

Geraldine Ameriks, *University of Notre Dame*

Youngmin Bae, *Los Angeles City College*

Marta Bermúdez, *Mercer County Community College*

Jane Bethune, *Salve Regina University*

Ruth Bradner, *Virginia Commonwealth University*

Nancy Broughton, *Wright State University*

Karen W. Burdette, *Tennessee Technological University*

Dwayne Carpenter, *Boston College*

Nancy Joe Dyer, *Texas A&M University*

Héctor Enríquez, *University of Texas*

Antonia García Rodríguez, *Pace University*

Martin Gibbs, *Texas A&M University*

Lydia Gil-Keff, *University of Denver*

Marilyn Harper, *Pellissippi State Technical Community College*

Josef Hellebrandt, *Santa Clara University*

Amarilis Hildalgo-DeJesús, *Bloomsburg University*

Ann M. Hilberry, *University of Michigan*

Laurie Huffman, *Los Medanos College*

Nieves Knapp, *Brigham Young University*

Jorge Koochoi, *Central Piedmont Community College*

Amalia Llombart, *Fairfield University*

Gillian Lord, *University of Florida*

Deanna Mihaly, *Eastern Michigan University*

Rosa-María Moreno, *Cincinatti State Technical & Community College*

Lucy Morris, *James Madison University*

Andy Noverr, *University of Michigan*

Gayle Nunley, *University of Vermont*

Michelle R. Orecchio, *University of Michigan*

Lucía Osa-Melero, *University of Texas*

Yelgy Parada, *Los Angeles City College*

Federico Pérez Pineda, *University of South Alabama*

Stacey Powell, *Auburn University*

Anne Marie Prucha, *University of Central Florida*

María Luisa Ruiz, *Medgar Evers College*

Núria Sabaté-Llobera, *Centre College*

Nori Sogomonian, *San Bernardino Valley College*

Cristóbal Trillo, *Joliet Junior College*

Lara Wallace, *University of Ohio*

Ari Zighelboim, *Tulane University*

Olga Gallego Smith, Concepción B. Godev, Mary Jane Kelley, Rosalba Esparragoza Scott

CONTENIDO

CAPÍTULO 3 NUESTRA COMUNIDAD BICULTURAL

CAPÍTULO 4 LA DIVERSIDAD DE NUESTRAS COSTUMBRES Y CREENCIAS

CAPÍTULO 5 NUESTRA HERENCIA INDÍGENA, AFRICANA Y ESPAÑOLA

CAPÍTULO 6 MÉXICO Y ESPAÑA: IDIOSINCRASIAS, RIVALIDAD Y RECONCILIACIÓN

CAPÍTULO 9 PAÍSES ANDINOS: SUDOR DEL SOL Y LÁGRIMAS DE LA LUNA

CAPÍTULO 10 PAÍSES DEL CONO SUR: SUPERACIÓN DE INDECIBLES OBSTÁCULOS

ADDITIONAL ACTIVITIES FOR EACH TEMA AND
ANIMATED GRAMMAR TUTORIALS AVAILABLE ONLINE.

NUESTRA IDENTIDAD

Teaching tip: After students read the caption, divide
them in pairs to answer the questions. Have them
identify three similarities between Hispanics and North
Americans that they see in the photo, expressed in full
sentences.

Objetivos del capítulo

En este capítulo vas a...

- ampliar tus conocimientos generales sobre la identidad hispana
- describir y narrar en el presente
- usar el circunloquio
- controlar el ritmo de una conversación
- describir y narrar en el pasado
- conversar por teléfono

TEMA

Los jóvenes hispanos en Latinoamérica y en España
tenemos muchas cosas en común con ustedes, pero
muchos aspectos de nuestra vida son muy diferentes.
Por ejemplo, en España muchos estudiantes
universitarios viven con sus padres mientras asisten a
la universidad. ¿Es igual en tu caso?

Quiénes somos

Por si acaso

Expresiones útiles para comparar respuestas con otro estudiante

¿Qué tienes/ pusiste en el número 1/ 2/ 3?
Yo tengo/ puse a/ b.
Yo tengo algo diferente.
No sé la respuesta./ No tengo ni idea.
Creo que la respuesta es a/ b, pero no estoy seguro/a.
Creo que es cierto./ Creo que es falso.

Bienvenido a ***Más allá de las palabras*** y a tu clase de español. Este libro te va a ayudar a continuar tus estudios del español por medio de la exploración de una variedad de temas. Para empezar, vas a conocer un poco mejor a tus compañeros de clase y a tu instructor/a de español. En un papel, anota tus respuestas a las siguientes preguntas. Las respuestas deben ser breves.

- ¿Qué palabra define mejor tu apariencia física?
- ¿Qué palabra o palabras define(n) mejor tu personalidad?
- ¿Qué es lo más interesante de ti?
- ¿Qué es lo más interesante de tu familia?
- ¿Qué palabras definen mejor tu cultura?

Ahora, intercambia tu papel con un compañero o compañera. Lee sus respuestas y circula por la clase intentando encontrar a un/a estudiante que tenga algo en común con tu compañero/a. Usa las respuestas como guía. Después, presenta a tu compañero/a a esa persona. Cuando su instructor/a diga "YA", tú, tu compañero/a y su nuevo/a amigo/a deben regresar a sus pupitres correspondientes. Tienes cinco minutos: ¡Adelante!

Lectura

Entrando en materia

1–1. Las redes sociales. Hoy en día, los jóvenes de todas partes del mundo se conocen y se comunican en las redes sociales cibernéticas como Facebook y MySpace. ¿Eres miembro de una red social? Con un/a compañero/a, comenta tu experiencia en las redes sociales.

- con qué frecuencia visitas la red social

- quiénes son tus amigos; de dónde son; ¿los conoces bien?

- tu opinión sobre el valor de las redes sociales; ¿crees que son un buen método de comunicación? ¿Qué problemas pueden presentar? ¿Son peligrosas?

Lectura **Teaching tip:**
Students can practice scanning the reading for details by creating and filling in a chart with some or all of the following rows: *nombre, familia, gustos y pasatiempos, temas comentados/información ofrecida.*

1–2. Vocabulario: Antes de leer. La lectura de esta sección reproduce unas páginas de la red social MisPáginas.com. Antes de conocer a los participantes, busca las siguientes palabras y expresiones en la lectura (están marcadas en negrita) para ver si puedes deducir su significado. Selecciona la opción correcta para cada una. Después, compara tus respuestas con las de un/a compañero/a.

1. **taínos**
   a. grupo indígena de Puerto Rico
   b. el nombre que Cristóbal Colón le dio a la isla de Puerto Rico cuando llegó a sus costas por primera vez

2. **padrísimo**
   a. una expresión del español de México sinónima de *fantástico*
   b. una expresión común para referirse a un padre

3. **platicando**
   a. sinónimo de *plata*
   b. sinónimo de *hablando*

4. **compaginar**
   a. pasar las páginas de un libro
   b. sinónimo de *combinar*

5. **ocio**
   a. un tipo de animal muy común en Latinoamérica
   b. el tiempo libre

6. **tiro con arco**
   a. un deporte que requiere el uso de una flecha (*arrow*) y un arco
   b. un deporte que requiere el uso de una pistola

7. **malabarismo**
   a. una actividad de entretenimiento con malas consecuencias
   b. una actividad que hacen los malabaristas en el circo

8. **cortar el rollo**
   a. una forma coloquial de expresar que se va a dejar de hacer algo
   b. una expresión de enfado o agresividad

1-2 **Answers:** 1. a; 2. a; 3. b; 4. b; 5. b; 6. a; 7. b; 8. a

Hola, soy María Ángeles, una muchacha simpática (aunque quede mal que yo lo diga) y alegre. Soy de Tuxpan. ¿Hay alguien más de México por aquí?

Hola María Ángeles, soy Patricia. No soy de México, soy de la "isla del encanto". ¿Sabes dónde está?

Sí, sí lo sé, la isla del encanto es Puerto Rico, ¿no?

Sí, es Puerto Rico. Yo soy de Guaynabo, un lindo pueblo cerca de San Juan, la capital.

Guaynabo... qué palabra tan extraña. ¿Eso es español?

No, es un término de los indios **taínos** que significa "lugar de muchas aguas".

Hola chicas, pido perdón por interrumpir la conversación pero me parece que alguien dijo que es de Tuxpan... Yo he escuchado muchas cosas interesantes sobre ese lugar. ¿Cómo es? Ah, por cierto, me llamo José.

Hola José, sí, escuchaste bien. Yo soy de Tuxpan. Tuxpan es un pueblito de unos 150,000 habitantes, en la costa norte del estado de Veracruz, en México. Es un lugar **padrísimo** para pasar las vacaciones.

José, bienvenido al chat. ¿No es maravilloso esto de poder comunicarse con gente de todas partes en un solo sitio? Creo que es una experiencia maravillosa.

Sí, Patricia, tienes razón, es increíble esto del ciberespacio. Yo soy español, nacido en el 69, y trabajo como profesor de español.

José, me parece que eres el más viejo de los tres. Yo nací en el 75, el siete de diciembre exactamente.

Oye, ¿el 7 de diciembre no hay una celebración en México?

Sí, es el Día del Niño Perdido, una celebración católica que recuerda cuando Jesús se perdió a los siete años de edad después de visitar el templo con sus padres.

¿Y cómo celebráis eso?

Pues ese día, a las 7 de la tarde se colocan velitas encendidas en las banquetas del pueblo.

¿En dónde? ¿En unas banquetas? ¡No lo entiendo!

Claro, María Ángeles, es que José es español y para él una banqueta es como una silla. José, en México le llaman banqueta a lo que tú llamas acera, el sendero por donde caminas por la calle.

Ah, no lo sabía, bueno, perdón por la interrupción...

¡Qué cómico resulta esto de hablar con gente de otros sitios! Bueno, como decía, las luces eléctricas se apagan para que la luz de las velitas brille más, y todo el mundo sale a la calle, y pasa la tarde **platicando** con amigos y vecinos, y los niños juegan con carritos de cartón que llevan una velita encendida. Así ayudan a la Virgen María a buscar al niño perdido. Patricia, yo voy a Puerto Rico el mes que viene. ¿Quieres quedar para tomar un café?

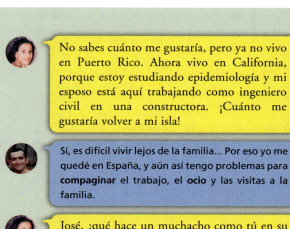 No sabes cuánto me gustaría, pero ya no vivo en Puerto Rico. Ahora vivo en California, porque estoy estudiando epidemiología y mi esposo está aquí trabajando como ingeniero civil en una constructora. ¡Cuánto me gustaría volver a mi isla!

Sí, es difícil vivir lejos de la familia... Por eso yo me quedé en España, y aún así tengo problemas para **compaginar** el trabajo, el **ocio** y las visitas a la familia.

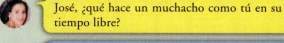 José, ¿qué hace un muchacho como tú en su tiempo libre?

Todo depende del tiempo y del dinero, ya sabes, pero... me gusta hacer cosas aventureras, como el **tiro con arco** y el **malabarismo**. También me encantaría tener un caballo, pero... volvemos al tema del dinero...

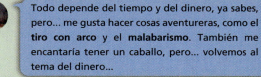 Sí, por eso yo me dedico a cocinar en mis ratos libres, así por lo menos puedo comerme lo que hago.

Yo también cocino pero prefiero que me cocinen. También me gusta decorar interiores; creo que sería bueno como decorador, aunque a veces me paso con las plantas...

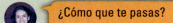 ¿Cómo que te pasas?

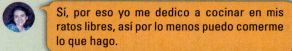 Quiero decir que a veces pongo demasiadas plantas en las habitaciones que decoro, porque me gustan mucho y no sé controlarme... ¡Mi apartamento parece una jungla!

 Yo no sirvo para cuidar plantas, todas se mueren enseguida en mi casa. Mi esposo, Carlos, es alérgico a muchas plantas también, por eso no tenemos ninguna.

 Patricia, ¿en qué piensas trabajar cuando termines los estudios?

 No estoy totalmente segura, pero en algo relacionado con las ciencias de la salud. Me gustaría ser profesora, como tú.

 Sí, es una gran profesión. A mí me encanta mi trabajo porque me permite conocer a gente nueva continuamente. Es como una pequeña creación artística, como una obra de teatro en la que todos participan. Algún día creo que voy a escribir una novela sobre mis experiencias.

 Bueno, ha sido un placer platicar con ustedes pero ahora me tengo que marchar. ¡A ver si nos vemos por el ciberespacio un día de estos!

 Sí, déjame un mensaje cuando regreses de Puerto Rico y así me cuentas cómo fue el viaje.

 Sí, te dejaré un mensaje en el tablón de anuncios. Bueno, José, ha sido un placer. ¡Hasta lueguito!

 Sí, yo también tengo que **cortar el rollo** porque tengo una clase dentro de una hora. ¡Cuidaos mucho y hasta la próxima!

 ¡Chao a todos!

1-3 **Answers:**
1. malabarismo
2. compaginar
3. taínos
4. padrísimo, platicar
5. ocio

1–3. Vocabulario: Después de leer. Aquí tienen la oportunidad de demostrar sus conocimientos del vocabulario nuevo. Rellenen los espacios en blanco con la palabra adecuada de la red social.

ocio   malabarismo   taínos   padrísimo   platicar   compaginar

1. En las fiestas y las reuniones familiares, divierto a los niños con mis demostraciones de _____.

2. Mi vida en la universidad es muy ocupada. Es difícil _____ los estudios, el trabajo y mis actividades en el tiempo libre.

3. Los _____ habitaban las islas del Caribe.

4. En México, se usa la expresión _____ para indicar que algo es muy bueno o divertido y el verbo _____ para decir "charlar."

5. Mi actividad favorita de _____ es el tiro con arco y flecha.

1–4. ¿Te identificas? Estas son afirmaciones que hicieron los participantes de la red social. Escribe *sí* junto a las afirmaciones con las que tú te identificas y *no* junto a las demás.

1. _____ Es maravilloso poder comunicarse con gente de todas partes en un solo sitio.

2. _____ Soy una persona simpática y divertida.

3. _____ Tengo problemas para compaginar el trabajo, el ocio y las visitas a la familia.

4. _____ Me encanta mi trabajo porque me permite conocer a gente nueva continuamente.

5. _____ A mí me gusta cocinar, pero prefiero que me cocinen.

6. _____ Yo no sirvo para cuidar plantas, se me mueren todas enseguida.

1–5. Detalles. En parejas, respondan a las siguientes preguntas oralmente. Pídanle a su compañero/a que clarifique la información que no entienda.

Estudiante A:
¿Qué sabes de Tuxpan?
¿Qué me puedes decir sobre María?
¿Qué pasa el 7 de diciembre?

Estudiante B:
¿Qué sabes de Guaynabo?
¿Qué me puedes decir sobre Patricia?
Dime tres cosas interesantes sobre José.

1–6. ¿Quién es más interesante? En grupos de tres, seleccionen a la persona de la red que les parezca más interesante. Con la información que tienen y su imaginación, creen una minibiografía de esa persona. Anoten todos los datos y después, compartan su historia oralmente con los demás grupos. ¡Sean tan creativos como puedan!

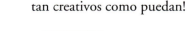

MODELO

Bueno, nosotros creemos que José es el más interesante porque quiere escribir una novela sobre su vida.

Uses of ser **and** estar (*to be*)

ser		**estar**	
soy	somos	estoy	estamos
eres	sois	estás	estáis
es	son	está	están

Ser is used to:

- establish the essence or identity of a person or thing.
  Patricia **es** estudiante de epidemiología.
  Patricia is an epidemiology student.
- express origin.
  José **es** de España.
  José is from Spain.
- express time.
  Son las 3:00 de la tarde.
  It is 3:00 in the afternoon.
- express possession.
  La computadora **es** de María Ángeles.
  The computer is María Ángeles'.
- express when and where an event takes place.
  La fiesta del niño perdido **es** en diciembre.
  The feast of the lost child is in December.
  ¿Dónde **es** la fiesta? La fiesta **es** en Tuxpan.
  Where is the party? The party is in Tuxpan.

Estar is used to:

- express the location of a person or object.
  La casa de María Ángeles **está** en Tuxpan.
  María Ángeles' house is in Tuxpan.
- form the progressive tenses.
  José **está** practicando artes marciales.
  José is practicing martial arts.

Ser **and** estar **with Adjectives**

Use **ser** with adjectives:

- to express an essential characteristic of a person or object.
  María Ángeles **es** simpática.
  María Ángeles is friendly.

Gramática **Teaching tip:** The uses needing most reinforcement are *Ser* + noun to identify and the difference between *Ser* and *Estar* + adjective. Be sure to emphasize adjective agreement in all activities.

- to classify the person or object.

José **es** español.

*José **is** Spanish.*

Use **estar** with adjectives:

- to express the state or condition of a person or object.

Patricia **está** triste porque extraña a su familia de Puerto Rico.

*Patricia **is** sad because she misses her family in Puerto Rico.*

- to express a change in the person or object.

Patricia es guapa y hoy **está** más guapa todavía con su nuevo corte de pelo.

*Patricia is pretty and today she **is** even prettier with her new haircut.*

See *Grammar Reference 1* **for adjectives that express different meaning when used with** *ser* **and** *estar*, **and for noun/adjective agreement rules.**

1–7. Identificación. Tom es un estudiante que quiere ser profesor de español. Necesita encontrar compañeros de apartamento y ha decidido escribir el anuncio en español, para atraer a estudiantes hispanos. Como verás, Tom tiene problemas con *ser* y *estar*, y nunca sabe cuál debe usar. Ayúdalo a identificar la opción correcta en cada caso.

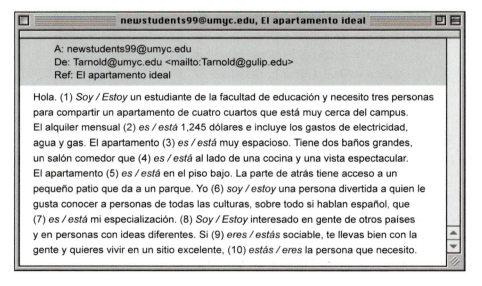

1-7 **Answers:** 1. Soy; 2. es;
3. es; 4. está; 5. está;
6. soy; 7. es; 8. Estoy;
9. eres; 10. eres

newstudents99@umyc.edu, El apartamento ideal
A: newstudents99@umyc.edu De: Tarnold@umyc.edu <mailto:Tarnold@gulip.edu> Ref: El apartamento ideal
Hola. (1) *Soy / Estoy* un estudiante de la facultad de educación y necesito tres personas para compartir un apartamento de cuatro cuartos que está muy cerca del campus. El alquiler mensual (2) *es / está* 1,245 dólares e incluye los gastos de electricidad, agua y gas. El apartamento (3) *es / está* muy espacioso. Tiene dos baños grandes, un salón comedor que (4) *es / está* al lado de una cocina y una vista espectacular. El apartamento (5) *es / está* en el piso bajo. La parte de atrás tiene acceso a un pequeño patio que da a un parque. Yo (6) *soy / estoy* una persona divertida a quien le gusta conocer a personas de todas las culturas, sobre todo si hablan español, que (7) *es / está* mi especialización. (8) *Soy / Estoy* interesado en gente de otros países y en personas con ideas diferentes. Si (9) *eres / estás* sociable, te llevas bien con la gente y quieres vivir en un sitio excelente, (10) *estás / eres* la persona que necesito.

1-8 **Teaching tip:**
Project the list of adjectives from *Capítulo 1, Tema 1* of the *Activities Manual* to reinforce new vocabulary as students complete this activity.

1–8. Quién es quién en la clase de español. En su anuncio, Tom explica un poco cómo es él, porque piensa que saber más cosas sobre las personas nos ayuda a entenderlas mejor. Ahora ustedes van a conocer mejor a los estudiantes de su clase de español. Descubran cuántas cosas en común tienen con otras personas.

Para describir rasgos físicos: alto/a, bajo/a, delgado/a, atlético/a, guapo/a, moreno/a, pelirrojo/a, rechoncho/a, etc.

Para describir la personalidad: agresivo/a, alegre, atrevido/a, bromista, capaz, estudioso/a, inteligente, listo/a, práctico/a, perezoso/a, rebelde, etc.
Para describir estados de ánimo: aburrido/a, animado/a, cansado/a, contento/a, deprimido/a, impaciente, nervioso/a, relajado/a, tenso/a, etc.

1. Primero, cada estudiante debe escribir una breve descripción de sí mismo/a, incluyendo rasgos físicos y de personalidad. Incluyan también su estado de ánimo en TRES situaciones diferentes: a las 8 de la mañana, en las fiestas, en un examen, etc.

2. Después, usando la información de la descripción, cada estudiante debe escribir cuatro o cinco preguntas para saber algo más sobre sus compañeros/as de clase.

3. Ahora, circulen por la clase y entrevisten a tres personas para intentar encontrar a alguien con quien tengan muchas cosas en común.

 1–9. Busco compañero de apartamento. En parejas, imaginen que ustedes necesitan encontrar a una persona para compartir su apartamento. Hablen de las características que, en su opinión, debe tener esta persona. Primero, deben ponerse de acuerdo para asegurarse de que buscan el mismo tipo de persona.

1–10. ¿Quieres vivir con nosotros/as? Ahora que ya se han puesto de acuerdo sobre el tipo de persona que buscan, preparen un texto muy llamativo para anunciarlo en el periódico universitario. Describan:

- las "maravillosas" características que tiene el apartamento: su ubicación, cuántos cuartos tiene, cómo son estos cuartos, el precio del alquiler

- las cosas que les gusta hacer y el tipo de personas que son ustedes

- por qué sería fantástico tenerlos a ustedes como compañeros: pueden hablar sobre los rasgos más positivos de su personalidad y su estado de ánimo en varias situaciones.

¡Usen la imaginación y sentido del humor! Después, lean sus anuncios al resto de la clase. ¿Cuál es el anuncio más convincente?

1–11. Adivina, adivinanza. En esta actividad cada uno de ustedes tiene que describir la personalidad y las características físicas de una persona hispana famosa (del presente o del pasado). La otra persona debe adivinar quién es haciendo preguntas que se puedan responder con *sí* o *no*.

MODELO	
¿Es una mujer?	Sí.
¿Es actriz?	Sí.
¿Es de México?	No.

Por si acaso

balcón	*balcony*
elevador/ ascensor	*elevator*
estacionamiento	*parking*
lavadora	*washing machine*
lavaplatos	*dishwasher*
muebles	*furniture*
secadora	*dryer*
suelo de madera	*hardwood floor*
transporte público	*public transportation*

1-8 Teaching tip: Have students make a bingo chart with nine squares and write one adjective per square to describe, for example, their mother (fem. sing.). Students take turns saying, "*Mi madre es _____,*" and the other students cross out the adjective if it appears on their chart. The first student to cross out a row of three calls out, "*¡Bingo!*" Play for second, third, and fourth place and repeat with masc. pl., "*mis amigos,*" for example.

1-10 Teaching tip: Create profiles for three imaginary people who reply to the ad: *nombre, edad, origen, estudios/ trabajo, personalidad, pasatiempos, vicios, cosas para compartir, etc.* Have students discuss in pairs which roommate to select and then defend their decision either orally to the class or in writing.

Gramática

Direct-Object Pronouns

Before reviewing the direct-object pronouns, let's review the notion of *direct objects*. A direct object is a noun or a pronoun that receives the action of the verb directly; in other words, it is the *what* or *whom* of the action.

José Fernández enseña español.   *José Fernández teaches Spanish.*

José Fernández teaches *what*? Spanish.

Spanish is the direct object.

Direct-object pronouns are used to avoid repetitions of nouns that function as direct objects in a sentence.

Patricia está muy ocupada con sus estudios;   *Patricia is very busy with her studies; she will*

los terminará pronto y regresará a Puerto Rico.   *finish **them** soon and she will return to Puerto Rico.*

The use of **los** avoids the repetition of **sus estudios**.

Singular		Plural	
me	*me*	nos	*us*
te	*you (informal)*	os (*Spain*)	*you (informal)*
lo	*you (formal, male)*	los	*you (formal/informal, male or mixed gender)*
	him		*them (male/masculine or mixed gender)*
	it (masculine)		
la	*you (formal, female)*	las	*you (formal/informal, female)*
	her		*them (female/feminine)*
	it (feminine)		

Direct-object pronouns are placed immediately before the conjugated verb.

¿Leíste el mensaje de Patricia? Sí, **lo** leí.

*Did you read Patricia's message? Yes, I read **it**.*

When an infinitive or present participle follows the conjugated verb, the direct-object pronoun can be placed before the conjugated verb or attached to the infinitive or present participle.

¿Vas a leer los mensajes de Patricia? Sí, **los** voy a leer. *o* Sí, voy a leer**los**.

*Are you going to read Patricia's messages? Yes, I am going to read **them**.*

¿Quieres leer los mensajes de Patricia? Sí, **los** quiero leer. *o* Sí, quiero leer**los**.

*Do you want to read Patricia's messages? Yes, I want to read **them**.*

¿Estás leyendo los mensajes de Patricia? Sí, **los** estoy leyendo. *o* Sí, estoy leyéndo**los**.

*Are you reading Patricia's messages? Yes, I am reading **them**.*

With affirmative commands, direct objects are attached to the end of the verb. With negative commands, the direct-object pronoun must be placed between **no** and the verb.

¿Puedo usar tu computadora? Sí, úsa**la**. *o* No, no **la** uses.

*May I use your computer? Yes, use **it**. or No, don't use **it**.*

See *Grammar Reference 1* for more information regarding direct-object pronouns and their use.

1–12. Cuestión de gustos. Va a haber una fiesta en honor de los estudiantes internacionales de su universidad. Aquí tienes la lista de las preferencias de comida y bebida de algunos invitados. Simplifica la lista y elimina las repeticiones sustituyendo el complemento directo con su pronombre correspondiente.

 MODELO

> A Juan le gustan los tacos; él considera los tacos su comida favorita.
> A Juan le gustan los tacos; él los considera su comida favorita.

1. A Luis le gusta el ceviche; prefiere el ceviche a todas las otras comidas peruanas.
2. A Rosario le encanta el mate; compara el mate argentino con el mejor té del mundo.
3. Pedro adora la paella valenciana; come paella todos los domingos para almorzar.
4. Lucho no bebe Inca-Cola normalmente; sólo bebe Inca-Cola cuando no hay nada más.
5. Jorge no conoce los platos típicos de Guatemala y María tampoco conoce los platos típicos de Guatemala.

1-12 Answers: 1. lo prefiere; 2. lo compara; 3. la come; 4. la bebe; 5. los conoce

1–13. ¿Dónde lo vas a poner? Ya terminó la fiesta y tú y tu nuevo/a compañero/a de cuarto tienen que regresar al apartamento para organizar sus cosas. Túrnense para hacer preguntas y responderlas según las pistas.

1-13 Teaching tip: Before beginning this mechanical activity, be sure students know the meaning of all vocabulary. Expand and personalize by asking students about their own experience moving into their dorm or apartment using preterit verb forms.

MODELO

> Sacar / los libros de las cajas
> Estudiante A: ¿Quién va a sacar los libros de las cajas?
> Estudiante B: Yo los voy a sacar o Voy a sacarlos yo.
> Estudiante A: Sí, por favor, sácalos.

1. Encontrar / los platos
2. Colocar / los muebles
3. Organizar / los CDs
4. Guardar / el papel de periódico
5. Sacar / las plantas al balcón
6. Desempacar / el lavaplatos y la lavadora

1–14. ¿Qué van a hacer esta noche? Después de mucho trabajar, han logrado organizar un poco el apartamento. Ahora ya pueden descansar y sentirse cómodos en el nuevo apartamento. En parejas, túrnense para preguntarse sobre sus actividades para esta noche. Usen las expresiones siguientes u otras similares.

mirar la televisión   lavar la ropa   comer un pedazo de pizza
llamar a tus padres   estudiar la lección   escuchar el CD que te regalaron

---

MODELO

Estudiante A: ¿Vas a llamar a tu novia esta noche?
Estudiante B: Sí, la voy a llamar. *o* Sí, voy a llamarla.
            No, no la voy a llamar. *o* No, no voy a llamarla.

Vocabulario para conversar

Circunloquio

Quiero comprar un animal, pero no recuerdo el nombre y no lo veo en la tienda.

Pues dígame cómo es, de qué color es, qué come y en qué tipo de hábitat vive.

Pues es un animal que tiene plumas y que habla.

When we are speaking, we sometimes temporarily forget words and we have to resort to explaining or describing the concept using the words we know. In other words, we get around our memory lapse by using circumlocution. When we resort to circumlocution, we can refer to an object by its characteristics, color, form, and what it's used for.

Usar el circunloquio

Some phrases that you can use are:

Es una cosa de color...	*The color is . . .*	Es una cosa que se usa para...	*It is a thing used for . . .*
Es una persona que...	*It's a person that . . .*		
Es un lugar que...	*It is a place that . . .*	Sabe a...	*It tastes . . .*
Es un animal que...	*It's an animal that . . .*	Suena a...	*It sounds like . . .*
Es algo que...	*It is something that . . .*	Se parece a...	*It looks like . . .*
		Huele a...	*It smells . . .*

1–15. Palabras en acción. Nuria, la novia de tu compañero, ha ido a tu apartamento a verlo pero él no está, y ella no habla inglés. Usa la información de los dibujos para explicarle dónde está tu compañero, qué está haciendo, adónde piensa ir y cuándo va a regresar. Describe cada cosa con detalle, para que ella te entienda.

> **MODELO**
>
> **Pablo está comprando en un lugar donde hacen pan y dulces.**

 1–16. ¿Qué es? Tu compañero regresó y trajo sorpresas para todos. Pero primero, tienen que adivinar qué trajo. Uno/a de ustedes debe cerrar el libro. La otra persona debe elegir uno de los dibujos. El/La estudiante que cerró el libro debe hacer preguntas para adivinar qué dibujo eligió su compañero/a. Puede preguntar el color, la forma, el uso, de qué está hecho, etc. Después cambien de papel.

1-16 **Teaching tip:** For additional practice, give students people, places, animals, etc. to provide more practice: a hummingbird, a flight attendant, Cancún, a karaoke singer, a diary, etc.

1-16 **Teaching tip:** You may wish to play the *A escuchar* track for *Capítulo 1, Tema 1,* from the *Activities Manual,* which presents a relevant model.

CURIOSIDADES

difícil	nuevo	interesante	aventurero
caro	simpático	tradicional	diferente

1–17. Juego de antónimos. Su instructor/a va a leer el antónimo de cada palabra a la izquierda. Todas estas palabras están en la lectura de MisPáginas.com. Escriban el antónimo debajo de la palabra correspondiente. Los alumnos que tengan todas las palabras correctas ganan el juego.

1-17 **Teaching tip:** You may wish to write the words on the board, show them on large flash cards, or read them, always in random order: *fácil, barato, viejo, antipática, aburrido, moderno/ contemporáneo, conservador, similar/ igual.*

Tema 1 Quiénes somos

13

Cómo somos, cómo vivimos

1-18 **Teaching tip:**
Have students report
two differences and
two similarities to the
class.

A escuchar

Entrando en materia

Por si acaso

**Expresiones útiles para
comparar respuestas con otro
estudiante**

¿Qué tienes/ pusiste en el
número 1/ 2/ 3?
Yo tengo/ puse a/ b.
Yo tengo algo diferente.
No sé la respuesta./ No tengo
ni idea.
Creo que la respuesta es a/ b,
pero no estoy seguro/a.
Creo que es cierto./Creo que es
falso.

 1–18. ¿Cómo es tu ciudad? Antes de escuchar, responde a las preguntas
siguientes pensando en tu pueblo o ciudad natal. Después, compara tus respuestas
con las de un/a compañero/a. ¿Son similares o diferentes sus ciudades natales?

1. ¿Qué áreas consideras mejores y peores?
2. ¿Qué actividades se realizan en las diferentes áreas?
3. ¿Qué áreas prefieren los jóvenes?
4. ¿Qué áreas prefieren los mayores?
5. ¿Cuál es el edificio más antiguo?
6. ¿Cuál es el edificio más moderno?

1–19. Vocabulario: Antes de escuchar.
En este tema van a escuchar una miniconferencia sobre los pueblos y las ciudades. Traten de familiarizarse con algunas palabras relacionadas con este tema. ¿Pueden identificar la letra de la definición que corresponde a cada expresión en negrita según su contexto?

Expresiones en contexto

1. El **edificio** más común en las plazas es la iglesia. En las plazas hay otros edificios además de la iglesia.
2. Las ciudades y los pueblos **costeros** generalmente atraen más turismo que los pueblos del interior. La costa del área de Miami es una atracción para los turistas.
3. Una de las actividades más comunes que tiene lugar en una iglesia es **rezar**.
4. Los países llamados "desarrollados" tienen un alto **desarrollo** industrial, mientras que los países llamados "en vías de desarrollo" tienen una industria subdesarrollada.
5. Los rituales religiosos están **ausentes** en las plazas que no tienen iglesia. En las ciudades hay muchas plazas sin iglesia.
6. Los **vendedores ambulantes** son muy populares en las áreas turísticas, generalmente venden en las calles comida y objetos típicos del país.
7. Miami es un lugar muy popular entre los **jubilados**, por eso muchos residentes de esta ciudad tienen más de 65 años.

Definiciones

a. Es un sinónimo de crecimiento, aumento.
b. Son personas que venden productos de sitio en sitio, sin un puesto fijo.
c. Es un espacio que sirve para vivir o para establecer oficinas y negocios.
d. Es lo opuesto de estar presente.
e. Son personas mayores que ya no trabajan.
f. Hablarle a Dios.
g. Es un adjetivo que se aplica a lugares que están cerca del océano o el mar.

1–20. Clasificación semántica.
Abajo tienen otras palabras del texto que van a escuchar. En parejas, clasifiquen estas expresiones en una de las categorías que aparecen abajo.

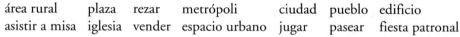

área rural   plaza   rezar   metrópoli   ciudad   pueblo   edificio
asistir a misa   iglesia   vender   espacio urbano   jugar   pasear   fiesta patronal

Arquitectura, campo y ciudad:
Actividades religiosas:
Actividades no religiosas:

Estrategia: Reconocer el tipo de texto, el título y el tono

La primera vez que escuches un texto en español, no debes intentar entender toda la información, ya que esto sólo causa frustración. Sin embargo, hay otras cosas que puedes determinar al escuchar el texto, incluso si no entiendes parte del vocabulario. Por ejemplo, la primera vez que lo escuches presta atención al tipo de texto: ¿es un diálogo? ¿Es una narración? ¿Un cuento? ¿Un anuncio comercial? Después, presta atención al tono. La voz que escuchas, ¿tiene un tono feliz? ¿Triste? ¿Serio? ¿Preocupado? ¿Formal? ¿Informal? Escucha el título del texto y trata de determinar cuál es el objetivo del narrador: ¿Informar? ¿Educar? ¿Persuadir? ¿Entretener? Anota tus observaciones a medida que escuchas.

MINICONFERENCIA   Actividades asociadas con las plazas de ciudades y pueblos hispanos

Ahora su instructor/a va a presentar una miniconferencia.

1–21. Tus notas. Después de escuchar la miniconferencia, comparen sus notas con las de sus compañeros/as. ¿Entendieron lo mismo? ¿Anotaron información diferente? Si hay diferencias, coméntenlas.

1–22. El mejor título. Seleccionen el mejor título para cada una de las partes de la miniconferencia.

1. Títulos para la parte 1:
   a. El significado de la palabra *plaza* en inglés y en español
   b. La relación entre las plazas y los centros comerciales
   c. Las plazas auténticas están en los pueblos

2. Títulos para la parte 2:
   a. Las iglesias y sus estilos arquitectónicos
   b. La Plaza Mayor y la Plaza Real
   c. Características de las plazas y actividades asociadas con ellas

3. Títulos para la parte 3:
   a. Las Madres de la Plaza de Mayo
   b. Actividades en las plazas de las ciudades
   c. Las protestas sociales y las plazas

1–23. Pueblo o ciudad. Ahora, lean las siguientes frases y digan cuáles asocian con los pueblos (P) y cuáles asocian con las ciudades (C).

1. _____ la presencia de la iglesia en la plaza
2. _____ la presencia de muchas plazas
3. _____ la protesta social
4. _____ los vendedores ambulantes
5. _____ la presencia de comerciantes en la plaza el sábado

1–24. Una pequeña investigación. En parejas, van a realizar una investigación sobre la plaza de un pueblo y la plaza de una ciudad. Una persona debe investigar sobre la plaza principal de un pueblo de la columna A. La otra debe investigar la plaza principal de una ciudad de la columna B. Usen Internet o la biblioteca para encontrar información, incluyendo al menos tres semejanzas y tres diferencias entre los dos lugares. Después, preparen un informe escrito para su instructor/a, explicando qué plaza prefieren. Fíjense en las columnas A y B de la página siguiente.

A	B

A

Plaza del pueblo (Buñol, España)

Plaza José A. Busigó
  (Sabana Grande, Puerto Rico)

El Zócalo (Ojinaga, México)

B

Plaza de Mayo (Buenos Aires, Argentina)

Plaza Nueva de Tlaxcala (Ciudad de Saltillo,
  Estado de Cohauila, México)

Plaza de la Revolución (La Habana, Cuba)

Gramática

Present Indicative of Stem-Changing and Irregular Verbs

Some verbs undergo a stem-vowel change when conjugated.

pens-ar ➔ **pie**nso   stem vowel changes from **e** to **ie**

dorm-ir ➔ d**ue**rmo   stem vowel changes from **o** to **ue**

ped-ir ➔ **pi**do   stem vowel changes from **e** to **i**

pensar

pienso	pensamos
piensas	pensáis
piensa	piensan

dormir

duermo	dormimos
duermes	dormís
duerme	duermen

pedir

pido	pedimos
pides	pedís
pide	piden

Here is the rule:

When the **e** or the **o** is the last stem vowel in the infinitive and is stressed:

the **e** changes to **ie** or **i**   qu**er**-er ➔ qu**ie**r-o   s**er**v-ir ➔ s**i**rv-o

the **o** changes to **ue**   **d**orm-ir ➔ d**ue**rm-o

However, there is no vowel change in the **nosotros** and **vosotros** forms because the stem vowel is not stressed.

querer ➔ queremos, queréis   servir ➔ servimos, servís

dormir ➔ dormimos, dormís

Gramática **Teaching tip**:
Students should expand their active vocabulary of verbs through activities in this section. They also need lots of mechanical practice, which you can provide by focusing practice on different categories of verbs: stem-change, irregular, reflexive, verb + infinitive (*soler tomar un café en la mañana*). Ask one student about his or her daily routine: *¿Duermes ocho horas?*, have that student ask a second student the same question, ask one of those two students about the two of them: *¿Duermen (dormís) ocho horas?*, ask a third student about one of the first: *¿Duerme Matt ocho horas?*, ask a fourth student about two of the three, etc.

Other stem-changing verbs:

e → ie	o → ue	e → i
preferir	morir(se)	vestir(se)
comenzar	almorzar	repetir
entender	poder	seguir
cerrar	recordar	conseguir
sentir(se)	soler	
despertar	encontrar	
mentir	jugar*	

*undergoes a stem-change similar to the verbs in this list, even though its stem does not have an *o*.

Present Tense of Irregular Verbs

As you know, some verbs in Spanish have irregular conjugations.

ser	soy, eres, es, somos, sois, son
ir	voy, vas, va, vamos, vais, van
oír	oigo, oyes, oye, oímos, oís, oyen
tener	tengo, tienes, tiene, tenemos, tenéis, tienen
venir	vengo, vienes, viene, venimos, venís, vienen
decir	digo, dices, dice, decimos, decís, dicen

The following are only irregular in the first person.

saber	sé, sabes, sabe, sabemos, sabéis, saben
salir	salgo, sales, sale, salimos, salís, salen
caer	caigo, caes, cae, caemos, caéis, caen
dar	doy, das, da, damos, dais, dan
estar	estoy, estás, está, estamos, estáis, están
hacer	hago, haces, hace, hacemos, hacéis, hacen
poner	pongo, pones, pone, ponemos, ponéis, ponen
traer	traigo, traes, trae, traemos, traéis, traen

You may find regular verbs conjugated in the verb charts in Appendix B. See *Grammar Reference 1* for information on reflexive verbs.

1–25. Mi vida en Chilapa. Marta, una mexicana de 19 años, vive en Chilapa de Juárez, un pequeño pueblito a sólo tres horas de Acapulco. Aquí tienes un pequeño relato que Marta escribió sobre su rutina diaria. Ayúdala a completarlo con la forma correcta de los verbos en paréntesis en el presente, para saber un poco más sobre ella.

Mi rutina diaria es bastante constante. De lunes a viernes, me (despertar) muy temprano. El día (comenzar) a las cinco de la mañana para mi familia. Mi mamá y yo (servir) el desayuno para todos a las seis. Después, me (vestir) y me preparo para ir al trabajo; mi mamá se queda en la casa para cuidar de mis hermanitos. Yo (preferir) salir temprano de la casa para llegar al mercado antes de que salga el sol. Mi familia tiene un puesto de artesanías en un mercado al aire libre. Mi familia hace objetos de barro y productos de palma, que son muy famosos aquí. Los turistas (soler) comprar muchas cosas típicas de Chilapa. Chilapa es un pueblo precioso, todos los visitantes (decir) que es único.

1-25 Teaching tip:
Follow up by having pairs of students compare their daily routines to Marta's using the first five verbs. They can question each other or simply make statements. Each student reports to the class on his or her partner's routine or on his or her own.

1-25 Answers: despierto; comienza; servimos; visto; prefiero; suelen; dicen

1–26. La dura vida de los estudiantes. Lean este diálogo entre dos estudiantes que hablan sobre su rutina diaria. Indiquen la forma apropiada de los verbos entre paréntesis.

1. CARLOS: No sé qué pasa, no (**conseguir**) sacar buenas notas.
2. PAULA: ¿Tú (**ir**) a clase todos los días?
3. CARLOS: Sí, yo (**ir**) a clase todos los días.
4. PAULA: Bueno, creo que tienes uno de estos problemas: no (**seguir**) las instrucciones del profesor, no (**entender**) la materia o no (**recordar**) la información en los exámenes.
5. CARLOS: Yo creo que el profesor no es justo conmigo.
6. PAULA: Vamos a ver, dices que tú (**venir**) a clase todos los días. Pero, ¿a qué hora (**llegar**) a la universidad tú y tus amigos?
7. CARLOS: Muchas veces nosotros (**llegar**) tarde, después de las diez.

1-26 Answers: 1. consigo; 2. vas; 3. voy; 4. sigues, entiendes, recuerdas; 6. vienes, llegan; 7. llegamos

As a follow up to 1-26, list on the board phrases from this activity along with others that represent habits of good language students: *sacar buenas notas, entender la materia, recordar la información, estudiar la gramática, memorizar el vocabulario*, etc. Have students question each other, using direct object pronouns in the answers, about their habits. Each student can either report on his or her partner to the class ("*Lauren es buena/mala alumna porque (no) pide ayuda y (no) suele recibir buenas notas.*") or give one similarity to and one difference from their partner ("*Lindsay sigue las instrucciones y yo no las sigo*").

1–27. ¿Qué hacen estas personas? Uno/a de ustedes va a describir la rutina diaria de una persona de la lista A, sin revelar su identidad. Su pareja va a describir la rutina de una persona de la lista B, y tampoco va a decir quién es. Cada uno/a debe adivinar a quién está describiendo su compañero/a. Pueden hacer preguntas simples para obtener más datos. ¡Incluyan algún detalle creativo y divertido en sus descripciones!

A	B
Javier Bardem	Raúl Castro
Enrique Iglesias	América Ferrera
Alex Rodríguez	Penélope Cruz

1–28. Vidas paralelas. En grupos de cuatro personas, ustedes van a asumir la personalidad de dos parejas famosas. Dos estudiantes van a representar a una de las parejas a la derecha. Dos estudiantes más van a representar a una de las parejas a la izquierda. Cada pareja debe elegir una identidad y después debe seguir los siguientes pasos para completar la actividad.

Frida Kahlo y Diego Rivera
El rey Juan Carlos y la reina Sofía
Gloria y Emilio Estefan

Juan y Evita Perón
Salvador Dalí y Gala
Don Quijote y Dulcinea

salir	mentir
conseguir	dar
almorzar	sentir(se)
despertarse	ir
venir	poder
preferir	decir
hacer	estar
jugar	poner
oír	entender
seguir	soler
recordar	cerrar
comenzar	vestir(se)
ser	traer
tener	

Paso 1: Anoten en un papel toda la información que tienen sobre la pareja elegida.

Paso 2: Incluyan información sobre las actividades y la rutina diaria de esa pareja.

Paso 3: Escriban también algunos detalles curiosos sobre la rutina diaria de esas personas (pueden usar la imaginación y añadir cosas interesantes o creativas).

Paso 4: Ahora dediquen unos minutos a practicar su papel con su compañero/a. Recuerden que deben llamar a la otra persona por su nombre ficticio.

Paso 5: Guarden la información para la próxima clase. Después de clase, busquen información adicional sobre la pareja que van a representar. ¡Debe ser algo interesante!

Paso 6: Durante la próxima clase, su instructor/a les dará unos minutos para ensayar. Después, las dos parejas de cada grupo van a representar una escena en la que ambas parejas se encuentran por casualidad. La pareja que consiga obtener más información sobre la otra pareja en el menor tiempo posible, ¡gana! Pueden hacer preguntas usando cualquiera de los verbos de la caja a la izquierda.

Vocabulario para conversar

Control del ritmo de la conversación

La frase "erre con erre cigarro, erre con erre barril" es un trabalenguas.

¿Puede repetir la última palabra?

Patricia, ¿cuál es el significado de la palabra "trabalenguas"?

Pues... a ver, déjeme pensar un minuto... creo que es... "tongue twister".

Aclarar

Several situations may call for clarification while interacting with other speakers. Speakers don't always enunciate clearly, or they may use words that are unfamiliar or the listener may get distracted and miss part of the message.

The following phrases are useful in asking for clarification.

No comprendo. Repite/a, por favor.   *I don't understand. Please repeat.*

¿Puede(s) repetirlo, por favor?   *Can you repeat, please?*

Más despacio, por favor.   *Slower, please.*

¿Puede(s) escribirlo, por favor?   *Could you write it out, please?*

¿Qué significa la palabra *terapeuta*?   *What does* terapeuta *mean?*

Pedir tiempo para contestar

Sometimes, when we are engaged in a conversation, it is difficult to answer a question right away without thinking first what words we want to use; we may need to buy some time because the words we are searching for or the information we need to provide are not readily available.

A ver, déjame/déjeme pensar un minuto...   *Let's see, let me think for a minute . . .*

Dame/deme un minuto...   *Give me a minute . . .*

Pues.../ Bueno...   *Well . . .*

Pues/ Bueno, no puedo responderte/le   *Well, I can't give you an answer*
   ahora mismo.   *right now.*

Pues/ Bueno, necesito más tiempo   *Well, I need more time to think.*
   para pensar.

1–29. Palabras en acción. Carlos, tu compañero, trabaja como asistente en el departamento de español de la universidad. El problema es que Carlos consiguió el trabajo diciendo que hablaba español perfectamente y... Bueno, ahora los instructores le hablan siempre en español y a veces él no entiende. Usen las expresiones de las listas de arriba para ayudarlo a completar los diálogos correctamente, ¡y a no perder su trabajo!

1. — Carlos, por favor, llama al Dr. Sánchez al cuatro, ocho, dos, siete, cero, cinco, seis.
   — No entendí los dos últimos números; _____.

2. — Carlos, ¿puedes mandar esta carta a la oficina del decano Goicoechea?
   — Sí, claro, pero... no sé cómo se escribe ese apellido, _____.

3. — Carlos, soy Juliana Echevarría, una profesora de alemán y necesito tu ayuda.
   — Señora, usted habla muy rápido; _____.

4. — Carlos, dame el teléfono del profesor de literatura colonial, por favor.
   — Sí, es el tres, cinco... _____, lo tengo que buscar, ahora no me acuerdo.

1-29 **Answers:**
1. ¿puede(s) repetirlo por favor? 2. ¿puede(s) escribirlo por favor? 3. más despacio por favor;
4. dame un minuto;
5. Bueno/Pues no puedo responderte ahora mismo;
6. Pues.../Bueno... 7. A ver déjame pensar un minuto

5. — Carlos, ¿me vas a ayudar a organizar las composiciones de mis estudiantes de español?

   — _____ , tengo que mirar mi horario de clases; te contesto más tarde.

6. — Carlos, ¿vas a venir a la fiesta del departamento el sábado por la tarde?

   — _____ no lo sé, Dr. Muñoz, mi novia viene a visitarme este fin de semana.

7. — Carlos, ¿sabes cuántas personas van a venir a nuestra sesión para nuevos estudiantes?

   — _____ ...sí, aquí tengo la lista, van a venir entre veinte y veinticinco personas.

1-30 **Teaching tip:** You may wish to play the *A escuchar* track for *Capítulo 1, Tema 2,* from the *Activities Manual,* which presents a relevant model.

1–30. La vida del presidente. En parejas, hablen de la vida del presidente de Estados Unidos. Usen las expresiones para clarificar y para ganar tiempo (*buy time*) cuando sea necesario. Aquí tienen algunas ideas sobre los datos que pueden incluir.

Rutina diaria:	a qué hora se levanta el presidente, a qué hora desayuna, qué desayuna y con quién
Cuáles son sus gustos:	comida, vida social, países, ropa, música, deportes, etc.
Su oficina:	dónde está, cómo está decorada, qué personas lo visitan allí, etc.
Su trabajo:	qué cosas hace durante el día, qué tipo de reuniones tiene, viajes, etc.
Sus mascotas:	cómo son, cómo se llaman, qué hacen durante el día, etc.

CURIOSIDADES

1–31. Juego de famosos. Su instructor/a va a asumir la identidad de una persona hispana famosa, bien conocida por todos los miembros de la clase. Después, la clase se va a dividir en grupos de cuatro o cinco personas. Cada grupo tiene cinco minutos para escribir seis preguntas y adivinar la identidad de su instructor/a. Después, los grupos se van a turnar para hacer las preguntas. ¡Ojo! Sólo pueden ser preguntas que se respondan con *sí* o *no*. El grupo que primero adivine la identidad de su instructor/a, gana.

> **MODELO**
>
> ¿Es un hombre?
> ¿Es joven?
> ¿Trabaja en política?

Por qué nos conocen

Lectura

Entrando en materia

 1–32. Antes de leer. Ahora van a leer sobre algunos personajes importantes en el mundo del deporte, el arte, el cine y la literatura. Den una mirada rápida al formato de esta sección. ¿Qué tipo de información creen que hay sobre estos personajes?

- información sobre sus creencias políticas
- información sobre sus experiencias familiares
- información biográfica

1–33. Vocabulario: Antes de leer. Encuentren en las lecturas las palabras de la lista de la izquierda (están escritas en negrita) y deduzcan su significado o búsquenlo en el diccionario. Marquen con un círculo las palabras de la derecha que asocien por su significado con las palabras de la lista de la izquierda.

1. **lanzadores** — pelota, lanzar, béisbol, nadar
2. **fuente** — origen, causar, ausente, base
3. **firmó** — nombre, escribir, contrato, mentir
4. **golpe de estado** — democracia, control, cambio, poder
5. **personajes** — personas, ficción, edificio, desarrollo
6. **superan** — ganar, poder, deprimido, éxito
7. **encajaba** — caja, comida, ajustar, cajón
8. **reconocimiento** — fama, conocer, admiración, dinero
9. **cotizadas** — valoradas, tiza, dinero, precio
10. **justicia** — justo, diccionario, correcto, ley
11. **reformatorio** — institución, adultos, jóvenes, problemas
12. **dicción** — pronunciación, lectura, hablar, comprender

Lectura

El deporte, la literatura, el arte y el cine

Por si acaso

La Cuba de Fidel Castro

Fidel Castro se apoderó del gobierno de Cuba en 1959 y estableció un sistema de gobierno basado en la ideología marxista-leninista. Muchos cubanos, desilusionados con el nuevo sistema de gobierno, salieron exiliados de Cuba hacia Estados Unidos. Desde la fecha de la Revolución (1959) hasta el presente, más de un millón de cubanos se han establecido en distintas áreas geográficas de Estados Unidos. Especialmente se concentran en Florida, Nueva Jersey y California.

EL DEPORTE

Orlando "El Duque" Hernández nació en Villa Clara, Cuba, en 1969. En Cuba, llegó a ser uno de los mejores **lanzadores** de la historia de la pelota cubana con el mejor promedio de partidos ganados (.728). Desde la Revolución de 1959, Cuba ha promovido los deportes como **fuente** de identidad y orgullo nacional y con el béisbol la isla caribeña ha logrado fama internacional. En 1992, Hernández formó parte del equipo nacional cubano, el cual ganó la medalla de oro en los juegos olímpicos de Barcelona. El Duque jugó para el equipo Industriales de La Habana hasta 1996, cuando su equipo ganó la serie nacional y Hernández tuvo contacto ilegal con un agente de EE.UU. Después de ser detenido e interrogado por oficiales de seguridad nacional,

Hernández fue expulsado del béisbol cubano. En 1997, salió de Cuba y residió unos meses en Costa Rica, desde donde **firmó** un contrato con los Yankees de Nueva York por 6.6 millones de dólares en cuatro años. El Duque ha ganado cuatro anillos de la serie mundial: tres con los Yankees y uno con los Medias Blancas de Chicago.

LA LITERATURA

Isabel Allende nació en 1942. Comenzó su vida profesional de escritora como periodista en Chile a los 17 años. En 1973, el presidente Salvador Allende, tío de Isabel, fue derrocado en un **golpe de estado** e Isabel y otros miembros de su familia salieron del país. En el exilio en Venezuela, Allende inició su carrera de novelista al escribir su primera obra de ficción narrativa, *La casa de los espíritus* (1981). A pesar de ser ficción, la novela tiene claras conexiones con la historia de la familia de Allende y con el contexto político de los años después del golpe de estado, cuando gobernó en Chile el dictador Augusto Pinochet. El estilo literario de Allende se define por la acción variada y dramática, la temática histórica, una combinación de realismo y fantasía, y **personajes** ricamente caracterizados, especialmente los femeninos.

Las mujeres de las obras de Allende son fuertes, independientes, y **superan** las restricciones de la sociedad patriarcal.

EL ARTE

Fernando Botero nació en Medellín (Colombia) en 1932. Creció entre dificultades económicas y de niño quería ser torero. A los quince años Fernando Botero sorprendió a su familia cuando anunció que quería ser pintor, lo cual no **encajaba** dentro de una familia más bien conservadora y sin intereses en el arte. Se inició como dibujante en el periódico *El Colombiano* y después viajó a Europa donde se formó como artista. Regresó a Colombia en 1951 y realizó su primera exposición. Más tarde se mudó a Nueva York, donde tuvo muchas dificultades económicas; tuvo que sobrevivir vendiendo sus obras por muy poco dinero. Finalmente, Botero ganó fama cuando sus obras se mostraron en la Galería Marlborough en Nueva York. Su arte recibe ahora **reconocimiento** mundial y sus obras están **cotizadas** entre las más costosas del mundo. Su obra *Desayuno en la hierba* se vendió por un millón cincuenta mil dólares.

EL CINE

Rosie Pérez creció en un barrio de Brooklyn, Nueva York, en el seno de una familia de diez hermanos. De pequeña, Rosie tuvo problemas con la **justicia** y pasó algún tiempo en un **reformatorio**. Otro problema que Rosie tuvo que superar fue el de su **dicción**; por ejemplo, de niña pronunciaba su nombre "Wosie", así que tuvo que asistir a clases para corregir su pronunciación. Rosie fue a la universidad, donde estudió biología marina pero también tenía gran talento para la danza. Spike Lee la vio bailar una noche en el club *Funky Reggae* de Los Ángeles, se dio cuenta de su talento y le ofreció un papel en *Do the Right Thing*. Como coreógrafa, Rosie ha hecho las coreografías de las *Fly Girls* en el programa de televisión *In Living Color* y ha trabajado para Diana Ross y Bobby Brown.

1–34. ¿Comprendieron? Lean una o dos veces estas breves biografías, buscando la siguiente información.

1. ¿Quiénes crecieron entre dificultades económicas?
2. ¿En la vida de quiénes ha tenido impacto la política?
3. ¿Quién tuvo problemas con la justicia?
4. ¿Quién tuvo problemas de pronunciación?
5. De todos estos personajes, ¿quién crees que gana más dinero? ¿Por qué?

1–35. Vocabulario: Después de leer. En parejas, deben entrevistarse mutuamente sobre algunos temas relacionados con la información anterior, y hacerse las preguntas indicadas abajo. Si es posible, la persona que responde a las preguntas debe usar las palabra nuevas (en negrita) en sus respuestas.

Estudiante A

1. ¿Cuáles son tres **fuentes** de tu identidad individual? ¿Tu lugar de origen? ¿Tu familia? ¿Tu herencia étnica/cultural? ¿Alguna actividad en que participas?
2. ¿Por qué crees que el **lanzador** Orlando Hernández quería **firmar** un contrato con los Yankees? ¿Crees que tenía un contrato similar en Cuba con los Industriales?
3. Menciona un **personaje** de la televisión o de una película que representa la diversidad cultural. Describe la cultura de él o de ella. ¿Tiene el personaje conflictos con otros a causa de las diferencias culturales? ¿Reciben un tratamiento cómico o serio las diferencias culturales en la película o en el programa?
4. Menciona un conflicto actual *(current)* en alguna parte del mundo. ¿Cuál es la causa del conflicto? ¿Es posible **superar** los problemas y solucionar el conflicto?

Estudiante B

1. Ahora que sabes más cosas sobre la cultura hispana, ¿hay alguna idea que tenías antes sobre los hispanos que ahora no **encaja** con lo que has aprendido?
2. ¿Has hecho algo en tu vida por lo que has recibido **reconocimiento**? Explícalo. ¿Crees que el reconocimiento social es más importante en unas culturas que en otras? ¿Por qué?
3. ¿Crees que los **reformatorios** son buenos para mejorar la vida de los jóvenes con problemas? Explica tu opinión.
4. ¿En qué profesiones es importante tener buena **dicción**? ¿Crees que una buena dicción es más importante en unos idiomas que en otros? Explica tu respuesta.

1–36. Recopilar información. En parejas, elijan a uno de los personajes de la sección anterior. Deben buscar información sobre la vida y la herencia cultural de esa persona y tratar de determinar el efecto que su cultura nativa tuvo sobre su carrera profesional y sobre sus actitudes frente a la sociedad en general. Después, preparen un breve informe oral para presentarlo en clase. Pueden utilizar medios audiovisuales y muestras del trabajo de la persona elegida. Por ejemplo, pueden traer fotos de las obras de Botero, seleccionar algún fragmento importante de un libro de Allende o incluso presentar un clip de una película de Rosie Pérez (¡en español, por supuesto!).

Preterit Tense

Regular Verbs

	caminar	comer	escribir
yo	camin**é**	com**í**	escrib**í**
tú	camin**aste**	com**iste**	escrib**iste**
él/ella/Ud.	camin**ó**	com**ió**	escrib**ió**
nosotros/as	camin**amos**	com**imos**	escrib**imos**
vosotros/as	camin**asteis**	com**isteis**	escrib**isteis**
ellos/ellas/Uds.	camin**aron**	com**ieron**	escrib**ieron**

Gramática **Teaching tip:** Remind students frequently during these activities that –*ar* and –*er* verbs have no stem change in the preterit.

Verbs with Stem Changes

- Stem-changing **-ir** verbs have a stem-vowel change in the **él/ella/Ud.** forms, and in the **ellos/ellas/Uds.** forms. The **e** in the stem changes to **i**. The **o** changes to **u**.

  ped**ir**   e → i   yo ped**í**, sent**í**   ella p**i**dió/s**i**ntió, ellos p**i**dieron/s**i**ntieron

  dorm**ir**   o → u   tú d**o**rmiste   él d**u**rmió, ellos d**u**rmieron

Verbs with Spelling Changes

- Verbs ending in **-car, -gar, -guar,** and **-zar** change spelling in the **yo** form of the preterit.

  bus**car** → bus**qué**   entre**gar** → entre**gué**

  averi**guar** → averi**güé**   comen**zar** → comen**cé**

- When the stem of **-er** and **-ir** verbs end in a vowel, the **i** characterizing the preterit becomes **y** in the third-person singular and plural.

  le-**er**   ella le**y**ó, ellas le**y**eron   ca-**er**   ella ca**y**ó, ellas ca**y**eron

  o-**ír**   él o**y**ó, ellos o**y**eron   hu-**ir**   él hu**y**ó, ellos hu**y**eron

Irregular Verbs in the Preterit

Verbs that have an irregular stem **-u, -i:**

andar	and**uv**-e	caber	c**up**-e	estar	est**uv**-e
haber	h**ub**-e	poder	p**ud**-e	poner	p**us**-e
saber	s**up**-e	tener	t**uv**-e	venir	v**in**-e

Verbs that have an irregular stem **-j:**

decir	di**j**-e	producir	produ**j**-e	traer	tra**j**-e

Other irregular verbs:

dar	di, diste, dio, dimos, disteis, dieron
hacer	hice, hiciste, hizo, hicimos, hicisteis, hicieron
ir/ser	fui, fuiste, fue, fuimos, fuisteis, fueron

Use the preterit tense to express:

- an action, event, or condition that began or was completed in the past.

  Al llegar a EE.UU., Orlando Hernández **jugó** para los Yankees.

  *Upon arriving in the US, Orlando Hernández **started** playing for the Yankees.*

  Isabel Allende **publicó** su primera novela en 1981.

  *Isabel Allende **published** her first novel in 1981.*

- changes of emotional, physical, or mental states in the past.

  La familia de Botero **se sorprendió** porque Botero quería ser pintor.

  *Botero's family **was surprised** that Botero wanted to be a painter.*

- a mental or physical condition, if viewed as completed.

  La familia de Rosie Pérez **estuvo preocupada** por su dicción durante mucho tiempo.

  *Rosie Pérez's family **was worried** about her diction for a long time.*

Preterit Action with Imperfect Action in the Background

Sometimes two past actions may appear in the same sentence. One action may be ongoing, as if in the background, and it is expressed in the imperfect. The other action, having a specific beginning or end, is expressed in the preterit.

Allende vivía en Chile cuando **ocurrió** el golpe de estado.

*Allende was living in Chile when the coup d'état **happened**.*

1-37 **Teaching tip:** Follow up by asking students about their own experience using verbs from the Botero reading (*nacer, crecer, anunciar, viajar, mudarse*). Include questions and/or answers that practice all six subject pronouns. Then expand with examples that reflect all categories of verbs (regular, stem-change, spelling change, irregular).

1-37 **Answers:** nació, creció, sorprendió, anunció, se inició, viajó, se formó, regresó, realizó, se mudó, tuvo (irreg.), ganó, se mostraron, se vendió

1–37. Identificación. Identifica los verbos en pretérito de la descripción biográfica de Fernando Botero de la página 25 y determina cuáles son irregulares.

1–38. Ayer, a esta hora.

A. Imagina que, por un día, tuviste la oportunidad de vivir la vida de una persona de las páginas 24 y 25. Basándote en la información que tienes, determina qué hizo esta persona ayer, durante los períodos indicados a continuación.

A las siete de la mañana...
A las doce del mediodía...
A las seis de la tarde...
A las diez de la noche...
A medianoche...

B. Ahora, en parejas, háganse preguntas para determinar qué hizo la otra persona durante ese mismo período. ¿Creen que los dos personajes que representan pueden tener algo en común? ¿Se encontraron en algún sitio? Usen la imaginación y háganse preguntas asumiendo que son el personaje sobre el que hablan.

1–39. Una noticia increíble. Usando la imaginación, inventen un suceso que supuestamente tuvo lugar en su comunidad universitaria durante la última semana y que apareció publicado como breve nota de prensa en el periódico *El Informador Universitario*. El suceso debe incluir a uno o más de los personajes de este capítulo. Primero deben ponerse de acuerdo sobre qué van a publicar y después, cada miembro del grupo debe ocuparse de una de las siguientes tareas.

1. Escribir una breve introducción biográfica sobre el personaje principal del suceso.
2. Escribir un párrafo corto explicando el suceso brevemente.
3. Hacer un dibujo para acompañar el artículo que refleje el suceso sin palabras.
4. Escribir el título del artículo y asegurarse de que no tiene faltas de ortografía.

Después, un miembro del grupo debe presentar su artículo ante la clase. Los demás grupos votarán al final para decidir qué artículo es el más interesante.

> ## La presidenta de la universidad contrató a Rosie Pérez como profesora de baile.

1-38 **Teaching tip:** Be sure students use a rich variety of verbs to complete these activities. An additional activity to reinforce singular preterit verb forms is to write five verb phrases on the board and have students ask each other if they performed that activity *"ayer."* Each student reports at least one difference to the class: *"Megan durmió ocho horas y yo dormí seis horas".*

Gramática

Imperfect Tense

	caminar	**comer**	**escribir**
yo	camin**aba**	com**ía**	escrib**ía**
tú	camin**abas**	com**ías**	escrib**ías**
él/ella/Ud.	camin**aba**	com**ía**	escrib**ía**
nosotros/as	camin**ábamos**	com**íamos**	escrib**íamos**
vosotros/as	camin**abais**	com**íais**	escrib**íais**
ellos/ellas/Uds.	camin**aban**	com**ían**	escrib**ían**

Ser, ir, and **ver** have irregular forms.

ser	era, eras, era, éramos, erais, eran
ir	iba, ibas, iba, íbamos, ibais, iban
ver	veía, veías, veía, veíamos, veíais, veían

(continued)

Uses of the Imperfect

The imperfect tense is used to describe actions and states in progress in the past without mentioning the beginning or end.

Use the imperfect to:

- set the stage, describe or provide background information (time, place, weather) to a story or situation.

  Hacía frío cuando salí para la clase de literatura.

  It was cold when I left for my literature class.

- express time.

  Eran las tres de la tarde cuando fui a la biblioteca.

  It was three in the afternoon when I went to the library.

- express age.

  Cuando **tenía** doce años Rosie Pérez tuvo problemas con la justicia.

  When she was twelve years old, Rosie Pérez had problems with the law.

- describe mental state and feelings, usually expressed by non-action verbs such as **ser, estar, creer, pensar, querer, esperar** (to hope), and **parecer.**

  De niño, Fernando Botero **quería** ser torero.

  As a child, Ferrando Botero wanted to be a bullfighter.

- express habitual past actions.

  Fernando Botero **vendía** sus obras por muy poco dinero cuando todavía no era famoso.

  Fernando Botero used to sell his work for very little money when he wasn't yet famous.

- express an ongoing action (background action) that is interrupted by the beginning or the end of another action stated in the preterit.

  Allende **vivía** en Venezuela cuando escribió su primera novela.

  Allende was living in Venezuela when she wrote her first novel.

- express two ongoing actions that were happening simultaneously.

  Ayer a las tres, yo **limpiaba** los platos mientras mi compañera **limpiaba** los baños.

  Yesterday at three o'clock, I was cleaning the dishes while my roommate was cleaning the bathroom.

1–40. Identificación. Identifica los verbos que están en el imperfecto en el párrafo siguiente y subráyalos. Después, comparte con otro/a estudiante información similar sobre tu niñez usando los mismos verbos.

Cuando yo era niña, mi familia y yo vivíamos en Miami, Florida. Me gustaba mucho mi vida allí: nuestra casa era grande y mis hermanos y yo teníamos un perro. Hacía buen tiempo la mayor parte del año, menos cuando los huracanes pasaban por la ciudad. Mis padres eran felices en aquella época, antes de que llegaran los problemas.

1–41. En sexto grado. ¿Cómo eras cuando estabas en el sexto grado? Habla con un compañero/a y menciona tres características físicas y tres de tu personalidad. Prepárate para compartir la información con la clase. Puedes usar estos u otros verbos: ser, tener, medir, pesar, llevar, gustar, encantar, detestar, estudiar, jugar, salir, mirar, etc.

1–42. Cosas del pasado. En esta actividad, vas a comparar algunas de las opiniones que tenías en la escuela primaria con tu visión adulta del presente.

A. Cada estudiante debe clasificar los elementos de la lista según la importancia que tenían en la escuela secundaria. 1 significa "sin importancia," 2 "más o menos importante" y 3 "muy importante."

la opinión de los amigos	_____
la opinión de los padres	_____
la imagen física	_____
el éxito académico	_____
la vida espiritual	_____
el éxito profesional	_____
los miembros del sexo opuesto	_____
los deportes	_____
las drogas, el alcohol y el tabaco	_____
la vida social	_____

B. Comenta tu clasificación con una pareja. Informa a la clase sobre dos diferencias y dos semejanzas entre ustedes. Usa las expresiones "ser importante(s)" o "darle(s) importancia."

> **MODELO**
>
> **Yo le daba mucha importancia a la opinión de los demás pero Julius no le daba importancia (o Julius también le daba importancia).**

C. Escribe un párrafo describiendo las diferencias entre tu comportamiento (*behavior*) en el pasado y el presente. Da ejemplos específicos.

1–43. Mi instructor/a de español. En esta actividad podrán informarse sobre el pasado de su instructor/a de español.

A. En grupos de tres, preparen preguntas sobre uno de los siguientes aspectos de su historia personal o profesional.

1. vida académica, profesional
2. familia y amistades
3. actividades, pasatiempos

B. Túrnense para hacerle las preguntas a su instructor/a y tomen notas de las respuestas.

C. Cada alumno debe escribir un párrafo con la información obtenida de la entrevista.

Una conversación telefónica

¿Aló?

Hola, soy Antonio, ¿está Juan?

Hablar por teléfono

To have a conversation on the phone you need to know:

- what to say when you pick up the phone.

  ¿Aló? (most countries)
  Bueno. (Mexico)
  Oigo. (Cuba)
  ¿Diga?/ Dígame./ ¿Sí? (Spain)

- what to say to identify yourself.

  Hola, soy María/ habla María.

- how to ask for the person you want to talk to.

  Por favor, ¿está Juan?/ ¿Se encuentra Juan?

- how to end the conversation properly.

  Hasta luego./ Bueno, hasta luego.
  Nos hablamos./ Bueno, nos hablamos.
  Adiós./ Bueno, adiós.

1-44 Answers:
1. bueno.
2. hola, soy.../habla...
3. Por favor, ¿está...?/¿Se encuentra... ahí?
4. Answers will vary: Hasta luego./Bueno hasta luego; Nos hablamos/Bueno nos hablamos; Adiós./Bueno adiós.

1–44. Palabras en acción. Completen las siguientes oraciones con la expresión adecuada.

1. María Ángeles, que es de México, contesta el teléfono y dice _____.
2. Llamas a la oficina de tu instructor/a de español y te identificas diciendo _____.
3. Llamas a un amigo y su madre contesta el teléfono. ¿Qué le dices a su madre? _____.
4. Terminas de hablar con tu mejor amigo/a y le dices _____.

You may wish to play the *A escuchar* track for *Capítulo 1, Tema 3* from the *Activities Manual*, which presents a relevant model.

1–45. Objetos perdidos. Siéntate de espaldas a tu compañero/a para simular una llamada telefónica.

Estudiante A: Llama al/a la estudiante B. Identifícate. Explica el motivo de tu llamada: quieres saber si tu amigo/a (el/la estudiante B) se llevó tu cuaderno a su casa por equivocación al salir de clase. Termina la conversación adecuadamente.

Estudiante B: Contesta la llamada. Saluda al/a la estudiante A. Responde a su pregunta. Termina la conversación adecuadamente.

1–46. La fiesta de anoche. Siéntate de espaldas a tu compañero/a para simular una llamada telefónica.

 Estudiante A: Llama al/a la estudiante B. Identifícate. Explica el motivo de tu llamada: quieres contarle a tu amigo/a (el/la estudiante B) cómo estuvo la fiesta de anoche. Describe la fiesta con varios acontecimientos. Termina la conversación adecuadamente.

Estudiante B: Contesta la llamada. Saluda al/a la estudiante A. Responde a su descripción con preguntas y comentarios apropiados. Termina la conversación adecuadamente.

Color y forma **Teaching tip:** Remind students that the great artists of the Italian Quattrocento (1400–1499) also created voluminous figures. Michelangelo is a familiar example.

COLOR Y FORMA

La calle, 1987, de Fernando Botero. Private Collection/Bridgeman Art Library. ©Fernando Botero, Courtesy Marlborough Gallery, New York.

La calle, de Fernando Botero

"En todo lo que he hecho es muy importante lo volumétrico, lo plástico, lo sensual, y esto lo asimilé en Italia, al conocer las pinturas del Quattrocento".

 1–47. Mirándolo con lupa. En parejas, miren la obra con atención durante un par de minutos. Comenten sus respuestas a las siguientes preguntas.

1. ¿Qué elementos componen el cuadro (escenario, personas y cosas)?
2. ¿Qué tipo de personas muestra la obra? Describan cómo creen que son estas personas.
3. ¿Qué ocurre? Describan la acción en detalle.
4. ¿Les gusta este cuadro? ¿Por qué?

Gente y lugares

Lectura

Entrando en materia

 1–48. Antes de leer. Miren rápidamente el texto y la fotografía de la página 36. ¿Pueden adelantar información sobre el texto sin leerlo? ¿Quién creen que es esta persona? ¿Qué datos hay en la presentación del texto que les dan pistas (*hints*) sobre el contenido?

1–49. ¿Cuál es el tema? Lean el título y el primer párrafo de la lectura y seleccionen el mejor resumen de su tema.

a. Tego Calderón es un artista musical de *hip hop* que se preocupa de los problemas sociales en varios continentes.

b. Tego es un rapero con conciertos en Europa, Estados Unidos, y África, donde compra diamantes.

c. Las canciones del nuevo disco de Tego exponen sus ideas sobre el racismo y otros males sociales que aquejan a los hispanos.

Por si acaso

Expresiones útiles para comparar respuestas con otro estudiante

¿Qué tienes/ pusiste en el número 1/ 2/ 3?
Yo tengo/ puse a/ b.
Yo tengo algo diferente.
No sé la respuesta./ No tengo ni idea.
Creo que la respuesta es a/ b, pero no estoy seguro/a.
Creo que es cierto./Creo que es falso.

1–50. Vocabulario: Antes de leer. En parejas, expliquen con sus propias palabras el significado de cada palabra de la lista. Expliquen cada palabra usando un sinónimo, un antónimo o una elaboración. Observen el contexto de las palabras en negrita en la lectura y consulten el vocabulario al final del capítulo si es necesario.

1. **gira**
   - **a)** sinónimo _____
   - **b)** antónimo _____
   - **c)** elaboración _____

2. **puente**
   - **a)** sinónimo _____
   - **b)** antónimo _____
   - **c)** elaboración _____

3. **apegado**
   - **a)** sinónimo _____
   - **b)** antónimo _____
   - **c)** elaboración _____

4. **éxito**
   - **a)** sinónimo _____
   - **b)** antónimo _____
   - **c)** elaboración _____

5. **gastada**
   - **a)** sinónimo _____
   - **b)** antónimo _____
   - **c)** elaboración _____

6. **hace muchísimo daño**
   - **a)** sinónimo _____
   - **b)** antónimo _____
   - **c)** elaboración _____

7. **estar ilusionado**
   - **a)** sinónimo _____
   - **b)** antónimo _____
   - **c)** elaboración _____

8. **no quitarle el sueño**
   - **a)** sinónimo _____
   - **b)** antónimo _____
   - **c)** elaboración _____

Estrategia: Anticipar el contenido por el título

Antes de leer un texto en otro idioma, lee el título, ya que te puede proporcionar mucha información. Dedica un minuto a pensar en el título y formula una o dos hipótesis sobre el tema que crees que va a tratar el texto. Piensa en uno o dos contextos posibles para ese título, y después, usa la información que ya conoces sobre ese tipo de situación para determinar de qué tratará el texto. Anota tus hipótesis en un papel antes de proceder con la lectura, para revisarlas después de leer.

Charla con Tego Calderón: *Hip hop* con conciencia social

Tego Calderón es sin duda alguna uno de los más experimentados exponentes del género latino urbano. Su estilo musical mezcla rap y ritmos afro-caribeños y su temática hace referencia a los problemas sociales de la comunidad latina urbana: pobreza, racismo, violencia, droga, crimen. Recientemente viajó a Sierra Leona (África) para filmar un documental sobre el comercio internacional de diamantes, y la experiencia le ha afectado muchísimo. Conversamos con él durante los preparativos de una nueva **gira** por Estados Unidos y Europa para seguir la promoción de su disco "El Abayarde Contrataca."

*¿Las temáticas de tus canciones continúan **ligadas** a la problemática social?*

No siempre. La verdad es que a mí me encanta hablar de los problemas sociales cuando compongo canciones,

pero mi principal mercado es Puerto Rico, donde la gente se deja llevar por temas menos serios. Por eso para llegar a más gente solamente incluyo dos o tres canciones que reflejan esa realidad en cada disco.

¿Qué te hace diferente de tus colegas en la escena urbana, especialmente la del reggaetón?

Yo me considero un **puente** entre los cantantes más jóvenes y los más experimentados. El reggaetón sobrevivió una década en Puerto Rico como un movimiento subterráneo, pero todo eso cambió en el 2002 y 2003 cuando comenzó a ganar popularidad. Al mismo tiempo, comenzaron a tocar mi música y a identificarla con el reggaetón. Sin embargo, yo considero que estoy **apegado** al movimiento latino más general y al *hip hop* latino especialmente y no exclusivamente al reggaetón.

¿Sinceramente consideras que ha habido algún progreso desde la explosión del reggaetón?

Creo que sí, pero al mismo tiempo el movimiento está muy saturado porque aparecieron muchos muchachos jóvenes entusiasmados por el **éxito** de algunos artistas y por la oportunidad que les dieron los sellos discográficos. Para mí fueron demasiados y el problema es que no todos tienen el talento necesario y muchos insisten simplemente en repetir una fórmula musical que ya está muy **gastada**. La monotonía no ayuda y lo único que hace es aburrir a la gente. Modestia aparte, yo creo que al final solamente vamos a quedar algunos, así como ha sucedido con otros géneros latinos como la salsa y el merengue.

Has viajado a Sierra Leona recientemente, ¿verdad?

Sí. Allí Raekwon, Paul Wall y yo filmamos *Bling: A Planet Rock* para VH1.

¿Te afectó mucho el viaje?

Claro que sí. Además de observar los problemas causados por la guerra civil, aprendimos cómo el comercio internacional de diamantes **hace muchísimo**

daño a los africanos. Ya no puedo llevar diamantes, y con la película queremos educar a los jóvenes sobre las consecuencias tóxicas de llevar "bling."

*¿**Estás ilusionado** con tu nominación para un Grammy americano?*

Mira, francamente **no me quita el sueño** porque generalmente en estas entregas de premios no ganan necesariamente los mejores. No creas que si gano voy a cambiar mi opinión al respecto.

Bueno Tego, ¿tienes algunas palabras de cierre?

Que le digan NO a la piratería...y ¡GRACIAS!

 1–51. Temas de la entrevista. Identifiquen los temas de la entrevista y comparen sus respuestas con un/a compañero/a. ¿Son iguales?

1-51 **Answers:** 1; 3; 5; 6; 8

1. la historia del reggaetón
2. planes para su vejez *(old age)*
3. clasificación musical de Tego
4. el lugar de su residencia
5. las causas sociales
6. la posibilidad de ganar un premio Grammy
7. su personalidad
8. la falta de originalidad en el reggaetón

 1–52. Vocabulario: Después de leer. Las expresiones siguientes se usan en la entrevista. ¿Qué tema de la actividad 1-51 asocian con cada expresión?

1-52 **Answers:** no me quita el sueño: 6; repetir una fórmula (...) gastada: 8; un puente...: 3; aparecieron muchos muchachos jóvenes...: 1 or 8; el comercio internacional de diamantes: 5

_____ no me quita el sueño

_____ repetir una fórmula (...) gastada

_____ un puente entre los cantantes más jóvenes y los más experimentados

_____ aparecieron muchos muchachos jóvenes entusiasmados por el éxito de algunos artistas

_____ el comercio internacional de diamantes hace muchísimo daño

 1–53. En detalle. En parejas, determinen cuáles son los tres datos más importantes que aprendieron sobre Tego Calderón. Escríbanlos y luego coméntenlos con la clase.

1–54. Debate. En grupos de cuatro, formen dos equipos de dos. El equipo A debe estar a favor de dos de las cuatro afirmaciones de abajo. El equipo B debe estar en contra. Preparen sus argumentos durante cinco minutos y después, hagan un debate para intentar persuadir al otro equipo sobre su punto de vista. Utilicen estas expresiones durante el debate.

"(No) estoy de acuerdo," "No me convences," "Eso no es verdad," "Tu argumento es débil," "Estás equivocado/a *(wrong)*".

1. La música *hip hop* promueve la violencia, la droga, y un punto de vista negativo sobre las mujeres.
2. La piratería debe ser un acto criminal con consecuencias legales graves.
3. El reggaetón es un género musical formulaico, monótono y sin originalidad.
4. Los premios Grammy reconocen a los mejores artistas musicales.

Ven a conocer

 1–55. Anticipación.

1-55 **Answers:** 3; 4; 5; 1; 2

Ven a conocer Teaching tip: Recording available on the textbook CD.

1. Miren la foto que acompaña la lectura y descríbanla con tantos detalles como sea posible.
2. Lean rápidamente cada párrafo de la lectura y presten atención al vocabulario. Según el contenido, ¿qué párrafo (1, 2, 3, etc.) trata las ideas siguientes?

   ——— las primeras impresiones de la isla de Vieques

   ——— la experiencia de la bioluminiscencia en la Bahía Mosquito

   ——— la preocupación por la conservación ecológica de la bahía

   ——— la ciencia de la bioluminiscencia

   ——— la geografía, la política, y la historia de la ocupación militar de Vieques

Puerto Rico:
La isla de Vieques

La bioluminiscencia acontece en todos los mares del mundo, pero en Puerto Rico el fenómeno ocurre con mayor intensidad. Así lo afirman los visitantes nocturnos de la Bahía Mosquito. Según el doctor Juan González Lagoa, director del Centro de Recursos para Ciencias e Ingeniería del Recinto Universitario de Mayagüez, en las aguas del trópico la bioluminiscencia es mayormente causada por unos organismos microscópicos conocidos como dinoflagelados, específicamente la especie *pyrodinium bahamense*, nombre científico que se deriva de la palabra griega *pyro*, que significa "fuego", y de *dino*, que quiere decir "mover o girar". Los dinoflagelados producen luz mediante un proceso químico en el que se unen dos sustancias orgánicas conocidas como luciferina y luciferaza. Cuando estas moléculas reaccionan, liberan energía en forma de luz.

La Bahía Mosquito está situada en la isla de Vieques, que forma parte del Estado Libre Asociado de

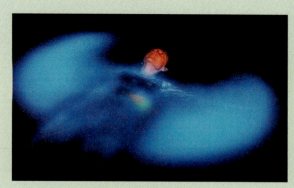
Bioluminiscencia. Bahía Mosquito.

Puerto Rico. Vieques está ubicada aproximadamente a siete millas al sudeste de la isla principal de Puerto Rico. Desde la década de 1940 hasta mayo de 2003, la Marina de EE.UU. fue propietaria de aproximadamente la mitad de la isla y llevaba a cabo ejercicios de entrenamiento militar que incluían bombardeos de combate en una zona de aproximadamente 900 acres conocida como zona de impacto de combate. A partir de 1999, los viequenses organizaron protestas, y, en 2003, las fuerzas armadas estadounidenses se retiraron definitivamente de la isla.

Se llega a Vieques a bordo de unos barcos que parten a diario desde Fajardo, en la isla grande.

También se puede tomar una pequeña avioneta que da el salto en apenas 15 minutos de vuelo, que son suficientes para apreciar desde el aire la extensión de selvas verdes y la quietud del paisaje natural. A vista de pájaro, nadie diría que Vieques fue durante 60 años un campo de bombardeo militar.

Al caer la noche, la bahía se convierte en una gigantesca luciérnaga cada vez que algo agita la superficie de sus calmadas aguas, ya sea un pez en busca de comida, el motor de una embarcación o los muchos curiosos que acuden a observar el fenómeno y se bañan en sus aguas. Al agitar los brazos y piernas, estos bañistas nocturnos se convierten en una especie de bombilla viviente.

El doctor González Lagoa admite que el equilibrio entre todas las características especiales necesarias para la subsistencia de los dinoflagelados es delicado y extremadamente frágil. La proliferación de viviendas en el área, el aumento en el tránsito de los botes y la pobre planificación en el uso de los terrenos en las zonas cercanas ponen en peligro la supervivencia de los dinoflagelados. Si se logra controlar todos estos factores, la Bahía Mosquito seguirá ofreciéndoles una experiencia única a sus visitantes por muchos años.

1–56. ¿Viaje a Vieques? Ustedes están considerando la posibilidad de viajar a Vieques, Puerto Rico. Hablen sobre tres aspectos de la descripción de Vieques que les parecen atractivos y sobre aspectos de la descripción que no les atraen. ¿Qué otra información necesitan antes de decidir si van a viajar a Vieques? Escriban tres preguntas que le harían a un agente de viajes antes de salir de viaje.

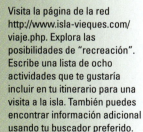

Viaje virtual

Visita la página de la red http://www.isla-vieques.com/viaje.php. Explora las posibilidades de "recreación". Escribe una lista de ocho actividades que te gustaría incluir en tu itinerario para una visita a la isla. También puedes encontrar información adicional usando tu buscador preferido.

Redacción

1–57. Una descripción Tus padres van a recibir en su casa a un/a estudiante de Puerto Rico durante el verano. Como sabes español, te han pedido que le escribas una carta dándole información sobre tu lugar de residencia, tu familia y sus costumbres, tus amigos y tus actividades del verano. Sigue los pasos siguientes.

Preparación

Redacción **Teaching tip:** The *Preparación* activities can be completed in class in pairs or at home by individual students.

Piensa en los siguientes puntos:

1. ¿Cómo es el estudiante de intercambio a quien le vas a escribir?
   a. una persona muy activa con muchos intereses
   b. una persona introvertida e intelectual
   c. una persona extrovertida y algo irresponsable
   d. una persona parecida a ti

2. ¿Cómo vas a comenzar la carta?
   a. algo formal: "Estimado Pedro: Soy Alejandro, tu nuevo amigo en (tu ciudad). He decidido escribirte esta carta para darte la información que necesitas antes de hacer tu viaje…"
   b. algo informal: "¡Hola Pedro! Mi familia y yo estamos contando los días que faltan para que vengas. Aquí lo vas a pasar muy bien este verano. Déjame que te cuente sobre las cosas más geniales de mi vida aquí…"

3. ¿Qué temas vas a incluir? Aquí tienes algunas sugerencias:
   a. descripción de tu pueblo/ciudad
   b. descripción de tu familia
   c. descripción de algunas costumbres familiares que podrían sorprender al visitante por ser de otra cultura
   d. descripción de tu grupo de amigos y de lo que hacen en verano
   e. descripción de la escuela de verano a la que va a asistir el estudiante durante su estancia
   f. otros temas

4. ¿Cómo vas a terminar la carta? Piensa en una forma de terminar que sea consistente con el tono que has usado en toda la carta.
   a. Bueno, ya te he contado suficiente. Ahora lo que hace falta es que vengas y lo veas todo con tus propios ojos. ¡Nos vemos en el aeropuerto! Hasta pronto,…
   b. Bueno, ya no te cuento más. Ahora tienes que venir y verlo por ti mismo. Un afectuoso saludo,…

A escribir

1. Escribe un primer borrador teniendo en cuenta las necesidades de tu lector (el estudiante de intercambio) y sus preferencias.

2. Las expresiones de la lista te servirán para hacer transiciones entre las diferentes ideas o partes de la carta.

a diferencia de, en contraste con	*in contrast to*
igual que	*the same as, equal to*
mientras	*while*
al fin y al cabo	*in the end*
en resumen	*in summary*
después de todo	*after all*
sin embargo	*however*

Revisión

Para revisar tu redacción usa la guía de revisión del Apéndice C. Después de hacer el número de revisiones que te indique tu instructor/a, escribe la versión final y entrega tu redacción.

El escritor tiene la palabra

Isabel Allende (1942)

En este capítulo, ustedes leyeron sobre la escritora chilena Isabel Allende. Ahora van a leer un fragmento de su obra *Paula,* un testimonio que Allende escribió cuando su hija, Paula, entró en coma a los 28 años y la autora la cuidaba en el hospital. *Paula* narra la historia de la familia de Allende, comenzando con sus abuelos, para contarle a su hija sobre sus antepasados. También narra la historia de la enfermedad y la muerte, en menos de un año, de Paula. En el fragmento, Allende le describe a Paula una fotografía familiar sacada en la década de 1960. El fragmento es un ejemplo del arte de la descripción literaria: detalles multidimensionales y sugestivos que crean una imagen compleja de la persona.

1–58. Entrando en materia. Hay varias personas en la fotografía que Allende describe. Sin embargo, se centra en una persona: el abuelo de la autora (bisabuelo de Paula). Antes de leer, cada alumno/a debe pensar en una persona mayor de su familia que respeta mucho y describir a esa persona según estas preguntas:

1. ¿Cuáles son dos rasgos físicos notables de la persona? ¿Hay alguna parte del cuerpo en particular que se destaca *(stands out)*?
2. ¿Cuáles son dos hábitos o costumbres característicos de esta persona?
3. ¿Tiene o tenía opiniones firmes sobre algo? ¿Tiene o tenía una filosofía personal de la vida?
4. ¿Hay objetos, lugares o sucesos que asocias con esta persona?

Paula (fragmento)

Mira, Paula, tengo aquí el retrato del Tata. Este hombre de facciones severas, pupila clara, lentes sin **montura**[1] y **boina**[2] negra, es tu bisabuelo. En la fotografía aparece sentado empuñando su **bastón**[3], y junto a él, **apoyada en**[4] su rodilla derecha, hay una niña de tres años vestida de fiesta, graciosa como una bailarina en miniatura, mirando la cámara con ojos lánguidos. Ésa eres tú, detrás estamos mi madre y yo, la silla me oculta la barriga, estaba embarazada de tu hermano Nicolás. Se ve al viejo de frente y se aprecia su gesto **altivo**[5], esa dignidad sin **aspavientos**[6]... Lo recuerdo siempre anciano, aunque casi sin **arrugas**[7], salvo dos surcos profundos en las **comisuras**[8] de la boca, con una blanca **melena**[9] de león y una risa brusca de dientes amarillos. Al final de sus años le costaba moverse, pero se ponía trabajosamente de pie para saludar y despedir a las mujeres y apoyado en su bastón acompañaba a las visitas hasta la puerta del jardín. Me gustaban sus manos, **ramas retorcidas de roble**[10], fuertes y nudosas, su infaltable pañuelo de seda **al cuello**[11] y su olor a jabón inglés de lavanda y desinfectante. Trató con humor desprendido de inculcar a sus descendientes su filosofía estoica; la incomodidad le parecía **sana**[12] y la calefacción **nociva**[13], exigía comida simple - nada de salsas ni revoltijos - y le parecía vulgar divertirse... Fíjate en mi madre, que en este retrato tiene algo más de cuarenta años y se encuentra en el **apogeo**[14] de su esplendor, vestida a la moda con falda corta y el pelo como un **nido de abejas**[15]. Está riéndose y sus grandes ojos verdes se ven como dos rayas enmarcadas por el arco en punta de las **cejas**[16] negras. Ésa era la época más feliz de su vida, cuando había terminado de criar a sus hijos, estaba enamorada y todavía su mundo parecía seguro.

 1–59. Los elementos de la descripción. Identifiquen 2 ó 3 ejemplos de:

1. Rasgos físicos del Tata
2. Hábitos y costumbres del Tata
3. Olores asociados con el Tata
4. Ropa o pertenencias *(belongings)*
5. Opiniones y filosofía que tenía el Tata

 1–60. Nuestra interpretación de la obra. En parejas, comparen sus respuestas a estas preguntas usando el vocabulario.

1. Según la descripción del Tata, ¿cómo es su personalidad? (Mencionen por lo menos cuatro características.)
2. Las últimas líneas de la descripción hablan de la madre de Allende (abuela de Paula). ¿Cómo es la madre o cómo está la madre en la foto?
3. Allende describe las manos del Tata con la metáfora de "ramas retorcidas de roble." ¿Qué les sugiere la metáfora?, ¿el aspecto físico de sus manos?, ¿algún aspecto del carácter del Tata?, ¿algo sobre la vida del Tata?
4. Imaginen que van a conocer a esta familia. Escriban dos preguntas para cada uno.

---

1. *frames;* 2. *beret;* 3. *cane;* 4. *leaning against;* 5. *proud;* 6. *fuss;* 7. *wrinkles;* 8. *corners;* 9. *head of hair;* 10. *twisted oak branches;* 11. *around his neck;* 12. *healthy;* 13. *harmful;* 14. *high point;* 15. *bee hive;* 16. *eye brows*

Vocabulario

Ampliar vocabulario

apegado/a	*to be attached to*
ausente	*absent*
compaginar	*to fit, combine*
cortar el rollo	*end the conversation (col.)*
costero/a	*on the coast*
cotizado/a	*valued, sought-after*
desarrollo *m*	*development*
dicción *f*	*diction*
edificio *m*	*building*
encajar	*to fit*
estar ilusionado/a	*to be excited*
éxito *m*	*success*
firmar	*to sign*
fuente *f*	*source; fountain*
gastado/a	*over-used, worn out*
gira *f*	*tour*
golpe de estado *m*	*coup d'état*
hacer daño	*to harm*
jubilado/a	*retired, retiree*
justicia *f*	*justice, the law*
lanzador *m*	*pitcher*
ligar	*to bind*
malabarismo *m*	*juggling*
ocio *m*	*free time*
padrísimo/a	*fantastic*
personaje *m*	*fictional character*
platicar	*to talk, chat (Mex.)*
puente *m*	*bridge*
quitarle el sueño	*to lose sleep (over something)*

reconocimiento *m*	*recognition*
reformatorio *m*	*juvenile detention center*
rezar	*to pray*
superar	*to overcome*
taíno *m*	*native group of the Caribbean islands*
tiro con arco *m*	*archery*
vendedor ambulante *m*	*street vendor*

Vocabulario glosado

al cuello	*around the neck*
altivo/a	*proud*
apogeo *m*	*high point*
apoyado/a en	*leaning against*
arruga *f*	*wrinkle*
aspaviento *m*	*fuss*
bastón *m*	*cane*
boina *f*	*beret*
ceja *f*	*eye brow*
comisura *f*	*corner*
melena *f*	*head of hair*
montura *f*	*frames*
nido de abeja *m*	*bee hive*
nocivo/a	*harmful*
rama *f*	*branch*
retorcido/a	*twisted*
roble *m*	*oak*
sano/a	*healthy*

Vocabulario

Vocabulario para conversar

Para usar el circunloquio

Es algo que...	*It is something that . . .*
Es un animal que...	*It's an animal that . . .*
Es un lugar que...	*It is a place that . . .*
Es una cosa de color...	*The color is . . .*
Es una cosa que se usa para...	*It is a thing used for . . .*
Es una persona que...	*It's a person that . . .*
Huele a...	*It smells like . . .*
Sabe a...	*It tastes like . . .*
Se parece a...	*It looks like . . .*
Suena a...	*It sounds like . . .*

Para controlar el ritmo de la conversación

A ver, déjame pensar un minuto...	*Let's see, let me think for a minute . . .*
Dame un minuto...	*Give me a minute . . .*
Más despacio, por favor.	*Slower, please.*
No comprendo. Repite/a, por favor.	*I don't understand. Please repeat.*
¿Puede(s) escribirlo, por favor?	*Could you write it out, please?*
¿Puede(s) repetirlo, por favor?	*Can you repeat, please?*
Pues.../ Bueno...	*Well . . .*
Pues/ Bueno, necesito más tiempo para pensar.	*Well, I need more time to think.*
Pues/ Bueno, no puedo responderte ahora mismo.	*Well, I can't give you an answer right now.*
¿Qué significa la palabra *terapeuta*?	*What does* terapeuta *mean?*

Para hablar por teléfono

Adiós/ Bueno, adiós.	*OK, bye.*
¿Aló?	*Hello?*
Bueno.	*Hello? (Mex.)*
¿Diga?/Dígame./¿Sí?	*Hello? (Spain)*
Hasta luego./ Bueno, hasta luego.	*Good bye.*
Hola, soy María/ habla María.	*Hello, this is María.*
Nos hablamos./ Bueno, nos hablamos.	*OK., talk to you later.*
Oigo.	*Hello? (Cuba)*
Por favor, ¿está Juan?/¿Se encuentra Juan?	*Is Juan there, please?*

CAPÍTULO 2

LAS RELACIONES DE NUESTRA GENTE

ADDITIONAL ACTIVITIES FOR EACH TEMA AND ANIMATED GRAMMAR TUTORIALS AVAILABLE ONLINE.

Objetivos del capítulo

En este capítulo vas a...

- explorar algunos temas clave sobre las relaciones humanas
- expresarte de manera impersonal
- pedir y dar información a otras personas
- describir y narrar en el pasado
- contar anécdotas
- comparar tus experiencias con las de otras personas

TEMA

En mi papel de madre trabajadora, a menudo tengo que coordinar mis obligaciones profesionales y familiares. ¿Es mi estilo de vida similar al tuyo o al de tu familia?

En familia

Lectura

2-1 **Recycling**: You may want to review the Present in *Capítulo 1, Tema 1.*

Por si acaso

Expresiones útiles para comparar respuestas con otro estudiante

¿Qué tienes/ pusiste en el número 1/ 2/ 3?
Yo tengo/ puse a/ b.
Yo tengo algo diferente.
No sé la respuesta./ No tengo ni idea.
Creo que la respuesta es a/ b, pero no estoy seguro/a.
Creo que es cierto./ creo que es falso.

Entrando en materia

 2–1. En Estados Unidos. En grupos de cuatro den las respuestas a las siguientes preguntas. ¿Están todos de acuerdo? ¿En qué áreas hay más diferencias de opinión entre ustedes? Hablen sobre estos temas e intenten llegar a una respuesta para cada pregunta con la que todos estén de acuerdo.

- ¿Cuál creen que es la edad promedio de las personas que se casan en EE.UU. por primera vez?
- ¿Es cierto que muchas parejas en EE.UU. prefieren vivir juntas en vez de casarse?
- En su opinión, ¿está aumentando o disminuyendo el divorcio en EE.UU?
- ¿Dónde vive la mayoría de las personas mayores en Estados Unidos: en su propia casa, en la casa de sus hijos, en residencias para personas mayores?
- ¿Creen que las estadounidenses que trabajan reciben mucha ayuda de su pareja en el trabajo de la casa y el cuidado de los hijos? Justifiquen sus opiniones.

2–2. Vocabulario: Antes de leer.

Antes de leer la siguiente sección, busquen las palabras y expresiones siguientes en la lectura para ayudarles a comprender el vocabulario nuevo. Usando el contexto y la intuición determinen si su significado se asocia con la definición de la *a* o la *b*.

1. **en gran medida**   **a.** mucho   **b.** poco
2. **al igual que**   **a.** de la misma manera   **b.** de forma diferente
3. **índice**   **a.** número   **b.** tabla
4. **imponer**   **a.** quitar   **b.** mandar
5. **la pareja**   **a.** tres personas   **b.** dos personas
6. **retrasar**   **a.** avanzar   **b.** ir hacia atrás
7. **jubilado**   **a.** jubileo   **b.** retirado
8. **aficiones**   **a.** pasatiempos   **b.** oficios
9. **aumento**   **a.** hacer más grande   **b.** hacer más pequeño
10. **ama de casa**   **a.** madre de familia   **b.** señora de la limpieza
11. **tareas domésticas**   **a.** trabajo en la oficina   **b.** trabajo en la casa

Cuestión de familias

En este artículo, van a explorar los efectos que la vida moderna tiene en las relaciones familiares, con especial atención al matrimonio, la tercera edad (*the elderly*) y el papel de la mujer. Antes de leer, piensen en el concepto estereotípico de "la familia hispana." ¿Conocen este estereotipo? ¿En qué consiste? Escriban una lista de tres elementos que lo componen y guarden la lista para comentar después de la lectura.

La familia hispana no existe. La enorme diversidad del mundo hispano hace que las relaciones familiares varíen según la cultura de un país determinado, el nivel de educación de los padres, la herencia cultural y racial de los miembros, el contorno geográfico de su hogar y muchos otros factores. Por ejemplo, en algunas comunidades de Centroamérica donde mucha gente es de origen indígena, se conservan varias costumbres y tradiciones de hace cientos de años. Por otra parte, en las grandes ciudades de Sudamérica, hay familias de clase media o alta que se parecen a las familias urbanas con medios económicos similares de Europa, Asia o África. Ⓜ

Ⓜ omento de reflexión

Indica si la siguiente idea resume el contenido del párrafo anterior.

Las características de las familias hispanas son tan diferentes que es imposible definir una familia típica.

Sí ☒   No ☐

La familia hispana de la clase media, destaca por haber cambiado **en gran medida** su estructura y sus costumbres en décadas recientes. Una causa de estos cambios, **al igual que** en Estados Unidos y otras partes del mundo, es la internacionalización de los medios de comunicación y el desarrollo de la economía internacional.

En todo el mundo, las familias con recursos consumen productos similares, ven programas de televisión parecidos, comparten aspiraciones semejantes y se tropiezan con los mismos obstáculos económicos.

Un cambio notable en estas familias ha sido un mayor **índice** de divorcios, a pesar de las limitaciones que tradicionalmente **impone** la iglesia católica. Además, se observa una tendencia entre **las parejas** a **retrasar** el matrimonio. Las parejas se casan cada vez más tarde y tienen menos hijos que en el pasado. También es más frecuente que las parejas decidan vivir juntas sin casarse.

La vida moderna ha transformado la realidad de las personas mayores en las familias de clase media. En el pasado era frecuente que los abuelos vivieran con uno de los hijos al llegar a una edad avanzada, pero hoy en día las personas mayores son más independientes. Esta nueva generación de **jubilados** se dedica más a sus propias **aficiones**, a sus amigos y, en muchos casos, a viajar. ¹

Muchos de estos cambios se deben al **aumento** de las oportunidades y de las expectativas para la mujer. En el pasado, frecuentemente el papel de la mujer era casi exclusivamente el de **ama de casa** y ella era responsable de todas las **tareas domésticas**. El divorcio no era una opción para las mujeres que no tenían la capacidad de lograr la independencia económica del esposo. Ya que las mujeres modernas persiguen una educación universitaria, muchas de ellas esperan hasta después de establecerse profesionalmente para casarse. Esta tendencia explica que la edad promedio de la mujer para casarse haya ascendido y que el número de hijos por familia haya disminuido. Ⓜ²

> ¹ Ⓜ **omento de reflexión**
>
> Indica si la siguiente idea es correcta.
>
> *En el presente, las personas mayores generalmente dependen de los hijos.*
>
> Sí ☐   No ☒

> ² Ⓜ **omento de reflexión**
>
> ¿Es esto verdad?
>
> *Las nuevas posibilidades para la mujer son una de las causas de muchos cambios en la familia.*
>
> Sí ☒   No ☐

2–3. La familia moderna. ¿Aprendieron algo nuevo sobre las familias hispanohablantes al leer el artículo? En parejas, comparen las notas que escribieron antes de la lectura. ¿Coinciden sus ideas con la información que presenta el artículo? Si no es así, revisen la lista y modifiquen las ideas anteriores usando la información de la lectura.

2–4. Vocabulario: Después de leer.

En parejas, una persona debe hacer las preguntas correspondientes al estudiante A y la otra debe hacer las preguntas correspondientes al estudiante B. Presten atención a las respuestas de la otra persona. ¿Tienen ideas más o menos similares? ¿En qué se parecen? Si no tienen las mismas ideas sobre estos asuntos, ¿cuáles son los motivos de las diferencias de opiniones?

Estudiante A:

1. En muchas familias, los padres **imponen** su voluntad sobre sus hijos, incluso cuando estos son adultos. ¿Crees que esto es necesario? ¿Por qué?

2. ¿Qué es lo primero que piensas al escuchar la palabra **jubilado**? ¿Qué diferencias culturales crees que hay entre los jubilados hispanos y los estadounidenses? ¿Crees que tienen las mismas **aficiones**?

Estudiante B:

1. ¿Crees que ha habido un **aumento** en el número de padres que se quedan en casa a cuidar de los hijos en los últimos años? ¿Cuál crees que es la razón de esto?

2. ¿Crees que en los matrimonios jóvenes las **tareas domésticas** se reparten igualmente entre los esposos o crees que la mujer hace casi todo el trabajo? ¿Crees que la cultura de cada familia influye mucho a la hora de decidir quién se ocupa de la casa? ¿Por qué?

2–5. ¿Existe una familia típica en el salón de clase?

Para esta actividad, formen grupos de cuatro. Van a hacer una encuesta para determinar si las familias de sus compañeros de clase tienen características en común.

A. Primero, cada estudiante debe describir a su familia según las características de la lista. Los otros deben tomar notas.

2-5 **Recycling:**
Students can either question each other about their families, in which case you will want to review question formation for each of the characteristics, or they can simply inform their group, in which case you may wish to model some of the points using *hay, tenían, estar* vs. *ser, etc.*

Por si acaso

(bis)abuelo/a	*(great) grandfather/ mother*
casarse	*to get married*
cuñado/a	*brother/ sister-in-law*
divorciado/a	*divorced*
divorciarse	*to get a divorce*
gemelo/a	*twin*
guardería infantil	*child care, day care center*
hermanastro/a	*stepbrother/ stepsister*
madrastra	*stepmother*
padrastro	*stepfather*
primo/a	*cousin*
sobrino/a	*nephew/niece*
tener hijos	*to have children*
tío/a	*uncle/aunt*
trabajar por horas	*to work part time*
viudo/a	*widower/ widow*

	Yo	Compañero 1	Compañero 2	Compañero 3
Número de personas				
Número de hermanos				
¿Padres divorciados? (sí/no)				
Edad de los padres al casarse				
La/s persona/s que trabajan fuera de casa				
La persona que contribuye más dinero a la familia				
La persona que suele hacer la compra				
La persona que suele preparar las comidas				
La persona que suele limpiar la casa				
Número de animales domésticos				

B. Analicen los datos y respondan a estas preguntas:

1. ¿Cuáles son las características familiares comunes en su grupo?
2. ¿Existe una familia típica en su grupo? Justifiquen su respuesta.
3. ¿Creen que sus observaciones son también válidas en un contexto más amplio, como en su ciudad o en Estados Unidos?

Gramática

Impersonal/Passive *se* to Express a Nonspecific Agent of an Action

Uses of **se:**

1. The impersonal **se** (**se** + *third-person singular verb*) is used to indicate that people are involved in the action of the verb but no specific individuals are identified as performing the action. The impersonal **se** translates the impersonal English subjects *one, you, people* or *they*.

   Se dice que las familias hispanas son más numerosas que las estadounidenses.
   People say that Hispanic families are larger than American families.

   No se debe pensar que las estadísticas siempre reflejan la realidad.
   One should not think that statistics always reflect reality.

2. You can use **se** as a substitute for the passive voice in Spanish. Use **se** with the third-person form of the verb. The verb is in the third-person singular when the sentence refers to a singular noun. If the sentence refers to a plural noun, the verb is in third-person plural.

   Se abrió una nueva guardería infantil cerca de mi casa.
   A new daycare center was opened near my house.

   En el pasado, **se imponían** muchas restricciones a las mujeres.
   Many restrictions were imposed on women in the past.

See *Grammar Reference 2* for information on the passive voice, resultant state, no-fault *se, hacer* in time expressions.

Gramática **Teaching tip:**
As you work through and analyze examples, remind students of two things: the agent's lack of importance in both structures and the ambiguity of sentences with a singular verb followed by singular noun, which can be translated using either "one" or the passive voice. Both translations communicate the same message: the agent is not what matters.

2–6. Identificación. Uno de tus compañeros ha escrito un texto sobre algunas características de la dinámica familiar para el periódico universitario. El problema es que ha escrito el primer párrafo usando *se* y los otros dos párrafos usando la primera persona del plural. Antes de publicar el texto, identifica el uso de **se** en el primer párrafo. Después, edita los dos últimos párrafos para que tengan el mismo estilo.

MODELO

En esta cultura nosotros respetamos a las personas mayores de la familia.
En esta cultura se respeta a las personas mayores de la familia.

En el seno de algunas familias hispanohablantes **se respeta** la figura de la persona mayor. Igualmente, **se respeta** la autoridad del padre y la madre, el hermano mayor, los abuelos, los tíos o los padrinos a cargo de la familia, según las circunstancias.

También **cuidamos** el buen nombre de la familia, lo cual puede producir fuertes reacciones sociales cuando **cuestionamos** o **perdemos** el honor familiar. Por eso, para muchas familias es muy importante "el qué dirán", es decir, la opinión que tienen los demás sobre la familia.

Ofrecemos apoyo afectivo y material a los miembros de la familia en todo momento. Por esta razón, **usamos** poco los servicios de ayuda pública. En nuestras familias los hijos sienten la obligación de cuidar a sus padres cuando éstos son mayores.

2–7. Hablando de estereotipos.
De la misma manera que algunas personas en EE.UU. tienen estereotipos sobre los hispanos, en otros países también hay estereotipos sobre Estados Unidos y los estadounidenses.

A. En parejas, creen una lista breve de cuáles pueden ser esos estereotipos. Incluyan un mínimo de cinco.

B. Ahora, lean la siguiente lista de estereotipos y determinen: a) si son ciertos y b) cuál es su origen probable.

> **MODELO**
>
> **Me parece que el comentario número uno es un estereotipo incorrecto porque...**
> **Me parece que el comentario número uno tiene su origen en la popularidad de McDonalds...**

1. En muchos países europeos **se cree** que los estadounidenses comen comida rápida todos los días.
2. En Estados Unidos **se come** más en restaurantes que en los países hispanos.
3. En otros países **se piensa** que la familia estadounidense media se muda de casa cada seis o siete años.
4. En Estados Unidos **se adoptan** muchos niños de otros países porque la gente es muy rica.
5. En Estados Unidos **se pasa** menos tiempo con los hijos que en los países hispanos.

2-6 Answers:
1. se respeta, se respeta;
2. se cuida, se cuestiona, se pierde; 3. se ofrece, se usan

2-6 Teaching tip:
Personalize this by having students tell what is done (or what one does) in their homes: *obedecer las reglas, dar afecto, hacer las tareas domésticas los sábados, respetar la autoridad, preparar las comidas juntos, etc.* In pairs, students can share information and report one similarity and one difference to the class.

2-7 Teaching tip:
Additional stereotypes might include gun ownership, violence, physical appearance, etc.

2–8. Estereotipos hispanos. En parejas, una persona va a hacer el papel de un entrevistador hispano que está investigando la actitud de los estadounidenses hacia los hispanos. La otra persona debe responder a las preguntas usando expresiones impersonales, para reflejar el punto de vista de la sociedad estadounidense, no sólo su propia opinión. Estas expresiones pueden ser útiles para la entrevista.

se piensa   se considera   se cree   se describe   se comenta   se discute

MODELO

¿Creen los estadounidenses que todos los hispanos tienen pelo castaño y ojos color café?
En general, se cree que la mayoría de los hispanos tiene el pelo castaño y los ojos color café pero sabemos que esto no es verdad porque...

1. ¿Creen los estadounidenses que la mayoría de los hispanos come comida picante?
2. En general, ¿piensan ustedes que los hispanos tienen un nivel de educación bajo?
3. ¿Creen que todos los hispanos hablan en voz alta y hacen muchos gestos con las manos?
4. ¿Qué piensan los estadounidenses con respecto a la costumbre de echarse la siesta?

 2–9. Tradición familiar. En parejas, expliquen cómo se celebran estas ocasiones especiales en la mayoría de las familias estadounidenses. ¿Qué cosas se hacen? ¿Qué comida se prepara?

MODELO

En las fiestas de cumpleaños generalmente se dan regalos.

1. el Día de Acción de Gracias
2. los cumpleaños
3. las bodas
4. las graduaciones
5. el Día de la Independencia

Ahora, cada uno de ustedes debe elegir un país de habla hispana e investigar cómo se celebran estas ocasiones en ese país (si se celebran). Cuando tengan toda la información necesaria, preparen un breve informe oral para presentarlo al resto de la clase.

 2–10. Con sus propias palabras. ¿Recuerdan el artículo que escribió su compañero para el periódico universitario? Ahora el director del periódico quiere incluir un artículo similar sobre la familia estadounidense. En parejas, escriban un pequeño artículo, usando **se**, para publicarlo en la próxima edición. Aquí tienen algunas ideas sobre los temas que pueden tratar en su artículo.

1. la importancia de las personas mayores
2. el honor familiar (el buen nombre de la familia)
3. el uso de los servicios de ayuda pública
4. el afecto entre los miembros de la familia

Vocabulario para conversar

Pedir y dar información

¿Me puedes explicar cómo usar _se_ en español?

Lo siento, pero no tengo ni idea.

Requesting and providing information are common functions in our communication with others. We request and give information in the course of interviews, surveys, asking and giving directions, and in daily conversations with family, friends, and co-workers. The following expressions will be useful when requesting and providing information. Remember that when the context of the conversation is formal, you use the **usted** form.

2–11. Palabras en acción. ¿Saben qué expresiones pueden usar para responder a estas preguntas? ¡Demuéstrenlo!

1. ¿Me puedes ayudar a hacer la tarea de mañana?
2. No comprendo, ¿qué quieres decir?
3. Buenos días, señor. ¿Qué desea?
4. ¿Qué quieres saber sobre el tema de la familia?

2-12 **Teaching tip:**
You may wish to play the *A escuchar* track for *Capítulo 2, Tema 1* from the *Activities Manual,* which presents a relevant model.

 2–12. Estudios y familia. El Departamento de Psicología de su universidad está haciendo un estudio sobre las costumbres familiares de los estudiantes. En grupos de tres, representen la situación a continuación usando las expresiones para pedir y dar información.

Estudiante A: Tú eres el/la entrevistador/a (*interviewer*) y ésta es la información que necesitas obtener de los estudiantes B y C. El/La estudiante B es una persona de tu edad. Háblale usando la forma *tú*. El/La estudiante C es una persona mayor. Háblale usando la forma *usted*.

1. Inicia la conversación.
2. Haz preguntas para obtener información personal: nombre, apellido/s, edad, especialización, lugar de residencia, número de miembros de la familia, hermanos mayores y menores y miembros de la familia extendida que viven con la persona entrevistada. Formula preguntas adicionales basadas en las respuestas.

3. Haz preguntas para obtener información sobre la relación del entrevistado con su familia: frecuencia de sus visitas a la residencia familiar, ocasiones especiales que pasa y no pasa con la familia, tiempo que dedica en el campus a mantener contacto con la familia (cartas, llamadas telefónicas, correo electrónico). Elabora preguntas adicionales basadas en las respuestas.

Estudiante B: Tú eres un/a estudiante de la edad de tu entrevistador/a. Contesta sus preguntas usando algunas de las expresiones que has aprendido para dar información.

Estudiante C: Tú eres un/a estudiante no tradicional y eres mayor que tu entrevistador/a. Contesta las preguntas usando algunas de las expresiones que has aprendido para dar información. Usa la imaginación para inventar detalles de la vida de una persona mayor que tú.

CURIOSIDADES

2–13. Crucigrama. Este crucigrama les ayudará a recordar palabras en español para designar las relaciones familiares. ¡Buena suerte!

HORIZONTALES

1. dos hermanos que nacieron el mismo día
2. los hijos de tus hermanos
3. tus progenitores (¡consulta el diccionario!)
4. el esposo de esta mujer murió

VERTICALES

5. progenie (¡consulta el diccionario!)
6. los padres de tus padres
7. este hombre ya no está casado
8. estas personas son los hermanos de tus padres

2-13 **Answers:**
1. gemelos; 2. sobrinos; 3. padres; 4. viuda; 5. hijos; 6. abuelos; 7. divorciado; 8. tíos

2-13 **Teaching tip:**
Refer students to the "Por si acaso" box in page 49 for help with vocabulary. After completing the crossword individually, review the following expressions for students to compare their answers.
Para 2 horizontal/ 7 vertical yo tengo... ¿Y tú? ¿Qué tienes? Yo no tengo nada. No sé la respuesta para 5 vertical.

Entre amigos

A escuchar

Entrando en materia

2-14 **Recycling:** You may want to review the present tense to describe daily routines.

2–14. Tu red de amigos. En parejas, una persona debe hacer las preguntas del estudiante A y la otra, las preguntas del estudiante B. Después, hablen sobre el tema para ver si tienen preferencias similares en cuanto a las amistades.

Estudiante A: ¿Tienes muchos amigos? En tu opinión, ¿existe un número ideal de amigos? ¿Tienes más amigos o amigas? ¿Hablas de las mismas cosas con tus amigos que con tus amigas? ¿Por qué?

Estudiante B: ¿Qué cualidades son más importantes para ti en un amigo o amiga? ¿Cómo conociste a tu mejor amigo/a? ¿Por qué consideras a esta persona como tu mejor amigo o amiga? ¿Crees que tú eres un buen amigo/una buena amiga? ¿Por qué?

Por si acaso

Expresiones útiles para comparar respuestas con otro estudiante

¿Qué tienes/ pusiste en el número 1/ 2/ 3?
Yo tengo/ puse a/ b.
Yo tengo algo diferente.
No sé la respuesta./ No tengo ni idea.
Creo que la respuesta es a/ b, pero no estoy seguro/a.
Creo que es cierto./Creo que es falso.

2–15. Vocabulario: Antes de escuchar. En la miniconferencia de este *Tema* van a escuchar una presentación sobre las relaciones entre amigos. Para prepararse, identifiquen la definición que corresponde a las expresiones escritas en negrita.

Expresiones en contexto

1. Dos personas que tienen una **amistad** verdadera saben que pueden contar la una con la otra en cualquier situación.
2. Las familias estadounidenses cambian de **lugar** de residencia frecuentemente.
3. Conocí a mi mejor amiga cuando teníamos cinco años. Nuestra amistad **duradera** es todavía muy fuerte hoy.
4. El **entorno** cultural determina lo que es o no es aceptable.
5. La característica más importante de los amigos es la **lealtad**.
6. La comunicación abierta es la mejor manera de llegar a una comprensión y evitar el **rechazo** mutuo.

2-15 **Answers:** 1. c; 2. e; 3. f; 4. a; 5. b; 6. d

Definiciones

a. el conjunto de cosas que nos rodean
b. calidad de ser honrado y fiel
c. el tipo de relación entre amigos
d. cuando una persona no acepta las ideas o la manera de ser de otra persona
e. donde está algo o alguien
f. adjetivo aplicado a cosas con una larga vida

Estrategia: Identificar los cognados

La identificación de los cognados puede ser muy útil para comprender un texto oral y escrito. Es fácil reconocer cognados cuando los vemos escritos, pero reconocerlos al escuchar otro idioma puede ser más difícil. Para ayudarte a reconocerlos mientras escuchas el texto, es importante que prestes atención a los sonidos básicos del español. Por ejemplo, las vocales son siempre secas y cortas en español, al contrario del inglés. Si recuerdas esta información mientras escuchas, podrás reconocer muchas más palabras que, aunque tienen un sonido diferente, son cognados de las mismas palabras en inglés.

2-16. Cognados. En la miniconferencia van a escuchar algunos cognados. ¿Saben la definición de estas palabras? Primero, identifiquen la definición de cada palabra. Después, túrnense para pronunciar cada palabra, concentrándose en pronunciar las vocales correctamente en español.

especializado	movilidad	calificar	establecerse	dinámica
interpersonal	anunciar	mínimo	intimidad	mutuo

1. dar un nombre o clasificar en una categoría
2. recíproco
3. un estado que requiere la compañía de un grupo de personas cercano a nosotros
4. situarse cómodamente en una posición nueva
5. la interacción de dos entidades
6. lo opuesto de estado estático, habilidad para cambiar de lugar
7. relativo a las relaciones entre dos o más personas
8. comunicar, avisar
9. dedicado a una actividad específica
10. muy pequeño

MINICONFERENCIA

La interpretación del término *amistad* y el etnocentrismo

You may want to use the *Miniconferencia* PowerPoint presentation available on Instructor Site at www.wiley.com/college/gallego and at www.wileyplus.com.

Ahora su instructor/a va a presentar una miniconferencia.

2-17. Las ideas fundamentales. Expliquen la ideas fundamentales de la miniconferencia.

1. ¿Qué es el etnocentrismo?
2. ¿Cómo causa el etnocentrismo el rechazo mutuo en personas de diferentes culturas?
3. ¿Están de acuerdo con la miniconferencia y su descripción de la amistad estadounidense?

2-18. Vocabulario: Después de escuchar. En parejas, escriban un párrafo breve sobre la amistad, usando todas las palabras que puedan de la lista de abajo. Pueden consultar la lista de vocabulario del capítulo si tienen dudas sobre el significado de alguna palabra.

entorno	duradero	lealtad	rechazo	amistad	lugar

MODELO

> **Nosotros creemos que compartir las mismas ideas es un elemento importante en una amistad...**

2–19. Más detalles. En grupos de cuatro, organicen un debate sobre uno de los siguientes puntos. Dos personas deben presentar opiniones a favor y las otras dos, opiniones en contra.

1. Las relaciones amistosas de los estadounidenses son más superficiales que las de los hispanos.
2. Los hispanos y los estadounidenses no pueden establecer amistades fuertes porque tienen demasiadas diferencias culturales.
3. La movilidad de la población no influye sobre las relaciones amistosas. Los amigos verdaderos no cambian durante toda la vida, no importa dónde vivamos.
4. A los hispanos no les gusta tener amigos estadounidenses porque piensan que son irresponsables, desleales y poco honorables.
5. La sociedad estadounidense valora más a los amigos que la sociedad hispana.

Gramática

Preterit and Imperfect in Contrast

In the course of a narration in Spanish you will have to use both the preterit and imperfect tenses to refer to the past.

The **preterit tense** is used to talk about completed past events.

> Mi amigo Antonio no **anunció** su visita.
>
> *My friend Antonio did not **announce** his visit.*

As you can see in the previous sentence, the event (Antonio's giving notice) is viewed as completed, over, or done with.

The **imperfect** is also used to refer to the past, but in a different way:

1. To refer to habitual events, repetitive actions, and to events that used to happen or things you used to do

   > Antonio nunca **anunciaba** sus visitas.
   >
   > *Antonio **would** never **announce** his visits.*

2. To describe a scene or to give background to a past event

   > La casa de Antonio **era** grande.
   >
   > *Antonio's house **was** big.*

3. To talk about an action in progress

   > Antonio **llamaba** a la puerta cuando el teléfono sonó.
   >
   > *Antonio **was knocking** on the door when the telephone rang.*

4. To tell time in the past

   > ¿Qué hora **era** cuando llegó Antonio?
   >
   > *What time **was it** when Antonio arrived?*
   >
   > **Eran** las 9:00 de la noche.
   >
   > *It **was** 9:00 p.m.*

5. To indicate age in the past

   > Antonio **tenía** cinco años cuando vino a EE.UU.
   >
   > *Antonio **was** five years old when he came to the U.S.*

6. To express a planned action in the past

   > Antonio me dijo el mes pasado que se **iba** a casar (**se casaba**) con Marta.
   >
   > *Last month, Antonio told me that he **was going** to marry Martha.*

See *Grammar Reference 2* for more about preterit/imperfect contrast.

2-20. Identificación.

Aquí tienes el testimonio de Antonio, un mexicano que emigró con su familia a Estados Unidos hace ya muchos años. Identifica si los verbos que usa Antonio están en pretérito o en imperfecto y explica por qué él eligió cada uno, teniendo en cuenta el contexto.

Recuerdo bien mis primeros años de vida en México. Éramos cinco hermanos en mi familia y vivíamos bien, en una casa que tenía muchas habitaciones. Mi padre trabajaba como ingeniero para una compañía y mi madre era instructora de escuela. Pero un día todo esto cambió.

El 24 de marzo de 1964 nos despedimos de nuestros amigos y familiares. Aquel 24 de marzo, no sólo dijimos adiós a nuestros parientes sino también a nuestra cultura.

2-21. El amor en la época de mis abuelos.

Antonio ha escrito un texto hablando de cómo era la vida cuando sus abuelos eran jóvenes, pero ha olvidado indicar cuál es el verbo correcto para cada frase. Una vez más, ustedes tienen que hacer de editor y arreglar el texto, incluyendo el verbo en el tiempo adecuado según el contexto.

En la época de mis abuelos las costumbres (fueron / eran) diferentes de las de hoy. Cuando mi abuelo (terminó / terminaba) el servicio militar (tuvo / tenía) veinte años. Poco después (conoció / conocía) a mi abuela, que (fue / era) la mujer más hermosa de Guadalajara, según mi abuelo. Durante su noviazgo, mi abuelo sólo (vio / veía) a mi abuela los domingos por la mañana en la iglesia, y sólo la (pudo / podía) ver en compañía de otras personas, nunca a solas. El día que mis abuelos (se casaron / se casaban) fue la primera vez que se les (permitió / permitía) estar solos. ¡Cómo han cambiado los tiempos!

2-22. Del pasado al presente.

Lean con atención la siguiente pregunta: ¿Creen que las experiencias que viviste en tu familia determinan cómo te relacionan ahora con los demás? Aquí tienen dos respuestas a la pregunta.

A. Subrayen los verbos e identifiquen el tiempo (pretérito, imperfecto, presente). Identifiquen también la regla gramatical que determine el uso de los tiempos verbales.

B. Cada estudiante debe escribir su propia respuesta en un párrafo corto e intercámbienla con un compañero/a. ¿Son muy diferentes sus respuestas?

Bueno, mi familia estaba muy unida y a mis padres no les daba vergüenza ser románticos delante de mí o de mis hermanos. Aunque una vez sí que se pusieron colorados (blushed) cuando mis hermanos y yo los pillamos (caught) haciendo manitas (holding hands) por debajo de la mesa. Yo soy ahora muy cariñosa con mis amigos y amigas, y creo que es por lo que vi en casa de pequeña.

Mis padres se querían mucho pero no lo demostraban demasiado en público. Mi padre era muy serio con nosotros pero nos daba cariño a su manera (in his own way). Por ejemplo, el día que me gradué de la escuela secundaria me dijo con lágrimas en los ojos (tears in his eyes) que ése era el día más feliz de su vida. Yo soy un poco tímido en mis relaciones con los demás, sobre todo con las chicas. Es difícil decir si esto tiene algo que ver con mi experiencia familiar de niño. No lo sé.

 2–23. Mi mejor amigo. ¿Quién era tu mejor amigo/a cuando eras pequeño/a? ¿Recuerdas bien a esa persona? Piensa en los detalles que hacían a esa persona tan especial para ti. Después, escribe un ensayo corto narrando tu relación con esa persona. Aquí tienes algunas sugerencias sobre la información que puedes incluir. Cuando termines, revisa la ortografía, los tiempos verbales y asegúrate de que usaste el imperfecto y el pretérito correctamente. Leéle la descripción a tu compañero/a.

¿Quién era?
¿Dónde se conocieron?
¿Dónde vivía?
¿Qué tenía de especial esta persona?
¿Qué actividades hacían juntos?
¿Continúa la relación en el presente?
Si la relación continúa, ¿cómo es ahora en comparación al pasado?

 2–24. Mi amigo/a famoso/a y yo. Imagina que eres muy buen/a amigo/a de una persona famosa y que hacen muchas cosas juntos. Vas a narrar una ocasión especial en la que salieron juntos. Puedes imaginar una cita romántica o simplemente una actividad amistosa.

A. Toma notas muy breves sobre la ocasión:

1. día y mes
2. el lugar o destino
3. la manera de vestirse
5. descripción del tiempo, la hora, y el lugar
5. eventos o acciones que ocurrieron

B. En parejas, cada estudiante debe convertir sus notas en una pequeña narración oral. Recuerden usar correctamente el pretérito y el imperfecto. Compartan una de las narraciones con la clase.

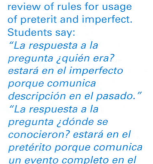

2-23 **Teaching tip:**
Use these questions as a review of rules for usage of preterit and imperfect. Students say:
"La respuesta a la pregunta ¿quién era? estará en el imperfecto porque comunica descripción en el pasado."
"La respuesta a la pregunta ¿dónde se conocieron? estará en el pretérito porque comunica un evento completo en el pasado."

2-24 **Teaching tip:**
This activity is designed for oral production. Students should now be comfortable enough with preterit/imperfect usage to complete this activity successfully without first committing their ideas to writing. Encourage them to keep notes to a minimum and apply what they have learned about the two past tense verb forms as they narrate.

2–25. En aquella época. Escribe un párrafo en el que narras la vida romántica de tus padres durante el noviazgo. Si no sabes mucho de cuando tus padres eran jóvenes, puedes inventar situaciones. Comienza tu narración con información de fondo (año o fecha, edad de las personas, lugar, etc.) y luego narra la acción. Incluye eventos completos, acciones habituales, acciones repetidas, etc. usando correctamente el imperfecto y el pretérito. Usen los siguientes verbos u otros que les sean útiles: tener, conocerse, salir, ir a, vivir en, estar, enamorarse, ser, besarse, gustar, pensar, escribir, invitar, comprar, casarse. Intercambia tu narración con la de un/a compañero/a, lee su narración y hazle dos o tres preguntas sobre el contenido.

Gramática

Comparatives

Comparisons are used to express equality or inequality. Comparisons of **equality** are formed in three different ways:

1. When we compare with an adjective or adverb → **tan** + *adjective/ adverb* + **como**

The adjective always agrees with the noun. Adverbs do not show agreement.

> Los amigos son **tan** importantes **como** la familia.
>
> *Friends are **as** important **as** family.*
>
> Las buenas amistades no se disuelven **tan** rápidamente **como** las amistades superficiales.
>
> *Good friendships do not dissolve **as** quickly **as** superficial friendships.*

2. When we compare with a noun → **tanto/a, tantos/as** + *noun* + **como, tanto** agrees with the noun in gender and number

> Rosa tiene **tantos** amigos **como** una estrella de cine.
>
> *Rosa has **as many** friends **as** a movie star.*

3. When we compare with a verb → *verb* + **tanto como**

The expression **tanto como** always follows the verb and shows no agreement.

> Mis padres me respetan **tanto como** yo los respeto.
>
> *My parents respect me **as much as** I respect them.*

Comparisons of **inequality** are expressed in two ways:

1. With adjectives, adverbs, and nouns → **más/menos** + *adjective, adverb, noun* + **que**

As with comparisons of equality, the adjective agrees with the noun, and adverbs show no agreement.

> Marisol y Anita son **más** altas **que** Juan.
>
> *Marisol and Anita are **taller than** Juan.*
>
> Tengo **más** amigos norteamericanos **que** hispanos.
>
> *I have **more** North American friends **than** Hispanic friends.*

Anita habla **más** lentamente **que** Marisol.

*Anita speaks **more** slowly **than** Marisol.*

2. With verbs → *verb* + **más/menos** + **que**

Yo salgo **más que** mis padres.

*I go out **more than** my parents.*

2–26. Identificación. A continuación tienen una serie de opiniones sobre las diferencias entre hombres y mujeres en las relaciones afectivas. En parejas, identifiquen las comparaciones de igualdad y las de desigualdad. Después, determinen si están de acuerdo o no con cada afirmación. Si no están de acuerdo, expresen su opinión con una comparación diferente.

1. Las mujeres son **más** fieles (*faithful*) **que** los hombres.
2. Las mujeres se casan **más** tarde **que** los hombres para disfrutar de la juventud.
3. Los hombres tienen **tantos** detalles (*gestures*) románticos **como** las mujeres.
4. A los hombres les gusta coquetear (*flirt*) **menos que** a las mujeres.
5. Las mujeres son **tan** sentimentales **como** los hombres.
6. Las mujeres hablan **más** por teléfono **que** los hombres.
7. Los hombres compran **tanta** ropa **como** las mujeres.
8. Las mujeres se acuerdan **menos** de los pequeños detalles **que** los hombres.

2-26 **Answers:**
1. desigualdad;
2. desigualdad;
3. igualdad;
4. desigualdad;
5. igualdad;
6. desigualdad;
7. igualdad;
8. desigualdad

2–27. ¿Quién es más atrevido/a? ¿Quién es más atrevido (*daring*) en las relaciones amorosas, el hombre o la mujer? A continuación tienen las opiniones de un grupo de estudiantes. ¿Piensan como ellos? En parejas, determinen si están de acuerdo o no con las opiniones de estas personas. Después, entrevisten a varios compañeros y preparen un documento comparando sus opiniones con las de estos estudiantes. ¡Usen comparativos para señalar semejanzas y diferencias!

2-27 **Recycling:** You may want to review **gustar** and similar verbs in *Grammar Reference 1.*

Melinda, 20 años

Me gusta cuando es el muchacho el que toma la iniciativa porque yo no me atrevo (*dare*) a hacer eso. Creo que sí, que en general los chicos son menos tímidos que las chicas.

Raúl, 18 años

Las chicas que yo conozco no son nada inocentes. Son más atrevidas y más locas que nosotros. A mí me gustan mucho las chicas lanzadas (*daring*).

Anselmo, 20 años

Las muchachas son más inocentes y yo creo que eso las perjudica. También creo que son más tímidas que los chicos en general.

Lucía, 18 años

Yo soy más lanzada que la mayoría de novios que he tenido. No me preocupa si tengo que dar yo el primer paso. ¡A mi último novio lo invité yo a salir la primera vez!

Fernando, 19 años

Hoy por hoy (*nowadays*), las chicas son más atrevidas que los chicos. Yo lo prefiero así porque soy bastante tímido y necesito un empujoncito (*little push*).

2-28 **Recycling:**
This activity recycles vocabulary from earlier in the book and the imperfect to talk about the way things used to be. A good source of adjectives is the *Activities Manual*, tema 1.

2–28. ¿Y hace 100 años? Ahora, piensen en el año 1900. ¿Cómo era la dinámica entre el padre de familia y la madre de familia? Escriban seis comparaciones entre los hombres y las mujeres de principios del siglo pasado basadas en características, actividades y/o responsabilidades.

> **MODELO**
>
> **Las mujeres eran más hogareñas que los hombres.**
> **Los hombres trabajaban fuera de casa más que las mujeres.**

Vocabulario para conversar

Contar anécdotas

No vas a creer lo que me pasó el otro día. Estaba en un restaurante con mi novia y mi ex novia me llamó por el teléfono celular. Mi novia se puso furiosa conmigo.

¿Sí? ¿Y qué pasó después?

How do we tell stories and how do we react when others tell us something that happened to them?

2–29. Palabras en acción. Completen estas anécdotas con expresiones para contar una historia y para reaccionar a una historia.

1. —…lo que pasó el domingo en la fiesta caribeña… pero allí estaba el mismo Enrique Iglesias. La fiesta duró hasta las cuatro de la mañana y todos bailamos como locos…

   —Reacción…

2. —Ayer mi compañero de cuarto y yo tuvimos una pelea fuerte por causa de sus amigos…

   —Reacción…

3. —Mi hermano pequeño se sentó a la mesa… empezó a jugar con la sopa, que acabó en la cabeza de mi padre.

   —Reacción…

 2–30. Situaciones. En parejas, cada persona debe seleccionar una de las situaciones de la lista y contarle a su pareja lo que le ocurrió. La otra persona debe reaccionar de forma apropiada, usando las expresiones anteriores cuando sea posible. ¡Usen la imaginación y sean tan creativos como puedan!

1. lo que pasó cuando tuviste un accidente de tráfico con un conductor que no hablaba inglés
2. lo que pasó cuando encontraste a tu mejor amigo/a cenando a solas con tu novio/a
3. lo que pasó la primera vez que fuiste a una fiesta hispana en casa de tu vecino
4. lo que pasó cuando te enamoraste de una persona que no hablaba tu idioma
5. lo que pasó durante tu primer día en la clase de español

2-30 **Teaching tip:** You may wish to play the *A escuchar* track for *Capítulo 2, Tema 2,* from the *Activities Manual,* which presents a relevant model.

CURIOSIDADES

2–30. Prueba: ¿Seleccionaste bien a tu pareja?

1. En esta prueba se describen nueve aspectos de la personalidad que son muy importantes para mantener una relación estable y duradera con la pareja. Examina hasta qué punto eres compatible con tu pareja. Para obtener el resultado, suma todos los puntos obtenidos y luego divide el resultado entre dos. Si el producto final es menos de 45, debes pensar seriamente en cambiar de pareja. ¡Buena suerte!

Mi pareja y yo:
coincidimos casi siempre = 4 puntos
coincidimos con frecuencia = 3 puntos
coincidimos a veces = 2 puntos
coincidimos pocas veces = 1 punto
nunca coincidimos = 0 puntos

FÍSICO

Llevamos una vida sana	0 1 2 3 4
Nos preocupamos por mantener la higiene	0 1 2 3 4
Comemos saludablemente	0 1 2 3 4
Dormimos bien	0 1 2 3 4
Consumimos fármacos/ estimulantes/ alcohol	0 1 2 3 4

Suma: _____

EMOCIONAL

Somos fieles a nuestros compromisos	0 1 2 3 4
Verbalizamos nuestros sentimientos	0 1 2 3 4
Respetamos las decisiones de los demás	0 1 2 3 4
Solucionamos los problemas fácilmente	0 1 2 3 4
Hacemos muestras de afecto y ternura	0 1 2 3 4

Suma: _____

SOCIAL

Tenemos amigos	0 1 2 3 4
Nos gusta divertirnos	0 1 2 3 4
Somos sociables	0 1 2 3 4
Somos tolerantes con los demás	0 1 2 3 4
Nos preocupamos por los demás	0 1 2 3 4

Suma: _____

INTELECTUAL

Nuestras ideas sobre la educación son parecidas	0 1 2 3 4
Nos gusta compartir lo que sabemos	0 1 2 3 4
Nos interesa aprender cosas nuevas	0 1 2 3 4
Nos gusta leer	0 1 2 3 4

Tenemos una mente creativa	0 1 2 3 4

Suma: _____

PROFESIONAL

Tenemos deseos de superación profesional	0 1 2 3 4
Somos organizados	0 1 2 3 4
Somos honrados	0 1 2 3 4
Tenemos una actitud similar acerca del dinero	0 1 2 3 4
Nos gusta nuestro trabajo	0 1 2 3 4

Suma: _____

COMUNICACIÓN

Nos escuchamos el uno al otro con interés y respeto	0 1 2 3 4
Somos tolerantes con las opiniones del otro	0 1 2 3 4
Hablamos con facilidad de nuestros sentimientos	0 1 2 3 4
Somos muy egocéntricos cuando hablamos	0 1 2 3 4

Suma: _____

CRECIMIENTO PERSONAL

Reconocemos nuestros errores	0 1 2 3 4
Estamos dispuestos a mejorar	0 1 2 3 4
Pedimos y aceptamos consejos	0 1 2 3 4
Sentimos curiosidad, buscamos la verdad	0 1 2 3 4
Creemos que siempre tenemos razón	0 1 2 3 4

Suma: _____

INTERESES Y AFICIONES

Nos gusta viajar	0 1 2 3 4
Disfrutamos mucho el tiempo libre	0 1 2 3 4
Hacemos deporte	0 1 2 3 4
Tenemos pasatiempos	0 1 2 3 4
Somos persistentes, terminamos los proyectos que empezamos	0 1 2 3 4

Suma: _____

2. Escribe un párrafo de 50 a 70 palabras resumiendo los resultados de la prueba. No te olvides usar las formas comparativas.

Así nos divertimos

Lectura

Entrando en materia

Por si acaso

dar un paseo	*to go for a walk*
invitar a	*to treat*
alguien a	*someone*
comer/cenar	*to lunch/ dinner*
levantar pesas	*to lift weights*
matar el tiempo	*to kill time*
tener una cita	*to have a date*
tiempo libre	*free time*

En esta sección van a aprender sobre lo que a algunos hispanos les gusta hacer en su tiempo libre y las van a comparar con sus propias experiencias.

 2–32. Preferencias. En grupos de tres, completen una tabla con información sobre lo que cada persona hace en las siguientes situaciones. Después, presenten la información al resto de la clase.

- actividades de los sábados por la mañana, por la tarde y por la noche
- actividades de los domingos por la mañana, tarde y noche
- actividades del verano y del invierno
- actividades que hacen cuando se reúnen con su familia
- actividades de los días de clase/trabajo y el fin de semana

Por si acaso

Expresiones útiles para comparar respuestas con otro estudiante

¿Qué tienes/ pusiste en el número 1/ 2/ 3?
Yo tengo/ puse a/ b.
Yo tengo algo diferente.
No sé la respuesta./ No tengo ni idea.
Creo que la respuesta es a/ b, pero no estoy seguro/a.
Creo que es cierto./ Creo que es falso.

2–33. Vocabulario: Antes de leer. Las expresiones siguientes se encuentran en la entrevista que van a leer. Usando el contexto de la oración determinen el significado de las expresiones en negrita.

1. Hay muchas posibles actividades para **pasarlo bien** los fines de semana. Por ejemplo, nos reunimos en las fiestas con nuestros amigos.

   a. divertirse

   b. aburrirse

   c. rezar

2. Los domingos es típico **dar un paseo** por las plazas, parques o calles de la ciudad.

   a. compaginar, combinar

   b. hacer daño

   c. caminar, pasear

3. En la entrada de los bares españoles no te piden el **carnet de identidad** y se entra sin problema.

   a. lugar de residencia

   b. documento de identificación

   c. país de nacimiento

4. En algunos países hispanos los bares cierran muy tarde, a las cuatro o cinco de la **madrugada**.

   a. de la noche

   b. de la tarde

   c. de la mañana

5. Marta **echa de menos** a su familia y sus costumbres en España y extraña mucho su país.

   a. es muy baja

   b. está en un nuevo país

   c. está nostálgica

Pasando el rato

Esta breve entrevista apareció en una hoja informativa del departamento de lenguas romances de una universidad estadounidense, con motivo de la celebración de la Semana de la Diversidad. Las personas entrevistadas, una joven española y un joven mexicano, conversan informalmente con la entrevistadora sobre lo que les gusta hacer tiempo libre en sus países nativos.

ENTREVISTADORA: Muchas gracias a los dos por participar en esta breve entrevista que va a tratar sobre lo que la gente hace en sus países en su tiempo libre. Mi objetivo

es publicar esta charla informal en la hoja informativa del departamento para poder así compartir sus comentarios con los alumnos del programa elemental de español. A ver Marta, tú que eres de España, cuéntanos qué hacen los españoles para **pasarlo bien.**

MARTA: Pues, por ejemplo, un día como hoy, domingo por la tarde, no encuentras en Madrid ni un sitio a donde ir porque hay mucha gente en la calle. A los españoles nos gusta mucho salir a pasear e ir a los bares con amigos.

ENTREVISTADORA: ¿Y ustedes, Pedro?

PEDRO: En México también es como lo que describe Marta en Madrid. Hay mucha gente por las calles **dando un paseo.** El paseo es una actividad muy común para nosotros y, contrariamente a lo que pueda parecer, no nos aburrimos haciéndolo. La gente sale a la calle a caminar por parques, plazas y otros lugares públicos donde se encuentra con amigos o conocidos. Es común tanto en los pueblos como en la ciudad.

MARTA: En España la gente joven sale de noche a las discotecas o a los bares. Allí, la edad de beber no es tan problemática como aquí. No te piden el **carnet de identidad** en la entrada de los bares ni nada por el estilo. Allí se entra a los bares sin problema. También, las discotecas están abiertas hasta las cuatro o cinco de la mañana, así que cuando salimos de noche no regresamos a casa hasta la **madrugada.** Aquí en Estados Unidos cierran los bares mucho más temprano.

ENTREVISTADORA: Ah, ya veo. Por una parte, tienen más libertad para beber alcohol que los jóvenes estadounidenses pero yo me pregunto si eso no tendrá efectos en los índices de alcoholismo de la juventud española.

MARTA: No sé exactamente cuáles son las estadísticas en España, pero leí un artículo que decía que el índice de alcoholismo de los países mediterráneos es el más alto del mundo.

PEDRO: En México también tenemos problemas con el alcohol, creo que es algo universal. Por otro lado, nosotros le dedicamos mucho tiempo a la familia durante los ratos libres. Por ejemplo, en mi familia siempre nos reunimos a comer los domingos. Pero claro, mis hermanos y yo vivíamos con mis padres cuando íbamos a la universidad. Sin embargo, aquí en Estados Unidos la norma es que la gente joven no viva con sus padres cuando asiste a la universidad.

MARTA: En mi casa también tenemos muchas reuniones familiares y la verdad es que las **echo de menos.** Todos los domingos, vienen a comer a casa de mis padres mis hermanos con sus esposas e hijos. Se llena la casa de gente y nos lo pasamos muy bien. Después de comer normalmente vemos un poco la tele o charlamos tomando café hasta que llega la hora de salir a la calle a dar un paseo.

ENTREVISTADORA: Bueno, no tenemos tiempo para más. Les agradezco mucho su participación.

 2–34. ¿Comprendieron? Indiquen qué oraciones se refieren correctamente al contenido de la entrevista. Corrijan las oraciones incorrectas.

1. La entrevista se publicó en el departamento de español de una universidad mexicana.
2. Las respuestas de los entrevistados revelan muchas diferencias entre México y España.
3. El paseo es una actividad que aburre a los dos entrevistados.

2-34 **Answers:**
1. No, de una universidad estadounidense; 2. No, revelan <u>pocas</u> diferencias; 3. No, <u>no</u> aburre a los entrevistados; 4. No, cierran más tarde; 5. Sí; 6. No, viven con sus padres.

4. En España los establecimientos públicos donde se sirve alcohol cierran más o menos a la misma hora que en EE.UU.

5. Según los entrevistados, no es raro que sus familias se reúnan todas las semanas para comer.

6. Pedro menciona que la mayoría de los universitarios mexicanos viven en residencias estudiantiles mientras asisten a la universidad.

2–35. Vocabulario: Después de leer. Piensen en su vida como estudiantes universitarios. ¿En qué contexto podrían usar las siguientes expresiones? Para cada expresión, escriban una oración que refleje algo de la vida del alumno típico aquí en este campus.

1. pasarlo bien
2. dar un paseo
3. carnet de identidad
4. madrugada
5. echar de menos

 2–36. Comparación y contraste. En la sección *Entrando en materia* hablaron de lo que les gusta hacer en su tiempo libre. En grupos de tres, revisen sus respuestas para completar estos pasos.

1. ¿Qué semejanzas y diferencias hay entre su grupo y lo que describen Marta y Pedro?
2. Escriban un breve resumen de las semejanzas y diferencias que encontraron y compártanlo con su grupo oralmente.

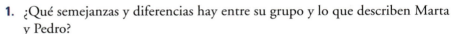

Gramática

Direct and Indirect-Object Pronouns to Talk About Previously Mentioned Ideas

In your review of direct-object pronouns in the previous chapter, you learned that direct-object pronouns answer the question *what* or *whom* and that the use of pronouns will allow you to speak and write Spanish more smoothly, without repeating words over and over. In this *Tema*, you will review your knowledge of indirect-object pronouns and how direct and indirect-object pronouns are used together.

Indirect Objects and Sequence of Object Pronouns

Indirect objects answer the question *to whom* or *for whom*. The indirect-object pronouns are as follows:

me	*to/for me*	nos	*to/for us*
te	*to/for you*	os	*to/for you (in Spain)*
le	*to/for him/her/it/you*	les	*to/for them/you*

As you can see, the indirect-object pronouns are the same as the direct-object pronouns except for the third person.

The following are important rules to remember.

1. An indirect-object pronoun always precedes the verb in negative commands.

No hables. → No **le** hables.   *Don't talk to him/her.*

2. Indirect-object pronouns are attached to affirmative commands.

Hábla**le** claramente al instructor.   *Speak clearly to your instructor.*

3. When both direct- and indirect-object pronouns appear together, the direct object follows the indirect object.

¿Quién **te** dio **una mala nota**?   La profesora Falcón **me la** dio.

Who gave you a bad grade?   *Professor Falcón gave **it to me**.*

When both direct- and indirect-object pronouns are in the third person, the indirect-object pronoun **le** is replaced by **se**.

¿Cuándo **le** entregaste **la composición**?   **Se la** entregué ayer.

When did you turn in your composition to him/her?   *I turned **it** in **to him/her** yesterday.*

 2–37. Identificación. Mucha gente dedica parte de su tiempo libre a salir en citas (*dating*). En parejas, lean lo que dicen estos personajes e identifiquen los pronombres de complemento directo e indirecto. ¿A quién o a qué se refiere cada pronombre? Después, comparen sus opiniones a las de estas personas. ¿Están de acuerdo? ¿Hacen lo mismo?

La primera cita: Secretos para tener éxito (*to be successful*)

 Si un muchacho te gusta, debes invitarle a salir a comer. Te recomiendo que le pidas su número de teléfono para confirmar la cita. La noche de la cita, no lo hagas esperar. A los muchachos no les gusta esperar mucho. No es buena idea hablarle de tu ex-novio y no es aconsejable preguntarle sobre sus opiniones políticas.

En la primera cita con una chica, no le compres un regalo muy caro; es mejor pagarle la cena o la entrada al cine. También las flores son un buen regalo para las chicas. Yo siempre se las regalo a mi novia. Te las recomiendo. Si la cita te va bien, pídele su número de teléfono para poder llamarla otra vez.

2-37 **Answers:**
te (pronombre de complemento indirecto, "a ti"); le (pronombre de complemento indirecto, "a él"); te (pronombre de complemento indirecto, "a ti"); lo (pronombre de complemento directo, "a él"); le (pronombre de complemento indirecto, "a él")' les (pronombre de complemento indirecto, "a ellos"); le (pronombre de complemento indirecto, "a él"); le (pronombre de complemento indirecto,"a él")

le (pronombre de complemento indirecto, "a ella"); le (pronombre de complemento indirecto, "a ella"); se (pronombre de complemento indirecto, "a mi novia"); las (pronombre de complemento directo, "las flores"); te (pronombre de complemento indirecto, "a ti"); las (pronombre de complemento directo; "las flores"); te (pronombre de complemento indirecto, "a ti"); le (pronombre de complemento indirecto, "a ella"); la (pronombre de complemento directo, "a ella")

2-38 Teaching tip:
The purpose of this activity is to reinforce, through much repetition, the pattern of two object pronouns. The activity best achieves its purpose when step A is done orally with the whole class so the instructor can keep it moving quickly and correct errors and so each student hears many examples in rapid succession. Once the pattern has been practiced, model the questions in step B before breaking students into pairs.

2–38. ¿Qué tienes? Cada estudiante debe marcar al azar (*at random*) cinco espacios en blanco de la lista a la izquierda.

Ahora, identifica la persona (un amigo, un familiar, un conocido) que te las dio.

(PERSONAS)

_____ una colección de música polca   _____

_____ un póster de Elvis   _____

_____ dos billetes para el concierto   _____

_____ una copia del examen final   _____

_____ (la) mononucleosis   _____

_____ diez mil dólares   _____

_____ un ramo de flores   _____

_____ todos los CD de Eminem   _____

_____ una moto Harley-Davidson   _____

_____ ¡dos gatos y doce gatitos!   _____

A. Explica a la clase 1) qué tienes y 2) quién te lo (la, los, las) dio.

> **MODELO**
> 1) Tengo <u>una colección de música polca</u>.
> 2) Me <u>la</u> dio mi tía María.

B. Pregúntale a tu pareja (1) qué tiene, (2) a quién se lo va a regalar y (3) por qué. (Quizás no quieres regalárselo a nadie.)

> **MODELO**
> 1) Tengo <u>un póster de Elvis</u>.
> 2) Voy a <u>regalárselo</u> a mi padre.
> 3) Porque le encanta Elvis.

2-39 Answers:
la invité; le compré; se lo quería dar; la fui a buscar o fui a buscarla; no me la había dado; no la podía llamar o no podía llamarla; lo cerré; les expliqué; lo abrieron; las recuperaron

2–39. Mala suerte. Un amigo les ha pedido que lo ayuden con su composición para esta semana. Obviamente él no sabe usar los complementos directos e indirectos. Ayúdenlo sustituyendo las partes en negrita con los pronombres apropiados.

La anécdota que voy a contar ocurrió la semana pasada. Era el cumpleaños de una compañera de clase y por eso invité **a mi compañera** a salir el sábado por la noche. Así que salí en mi coche y compré un regalo **para mi compañera**; yo le quería dar **el regalo a mi compañera** durante la cena. Después fui a buscar **a mi compañera**, pero de repente me di cuenta de que no sabía su dirección. Resulta que ella no me había dado **la dirección**. No tenía mi agenda de teléfonos así que no podía llamar **a mi amiga**. Para colmo, en un descuido, salí del coche y cerré **mi coche** con las llaves dentro. ¡Qué desastre! Así que llamé a la policía desde mi celular. Cuando llegaron, expliqué **a los oficiales** que mis llaves estaban dentro del coche. Entonces, ellos abrieron **el coche** y recuperaron **las llaves**. Está demás decir (*needless to say*), ya que era muy tarde. Decidí volver a mi apartamento para evitar más desgracias. Cuando llegué a mi apartamento, llamé a mi amiga para disculparme.

 2–40. ¿Qué hacen en estas situaciones? En parejas, hablen sobre lo que hacen por lo regular en estas situaciones. Recuerden sustituir nombres con pronombres en las respuestas para evitar la redundancia.

> **MODELO**
>
> **Necesitas dinero para salir esta noche. Tu madre está de visita en el campus.**
> **¿Qué hace tu madre cuando le pides dinero?**
> **Me lo da porque es generosa y siempre me da lo que le pido.**
> **No me lo da porque tiene problemas económicos.**

1. Un amigo y tú van a comer a un restaurante. Tu amigo te dice que ayer lo despidieron de su trabajo por no llegar a tiempo y no tiene dinero para pagar. ¿Qué haces tú? ¿Qué hace él?
2. Tú necesitas un traje elegante para salir esta noche pero no tienes dinero para comprar uno nuevo. Tu compañero/a de cuarto tiene un traje perfecto, para la ocasión, pero a él/ella no le gusta prestar su ropa. ¿Qué haces? ¿Qué hace tu compañero/a?
3. Tienes dos entradas para un concierto de música clásica. A ti no te gusta la música clásica en absoluto pero a un/a vecino/a muy atractivo/a le encanta. ¿Qué haces?
4. Un compañero de la clase de español a quien no conoces muy bien te pide dinero prestado para poder ir al partido de fútbol este sábado. ¿Qué haces?

 2–41. ¿Qué pasó? En parejas, cada uno/a de ustedes debe explicarle a la otra persona lo que pasó en la situación que se indica a continuación. Recuerden que deben contar la historia con tanto detalle como sea posible y que pueden inventar sucesos.

Estudiante A: Tuviste una cita con un/a chico/a argentino/a guapísimo/a que no hablaba ni una palabra de inglés. Explícale a tu pareja qué hiciste para causar una buena impresión durante la cita y cuál fue el resultado final.

Estudiante B: Tú eres un/a estudiante argentino/a que acaba de llegar a Estados Unidos y no sabes nada de inglés. El día de tu llegada conociste a una persona fascinante en el aeropuerto y decidiste ir a cenar con ella. Cuéntale a tu pareja qué pasó durante la cena.

Vocabulario para conversar

Comparar experiencias

Juan me invitó a un restaurante fenomenal y me regaló un ramo de rosas rojas en nuestra primera cita.

Mi experiencia con Pedro fue completamente diferente. No me regaló nada y cenamos en McDonalds.

A common thing to do when we are exchanging stories or anecdotes with friends is to compare how our experiences are similar or different.

Indicar que tu experiencia fue parecida

Eso me recuerda (a mi amigo/a, a mi hermano/a, una ocasión).

Mi (amigo/a, hermano/a) es como el/la tuyo/a.

Es como el día en que...

Mi experiencia con... fue muy parecida.

That reminds me of (my friend, brother/sister, an occasion).

My (friend, brother/sister) is like yours.

It's like the day when . . .

My experience in . . . was very similar.

Indicar que tu experiencia fue diferente

Mi experiencia con... fue completamente diferente.

La impresión que tengo de... es completamente opuesta.

La persona que describes es muy diferente de la que yo conozco.

My experience with . . . was completely different.

The impression I have of/about . . . is completely the opposite.

The person you're describing is very different from the one I know.

Indicar que tu experiencia fue parecida y diferente a la vez

Mi experiencia con... fue parecida y diferente al mismo tiempo.

Lo que me pasó en... fue un poco parecido, la diferencia es que...

My experience with . . . was similar and different at the same time.

What happened to me in . . . was a bit similar; the difference is that . . .

2–42. Palabras en acción. ¿Fueron sus experiencias similares o diferentes a las de estas personas? Escriban sus experiencias usando las expresiones adecuadas.

1. Un padre se enfadó con su hijo por una cuenta de teléfono de 800 dólares.
2. Una pareja de jóvenes se casó a los 15 años de edad.
3. Una profesora de español suspendió a un estudiante en un examen por mascar chicle.
4. Un joven se comió 15 hamburguesas en una tarde.
5. Una estudiante no llegó a tiempo a su examen final de la clase de español por no despertarse a tiempo.

2–43. Un amigo común. Durante una conversación, tú y tu pareja se dan cuenta de que tienen un amigo en común, Manolo Camaleón. Inventen los detalles de la conversación, en la que comparan sus impresiones y opiniones sobre Manolo. Usen su imaginación y los detalles que se incluyen para representar este diálogo.

Estudiante A: Manolo y tú eran compañeros de cuarto en la universidad. Manolo nunca limpiaba el cuarto, escuchaba música de salsa cuando tú tenías que estudiar y siempre salía con las personas que a ti te gustaban.

Estudiante B: Manolo es ahora tu colega en una organización no lucrativa (*nonprofit*) que lucha contra el consumo de tabaco, alcohol y drogas. Es un buen amigo tuyo y vas a invitarlo a cenar la semana próxima para que conozca a tu novio/a.

2-43 Teaching tip: You may wish to play the *A escuchar* track for *Capítulo 2, Tema 3* from the *Activities Manual,* which presents a relevant model. Expand this activity to review narration in the past: each student (A and B) writes the story of "*Cómo conocí a Manolo Camaleón*" using a formula of three verbs in imperfect to offer backgound and tell what was happening at the moment and three verbs in preterit to narrate the action.

COLOR Y FORMA

Naranjas atadas, de Diana Paredes

Diana Paredes nació en Lima, Perú. Comenzó a pintar a los ocho años de edad. Su arte sorprende a muchos por la atención que reciben los detalles y por la destreza de la artista en la expresión de emociones. Recibió su formación en la Academia de Arte Cristina Galvez, la Academia Miguel Gayo y el Instituto de Arte de Fort Lauderdale.

Naranjas atadas, **de Diana Paredes, óleo en lienzo.**

 2–43. Observaciones artísticas. En parejas, miren la obra con atención durante unos minutos. Después, respondan a las siguientes preguntas. ¿Se parecen sus respuestas?

1. ¿Qué elementos o cosas representa Diana Paredes en la obra?
2. Describan los colores de la obra.
3. Expliquen la relación entre el título y la obra.
4. Expliquen la relación entre el título, los elementos representados y los temas de la unidad que están estudiando.
5. Piensen en otro título para esta obra.

Lazos humanos, lazos históricos

Las obras literarias de Laura Esquivel, escritora mexicana contemporánea, exploran la conexión entre la comida, las emociones y el amor. El artículo de la página 79 describe a Esquivel con la palabra *alquimista* para referirse a los poderes mágicos de la comida que motivan la acción amorosa de sus novelas. El artículo también habla de la influencia de la cocina desde muy temprano en la vida de Esquivel, describe su producción literaria y ofrece algunas opiniones de la autora sobre lo doméstico y la reacción a su primera novela *Como agua para chocolate*.

Lectura **Teaching tip:**
Lectura You may wish to have students watch all or part of the movie *Como agua para chocolate* or show a segment in class.

Lectura

Entrando en materia

 2–45. Un vistazo rápido. Miren rápidamente todos los párrafos que componen el artículo de la página 79. ¿En qué párrafos (P1, 2, 3, etc.) se encuentran estas ideas?

1. la infancia de la autora
2. la novela que le dio fama internacional
3. los temas domésticos de Esquivel
4. otras obras de la autora

2-45 **Answers:**
1. P3 P4; 2. P5; 3. P2, P6;
4. P7

2-46 **Answers:**
1. a; 2. b; 3. a; 4. c;
5. b; 6. c; 7. b

2–46. **Vocabulario: Antes de leer.** Teniendo en cuenta el contexto de la lectura, ¿qué creen que significan estas palabras? Seleccionen la opción correcta (a, b, c).

1. Y para mí es muy importante volver a darle ese sentido **sagrado,** de veneración, que la casa ha perdido.

   a. divino

   b. demoníaco

   c. cómico

2. Estas sabias mujeres, al entrar en el recinto sagrado de la cocina se convertían en **sacerdotisas.**

   a. esclavas

   b. ministras religiosas

   c. trabajadoras

3. No me importa que me llamen escritora *light,* creo que las más de las veces lo dicen por **envidia.**

   a. celos

   b. admiración

   c. crítica

4. No me importa que me llamen cursi por decir que creo en el amor, que me gusta estar en mi casa, cocinar y **bordar.**

   a. dar órdenes

   b. relajar

   c. adornar textiles

5. No se trata de volver al pasado. Se trata de regresar a la casa sin verla como un **castigo.**

   a. diversión

   b. penitencia

   c. edificio

6. La autora propone soluciones para algunos de los problemas que **aquejan** al mundo actual.

   a. modernizan

   b. calman

   c. afligen

7. La cocina es la única de las labores necesarias del **hogar** que presenta una posibilidad creadora.

   a. oficina

   b. casa

   c. jardín

Estrategia: Usar nuestras experiencias y conocimientos

Antes de leer este artículo sobre Laura Esquivel, puedes anticipar la información incluida si piensas en tus propias experiencias y conocimientos. Un artículo informativo sobre una escritora suele incluir cierto tipo de información. ¿Cuáles son algunos tipos posibles? Anota por lo menos tres detalles posibles, y después de leer, compara tus notas con el contenido del artículo. ¿Son similares? ¿Diferentes? ¿Pudiste predecir el contenido?

Laura Esquivel, alquimista del amor y de la cocina

P1 "Cocinera, alquimista, bruja de negros cabellos largos y ensortijados, amante del hombre y de la vida", así describe Elena Poniatowska a Laura Esquivel, novelista, guionista de cine y televisión, dramaturga y educadora. Nacida en la Ciudad de México en 1950, Esquivel es una de las escritoras latinoamericanas con más libros vendidos en los años recientes.

P2 Sin embargo, para Esquivel la escritura no es algo indispensable. "Si el día de mañana, por cualquier cosa, yo dejo de escribir, no me voy a sentir frustrada. Yo sé que igual estoy participando en la sociedad a partir de mi casa. Y para mí es muy importante volver a darle ese sentido **sagrado**, de veneración, que la casa ha perdido...". Para ella "la literatura es parte de la existencia, pero no es mi vida". Y explica: "la vida es ir al mercado, es bailar, cocinar, estar con mi familia, amar".

P3 Dice que su madre y su abuela le transmitieron el amor por el arte de la cocina, y su padre el amor por la vida. Empezó a cocinar a los siete años, porque a ella le tocaba preparar las salsas para las grandes comidas de su madre.

P4 "Los primeros años de mi vida los pasé junto al fuego de la cocina de mi madre y de mi abuela, viendo

cómo estas sabias mujeres, al entrar en el recinto sagrado de la cocina se convertían en **sacerdotisas**, en grandes alquimistas que jugaban con el agua, el aire, el fuego, la tierra, los cuatro elementos que conforman la razón de ser del universo." **M**

Momento de reflexión

Pon una X al lado de todas las ideas que están expresadas en los párrafos 1, 2, 3 ó 4.

☒ *1.* *Laura Esquivel es una famosa escritora mexicana contemporánea.*

☐ *2.* *Esquivel es una mujer profesional; se dedica a la escritura y no tiene tiempo para otras actividades.*

☒ *3.* *De niña, Esquivel observaba con admiración a su madre y abuela en la cocina.*

P5 Su primera novela, *Como agua para chocolate* (1989), fue traducida a 33 idiomas, entre los que se encuentran el italiano, sueco, francés, ruso, húngaro, danés y japonés, y se vendió en más de veintiún países. El título hace referencia a la temperatura muy alta necesaria para disolver el chocolate en el agua y es una metáfora para el amor apasionado entre Tita y Pedro, los protagonistas.

P6 La escritora afirma: "No me importa que me llamen escritora *light,* creo que las más de las veces lo dicen por **envidia**". También sostiene: "No me importa que me llamen cursi por decir que creo en el amor, que me gusta estar en mi casa, cocinar y **bordar**, porque creo que cada uno de estos actos íntimos está transformando al mundo". Cuenta que en una ocasión, una periodista danesa le preguntó si acaso las mujeres habíamos luchado tanto para volver a lo mismo: la cocina. "No se trata de volver al pasado. Se trata de regresar a la casa sin verla como un **castigo**. Revalorizarla", fue su respuesta.

P7 La segunda novela de Laura Esquivel tardó cinco años en ser publicada, ya que tuvo que interrumpirla en numerosas ocasiones para filmar *Como agua para chocolate. La ley del amor* (1995) es una novela policíaca que transcurre en el año 2200 en la Ciudad de México. *En Íntimas suculencias: Tratado filosófico de cocina* (1998), la autora reúne una serie de ensayos en que propone soluciones para algunos de los problemas que **aquejan** al mundo actual. También incluye reflexiones sobre la condición humana y algunas consideraciones en torno a su reconocida novela *Como agua para chocolate*. La cocina reaparece como uno de sus intereses primordiales, porque para ella es la única de las labores necesarias del **hogar** que presenta una posibilidad creadora.

---

omento de reflexión

Pon una X al lado de todas las ideas que están expresadas en los párrafos 5, 6 ó 7.

☒ 1. *Como agua para chocolate es una novela de amor apasionado.*

☐ 2. *Esquivel piensa que el amor es un tema literario superficial que no puede transformar al mundo*

☒ 3. *Lo doméstico es una fuerza positiva en la vida y en las obras de Esquivel.*

 2–47. Vocabulario: Después de leer. Expliquen en sus propias palabras la filosofía de Laura Esquivel expresada en estas oraciones. P1, P2, etc. indican el párrafo del texto donde se encuentra la frase.

1. La vida es ir al mercado, es bailar, cocinar, estar con mi familia, amar. (P2)
2. Si el día de mañana, por cualquier cosa, yo dejo de escribir, no me voy a sentir frustrada. (P2)
3. Estas sabias mujeres, al entrar en el recinto sagrado de la cocina se convertían en sacerdotisas, en grandes alquimistas. (P4)
4. Me gusta estar en mi casa, cocinar y bordar, porque creo que cada uno de estos actos íntimos está transformando al mundo. (P6)
5. Para ella (la cocina) es la única de las labores necesarias del hogar que presenta una posibilidad creadora. (P7)

 2–48. Y ustedes, ¿qué piensan? En parejas, una persona debe hacer las preguntas correspondientes al estudiante A y la otra persona las correspondientes al estudiante B. Pueden hacerle preguntas adicionales a su pareja si necesitan aclaraciones. Resuman la información en un informe escrito y compártanlo con la clase.

Estudiante A: ¿Crees que las tareas domésticas presentan posibilidades creadoras? ¿Qué tareas las presentan y cuáles no? Piensa en las mujeres que conoces de tu familia y entre tus amistades. ¿Consideran ellas el trabajo del hogar un castigo? ¿un trabajo sagrado? ¿o tienen una posición intermedia? Explica. ¿Quién te preparaba la comida cuando eras niño? ¿Qué actitud tenía esa persona hacia el trabajo de la cocina? En esa época, ¿veías tú la cocina como un recinto sagrado de alquimia o representaba algo más banal para ti? Explica.

Estudiante B: ¿Te gustaría leer una o más de las obras de Esquivel? ¿Cuál o cuáles? ¿Por qué? ¿Qué temas te gustan a ti en las novelas o en las películas? ¿Consideras que Esquivel es una mujer tradicional o moderna? ¿Por qué? ¿Admiras a las personas que tienen capacidad creadora? Piensa en ejemplos de tu familia, de tus amistades o de las personas famosas? ¿En qué áreas expresan su creatividad?

Ven a conocer

 2–49. Anticipación Hagan una lectura rápida del artículo siguiente para determinar cúales de estos temas aparecen en el texto.

1. un lugar para visitar ruinas mayas
2. un lugar para observar la producción del chocolate
3. una reserva natural
4. un lugar para comprar artesanías típicas

Ven a conocer
Teaching tip: Recording available on the textbook CD.

2-49 **Answers:**
1, 2, 3, 4

Tabasco, México: La Ruta del Cacao

El cacao tuvo su origen en la región que ocupa hoy el estado de Tabasco, México durante la época de la antigua civilización olmeca. Los mayas heredaron el cultivo del cacao y mezclaban la semilla pulverizada con agua caliente, sin azúcar, para crear una bebida amarga y espumosa. El cacao se consideraba regalo de los dioses y los mayas celebraban un festival en honor de Chak Ek Chuah, dios del cacao. Sabían que el cacao era un estimulante y le atribuían poderes afrodisíacos. Las semillas de la planta servían también como moneda de intercambio en transacciones entre comerciantes mayas.

Hoy en día, Tabasco produce el 75% del chocolate mexicano y el recorrido turístico de la Ruta del Cacao incluye sitios arqueológicos mayas y antiguas plantaciones cacaoteras además de reservas naturales y pueblos pintorescos.

En la Zona Arqueológica de Comalcalco se puede visitar las ruinas de una ciudad maya que llegó a su esplendor entre el siglo III y el siglo IX, d. C. La acrópolis es típica de los complejos arquitectónicos mayas con pirámides y terrazas, plazas y templos. Los conocimientos astronómicos de esta civilización prehispana son evidentes en la orientación exacta de los templos hacia los puntos cardinales.

Las haciendas cacaoteras de Tabasco datan de la época colonial después de que Hernán Cortés, conquistador de los aztecas, llevó el cacao a España en el siglo XVI. La bebida se popularizó a pesar de la prohibición inicial de la iglesia católica, que asociaba el cacao con los ritos paganos de los indígenas. Para satisfacer la demanda, España fundó grandes haciendas cacaoteras, o plantaciones de cacao, en Tabasco, muchas de las cuales siguen produciendo y vendiendo chocolate en sus formas modernas. Durante una visita a las haciendas el visitante puede presenciar la elaboración de esta planta: la recolección; el lavado y secado del grano; su pulverización; la mezcla con azúcar, canela, soya, o leche; la introducción de la pasta en moldes; la refrigeración y la división del chocolate en diferentes figuras para ser empacadas. Muchas haciendas le sirven al visitante una versión moderna de la antigua bebida maya.

Los otros atractivos de la Ruta del Cacao incluyen reservas naturales, como el Centro Reproductor de

Tortugas de Agua Dulce en Nacajuca, y la laguna Pomposú, en las afueras de Jalpa de Méndez. La hacienda cacaotera Finca Cholula también sirve como reserva para aves propias de la selva mexicana y para monos sarahuatos, nativos de Tabasco.

El turista no debe marcharse de Tabasco sin visitar sus pintorescos pueblos. La iglesia de la plaza de Cupilco está pintada con brillantes colores y es la más pintoresca de Tabasco. En Jalpa de Méndez se puede comprar la famosa artesanía de las jícaras, recipientes labrados de calabazo.

2–50. En detalle. Usen la información de la lectura para responder a las siguientes preguntas.

1. ¿Cuáles serían las diferencias entre una visita a Jalpa de Méndez y una visita a Cupilco?
2. Mencionen dos lugares para la conservación de especies animales. ¿Qué especie se conserva en cada lugar?
3. ¿Qué se hace en una visita a una hacienda cacaotera?
4. ¿Qué tipo de construcción había en la ciudad maya de Comalcalco?
5. ¿Cuáles son las dos funciones que tenía el chocolate en la antigua cultura maya?

2–51. Una postal. Imaginen que ustedes están en Tabasco donde han recorrido la Ruta del Cacao. Escriban una tarjeta postal a su instructor/a de español describiendo sus experiencias. ¡Recuerden usar bien el pretérito y el imperfecto para narrar en el pasado! También pueden comparar dos o más lugares usando los comparativos.

Viaje virtual

Visita la página de la red sobre paradores turísticos en Tabasco, México: http://www.laregion.com.mx/tabasco/especiales/ecoturismo/paradores/turis.php. Lee la información y escribe un breve comentario descriptivo para cada una de las siete fotografías. También puedes encontrar información adicional sobre Tabasco usando tu buscador preferido.

Redacción

2–52. Una autobiografía. En la sección anterior, Laura Esquivel narra sus experiencias personales. Ahora te toca a ti escribir una narración parecida sobre tus propias experiencias o las experiencias de otra persona.

Preparación

Piensa en los siguientes puntos:

1. ¿Quiénes serán los lectores de mi composición?
2. ¿Qué información voy a incluir en la introducción?
3. ¿Qué tema/s voy a incluir en cada párrafo?
4. ¿Qué información voy a incluir en la conclusión?

Redacción **Teaching tip**: The Preparación activities can be completed in class in pairs or at home by individual students.

Ahora piensa en cómo vas a organizar la información en tu redacción. Aquí tienes algunas sugerencias.

1. Narrar las experiencias en orden cronológico.

MODELO

> Nací y crecí en una familia que para muchos parecía una familia de locos y quizás en algunos casos tenían razón, pero era mi familia y yo la quería con locura. Cuando era niño/a mi padre...

2. Narrar desde la perspectiva de un hecho en el presente.

MODELO

> Hoy me llamó Roberto García por teléfono. Para que lo sepan, Roberto García y yo nos vimos por última vez en la fiesta de graduación de la escuela secundaria. Recuerdo muy bien aquella fiesta. Roberto era el chico más atractivo de todos y yo tenía el honor de ser su compañera...

3. ¿Otros modelos de organización diferentes?

A escribir

1. Comienza tu redacción con una introducción interesante.

MODELO

> En ese frío día en el que cayó una histórica nevada de dos pies de nieve nací yo. Llegué al mundo a la hora del té, a las cuatro de la tarde...

2. Desarrolla el contenido y organización que hayas seleccionado. Por ejemplo, si quieres describir el ambiente familiar en el que creciste y una experiencia importante durante la niñez y la juventud, puedes usar el ejemplo a continuación como guía.

MODELO

La vida en casa era muy tranquila. Mamá siempre en la cocina, papá siempre en su trabajo, y mis hermanos y yo siempre metidos en problemas. Recuerdo una vez que...

3. Si quieres describir tu vida fuera del ambiente familiar en el presente, puedes usar este ejemplo como guía.

MODELO

Ahora que no estamos ya en casa, mis hermanos y yo seguimos dando problemas pero, claro, son de otro tipo...

4. Escribe una conclusión que resuma de forma interesante el contenido de los párrafos.

MODELO

Y así es como llegué a ser quien soy hoy: un muchacho tímido, algo romántico, interesado en la cocina y también en la política. Una buena combinación, en mi opinión...

5. Al escribir tu narración recuerda lo que has aprendido sobre el pretérito e imperfecto usados juntos. También usa las comparaciones, el *se* impersonal y los pronombres de objeto directo e indirecto si es necesario.
6. Las expresiones de la lista te servirán para hacer transiciones entre diferentes ideas.

a diferencia de, en contraste con	*in contrast to*
al fin y al cabo	*in the end*
después de todo	*after all*
en resumen	*in summary*
igual que	*the same as, equal to*
mientras	*while*
sin embargo	*however*

Revisión

Para revisar tu redacción usa la guía de revisión del Apéndice C. Después de hacer tu revisión, escribe la versión final y entrégasela a tu instructor/a.

Pablo Neruda (1904–1973)

El poeta chileno Pablo Neruda, ganador del Premio Nobel de Literatura en 1971, primero recibe reconocimiento internacional por su poemario *Veinte poemas de amor y una canción desesperada,* publicado en 1924. En la década de 1930, su poemario *Residencia en la tierra,* expresa la soledad personal de Neruda, la cual sirve de metáfora para la problemática existencia humana y su técnica refleja las tendencias vanguardistas de las corrientes artísticas europeas. En 1950, publica *Canto general,* visión poética de la historia del continente americano con una fuerte orientación política marxista. Neruda expresa en sus odas, género que convencionalmente celebra a Dios o a grandes héroes, otras de sus fuertes convicciones: que las cosas más simples de la vida son las más relevantes. Las odas de Neruda celebran comidas, como el tomate y la papa; animales, como el pájaro y el elefante; emociones, como la alegría y la tristeza; y objetos domésticos, como la cama y el plato. Usando metáforas extendidas a base del aspecto físico de la cosa y la personificación a través de

un hablante lírico que se dirige al objeto con "tú," Neruda encuentra un sentido para la vida humana en sus elementos fundamentales.

2–53. Entrando en materia. Piensen en un objeto muy especial. Puede ser una prenda de ropa, un aparato, o cualquier instrumento que usan frecuentemente. En parejas, describan el objeto: ¿Cómo es? ¿Por qué te gusta? ¿Qué aspecto te agrada (su color, textura, olor, forma, etc.)?

En esta oda, Neruda describe los platos y su función en términos muy favorables. ¿Qué asocian con los platos? ¿Tienen los platos alguna asociación positiva o negativa para ustedes? ¿Por qué?

"Oda al plato"

1 Plato,
    disco central
    del mundo,
    planeta y planetario:
5 a mediodía, cuando
    el sol, plato de fuego,
    corona[1]
    el
    alto

10 día,
    plato, aparecen
    sobre
    las mesas en el mundo
    tus estrellas,
15 las **pletóricas**[2]
    constelaciones,
    y se llena de sopa
    la tierra, de fragancia

1. *crowns;*   2. *full, brimming over;*

el universo,
20 hasta que los trabajos
llaman de nuevo
a los trabajadores
y otra vez
el comedor es un vagón **vacío**[3],
25 mientras vuelven los platos
a la profundidad de las cocinas.
Suave, pura **vasija**[4],
te inventó el **manantial**[5] en una
piedra,
luego la mano humana
30 repitió

el **hueco**[6] puro
y copió el **alfarero**[7] su frescura
para
que el tiempo con su **hilo**[8]
35 lo pusiera
definitivamente
entre el hombre y la vida:
el plato, el plato, el plato,
cerámica **esperanza**[9],
40 **cuenco**[10] santo,
exacta luz lunar en su **aureola**[11],
hermosura redonda de **diadema**[12].

2-54 **Answers:**
1. 1-16; 2. 5-22; 3. 27-29;
4. 14, 28

2–54. Identificación. Identifiquen las líneas del poema (1–42) que corresponden a las ideas siguientes:

1. la metáfora del plato como planeta o estrella; el ciclo de la vida diaria comparado con el ciclo del sistema solar
2. la costumbre de volver a casa del trabajo para comer al mediodía
3. la historia del plato desde sus orígenes en la naturaleza
4. referirse al plato en segunda persona para personificarlo

2–55. Nuestra interpretación de la obra. En parejas, comparen sus respuestas a estas preguntas.

1. El paralelismo entre los platos en la mesa de una casa y los planetas en el firmamento del cosmos se introduce en los primeros tres versos. ¿En qué sentido es el plato "disco central / del mundo"? Expliquen las implicaciones de la metáfora.
2. En el verso 27, se describe el origen del plato: "te inventó el manantial en una piedra." Expliquen el sentido literal de estas palabras. ¿Cuál fue el origen del plato para el ser humano prehistórico?
3. La importancia del plato en la vida humana también se expresa en los últimos cuatro versos del poema (39–42). Cada verso es una breve descripción del plato con lenguaje muy sugerente y metafórico. Estudien el vocabulario en estos versos y expliquen las implicaciones de las descripciones. (Por ejemplo, en el verso 39, "cerámica" se refiere al material del plato, ¿y esperanza? ¿En qué sentido es el plato "esperanza"?)
4. Hagan una observación sobre la forma del poema en la página. ¿Por qué creen que Neruda usó esa forma? ¿Qué efecto tiene?
5. Pablo Neruda usa la palabra "santo" para describir el plato. Antes en este capítulo, Laura Esquivel ha usado la misma palabra para describir la cocina. ¿Es esta veneración de la comida y de la cocina algo común en tu cultura? En tu familia, ¿hay una diferencia entre la actitud de personas de diferentes generaciones frente a la comida? ¿Piensas que en general los estadounidenses tienen una actitud similar o diferente de Neruda y Esquivel?

3. empty; 4. vessel; 5. flowing water; 6. concavity, hollow; 7. potter; 8. thread, line; 9. hope;
10. basin; 11. round glow; 12. jeweled crown

Vocabulario

Ampliar vocabulario

afición *f*	*hobby*
al igual que	*same as*
ama de casa *f*	*housewife*
amistad *f*	*friendship*
aquejar	*to afflict*
aumento *m*	*increase*
bordar	*to embroider*
carnet de identidad *m*	*ID card*
castigo *m*	*punishment*
dar un paseo	*to take a walk*
duradero/a	*lasting*
echar de menos	*to miss*
en gran medida	*in great part*
entorno *m*	*environment, setting*
envidia *f*	*envy*
hogar *m*	*home*
imponer	*to impose*
índice	*rate*
jubilado/a	*retired*
lealtad *f*	*loyalty*
lugar *m*	*place*
madrugada *f*	*dawn*

pareja *f*	*couple, partner*
pasarlo bien	*to have a good time*
rechazo *m*	*rejection*
retrasar	*to delay*
sacerdote/sacerdotisa	*priest, priestess*
sagrado/a	*sacred*
tarea doméstica *f*	*household chore*

Vocabulario glosado

alfarero/a	*potter*
aureola *f*	*round glow*
coronar	*to crown*
cuenco *m*	*basin*
diadema *f*	*jeweled crown*
esperanza *f*	*hope*
hilo *m*	*thread, line*
hueco *m*	*concavity, hollow*
manantial *m*	*spring, source, flowing water*
pletórico/a	*full, brimming over*
vacío/a	*empty*
vasija *f*	*vessel*

Vocabulario para conversar

Para pedir y dar información

Con mucho gusto.	*I'd be glad to.*
Dime/Dígame...	*Tell me, . . .*
La verdad es que...	*The truth is . . .*
Lo siento, pero no lo sé.	*I am sorry, but I don't know.*
¿Me puedes/ Me puede explicar...?	*Can you explain to me . . . ?*
¿Me puedes/ puede decir...?	*Can you tell me . . . ?*
No tengo ni idea.	*I have no idea.*
Otra pregunta...	*Another question . . .*
Permíteme/ Permítame explicar...	*Let me explain . . .*
Quiero preguntar si...	*I'd like to ask if . . .*
Quiero saber si...	*I'd like to know if . . .*
Yo opino (creo) que...	*I think that . . .*

Vocabulario

Para contar anécdotas

Escucha, te/ Escuche, le voy a contar...	*Listen, I am going to tell you . . .*
Fue algo terrible/ horrible/ espantoso.	*It was something terrible/horrible/awful.*
Fue divertidísimo...	*It was so much fun . . .*
¡No me digas! ¡No me diga!	*You're kidding me!*
No me va/s a creer...	*You are not going to believe me . . .*
¿Sí? No te/ le puedo creer. ¡Es increíble!	*Really? That's incredible!*
Te/ le voy a contar algo increíble...	*I am going to tell you something unbelievable . . .*
Y entonces...	*And then . . .*
¿Y entonces, qué?	*And then what?*
¿Y qué pasó después?	*And what happened then?*

Para comparar experiencias

Es como el día en que...	*It's like the day when . . .*
Eso me recuerda (a mi amigo/a, a mi hermano/a, una ocasión).	*That reminds me of (my friend, brother/sister, . . ., an ocassion).*
La impresión que tengo de... es completamente opuesta.	*The impression I have of/about . . . is completely the opposite.*
La persona que describes es muy diferente de la que yo conozco.	*The person you're describing is very different from the one I know.*
Lo que me pasó en... fue un poco parecido, la diferencia es que...	*What happened to me in . . . was a bit similar; the difference is that . . .*
Mi (amigo/a, hermano/a) es como el/la tuyo/a.	*My (friend, brother/sister) is like yours.*
Mi experiencia con... fue completamente diferente.	*My experience with . . . was completely different.*
Mi experiencia en... fue muy parecida.	*My experience in . . . was very similar.*
Mi experiencia con... fue parecida y diferente al mismo tiempo.	*My experience with. . . . was similar and different at the same time*

ADDITIONAL ACTIVITIES FOR EACH TEMA AND
ANIMATED GRAMMAR TUTORIALS AVAILABLE ONLINE.

NUESTRA COMUNIDAD BICULTURAL

Objetivos del capítulo

En este capítulo vas a...

- explorar lo que implica pertenecer a dos o más culturas
- expresar inseguridad y duda
- expresar opiniones, reacciones y sentimientos
- dar y pedir consejos o recomendaciones a otras personas

TEMA

Nací en Maracaibo, Venezuela. Mi padre es médico venezolano y trabajaba para una empresa estadounidense. Como resultado, he vivido entre estadounidenses toda mi vida. Me eduqué en escuelas de Venezuela y EE.UU. y esta combinación me ha dado la capacidad de poder apreciar las dos culturas. ¿Conoces a alguien que haya crecido entre dos o más culturas?

Ser bicultural

Heritage (*Raíces*), de Leonardo Nuñez y el Latino Youth de Lompoc, California

Lectura

Entrando en materia

 **3–1. Lo que sabemos.** En parejas, piensen en las ideas que tienen sobre los inmigrantes de Estados Unidos. Después, lean las siguientes oraciones y determinen si están de acuerdo o en desacuerdo. Justifiquen sus respuestas.

- Todos los inmigrantes hispanos llegaron a EE.UU. al mismo tiempo.
- En muchos de los países hispanohablantes hay diversidad racial.
- No hay diferencias de clase social entre los inmigrantes hispanos.
- Todos los hispanos en Estados Unidos son de la misma raza.

3–2. Vocabulario: Antes de leer. Miren el contexto de estas palabras en la lectura e identifiquen la definición que corresponde a cada palabra.

3-2 **Answers:** 1. g; 2. e; 3. a; 4. c; 5. i; 6. b; 7. h; 8. f; 9. d

1. **inestabilidad**
2. **racial**
3. **crear**
4. **estadounidense**
5. **incluir**
6. **rasgos**
7. **valores**
8. **lazo**
9. **erróneo**

a. sinónimo de *hacer* o *producir*
b. sinónimo de *características*
c. una persona de Estados Unidos
d. sinónimo de *incorrecto*
e. adjetivo derivado de *raza*
f. un elemento de unión entre dos o más partes
g. falta de equilibrio
h. creencias o formas de ver la vida
i. sinónimo de *contener*

3–3. Murales. Observen las imágenes de esta página y de la siguiente y comparen sus respuestas a estas preguntas con las de otro/a estudiante.

1. Las personas pintadas en los murales representan parte de la variedad de orígenes raciales de los hispanos en Estados Unidos. ¿Pueden ustedes identificar el origen de algunas de las personas? ¿Cómo se diferencian las personas de los distintos murales?
2. Lean la información sobre los dos murales y noten la ciudad estadounidense en que se encuentran. ¿De qué países descienden la mayoría de los hispanohablantes de esas regiones de Estados Unidos?
3. ¿Qué detalles de cada mural reflejan la herencia cultural de las dos comunidades (la del suroeste de EE.UU. y la del noreste de EE.UU.)?
4. ¿Qué otros símbolos reconocen en los murales?

3-3 **Teaching tip:** Students might note: people of Mexican descent in Maya's mural (indigenous, Spanish *conquistador, peón,* contemporary Chicano), Puertoricans in Casañas's mural, African and Spanish descent; symbols in Maya: UFW flag, unity in diversity, pyramid, Catholic religion; symbols in Casañas: flag of PR, dance, typical folkloric dress

Tributo a la Unión, de Alexandro C. Maya, Estrada Courts, Los Angeles Foto, Rich Puchalsky

Bomba y Plena (c) 2003 City of Philadelphia Mural Arts Program/Betsy Z. Casañas. Photo by Jack Ramsdale. Reprinted with permission.

Por si acaso

Antes de 1848, los estados de Utah, Nevada, California, Texas, Arizona, Nuevo México y áreas de Colorado y Wyoming eran territorio mexicano. El español se habló antes que el inglés en estos estados.

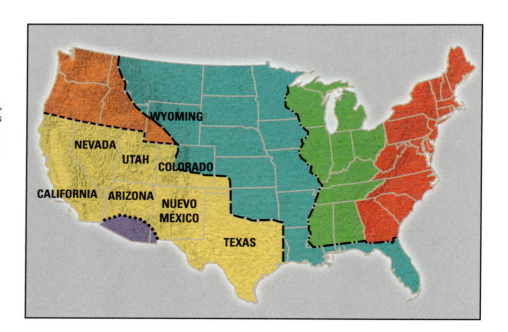

Ser hispano en Estados Unidos

de Arturo Fox

Virtualmente todas las naciones de Hispanoamérica están representadas en la comunidad hispana de Estados Unidos, pero el 80% de ella proviene de México, el 14% de Puerto Rico y el 6% de Cuba. Los estados del suroeste que bordean la frontera con México, es decir California, Arizona, Nuevo México y Texas contienen la mayor concentración de mexicano-americanos. En el estado de Nueva York reside la mayor parte de la población puertorriqueña, y la Florida, a 90 millas de Cuba, ha sido el destino natural de los cubanos, especialmente desde que en 1960 tuvo lugar el éxodo de exiliados opuestos al régimen de Fidel Castro.

En las últimas décadas, por otra parte, ha habido una tendencia hacia la dispersión, especialmente entre la población puertorriqueña, que de la Ciudad de Nueva York se ha trasladado hacia otras ciudades del mismo estado, o a otros estados como Nueva Jersey, Connecticut e Illinois. En el área de Chicago reside ya el mayor núcleo de puertorriqueños fuera de la Ciudad de Nueva York. En menor escala, los cubanos han ido formando importantes comunidades fuera de la Florida, notablemente en la costa este de Estados Unidos. Los mexicano-americanos han mostrado una menor tendencia a la dispersión. Cuatro de cada cinco de ellos todavía viven en los estados del suroeste.

Otro fenómeno ha sido la multiplicación de las nacionalidades representadas en Estados Unidos. Nueva York ha recibido una importante inmigración dominicana desde los años 60. Durante la década de los 70 la **inestabilidad** política de Centroamérica comenzó a producir una constante corriente de emigrantes, refugiados políticos y económicos de Nicaragua, Guatemala y El Salvador. Este grupo se ha concentrado especialmente en California. Los nicaragüenses, además, se han establecido en considerable número en el área de Miami. Ⓜ¹

¿Qué características permiten identificar a un individuo como "hispano"? Un criterio que ciertamente no debe usarse es el **racial**, ya que no existe una "raza hispana". El hecho es, sin embargo, que los dos grupos principales que **crearon** la imagen de los hispanos en Estados Unidos, los mexicano-americanos y los puertorriqueños, estaban formados en gran parte por personas "de color," lo cual creó en la mente del **estadounidense** la asociación de lo hispano con la categoría *"nonwhite"*.

¿Pero es correcto, en realidad, hablar de una "minoría hispana" o de una "comunidad hispana" en la que se **incluyan** todos los grupos hispanos de Estados Unidos? Algunos contestan esta pregunta de forma negativa debido a las notables diferencias económicas, étnicas y culturales que existen entre esos grupos. No obstante, es posible decir que existe una colectividad hispana en Estados Unidos con suficientes **rasgos** comunes para merecer tal nombre. Las distintas comunidades hispanas de este país no sólo comparten los más obvios indicadores culturales de origen hispano, el español como idioma, el catolicismo como religión predominante y un sistema común de **valores**, sino también un **lazo** de unión adicional y no menos importante: el hecho de que la sociedad estadounidense suele percibir a los hispanos como un grupo más o menos uniforme. **Errónea** o no, ésta es una percepción con la que el hispano tiene que enfrentarse en su vida diaria. La pregunta *"Are you Hispanic?"* demanda una respuesta afirmativa tanto del argentino como del peruano asentados en Estados Unidos, antes de que uno u otro pueda aclarar su nacionalidad de origen. Ⓜ²

---

¹Ⓜ **omento de reflexión**

¿Verdadero o falso?

_V_ 1. *Parte de la población hispana en Estados Unidos está distribuida de esta manera: los mexicano-americanos en el suroeste del país, los cubanos en la Florida y los puertorriqueños en el estado de Nueva York.*

_F_ 2. *La Florida, el suroeste de Estados Unidos y Nueva York son las únicas áreas geográficas donde se han asentado las diversas comunidades hispanas.*

_V_ 3. *Muchos hispanos de Guatemala, Nicaragua y El Salvador han emigrado a Estados Unidos en los últimos 50 años.*

---

²Ⓜ **omento de reflexión**

¿Verdadero o falso?

_F_ 1. *No hay hispanos de raza blanca.*

_F_ 2. *La comunidad hispana de Estados Unidos es esencialmente de raza negra.*

_V_ 3. *Los estadounidenses a menudo piensan que la comunidad hispana es un grupo uniforme.*

3-4 **Teaching tip:**
Alternately, have students complete the table individually and then, in pairs, convert the information into full sentences: *"Una razón que explica la emigración de los centroamericanos es la política."*

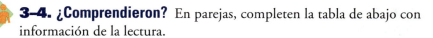

3–4. ¿Comprendieron? En parejas, completen la tabla de abajo con información de la lectura.

Países de origen de los diferentes grupos	Tres diferencias entre los grupos	Tres aspectos comunes entre los grupos	Dos razones que explican la emigración de estos grupos

3–5. Vocabulario: Después de leer. En parejas, escriban un párrafo describiendo el entorno cultural de su universidad. ¿Hay mucha diversidad? ¿Hay mucho contacto y comunicación entre las diferentes culturas? Incluyan tantas expresiones de la lista como sea posible. Comparen su párrafo con el de otra pareja. ¿Son similares o diferentes?

variedad racial	(in)estabilidad
ideas erróneas	estadounidenses
valores comunes	rasgos diversos
lazos culturales	se incluye(n)

Por si acaso

concentración de población
  concentration of the population
crecimiento económico
  financial growth
desventaja
  disadvantage
impuestos
  taxes
recursos económicos
  economic resources
servicios médicos
  medical services
servicios sociales
  social services
ventaja
  advantage

3–6. Impresiones. En parejas, representen al estudiante A y el estudiante B. Cada estudiante debe hacerle las preguntas correspondientes a la otra persona. Respondan teniendo en cuenta lo que acaban de aprender en la lectura y lo que ustedes piensan acerca del tema de los inmigrantes. Justifiquen sus respuestas. Pueden hacer preguntas adicionales para aclarar ideas.

Estudiante A: ¿Cuál crees que es la causa de la inmigración? ¿Crees que hay muchas personas que emigran de Estados Unidos a otros lugares? ¿Por qué?

Estudiante B: ¿Conoces a algún inmigrante hispano? ¿Qué sabes de esta persona? ¿Crees que la inmigración es buena o mala para un país? ¿Por qué?

Gramática

Introduction to the Subjunctive

All verb tenses you have studied so far in ***Más allá de las palabras*** are part of the indicative mood.

In this unit you will learn more about another mood, the subjunctive, which you may have studied in previous Spanish classes. Tenses grouped in the subjunctive mood are used mostly in the dependent clause of certain compound sentences. Spanish speakers use the subjunctive to make statements that convey nonfactual messages or messages that imply emotion, uncertainty, judgment, or indefiniteness.

There are four tenses in the subjunctive mood. In this unit you will learn the forms of the present subjunctive and its uses.

Forms of the Present Subjunctive

To form the present subjunctive of regular verbs start with the first person (**yo**) of the present indicative. In **-ar** verbs, change the **-o** to **-e, -es, -e, -emos, -éis, -en**. In **-er** and **-ir** verbs, change the **-o** to **-a, -as, -a, -amos, -áis, -an**.

Infinitive	Present Indicative **yo** Form	Present Subjunctive	
caminar	camino	camine	caminemos
		camines	caminéis
		camine	caminen
comer	como	coma	comamos
		comas	comáis
		coma	coman
escribir	escribo	escriba	escribamos
		escribas	escribáis
		escriba	escriban

Irregular verbs that have the **yo** form of the present indicative as a basis for the present subjunctive: **decir, hacer, oír, poner, salir, tener, venir** and **ver**.

digo	diga, digas, diga, digamos, digáis, digan
hago	haga, hagas, haga, hagamos, hagáis, hagan
oigo	oiga, oigas, oiga, oigamos, oigáis, oigan
pongo	ponga, pongas, ponga, pongamos, pongáis, pongan
salgo	salga, salgas, salga, salgamos, salgáis, salgan
tengo	tenga, tengas, tenga, tengamos, tengáis, tengan
vengo	venga, vengas, venga, vengamos, vengáis, vengan
veo	vea, veas, vea, veamos, veáis, vean

Stem-Changing Verbs

-ar and **-er** stem-changing verbs undergo the same vowel-change pattern in the subjunctive that you have learned for the indicative.

cerrar	c**ie**rre, c**ie**rres, c**ie**rre, cerremos, cerréis, c**ie**rren (**e → ie**)
contar	c**ue**nte, c**ue**ntes, c**ue**nte, contemos, contéis, c**ue**nten (**o → ue**)
defender	def**ie**nda, def**ie**ndas, def**ie**nda, defendamos, defendáis, def**ie**ndan (**e → ie**)
volver	v**ue**lva, v**ue**lvas, v**ue**lva, volvamos, volváis, v**ue**lvan (**o → ue**)

-ir stem-changing verbs undergo an additional change in the **nosotros** and **vosotros** forms, **e → i** and **o → u**.

preferir	prefiera, prefieras, prefiera, prefiramos, prefiráis, prefieran (**e → ie, i**)
dormir	duerma, duermas, duerma, durmamos, durmáis, duerman (**o → ue, u**)

Irregular Verbs

dar	dé, des, dé, demos, deis, den
estar	esté, estés, esté, estemos, estéis, estén
ir	vaya, vayas, vaya, vayamos, vayáis, vayan
saber	sepa, sepas, sepa, sepamos, sepáis, sepan
ser	sea, seas, sea, seamos, seáis, sean
haber	haya, hayas, haya, hayamos, hayáis, hayan

Uses of the Present Subjunctive

Present Subjunctive in Noun Clauses

The subjunctive occurs in the dependent clause when the verb in the independent clause expresses:

1. uncertainty, doubt, or denial

2. emotion

3. advice, suggestion, or recommendation

What is the difference between a dependent and an independent clause?

An independent clause is one that can stand alone like a simple sentence expressing a complete thought; a dependent clause cannot stand alone and does not express a complete thought. Note the difference between dependent and independent clauses in the example below.

Independent Clause	Dependent Clause
Muchas personas dudan	que la educación bilingüe sea buena.
Many people doubt	*that bilingual education is a good thing.*

First Use of the Subjunctive: After Expressions of Uncertainty, Doubt or Denial

When the verb in the independent clause expresses uncertainty, doubt or denial, use subjunctive in the dependent clause.

Among verbs that express doubt are **dudar, no estar seguro, negar** (*deny*), **no creer,** and **no pensar.**

ATTENTION: **Pensar** and **creer** only trigger subjunctive in the dependent clause when they are in the negative form. Thus, if the independent clause bearing **pensar** or **creer** is affirmative, we get the following:

Independent Clause	Dependent Clause
Otras personas piensan	que la educación bilingüe **es** buena.
Other people think	*that bilingual education is a good thing.*
Otras personas creen	que la educación bilingüe **es** buena.
Other people believe	*that bilingual education is a good thing.*

Impersonal expressions (those without a specific subject) of doubt or uncertainty also require the use of the subjunctive. When they express certainty, use the indicative in the dependent clause; when they express uncertainty, use the subjunctive.

Certainty = Indicative

Es seguro (*It is certain*)
Es cierto (*It is true*)
Es verdad (*It is true*)
Está claro (*It is clear*)
Es obvio (*It is obvious*)
Es evidente (*It is evident*)
} que la educación bilingüe **es** beneficiosa.
(*that bilingual education is beneficial.*)

Uncertainty = Subjunctive

Es (im)posible (*It is (im)possible*)
Es (im)probable (*It is (im)probable*)
No es seguro (*It is not certain*)
Es dudoso (*It is doubtful*)
} que la educación bilingüe **sea** beneficiosa.
(*for bilingual education to be beneficial.*)

See *Grammar Reference 3* for information on the infinitive vs. the subjunctive.

3–7. La política y los hispanos. Aquí tienes un pequeño artículo que el editor de *La Universidad* ha escrito sobre el tema de los hispanos y la política en Estados Unidos. Cambia los infinitivos cuando sea necesario a la forma verbal apropiada, en el subjuntivo o el indicativo, según el contexto.

En EE.UU. los políticos creen que los hispanos (1) _____ (formar) un grupo demográfico importante. Eso no va a ser suficiente para que los hispanos tengan más poder y representación en el gobierno, pero (2) _____ (ser) un buen punto desde donde comenzar.

Si las leyes de inmigración se reforman pronto, es posible que las personas de origen hispano (3) _____ (dar) más votos al partido que mejor los represente en las próximas elecciones. Para los políticos, el problema es que muchos hispanos dudan que el gobierno (4) _____ (hacer) algo significativo para mejorar la vida de la comunidad hispana.

Después, claro, está el problema de la comunicación. Para conseguir votos es importante (5) _____ (comunicarse) con la gente en su propio idioma, y yo personalmente (6) _____ (dudar) que muchos políticos estadounidenses (7) _____ (hablar) bien español.

Sin embargo, con tantos ciudadanos estadounidenses que (8) _____ (ser) de origen hispano, es posible que (9) _____ (haber) muchos más políticos hispanos en el futuro. Tal vez así, los hispanos se sentirán finalmente integrados a la política del país.

Gramática. **Teaching tip:** Point out that the subjunctive covers a range of meanings: absolute denial ("*Niego que...*" and "*Es imposible que...*") through doubt, possibility and even probability ("*Es probable que...*"). Only when one expresses certainty does one not use the subjunctive. However, students often attribute doubt to "*Creo que...*". Reinforce that in Spanish, if you believe it or think it, in your mind it's true.

3-7 **Answers**: 1. forman; 2. es; 3. den; 4. haga; 5. comunicarse; 6. dudo; 7. hablen; 8. son; 9. haya

3–8. La gente opina. Una buena forma de aprender sobre otras culturas es leer publicaciones dirigidas a ese público en particular. En Estados Unidos hay muchas revistas escritas por latinos para latinos. Si lees alguna de estas revistas, podrás practicar el español y ponerte al día en cuanto a las preocupaciones, problemas, intereses, gustos, etc. de la comunidad hispana en nuestro país. A continuación te presentamos dos cartas publicadas en la revista latina *Más*. En estas cartas, los lectores expresan su opinión acerca de la revista en general. En parejas, lean las siguientes cartas al editor, prestando atención al uso del subjuntivo. Después, completen los pasos que se indican abajo.

Siempre leo su revista con mucho interés porque hay mucha información sobre la cultura hispanoamericana.

Doy clases de inglés a inmigrantes. La mayoría de mis alumnos son de América Latina. Creo que la información de su revista da modelos excelentes de hispanos con éxito en EE.UU. Estos modelos dan mucha motivación a mis alumnos. Dudo que alguien cuestione (*dispute*) el valor de *Más* para la comunidad hispana en EE.UU.

Daniel Weber, Albuquerque, NM

Más, muchas gracias por la referencia a los hispanos judíos (*Jewish*). No creo que muchas personas tengan esta información. No todos los hispanos son católicos, un grupo de nosotros somos judíos. Su artículo reconoce que la comunidad hispana es muy diversa. Gracias.

Alvin J. García, Tampa, FL

1. Las dos cartas dicen que la revista *Más* ofrece algo positivo para la comunidad hispana. ¿Qué aspecto positivo se menciona en cada carta?
2. Piensen en una revista que ustedes leen que les ofrece algo positivo. Escriban una breve carta al editor basándose en estas dos cartas como modelos. Incluyan por lo menos un comentario positivo y un comentario negativo (reales o inventados) sobre algún aspecto de la revista. Recuerden usar el subjuntivo para expresar dudas y el indicativo para expresar certeza.

3–9. Aquí no es común. En tu ciudad, las personas que aparecen abajo te hacen estas preguntas. Responde diplomáticamente explicando que las costumbres que ellos mencionan no son típicas de tu cultura. En tu respuesta, usa expresiones de duda: dudar que, no pensar que, no creer que, ser imposible que, ser dudoso que, etc.

3-9 **Teaching tip:** Be sure students are familiar with the practices mentioned. Have the class define each practice before beginning. You may also wish to cue a few possible answers by asking questions of the class before dividing them in pairs: *¿Es posible que tu compañero encuentre un bar abierto a las cinco de la mañana?*

> **MODELO**
>
> La madre de una familia española te pregunta:
> ¿A qué hora salen las familias a dar un paseo el domingo?
> No estoy segura de que aquí muchas familias den un paseo los domingos.

1. Tu vecino chileno te dice:
   Me gustaría conocer a otros señores mayores. ¿En qué plaza de la ciudad se reúnen los jubilados?
2. Tu amigo mexicano te pregunta:
   ¿Cómo celebran la fiesta de quinceañera las mujeres de tu familia?
3. Tu compañero de cuarto, que acaba de llegar de España, te comenta:
   Esta noche quiero salir de fiesta hasta las cinco o las seis de la mañana. ¿Qué discotecas me recomiendas?
4. Tu instructor de español, que es dominicano, te dice:
   Necesito ideas sobre algún lugar interesante para celebrar mi santo este año. ¿Tienes alguna sugerencia?

 3–10. Más estereotipos. ¿Recuerdan la discusión del *Capítulo 2, Tema 1* sobre los estereotipos? Aquí tienen otra serie de estereotipos. Usen lo que saben sobre las culturas hispanas para escribir una reacción positiva o negativa para cada estereotipo. Éstas son algunas expresiones que pueden resultar útiles:

(no) creo   (no) dudo   (no) pienso   (no) es probable
es (im)posible que   (no) es cierto

> **MODELO**
>
> Todos los hispanos hablan el mismo idioma. No hay variaciones regionales.
> ¡Dudo que todos los hispanos hablen el mismo idioma, sin variaciones regionales!

1. Las mujeres latinas siempren llevan tacones altos para ir al trabajo.
2. Todos los inmigrantes centroamericanos son pobres y vienen a Estados Unidos para hacerse ricos.
3. Los mexicanos trabajan muy despacio y por muy poco dinero.
4. La comida de todos los países hispanos es muy picante.
5. En la cultura hispana, se habla en voz muy alta.

3–11. Una prueba. En parejas, analicen la ilustración. Cada estudiante debe escribir una afirmación verdadera y una falsa sobre esta información. La otra persona debe leer las dos afirmaciones y expresar oralmente su reacción.

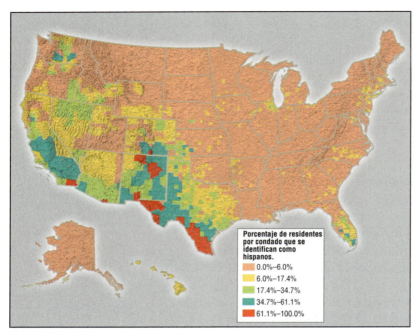

Porcentaje de residentes por condado que se identifican como hispanos.

- 0.0%–6.0%
- 6.0%–17.4%
- 17.4%–34.7%
- 34.7%–61.1%
- 61.1%–100.0%

Durante la década de 1980, Estados Unidos abrió sus puertas a más inmigrantes que en el pasado. La mayoría llegó de Latinoamérica y hablaba español. Estados Unidos es hoy el quinto país donde más se habla español. En 1990 el número de hispanos en EE.UU. sobrepasaba los 22 millones, en el año 2000 había más de 35 millones y en el 2007 había 45.5 millones.

 3–12. Cóctel de noticias. En parejas, lean estos titulares de un periódico imaginario. ¿Cuáles les parecen más probables? Reaccionen usando la lógica y las expresiones anteriores. Después, preparen tres o cuatro titulares de noticias que ustedes piensan que **sí** pueden ocurrir. Escriban titulares relacionados con la inmigración, la política, la educación, etc.

MODELO

El gobierno de Cuba devolverá las propiedades (*properties*) de los cubanos que se exiliaron en la década de 1960.
No es probable que el gobierno de Cuba devuelva las propiedades de los cubanos que viven en el exilio.

1. El gobierno de EE.UU. va a abrir las fronteras a todos los inmigrantes.
2. El español será el idioma oficial de California algún día.
3. Los emigrantes cubanos son esencialmente refugiados políticos.
4. En el año 3000 los estudiantes van a poder aprender español sólo por computadora.
5. ¡Nuevo en el mercado: un libro de texto para aprender español en una semana!

Vocabulario para conversar

Expresar tus opiniones

¿Qué te parece mi nuevo color de pelo?

Creo que el color púrpura te sienta bien.

When talking about a subject, you will express your opinions and also react to the other person's opinions on the subject. The following expressions will help you hold a discussion more effectively in Spanish.

Expresar tu opinión:

Creo que…	*I think that…*
En mi opinión…	*In my opinion…*
Me parece absurdo (una tontería).	*It seems absurd (silly) to me.*
Me parece interesante.	*I think it is interesting.*
Me parece…	*I think (It seems to me)…*
Prefiero…	*I prefer…*

Reaccionar a la opinión de otros:

(No) Estoy de acuerdo.	*I (dis)agree.*
(No) Tienes razón.	*You are (not) right.*
¿Por qué dices eso?	*Why do you say that?*
Absolutamente.	*Absolutely.*
Por supuesto.	*Of course.*
Yo también.	*Me too.*
A mí también me gusta/ me molesta.	*I like it too / It also bothers me.*
Yo tampoco.	*Me either.*
A mí tampoco me gusta/ me molesta.	*I don't like it either / It doesn't bother me either.*

Preguntar qué opinan:

¿Qué crees (opinas)?	*What do you think?*
¿Qué te parece?	*What do you think?*

3-13. Palabras en acción. El departamento de Humanidades de su universidad ha decidido cambiar los requisitos de graduación para asegurarse de que todos los estudiantes tengan una buena cultura y educación a nivel internacional antes de graduarse. Aquí tienen un resumen de las nuevas normas. En parejas, lean la información y expresen su opinión sobre cada punto. Después, entrevisten a otra pareja para saber su opinión. ¿Están de acuerdo?

Éstos son los nuevos requisitos adicionales de graduación para todos los estudiantes de Humanidades. Se deben cumplir en sustitución de los requisitos anteriores.

1. Todos los estudiantes deben estudiar un mínimo de dos idiomas durante los cuatro años de la carrera.
2. Todos los estudiantes deben pasar un mínimo de seis meses viviendo en una comunidad donde se hable uno de los idiomas que estudian.
3. Todos los estudiantes deben participar en una campaña política que defienda algún interés particular de la cultura que estudian.
4. Todos los estudiantes deben demostrar un amplio conocimiento del idioma y la cultura que estudian. Para demostrar este conocimiento, los estudiantes deben:
   • saber preparar un mínimo de tres platos típicos de esa cultura
   • conocer la música y los bailes tradicionales asociados con esa cultura
   • saber cuáles son las costumbres establecidas durante las celebraciones importantes
   • conocer la historia y el origen de esa cultura y ese idioma.
5. Todos los estudiantes deben conocer las obras más importantes en la pintura, literatura y otras artes de esa cultura. Los estudiantes que contribuyan sus propias obras de arte a alguna comunidad de esa cultura recibirán puntos adicionales.

3-14 **Teaching tip:** You may wish to play the *A escuchar* track for *Capítulo 3, Tema 1* from the *Activities Manual,* which presents a relevant model.

 3-14. Debate. En grupos de cuatro, elijan uno de los temas de la lista para debatir en clase. Dos estudiantes deben expresar opiniones a favor y los otros dos en contra. Usen el vocabulario de la página 101 cuando sea necesario.

1. Los inmigrantes ilegales en EE.UU.: el gobierno debe reforzar (*reinforce*) la vigilancia en las fronteras para evitar la entrada de más trabajadores ilegales.
2. La educación bilingüe: el estado de California debe reconsiderar las consecuencias de la Proposición 227, según la cual el inglés debe ser la única lengua que se utilice en la enseñanza de las escuelas públicas.
3. El estudio de una lengua extranjera a nivel universitario: debe ser un requisito, ¿sí o no?
4. El estudio de las matemáticas y las ciencias a nivel universitario: debe ser un requisito, ¿sí o no?
5. La educación universitaria para los hispanos: las universidades deben facilitar la admisión de los alumnos hispanos.

CURIOSIDADES

"México Americano", de Los Lobos

Los Lobos comenzaron su carrera musical en Los Ángeles en los años 70. Desde entonces, su combinación ecléctica de rock, Tex-Mex, country, folk, R&B, blues, y música tradicional mexicana les ha encantado a los aficionados de todo el país. A veces componen sus letras en español, otras veces en inglés y en algunas ocasiones mezclan las dos lenguas. La letra de "México Americano" representa una celebración de las raíces biculturales de estos músicos; el ritmo y la instrumentación son del corrido, género musical tradicional de México.

 3–15. Análisis.

A. Lean la letra de la canción para encontrar dos referencias a cada uno de los siguientes temas:

1. el bilingüismo
2. la dignidad del méxico-americano
3. los dos países de la identidad méxico-americana
4. el aspecto bicultural de la identidad méxico-americana

B. En su opinión, ¿qué significan o comunican las siguientes frases?

1. "la raza de oro"
2. "por destino soy americano"
3. "los defiendo con honor"

México Americano

Por mi madre yo soy mexicano,
por destino soy americano.
Yo soy de la raza de oro.
Yo soy México Americano.

Yo te comprendo el inglés,
también te hablo en castellano.
Yo soy de la raza de oro.
Yo soy México Americano.

Zacatecas a Minnesota,
de Tijuana a Nueva York.
Dos países son mi tierra,
los defiendo con honor.

Dos idiomas y dos países,
dos culturas tengo yo.
En mi suerte tengo orgullo,
porque así lo manda Dios.

Por mi madre yo soy mexicano,
por destino soy americano.
Yo soy de la raza de oro.
Yo soy México Americano.

Ser bilingüe

A escuchar

Entrando en materia

 3–16. Analizando las palabras. Trabajen en parejas para contestar lo siguiente:

- Mencionen un sinónimo de la palabra *lengua*.
- La palabra *bilingüe* tiene dos partes. Busquen cuáles son.
- Expliquen el significado de las dos partes de la palabra *bilingüe*.
- Mencionen dos palabras que contengan una de las dos partes.

3-17. Vocabulario: Antes de escuchar. Identifiquen la definición que corresponde a las palabras marcadas en negrita en el contexto en que aparecen.

3-17 **Answers:** 1. h; 2. d; 3. a; 4. f; 5. g; 6. c; 7. e; 8. b

Vocabulario en contexto

1. Una persona es multilingüe cuando habla **al menos** dos lenguas.
2. La población **mundial** es de 6 mil millones de personas.
3. Se **estima** que para el año 2050 el número de personas bilingües en EE.UU. será mayor que el de hoy.
4. Muchas personas **cuestionan** los beneficios de la educación bilingüe.
5. La **veracidad** de las palabras se confirma en las acciones.
6. La **mitad** de cien es cincuenta.
7. La historia de El Dorado es un **mito**.
8. Es un **hecho** que el bilingüismo es tan común como el monolingüismo.

Definiciones

a. calcular aproximadamente
b. dato comprobado
c. cincuenta por ciento
d. adjetivo derivado de la palabra *mundo*
e. una historia, idea o creencia popular que no tiene base científica u objetiva
f. poner en duda
g. cualidad de ser verdad
h. como mínimo

Estrategia: Identificar los enlaces entre palabras

Si escuchas con atención a un hispanohablante, te darás cuenta de que a veces es difícil determinar dónde empieza una palabra y dónde termina. Esto ocurre porque en español existe el enlace, o *linking* en inglés. Por eso, la oración "Es importante empezar a estudiar" se pronuncia "E-sim-por-tan-tem-pe-za-ra-es-tu-diar". Como ves, las palabras se encadenan unas con otras sin pausas entre ellas. Antes de escuchar la miniconferencia de este capítulo, lee en voz alta estas oraciones de la miniconferencia y practica los enlaces entre palabras:

1. Lo encontramos en el hecho de que la mayoría de los países tienen una lengua oficial.

   Lo-en-con-tra-mo-se-ne-le-cho-de-que-la-ma-yo-rí-a-de-los-pa-í-ses-tie-ne-nu-na-len-gua-o-fi-cial.

2. ...siempre asociamos este país con el idioma alemán a pesar de que en diferentes partes de Suiza se habla también el francés.

   ...siem-pre-a-so-cia-mo-ses-te-pa-ís-co-ne-li-dio-ma-le-má-na-pe-sar-de-quen-di-fe-ren-tes-par-tes-de-Sui-za-se-ha-bla-tam-bié-nel-fran-cés.

MINICONFERENCIA   Mitos sobre el bilingüismo

Ahora su instructor/a va a presentar una miniconferencia.

You may want to use the *Miniconferencia* PowerPoint presentation available on Instructor Site at www.wiley.com/college/gallego and at www.wileyplus.com.

A escuchar **Teaching tip:** As with all *miniconferencias,* this one is designed for oral delivery in class with a partial outline to guide student comprehension. The recorded version on the textbook CD offers students reinforcement of content, vocabulary and listening skills outside of class.

3-18 **Answers:** cuestionan; mito; se estima; mundial; mitad; al menos

3–18. Vocabulario: Después de escuchar. Completen el párrafo con la expresión apropiada de la lista: **cuestionan, al menos, mundial, mitad, se estima, mito**.

Hoy en día, algunas personas _____ el valor de estudiar una lengua extranjera. Estas personas creen el _____ que no se puede aprender otro idioma después de cierta edad. Sin embargo, _____ que la mayoría de la población _____ es bilingüe o multilingüe y no todos dominan a la perfección todas las lenguas que hablan. Si más de la _____ de las personas hablan _____ dos idiomas, es obvio que el bilingüismo debe ser una aspiración de todos nosotros.

3–19. Más detalles. En parejas, contesten estas preguntas y después comparen sus respuestas con las de otros grupos. ¿Entendieron todos lo mismo?

1. ¿Cuál de estos mitos tiene más importancia para ustedes? ¿Por qué?
2. ¿Están de acuerdo con la opinión del narrador sobre todos estos mitos? ¿Hay algún punto con el que no estén de acuerdo? ¿Cuál?
3. Como estudiantes de español, ¿qué lección práctica pueden derivar de la información sobre el tercer mito?
4. ¿Creen que la relación entre la edad y el estudio de una lengua extranjera es un factor determinante en la habilidad de hablar otro idioma correctamente?

106   **Capítulo 3**   Nuestra comunidad bicultural

Gramática

Second Use of the Subjunctive: After Expressions of Emotion

In *Tema 1*, you studied the use of present subjunctive to express uncertainty, doubt, or denial. In the following section you will learn information about the use of the subjunctive when there is an expression of emotion in the independent clause.

When the verb in the independent clause expresses emotion, use the subjunctive in the dependent clause.

The most common verbs that express emotion fall into three distinct patterns:

1. The person experiencing the emotion is the subject of the verb.

   Los padres de niños bilingües **tienen miedo** de que sus hijos **pierdan** una de las dos lenguas.

   *Parents of bilingual children **are afraid** that their children **may lose** one of their two languages.*

   Other verbs in this pattern include: estar contento/a de que... or alegrarse de que... (*to be happy that…*) sentir que... (*to regret that…*), temer que... (*to fear that…*), and odiar que... or detestar que... (*to hate that…*).

2. The person experiencing the emotion is the indirect object of the verb.

   Me pone triste que **haya** una ley en contra de la educación bilingüe en California.

   *It **saddens me** that **there is** a law against bilingual education in California.*

   Other verbs in this pattern include: sorprenderle que... (*to surprise someone that…*), preocuparle que... (*to worry someone that…*), entristecerle que... (*to sadden someone that…*), gustarle que... (*to please someone that…*), molestarle que... (*to bother someone that…*)

3. The emotion is communicated with an impersonal expression (SER + Adjetivo + que...).

   Es bueno que los padres de los niños bilingües **hablen** las dos lenguas en casa.

   *It's good for the parents of bilingual children **to speak** the two languages at home.*

   Common impersonal expressions include: Es bueno (malo, lamentable, fantástico, increíble, interesante) que...

See infinitive vs. subjunctive in *Grammar Reference 3*.

 3–20. La gente opina. En parejas, lean las opiniones siguientes sobre la Proposición 227, la ley de la educación monolingüe en California. En cada opinión, identifiquen los ejemplos del subjuntivo para expresar una emoción. Después, completen las frases siguientes con un verbo lógico según la opinión de cada persona.

El lugar de la lengua española en EE.UU.

Opinión 1: Me criaron en el Valle de San Joaquín, California, viendo películas mexicanas y escuchando la música de Pedro Infante, Jorge Negrete y Los Panchos, entre

3-20 **Answers:** Opinión 1: pierdan, no aprendan, etc./aprendan, estudien, etc. Opinión 2: trabajen, etc./ofrezcan, den, etc. Opinión 3: tenga, esté a favor de, etc./voten, estén, etc./hablen, sepan, etc.

muchos otros. El español fue mi primer idioma. Ahora, cuando limpio la cocina o doblo la ropa, me encanta escuchar la música de los mariachis o baladas mexicanas en la radio. Somos 45.5 millones de hispanos en Estados Unidos. El español se ha hablado en Nuevo México desde el año 1600. Hablo español e inglés y no quiero perder ninguno de los dos. Los latinos reconocemos que aprender inglés es muy importante, pero me molesta que para aprender inglés tengamos que perder el español.

Opinión 2: Los hijos de la señora Gómez participaron en un programa de educación bilingüe. Hoy sus hijos tienen excelentes puestos de trabajo gracias a su dominio del inglés y del español. Por eso, a la señora Gómez le parece importante que los colegios ofrezcan clases en las dos lenguas. Su familia votó en contra de la Proposición 227 porque significa el fin de 30 años de educación bilingüe en California.

Opinión 3: El señor Feria votó a favor de la Proposición 227. "Honestamente, estoy sorprendido de que la gente esté en contra de esta proposición. La única manera de aprender inglés es por medio de la inmersión total", dijo el señor Feria. "Nunca participé en un programa bilingüe y hoy no podría ser instructor de vuelo sin hablar bien el inglés".

Opinión 1:

A la señora le molesta que los niños hispanos _____ su lengua materna.

Ella cree que es bueno que los latinos _____ el inglés.

Opinión 2:

La señora Gómez está contenta de que sus hijos _____ para compañías bilingües.

Le preocupa que los colegios no _____ clases bilingües en el futuro.

Opinión 3:

El señor Feria se alegra de que California _____ una ley de educación en inglés.

Le sorprende que muchas personas _____ en contra de la proposición.

En su trabajo, es importante que los instructores _____ inglés.

3–21. ¿Qué piensan ustedes? En grupos de cuatro personas, van a preparar un póster de dos partes para exponer opiniones sobre la educación bilingüe. Dos personas van a preparar la parte superior del póster, que debe incluir reacciones positivas hacia la educación bilingüe en los programas de educación primaria del país. Las otras dos personas van a preparar la parte inferior del póster, que debe incluir reacciones negativas hacia la educación bilingüe. Pueden usar las opiniones de las tres personas que votaron en California o pueden expresar otras opiniones. Aquí se incluyen algunas expresiones útiles.

es lamentable que   me molesta que   temo que   es fantástico que

siento que   es malo que   me sorprende que

3–22. Conflictos. En parejas, representen la siguiente situación. Ustedes comparten el mismo cuarto y las diferencias personales están causando muchos problemas. Hoy, van a tener la oportunidad de decirle a la otra persona cómo se sienten. La otra persona debe responder de forma diplomática (no hay más cuartos disponibles, ¡así que tienen que llevarse bien!). Aquí tienen algunas expresiones útiles.

(no) gustar   (no) enojar   (no) molestar   (no) odiar

> **MODELO**
>
> **Estudiante A: Odio que tu novio/a esté en nuestro cuarto todo el día.**
> **Estudiante B: Me molesta que tú nunca te levantes antes del mediodía.**

3-21 Teaching tip:
The text of Proposition 227 is available on line at: http://primary98.sos.ca.gov/VoterGuide/Propositions/227.htm. This page also has links to arguments in favor and against, with rebuttals. Students can read the information (in English) and respond with an opinion in Spanish. If your state legislature has discussed or voted on legislation related to language issues in the past 10 years, photocopy an article from a local paper discussing the legislation. Have students respond to the article in a short paragraph, composed in pairs or individually, using expressions of doubt, denial, certainty and emotion.

3-22 Teaching tip:
Prompt possible complaints, and possible solutions, by brainstorming unpleasant roommate behaviors with the entire class before dividing students in pairs.

Vocabulario para conversar

Expresar tus sentimientos

In addition to the expressions that require the subjunctive in the dependent clause, there are other ways to communicate your feelings or react to the feelings of others.

Expresar compasión:

¡Pobrecito/a!	*Poor thing!*
¡Lo siento mucho!	*I am very sorry!*
¡Qué mala suerte!	*What bad luck!*
¡Qué lástima/ pena!	*What a pity!*

Expresar sorpresa:

¡Qué sorpresa!	*What a surprise!*
¡Eso es increíble!	*That's incredible!*
¡No me digas!	*You don't say!*
¡Qué suerte!	*How lucky!*
¿De verdad?	*Really?*

Expresar molestia:

¡Ya no aguanto más!	*I can't stand it anymore!*
Siempre es lo mismo.	*It is always the same thing.*
Estoy harto/a de...	*I am fed up with . . .*
¡Es el colmo!	*It is the last straw!*

 3-23. ¿Cuál es la expresión apropiada? Ahora que ya resolviste tus diferencias con tu compañero/a de cuarto, es el momento de demostrar tu solidaridad hacia esta persona. Responde a estos comentarios de tu compañero/a, con una expresión adecuada.

1. ¿Sabes qué? Mi gato se rompió una pata ayer y ahora no puede caminar.
2. Mi novio/a ya no va a molestar más. El sábado le propuso matrimonio a otra persona.
3. Si saco buenas notas en mis clases de inglés, mi padre me va a regalar un Ferrari.
4. Oye, ayer me puse tu chaqueta nueva para ir a una cita y la manché *(stained)* con café.
5. No tengo suficiente dinero para llamar a mi país todas las semanas.

 3-24. Situaciones. En parejas, seleccionen dos de las siguientes situaciones y represéntenlas. Preparen la situación durante cinco minutos y usen las expresiones útiles para expresar sus sentimientos o para reaccionar a los sentimientos de la otra persona.

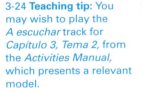

3-24 Teaching tip: You may wish to play the A escuchar track for Capítulo 3, Tema 2, from the Activities Manual, which presents a relevant model.

Situación 1

ESTUDIANTE A: Eres un/a estudiante mexico-americano/a y no has sido admitido en la fraternidad/sororidad a la que pertenece tu amigo/a. Te quejas de tu situación porque crees que es un caso de discriminación racial.

ESTUDIANTE B: Reacciona al problema de tu amigo/a con sorpresa. Tú no crees que sea un caso de discriminación racial.

Situación 2

ESTUDIANTE A: Te acabas de enterar de que no te puedes graduar sin pasar el examen final de español. Tú estudias ingeniería y no entiendes por qué tienes que hacer ese examen. Estás muy enojado/a.

ESTUDIANTE B: Reacciona a la situación con compasión. Háblale a tu amigo/a de los beneficios que aprender español puede aportar a su carrera profesional.

Situación 3

ESTUDIANTE A: Tienes un/a vecino/a que escucha música a todas horas. Tú has llegado al límite de tu paciencia porque la música está muy alta y no puedes estudiar.

ESTUDIANTE B: Reacciona con sorpresa a las quejas de tu vecino/a.

CURIOSIDADES

El préstamo léxico

Uno de los efectos del bilingüismo y de las lenguas en contacto es que el vocabulario de las dos lenguas adopta y adapta palabras de la lengua vecina. El inglés presenta muchos ejemplos de este fenómeno que se llama préstamo *(borrowing)* léxico.

 3–25. Identificación de préstamos léxicos. En parejas, miren la lista de las palabras en inglés. ¿Pueden identificar la palabra en español que originó cada una? Después, van a crear su propia lista de préstamos léxicos. Su instructor/a les va a decir cuándo pueden comenzar. La pareja que prepare la lista más larga en un minuto, ¡gana!

3-25 **Answers:**

calaboose	calabozo
Montana	montaña
alligator	lagarto
lasso	lazo
hoosegow	juzgado
canyon	cañón
buckaroo	vaquero
villa	villa

Palabras en inglés

calaboose (jail)
Montana
alligator
lasso
hoosegow (jail)
canyon
buckaroo
villa

Palabras en español

villa
lagarto
vaquero
juzgado
montaña
cañón
calabozo
lazo

Lenguas en contacto

Lectura

Entrando en materia

 3–26. Observaciones. Miren las ilustraciones de la lectura en la página 114.

- ¿Cuál es el tema de la conversación?
- La palabra *espanglish* aparece en la conversación. ¿Saben el significado del término *espanglish*?

3–27. Vocabulario: Antes de leer. Antes de leer, completen las siguientes oraciones con una palabra de la lista, para familiarizarse con el vocabulario. Observen el contexto de cada palabra en la lectura y/o consulten la lista de vocabulario al final del capítulo.

actual   lectores   informática   echar una mano   tema
enviar   polémico   traductor   gracioso (cómico)

1. El _____ central de esta unidad es la lengua española.
2. Mi hermano se ríe cuando hablo español porque piensa que es un idioma muy _____.
3. El bilingüismo en EE.UU. es un tema _____ porque hay muchas personas a favor y en contra.
4. _____ es una forma coloquial para decir "ayudar".
5. A mí me gusta la música _____, como el *hip hop*. La música vieja no me gusta.
6. Un _____ es una persona que cambia un texto de una lengua a otra.
7. Mandar una carta es lo mismo que _____ una carta.
8. La _____ es la ciencia de la computación.
9. Las personas que leen un texto son los _____ de ese texto.

3-27 **Answers:** 1. tema;
2. gracioso; 3. polémico;
4. echar una mano;
5. actual; 6. traductor;
7. enviar; 8. informática;
9. lectores

Lectura **Teaching tip:**
Have students complete a chart with three columns: *inglés, español, espanglish*. Write the following words in the corresponding column leaving space alongside in the other columns: *carpeta, vacumear, el rufo, marqueta*. Have students fill in translations in the other columns.

¿Qué es el espanglish?

El espanglish o spanglish, como sugiere la palabra, es una forma de hablar que combina el español y el inglés (*Span*: **Spa**nish, *-glish*: En**glish**). Esta mezcla entre las dos lenguas se manifiesta en el vocabulario y también en la sintaxis. El uso del espanglish, que se origina en el habla de la calle, es cada vez más común en los medios oficiales de comunicación como la radio y la televisión e incluso está presente en la literatura. Los detractores del espanglish lo consideran un ataque contra el idioma español o una forma de degradar el idioma. Los defensores ven el espanglish como un rasgo más de las culturas fronterizas, las cuales son híbridas en sus costumbres, comidas, música y arquitectura.

A continuación hay algunos ejemplos de espanglish: la carpeta (de *carpet*), la troca (de *truck*), las grocerías (de *groceries*), vacumear (de *to vacuum*), la marqueta (de *market*), el rufo (de *roof*).

Muchos estudiantes usan sin darse cuenta términos en espanglish en la clase de español, especialmente cuando no saben el significado de alguna palabra o cuando no están seguros de cómo se dice algo. ¿Puedes pensar en una ocasión en la que usaste una palabra que combinaba el español y el inglés?

Una presentación sobre el espanglish

Marta tiene que preparar una presentación sobre el fenómeno del espanglish para una clase de comunicación. Ha leído algunos artículos en la Red sobre el tema. En esta conversación, Marta habla de su presentación con su amigo Santiago.

3–28. ¿Comprendieron? Antes de seguir adelante con la lectura, ¿pueden identificar la siguiente información?

1. El tema central de la conversación entre Marta y Santiago.
2. El tipo de artículo que busca Marta.
3. ¿Qué característica debe tener el tema de la presentación de Marta?
4. ¿Qué le recomienda Santiago a Marta?

A continuación tienen el artículo "Ciberidioteces" que Santiago le recomendó a Marta.

3-28 **Answers:** 1. Hablan de la presentación de Marta sobre el espanglish; 2. Busca un artículo relacionado con el espanglish y las telecomunicaciones; 3. Debe ser un tema controvertido o polémico; 4. Le recomienda que lea un artículo llamado "Ciberidioteces."

Ciberidioteces

LA GUERRA ENTRE EL ESPANGLISH Y EL ESPAÑOL

Carta al director de *Web*

Estimado señor Martos:

Acabo de leer el artículo de la página tres de su revista y me he quedado tan sorprendido que no he podido resistirme a **enviarle** este mensaje. Soy **traductor** de cuestiones técnicas y de **informática** del inglés al español y me gustaría comunicarle mi reacción a la carta que usted les escribió a los lectores de la revista *Web*.

Me sorprende que usted use términos como "linkar" y que critique a los que usan "enlazar". Tampoco es aceptable que usted recomiende a sus lectores que lean el glosario de ciberespanglish creado por Yolanda Rivas. Debo decirle que Yolanda Rivas es una estudiante peruana que estudia en EE.UU. y que casi ha olvidado su español. A mí me da igual si usted habla ciberespanglish, lo que me preocupa más es que aconseje a los lectores de su revista que lo usen. Tengo la sospecha de que con su defensa del ciberespanglish usted intenta esconder su limitado conocimiento de la lengua española.

Un saludo cordial,

Xosé Castro Roig, Madrid

Xosé Castro Roig

3–29. Comprensión. Según la carta de Xosé Castro Roig, asocien los siguientes conceptos con una (o más) de estas personas: Yolanda Rivas (YR), Xosé Castro Roig (XC), el director de *Web* (DW):

_____ el ciberespanglish   _____ carta a los lectores
_____ traductor de informática _____ estudiante peruana
_____ carta al director   _____ limitado conocimiento del español

¿Cómo se dice "linkar" (espanglish para *to link*) en español?

3-29 **Answers:** el ciberespanglish (YR, DW), traductor de informática (XC), carta al director (XC), carta a los lectores (DW), estudiante peruana (YR), limitado conocimiento (DW, YR); enlazar

3–30. ¿Espanglish o español puro? Xosé Castro Roig es purista – le molesta que se use espanglish para hablar de la informática. Yolanda Rivas y el director de *Web* son menos puristas y usan el espanglish cuando escriben. ¿Qué opinan ustedes?

A. Primero, comenten las siguientes preguntas para determinar su opinión.

1. ¿Cómo se diferencia la lengua que ustedes hablan de la lengua que hablan sus padres? Piensen en tres ejemplos específicos de vocabulario, expresiones o gramática.

2. Muchas personas mayores critican fuertemente la jerga (*slang*) usada por los jóvenes en sus conversaciones y en sus comunicaciones electrónicas. ¿Cuáles son los argumentos de los mayores? ¿Cuáles son los argumentos en defensa de la jerga de los jóvenes?

3. El uso de espanglish ha crecido entre las nuevas generaciones de hispanos que han nacido en Estados Unidos donde el inglés y el español están en contacto. ¿Se pueden usar los mismos argumentos de la pregunta 2 para criticar/defender el espanglish? Escriban un argumento en contra y un argumento a favor del uso del espanglish.

4. En el futuro, ¿será el espanglish más o menos común? ¿Pueden coexistir el español "puro" y el espanglish? ¿Es importante conservar el español puro? Expliquen sus respuestas.

B. Ahora, escriban una carta al director de *Web* expresando su opinión sobre el espanglish o español puro. Incorporen expresiones de duda y certeza del *Tema 1* y verbos de emoción del *Tema 2*. Deben incluir una introducción ("Estimado…") y una despedida ("Un saludo cordial").

C. Comparen sus opiniones con las de otros grupos de la clase. ¿Son similares? ¿Qué grupo escribió la carta más convincente?

Gramática **Teaching tip:** Treat these verbs as new vocabulary and make sure students know what each one means. Students will need mechanical practice with the conjugations, especially the stem-change verbs (*sugerir, rogar, preferir, recomendar*, etc.).

Gramática

In the previous conversation between Marta and Santiago, you read how Santiago gave a recommendation to Marta when he said "Te recomiendo **que lo leas**." In this section you will learn how to give recommendations and advice to others using the subjunctive.

Third Use of the Subjunctive: After Expressions of Advice and Recommendation

When the verb in the independent clause expresses advice, recommendation, or makes a request, use subjunctive in the dependent clause.

Independent Clause	Dependent Clause
Advice:	
El instructor **aconseja**	que los estudiantes **estudien**.
*The instructor **recommends***	*that the students **study**.*
Suggestion:	
Sugiero	que **busques** información en la red.
I suggest	*that **you look for** information on the Web.*

Request:

El estudiante **quiere**	que el instructor **explique** el subjuntivo.
*The student **wants***	*the instructor **to explain** the subjunctive.*

The following expressions are commonly used to give advice, to give suggestions or to make requests:

aconsejar que	pedir que	recomendar que	decir que (*when a*
desear que	preferir que	mandar que	*synonym with*
permitir que	es importante que	rogar que (*to beg*)	**querer, pedir**)
querer que	insistir en que	es necesario que	
sugerir que	prohibir que	es aconsejable que	

See more on using the subjunctive with *decir* in *Grammar Reference 3*.

3–31. En clase. Aquí hay una serie de afirmaciones sobre la clase de español. Identifica las cosas que haces o no haces en clase haciendo una marca en el espacio en blanco indicado a la derecha. Presta atención a las formas verbales.

	Lo hago	No lo hago
1. Mi profesor/a <u>recomienda</u> que le**amos** el material el día antes de clase.	_____	_____
2. Mi profesor/a <u>insiste en</u> que los estudiantes siempre habl**en** español en clase.	_____	_____
3. Mi profesor/a <u>sugiere</u> que los estudiantes de esta clase estudi**en** la gramática en casa.	_____	_____
4. Mi profesor/a <u>prohíbe</u> que los estudiantes com**an** en clase.	_____	_____
5. Mi profesor/a <u>desea</u> que los estudiantes escrib**an** todas las composiciones del libro de ejercicios.	_____	_____

3–32. ¿Qué hago? El instructor de Marta le ha dado un papel con algunas recomendaciones para preparar su presentación. El problema es que a Marta se le cayó el café encima del papel y ahora no sabe qué ponía al principio de cada frase. ¿Puedes ayudarla a completar las recomendaciones? Aquí tienes algunas expresiones útiles.

aconsejar que	permitir que	recomendar que	sugerir que
querer que	prohibir que	insistir en que	decir que
desear que	mandar que		

MODELO

> ...un tema interesante.
> **Te sugiero que escojas un tema interesante.**

1. ...el tema conmigo antes de preparar la presentación.
2. ...un esbozo (*outline*) de las ideas más importantes.
3. ...un esbozo muy largo.
4. ...información para hablar durante diez minutos.
5. ...más de diez minutos.
6. ...tu presentación varias veces.
7. ...notas extensas durante la presentación.

3-31 **Teaching tip:** Have students compare with a partner what they do and what they don't do and then confirm or contradict the professor's recommendations: *"Número uno es una buena recomendación. Yo también te sugiero que estudies la gramática en casa"* or *"Número cuatro es una mala recomendación. No te prohíbo que comas en clase".*

3–33. El consultorio cultural. Un grupo de estudiantes ha abierto un consultorio de asuntos culturales en el sitio web de la universidad. Todos los estudiantes pueden enviar cartas electrónicas para pedir consejos sobre temas relacionados con el idioma o la cultura. Hoy, ustedes están trabajando como voluntarios en este consultorio y deben responder a una de las cartas.

1. Primero, determinen cuál es el problema de la persona que envió la carta. Después, hablen sobre las posibles soluciones para ese problema.
2. Preparen una carta de respuesta para el/la estudiante. Deben aconsejarle y recomendarle algunas soluciones al problema.
3. Comparen su carta con las de otros grupos para determinar qué grupo logró encontrar la mejor solución.

✉ **Situación difícil**   ▾■ _ □ ✕

Para: consultorio@universidad.com
De: Frustrada
Ref: Situación difícil

Queridos amigos del consultorio:

Les escribo porque me encuentro en una situación difícil y no sé cómo resolver mi problema. Soy una joven latina, nacida y criada en EE.UU., hija de padres mexicanos, nacidos y criados en México. Mis padres son muy tradicionales y esto es bueno en algunos aspectos y malo en otros. La situación en que me encuentro es difícil. Yo amo y respeto a mis padres pero ellos no me entienden. Yo salgo con un chico estadounidense desde hace tres años y ahora que voy a terminar mis estudios en la universidad, quiero mudarme a un apartamento con mi novio. Los padres de mi novio dicen que es una idea estupenda y que así los dos podemos determinar si somos el uno para el otro. Mi mamá dice que una "señorita decente" no abandona el hogar paterno hasta que se casa. Yo no creo que sea una buena idea que mi novio y yo nos casemos tan pronto, y tampoco entiendo por qué mis padres no me permiten vivir como algunas de mis amigas estadounidenses. ¿Qué puedo hacer para explicarles que yo amo a mi familia pero que quiero vivir mi vida como mis amigas? No quiero hacerles sufrir, pero tampoco quiero seguir viviendo allí. Ayúdenme a encontrar una solución, por favor.

Frustrada

3–34. Necesito consejos. A continuación tienes una nota electrónica que Marta le escribió a su instructor con algunas preguntas sobre su proyecto. Imagina que eres el profesor García y escribe una respuesta al mensaje de Marta con recomendaciones.

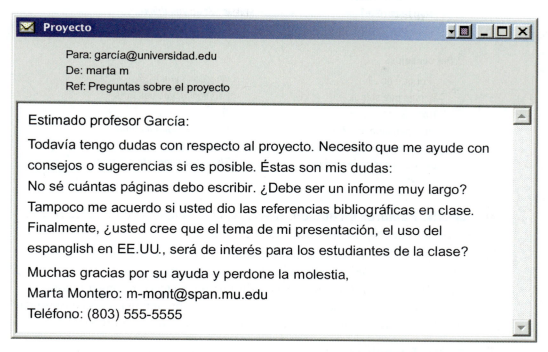

✉ Proyecto

Para: garcía@universidad.edu
De: marta m
Ref: Preguntas sobre el proyecto

Estimado profesor García:

Todavía tengo dudas con respecto al proyecto. Necesito que me ayude con consejos o sugerencias si es posible. Éstas son mis dudas:

No sé cuántas páginas debo escribir. ¿Debe ser un informe muy largo?

Tampoco me acuerdo si usted dio las referencias bibliográficas en clase.

Finalmente, ¿usted cree que el tema de mi presentación, el uso del espanglish en EE.UU., será de interés para los estudiantes de la clase?

Muchas gracias por su ayuda y perdone la molestia,
Marta Montero: m-mont@span.mu.edu
Teléfono: (803) 555-5555

Vocabulario para conversar

Pedir y dar consejos

Trate de estudiar con otros compañeros de clase.

Tengo problemas con la clase de geografía, ¿qué me recomienda?

Common expressions used to ask for and give advice are listed at the top of the following page.

Pedir consejos:

¿Qué debo hacer?	*What should I do?*
¿Qué sugieres?	*What do you suggest?*
¿Qué me aconsejas/ recomiendas?	*What do you recommend?*
¿Qué te parece?	*What do you think?*
No sé qué voy a hacer.	*I don't know what I'm going to do.*

Dar consejos:

¿Por qué no...?	*Why don't you . . . ?*
Te digo que sí (no).	*I am telling you yes (no).*
Trata de...	*Try to . . .*
¿Has pensado en...?	*Have you thought about . . . ?*
Tienes que...	*You have to . . .*
La otra sugerencia es que...	*The other suggestion is that . . .*

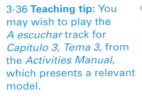 **3–35. Palabras en acción.** Seleccionen las expresiones de *Vocabulario para conversar* que mejor respondan a estas preguntas.

1. ¿Qué dices si no estás seguro de cómo resolver un problema?
2. ¿Qué expresión usas para saber lo que piensa otra persona?
3. ¿Qué expresión/ones usas para pedir una sugerencia o recomendación?
4. Cuando le das consejos a otra persona, ¿qué expresión usas para convencerla?
5. ¿Qué expresión usas para dar soluciones alternativas a un problema?

 3–36. Situaciones. En parejas, elijan una de las siguientes situaciones para representarla frente al resto de la clase. Recuerden que deben usar las expresiones para pedir y dar consejos siempre que sea posible.

3-36 **Teaching tip:** You may wish to play the *A escuchar* track for *Capítulo 3, Tema 3,* from the *Activities Manual,* which presents a relevant model.

Situación 1

ESTUDIANTE A: Tú eres el director de estudios internacionales de la universidad. Tienes que seleccionar a los mejores candidatos para estudiar en una universidad española durante un año con todos los gastos pagados. También debes aconsejar a los estudiantes que estén interesados en el programa para que tomen las clases necesarias.

ESTUDIANTE B: Tú eres un/a estudiante de español de primer año que está muy interesado/a en el programa internacional. El problema es que normalmente la universidad no acepta a estudiantes de primer año en este programa. Convence al director de que eres la persona ideal para estudiar en España el próximo año.

Situación 2

ESTUDIANTE A: Tú eres el padre/la madre de un/a niño/a que acaba de empezar el primer grado. Tu hijo/a no habla inglés y quieres asegurarte de que la escuela ofrece clases bilingües para niños/niñas como tu hijo/a. Habla con el/la instructor/a para explicarle tu situación.

ESTUDIANTE B: Tú eres instructor/a de una clase de primer grado en una escuela pública. Tu escuela no ofrece clases bilingües pero tú hablas español muy bien. Habla con el padre/la madre de tu estudiante y recomiéndale qué hacer en su situación.

Cielo / Tierra / Esperanza (*Heaven / Earth / Hope*), de Juan Sanchez, 1990. Litografía y colagrafía en papel hecho a mano.

Cielo/Tierra/Esperanza, de Juan Sánchez

 3–37. Mirándolo con lupa. Juan Sánchez nació en Brooklyn, Nueva York, en 1954 de padres puertorriqueños. Su temática es frecuentemente política: critica los efectos del colonialismo estadounidense en Puerto Rico pero demuestra un fuerte optimismo para el futuro de los puertorriqueños en Estados Unidos. *Cielo/Tierra/ Esperanza* combina símbolos del pasado con un mensaje para el futuro. En parejas, completen los siguientes pasos para analizar la obra de este artista.

1. Estudien la parte superior de la obra ("cielo"). ¿Qué símbolos incorpora Sánchez? ¿Qué representan esos símbolos?
2. ¿Y en la parte inferior ("tierra")?
3. Describan la fotografía de las dos niñas: cómo son, dónde están, cómo es su entorno. ¿Qué representan las niñas? ¿Por qué están en la parte superior?
4. ¿Cuál es el tema y/o el mensaje de la obra?

Otra lengua, otra cultura

Billy Hustace/Photographer's Choice/Getty Images

Lectura

Expresiones útiles para comparar respuestas con otro estudiante

¿Qué tienes/ pusiste en el número 1/ 2/ 3?
Yo tengo/ puse a/ b.
Yo tengo algo diferente.
No sé la respuesta./ No tengo ni idea.
Creo que la respuesta es a/ b, pero no estoy seguro/a.
Creo que es cierto./Creo que es falso.

Entrando en materia

 **3–38. ¿Por qué estudias español?** Antes de leer, en parejas, piensen en las siguientes preguntas y determinen si tienen la misma opinión.

1. ¿Por qué razones estudian español?
2. ¿Cuáles son los aspectos más frustrantes de ser estudiantes de español? ¿Y los más interesantes? ¿Por qué?
3. ¿Qué posibilidades futuras tienen para usar el español en una situación real?

3–39. Vocabulario: Antes de leer. Respondan a estas preguntas sobre algunas expresiones de la lectura. Las expresiones están marcadas en negrita en el texto. Usen el contexto para comprender el significado de las expresiones. Si responden **no** a la pregunta, deben dar la respuesta correcta después de leer el folleto.

3-39 **Answers:** 1. sí; 2. sí; 3. sí; 4. sí; 5. no, cognado de *employee;* 6. sí

1. ¿Son las palabras **idioma** y **lengua** sinónimos?

   Sí   No

2. ¿La expresión **todas las puertas se te abrirían** significa que la persona que sabe una lengua extranjera tiene muchas oportunidades?

   Sí   No

3. ¿La palabra **destreza** es un cognado de la palabra inglesa *dexterity*?

   Sí   No

4. ¿La expresión **salir bien en los estudios** significa tener éxito académico?

   Sí   No

5. ¿La palabra **empleado** es un cognado de la palabra *amplify* en inglés?

   Sí   No

6. ¿La palabra **multiplicarán** es un cognado de la palabra *multiply* en inglés?

   Sí   No

Estrategia: Prestar atención a los elementos visuales

Hay ciertos tipos de textos que casi siempre van acompañados de dibujos o fotografías, como folletos publicitarios, artículos periodísticos y otros. Además de fotos e ilustraciones, hay otros elementos visuales que podemos usar para obtener información antes de leer un texto. Por ejemplo, ciertas partes del artículo pueden estar escritas en un tipo de letra especial o en un tamaño diferente para llamar la atención del lector. La lectura de esta sección incluye varios tipos de elementos visuales. Antes de leer el contenido, encuentra todos los que puedas y anota la información que te sugieren. Después, lee el texto para verificar si tus predicciones fueron acertadas.

Beneficios de aprender un idioma extranjero

Aprender otras lenguas te ofrece oportunidades

El mundo está lleno de **lenguas** diversas y no hay que hacer mucho esfuerzo para darse cuenta de que la anterior afirmación es cierta. Piensa en **todas las puertas que se te abrirían** si hablaras una lengua extranjera: podrías leer el periódico y libros en el **idioma,** podrías entender películas y programas de televisión, podrías visitar múltiples sitios en Internet y podrías conocer gente y lugares nuevos.

Beneficios intelectuales

¿Sabías que el estudio de un segundo idioma puede mejorar las **destrezas** en matemáticas y en inglés, y que también puede mejorar los resultados de los exámenes SAT, ACT, GRE, MCAT y LSAT?

La investigación ha demostrado que los resultados de las partes verbal y cuantitativa del examen SAT son más altos con cada año de estudio de una lengua extranjera.

Hay muchos norteamericanos que hablan otras lenguas además del inglés. Si has pensado en ser enfermero, médico, policía o dedicarte a los negocios, tus oportunidades de tener éxito profesional se **multiplicarán** por dos si hablas otro idioma. Los directores de empresa cuentan más con los empleados que saben más de un idioma porque los consideran valiosos instrumentos de comunicación y de expansión comercial.

Conocer otras culturas: Ir más allá del mundo que te rodea

Conéctate a otras culturas. Conocer otras culturas te ayudará a ampliar tus horizontes y a ser un ciudadano responsable. El hecho de que puedas comunicarte con otros y obtener información que va más allá del mundo anglosajón que te rodea, será una contribución positiva a tu comunidad y tu país.

Esto significa que cuanto más tiempo estudies un idioma, más posibilidades tendrás de **salir bien en los estudios** en general.

Beneficios profesionales

Cada vez hay más contacto empresarial entre Estados Unidos y otros países. Las empresas necesitan **empleados** que puedan comunicarse en otras lenguas y comprender cómo funcionan otras culturas. Al margen de la carrera que hayas elegido, saber una lengua extranjera siempre te dará ventajas.

Entusiásmate por saber otro idioma

Al igual que las matemáticas, el inglés y otras materias, aprender un idioma lleva tiempo. ¿Deberías continuar con el estudio de un idioma después de la escuela secundaria? ¡Sí! No pierdas el tiempo y el esfuerzo ya invertido; lo que hayas aprendido te servirá como base para continuar mejorando. No lo dejes.

Usa tu segundo idioma en el trabajo, busca oportunidades para usarlo en tu comunidad, escoge cursos de perfeccionamiento en la universidad y considera estudiar en el extranjero durante un verano, un semestre o un año entero.

 3–40. ¿Comprendieron? Respondan a las siguientes preguntas según la información presentada en el artículo.

1. ¿Qué puertas se abren para una persona que habla una lengua extranjera?
2. ¿Qué beneficios intelectuales se pueden obtener del conocimiento de otro idioma?
3. ¿Por qué es beneficioso hablar otro idioma en el campo profesional?
4. ¿Qué significa la expresión "ciudadano responsable" en el contexto de la lectura?

 3–41. Ustedes tienen la palabra. En grupos de cuatro personas, completen los siguientes pasos.

1. Preparen un debate sobre la enseñanza obligatoria de un idioma extranjero desde el primer grado de la escuela elemental. Dos de ustedes deben apoyar este requisito y las otras dos personas deben estar en contra. Dediquen unos minutos a preparar sus argumentos y después, mantengan un debate de cinco minutos para convencer a la otra pareja de que su postura es la mejor.
2. Ahora, los cuatro miembros del grupo deben preparar un folleto para animar a estudiantes de otras culturas a aprender inglés. Deben incluir por lo menos diez ventajas o beneficios de estudiar inglés. Tengan en cuenta la información que leyeron en el folleto e incluyan tantos beneficios como puedan para convencer a los estudiantes de otros países de que aprender inglés es la mejor inversión que pueden hacer como estudiantes.

Ven a concocer
Teaching tip: Recording
available on the textbook CD.

3-42. Anticipación. ¿Qué saben de El Álamo? ¿Qué es? ¿Dónde está? ¿Cuál es su relevancia histórica? ¿Qué significa "Recuerden El Álamo"? Estudien el texto siguiente para encontrar las respuestas a esas preguntas.

San Antonio, Texas: El Álamo

HISTORIA

El Álamo en San Antonio, Texas, es una de muchas misiones que España mandó construir en California y Texas en el siglo XVIII para convertir a los indígenas al catolicismo y asimilarlos a la cultura de las colonias españolas. Las misiones eran iglesias fortificadas que servían como centros administrativos de comunidades en que los indígenas trabajaban la tierra bajo la supervisión del sacerdote misionero. La asimilación de los coahuiltecos, término colectivo para los grupos indígenas de Texas, ayudó a España a retener sus intereses territoriales y prevenir la intrusión francesa. No hay duda de que la más conocida de las misiones de Texas es la que ahora se llama "El Álamo."

La fama de El Álamo se debe a la legendaria batalla de 1836. A partir de su independencia de España en 1821, México había invitado a ciudadanos estadounidenses a establecerse en Texas. Muchos de los que aceptaron, llegaron con esclavos para cultivar la tierra. En 1829 México prohibió la esclavitud y los anglo-tejanos comenzaron a organizarse para crear una república independiente. Los secesionistas perdieron la batalla de El Álamo pero ganaron la independencia poco después y formaron la *Lone Star Republic*. El grito "Recuerden El Álamo" representa para algunos el espíritu de rebeldía e independencia de Texas mientras que para otros significa la defensa del interés económico y la violación de los derechos humanos de los esclavos africanos.

LA VISITA

Los visitantes que llegan a la misión de hoy, restaurada y localizada en el mero centro de la ciudad de San Antonio, primero observarán una bella fachada típica de la arquitectura misionera: su puerta principal está rodeada de un sencillo diseño de columnas y arcos. Al pasar por la puerta, se entra en la modesta capilla colonial, al lado de la cual se encuentra un pequeño museo de artefactos históricos. Se visita también el convento, donde vivían los misioneros y los soldados residentes de la misión, y el cementerio, donde se enterraba a las muchas víctimas indígenas de las enfermedades europeas. Desde adentro también se hace evidente el objetivo protector de la misión: los muros altos, gruesos y sin ventanas protegían de ataques de los apache y comanche que no querían ver establecidas comunidades españolas en Texas.

PARA UNA VISITA SEGURA Y AGRADABLE

Los visitantes deben tener en cuenta que es posible que en el momento de su visita se celebren servicios religiosos que no se deben interrumpir. Los turistas no deben ni subirse ni sentarse en las murallas u otras estructuras.

 3–43. Impresiones del viaje. Con un compañero/a, imaginen que su instructor/a les recomendó una visita a El Álamo y ustedes siguieron la recomendación. Escriban una breve carta para informar a su instructor/a sobre su visita. Redacten dos párrafos: en el primero, incluyan tres hechos históricos que aprendieron en su visita; en el segundo, describan tres aspectos físicos de la misión que observaron. Deben incluir una introducción ("Estimado/a…") y una despedida ("Un saludo cordial").

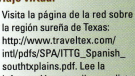

Viaje virtual

Visita la página de la red sobre la región sureña de Texas: http://www.traveltex.com/intl/pdfs/SPA/ITTG_Spanish_southtxplains.pdf. Lee la información y escribe una lista de cuatro lugares para visitar con una pequeña descripción. Incluye un lugar de interés histórico, un lugar para ir de compras, un lugar divertido para los niños y un lugar para observar animales. También puedes encontrar información adicional sobre San Antonio y Texas usando tu buscador preferido.

Redacción

3-44. Una carta al editor. En esta sección vas a escribir un ensayo de opinión en forma de editorial usando la información del folleto anterior como punto de partida. El objetivo de esta carta al editor es expresar tu opinión sobre el requisito universitario de estudiar una lengua extranjera. Tu ensayo será "publicado" en el próximo número del periódico universitario.

Redacción **Teaching tip:** The *Preparación* activities can be completed in class in pairs or at home by individual students.

Preparación

Piensa en los siguientes puntos:

1. ¿Qué postura *(position)* voy a expresar: a favor, en contra, neutral?
2. ¿Quién es el/la lector/a de mi carta?
3. ¿Cómo voy a comenzar la carta?
4. ¿Qué argumentos voy a dar para apoyar mi opinión?
5. ¿Cómo voy a concluir la carta?

A escribir

1. Presenta el objetivo de tu carta.

> **MODELO**
>
> **En esta carta quiero dar mi opinión sobre el requisito de estudiar una lengua extranjera que existe en varias universidades...**

2. Desarrolla el tema/los temas de tu carta. Aquí tienes un posible formato para organizar la información.

   - Describe el origen del requisito. ¿Por qué se ha establecido el requisito en tantas universidades estadounidenses?
   - Compara la presencia del requisito entre los diferentes estados de EE.UU. o entre las diferentes escuelas.
   - Presenta las diferentes posturas que hay sobre la existencia del requisito.
   - Defiende una postura y no olvides dar argumentos de apoyo.

3. Termina la carta resumiendo los puntos más importantes en la conclusión.

4. Para expresar tu opinión puedes usar expresiones como éstas:

es necesario que...   es importante que...
creo/ no creo que...   me molesta que...
dudo que...   es fantástico que...

Recuerda lo que has estudiado en este capítulo sobre cómo expresar opiniones.

5. Para hacer transiciones entre las ideas puedes usar las siguientes expresiones.

a diferencia de.../ en contraste con...   *as opposed to . . . /in contrast to . . .*
después de todo   *after all*
en general   *all in all*
en resumen   *in summary*
igual que   *same as, equal to*
por lo tanto   *therefore*
por un lado... por otro lado   *on the one hand . . . on the other hand*
sin embargo   *however*

Revisión

Escribe el número de borradores que te indique tu instructor/a y revisa tu carta usando la guía de revisión del Apéndice C. Escribe la versión final y entrégasela a tu instructor/a.

El escritor tiene la palabra

Alonso S. Perales (1899–1960)

El abogado Alonso S. Perales nació en Alice, Texas, en 1899. Sirvió en el ejército estadounidense durante la Primera Guerra Mundial y en el cuerpo diplomático en Washington, D.C. después. Como activista y organizador, fue miembro fundador de la Orden de los Hijos de América y de la Liga de Ciudadanos Unidos Latinoamericanos (LULAC, por sus siglas en inglés).

Dedicó su trabajo de escritor a la lucha por los derechos civiles de los mexicano-americanos de Texas y publicó ensayos y cartas al editor en español en varios periódicos hispanos además de pronunciar discursos en reuniones públicas en nombre de la causa. El discurso que leerán a continuación se pronunció en San Antonio, Texas, en 1923, y expresa la opinión de Perales sobre las fuentes de los prejuicios raciales en contra de los hispanos. Importante también es la definición que Perales ofrece del hispano como producto del mestizaje racial.

3-45. Entrando en materia. En grupos de tres comenten estas preguntas.

1. ¿Cuáles son alguna causas posibles de los prejuicios raciales? Hagan una lista de cuatro posibilidades.

2. Lean el primer párrafo del discurso donde Perales presenta su opinión. Escriban con sus propias palabras una oración que resuma el argumento de Perales.

3. En el segundo párrafo, Perales expresa su argumento con un dicho ("a cada quien se le dé lo suyo") y un refrán ("no porque todos somos del mismo barro, lo mismo da cazuela que jarro"). *El primero significa literalmente en inglés give each one his or her due y el segundo just because they're both made of clay, doesn't mean the pot is the same as the jug. ¿Cuál es la idea de Perales en este párrafo?*

   a. La conducta de un individuo tiene su origen en los valores de su comunidad.

   b. No debemos crear generalizaciones basadas en la conducta de un número limitado de individuos.

   c. Los mexicano-americanos usan utensilios de barro en la cocina y por eso muchos creen que son inferiores.

LA IGNORANCIA COMO CAUSA DE LOS PREJUICIOS RACIALES

Un detenido análisis de la situación nos lleva a la conclusión de que el prejuicio racial existente en contra de los mexicanos y de la raza hispana en general se debe, en parte, a la ignorancia de algunas personas que, desgraciadamente para los que aquí vivimos, abundan en el estado de Texas. El hecho de que se considere el mexicano sin excepciones como un ser inferior, demuestra falta de **ilustración**[1] y cultura.

No es mi **propósito**[2] convertirme en un apóstol del socialismo, sino sostener y **abogar**[3] porque *a cada quien se le dé lo suyo*. El mexicano debería ser tomado "por lo que es individualmente" y no por lo que suelen ser otros individuos del mismo origen, pues "*no porque todos somos del mismo barro, lo mismo da cazuela que jarro*".

En el norte y el este de este país, los mexicanos y la raza hispana en general son bienvenidos y respetados. Cierto es que allá también **no deja de haber**[4] algunos ignorantes "**nenes**"[5], ya que no hay regla sin excepción y que hay algunas personas que por muy blanca que su piel sea, **se hallan**[6] aún **a la orilla**[7] de la civilización y de la cultura. En el norte y el este hay bastantes escuelas, colegios y universidades en donde el anglosajón aprende la historia y la psicología de la digna raza hispana.

La cultura está **al alcance**[8] de todos – pobres y ricos – dando por resultado que cuando el anglosajón abandona las aulas bien penetrado de los méritos y las **virtudes**[9] de nuestra raza, sabe que cuando se encuentre a un español o a un hispanoamericano, no debe despreciarle y **calumniarle**[10], sino darle la bienvenida, **siquiera**[11] en atención y respeto a los fundadores de este continente, y a los ilustres héroes que figuran en la historia hispanoamericana. Esas personas que nos estudian para mejor comprendernos, no ignoran el grado de civilización que poseían los indios que habitaban la mayor parte de este continente muy antes de la conquista española; saben bajo cuáles auspicios fue descubierta América; no ignoran que los apóstoles que sembraron en el nuevo mundo las primeras **semillas**[12] de la **sabiduría**[13] no fueron anglosajones, sino hispanos; saben quiénes fueron Bolívar, Juárez, Hidalgo y Cuauhtémoc; y, por último, no desconocen los nombres de Ramón de Cajal, Francisco León de la Barra, y muchos otros que muy alto ponen el nombre de la raza hispana.

En el estado de Texas, la situación es muy diferente. Aquí la cultura no es un hecho; **cuando menos**[14] a esta conclusión nos guía la actitud de un gran número de anglo-texanos. Lenta pero seguramente, nos va **aniquilando**[15] la ley escrita.

Además de las humillaciones de que **a menudo**[16] son víctimas nuestros hermanos de raza, hay hoy día ciertos distritos residenciales en San Antonio, y otros lugares en que los mexicanos, no importa cuál sea su posición social, **tropiezan con**[17] dificultades para a fincar su residencia. Por consiguiente, aunque queramos ser optimistas, no podemos. Nuestra situación, si la verdad se ha de decir, no es nada satisfactoria.

No ha mucho[18] tuve el gusto de escuchar a un prominente abogado angloamericano de esta ciudad pronunciar un elocuente discurso **ante**[19] una **concurrencia**[20] mexicana. Dicho caballero dijo, entre otras cosas, más o menos lo siguiente:

"Amigos: respeto y admiro a la raza mexicana porque conozco su historia. Vosotros debéis sentiros **orgullosos**[21] de ser descendientes de Hidalgo y Juárez".

Un momento después, cuando yo hacía uso de la palabra, dije, aludiendo al discurso del ilustre jurisconsulto, que aquella había sido una bella alocución, la que agradecíamos, y que lo único que **era de lamentarse**[22] era **el que**[23] no hubiese sido pronunciada ante un auditorio

angloamericano, **toda vez que**[24] nosotros conocemos nuestra historia étnica, política y demás. Ahora lo que nos gustaría sería que aquellos angloamericanos que no nos comprenden, en vez de odiarnos, sin razón, se tomaran el trabajo en beneficio propio y en justicia para nuestra raza, de estudiarnos para mejor conocernos, y que se decidieran a "darle a cada quien, lo suyo"; es decir, a reconocer los méritos y las virtudes de la digna y noble raza mexicana.

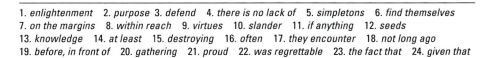

1. *enlightenment*   2. *purpose*   3. *defend*   4. *there is no lack of*   5. *simpletons*   6. *find themselves*   7. *on the margins*   8. *within reach*   9. *virtues*   10. *slander*   11. *if anything*   12. *seeds*   13. *knowledge*   14. *at least*   15. *destroying*   16. *often*   17. *they encounter*   18. *not long ago*   19. *before, in front of*   20. *gathering*   21. *proud*   22. *was regrettable*   23. *the fact that*   24. *given that*

 3–46. Identificación de ideas. En grupos de tres, comenten las siguientes preguntas.

1. ¿Qué recomienda Perales para superar los prejuicios raciales?
2. En el tercer párrafo, según Perales, ¿qué se estudia en el norte y el este de Estados Unidos?
3. Al final del discurso, Perales describe una presentación de un "prominente abogado angloamericano." Según Perales, ¿cuál fue el problema con la "bella elocución" del "ilustre jurisconsulto"?

Por si acaso

Simón Bolívar (1783-1830) Figura clave del movimiento independentista de América del Sur, y primer presidente de La Gran Colombia.

Benito Juárez (1806-1872) Presidente de México y defensor de su constitución liberal; indígena Zapateco de Oaxaca.

Miguel Hidalgo (1753-1811) Sacerdote católico y general de las tropas mexicanas en la guerra por la independencia.

Cuauhtémoc (¿1495?-1525) Último emperador azteca; fue torturado y ejecutado por Hernán Cortés.

Santiago Ramón y Cajal (1852-1934) Autor y neurólogo español, premio Nobel de medicina en 1906.

Francisco León de la Barra (1863-1939) Político y diplomático mexicano; embajador en Washington entre 1909-1911.

Más allá de las palabras

3–47. Nuestra interpretación de la obra. En parejas, comparen sus respuestas a estas preguntas.

1. Perales usa la palabra "mexicanos" para identificar a los hispanos de Texas en 1923. Según lo que ustedes han aprendido en este capítulo sobre la relación histórica entre Texas y México, ¿en qué sentido son estas personas "mexicanos" y en qué sentido no lo son?

2. Perales también habla de la "raza" mexicana y de la "raza" hispana en general. Al final del tercer párrafo cuando se refiere al "pasado ilustre" de esa raza, los lectores comprenden que la identidad racial de los hispanos es variada o "mestiza." Identifiquen tres ejemplos de referencias al elemento indígena del pasado ilustre de los hispanos.

3. Según Perales, se pueden superar los estereotipos, los prejuicios y la discriminación contra los hispanos con la educación de los angloamericanos. ¿Están de acuerdo? ¿Es también importante la educación de los hispanos? ¿Y la educación de otros grupos? Expliquen por qué. ¿Cuáles son otras alternativas posibles para reducir o eliminar los prejuicios?

4. Este discurso se pronunció a principios del siglo XX. Hagan una lista de cuatro características de las relaciones raciales mencionadas en el discurso y digan si esas cuatro observaciones de Perales son todavía vigentes a principios del siglo XXI.

Ampliar vocabulario

abrírsele puertas (a alguien)	to have doors open for someone
actual	current, present
al menos	at least
crear	to create
cuestionar	to question
destreza *f*	skill, ability
echar una mano	to lend a hand, to help
empleado/a	employee
enviar	to send
erróneo/a	erroneous
estadounidense	United States citizen
estimar	to estimate
gracioso/a	funny, comical
hecho *m*	fact
idioma	language
incluir	to include
inestabilidad *f*	instability
informática *f*	computer science
lazo *m*	tie
lector/a	reader
lengua	language
mitad *f*	half
mito *m*	myth
multiplicar	to multiply
mundial	worldwide
polémico/a	polemical, controversial
racial	racial
rasgo	trait
salir bien/mal (en algo)	to do well/poorly (in something)

tema *m*	theme, topic
traductor/a	translator
valor *m*	value
veracidad *f*	truthfulness, veracity

Vocabulario glosado

a la orilla	on the margins; on the shore
a menudo	often
abogar	to defend
al alcance	within reach
aniquilar	to destroy
ante	before, in front of
calumniar	to slander
concurrencia *f*	gathering
cuando menos	at least
el que	the fact that
hallarse	to find oneself
ilustración *f*	enlightenment
nene	simpleton, child
no dejar de haber	to be no lack of
no ha mucho	not long ago
orgulloso/a	proud
propósito *m*	purpose
sabiduría *f*	knowledge
semilla *f*	seed
ser de lamentarse	to be regrettable
siquiera	if anything; at least
toda vez que	given that
tropezar con	to encounter
virtud *f*	virtue

Vocabulario para conversar

Para expresar opiniones

Absolutamente.	*Absolutely.*
A mí también (me gusta, me molesta)	*I like it too / It also bothers me*
A mí tampoco (me gusta, me molesta)	*I don't like either / It doesn't bother me either*
Creo que…	*I think that . . .*
En mi opinión…	*In my opinion . . .*
Me parece…	*I think (It seems to me) . . .*
Me parece absurdo (una tontería).	*It seems absurd (silly) to me.*

Vocabulario

Me parece interesante.	*I think it is interesting.*
(No) Estoy de acuerdo.	*I (dis)agree.*
(No) Tienes razón.	*You are (not) right.*
¿Por qué dices eso?	*Why do you say that?*
Por supuesto.	*Of course.*
Prefiero…	*I prefer . . .*
¿Qué crees (opinas)?	*What do you think?*
¿Qué te parece?	*What do you think?*
Yo también.	*Me too.*
Yo tampoco.	*Me either.*

Para expresar sentimientos

¿De verdad?	*Really?*
¡Es el colmo!	*That's the last straw!*
¡Eso es increíble!	*That's incredible!*
Estoy harto/a de…	*I am fed up with . . .*
¡Lo siento mucho!	*I am very sorry!*
¡No me digas!	*You don't say! no! you're kidding/joking*
¡Pobrecito/a!	*Poor thing!*
¡Qué lástima/ pena!	*What a pity!*
¡Qué mala suerte!	*What a bad luck!*
¡Qué sorpresa!	*What a surprise!*
¡Qué suerte!	*How lucky!*
Siempre es lo mismo.	*It's always the same thing.*
¡Ya no aguanto más!	*I can't stand it anymore!*

Para pedir y dar consejos

¿Has pensado en…?	*Have you thought about . . . ?*
La otra sugerencia es que…	*The other suggestion is that . . .*
No sé qué voy a hacer.	*I don't know what I'm going to do.*
¿Por qué no…?	*Why don't you . . . ?*
¿Qué debo hacer?	*What should I do?*
¿Qué me aconsejas/ recomiendas?	*What do you recommend?*
¿Qué sugieres?	*What do you suggest?*
¿Qué te parece?	*What do you think?*
Te digo que sí (no).	*I am telling you yes (no).*
Tienes que…	*You have to . . .*
Trata de…	*Try to . . .*

CAPÍTULO

4

ADDITIONAL ACTIVITIES FOR EACH TEMA AND
ANIMATED GRAMMAR TUTORIALS AVAILABLE ONLINE.

WILEY **PLUS**

LA DIVERSIDAD DE NUESTRAS COSTUMBRES Y CREENCIAS

Objetivos del capítulo

En este capítulo vas a…

- informarte sobre creencias y costumbres que están en contraste con las tuyas
- dar explicaciones
- evitar la redundancia usando pronombres relativos
- expresar acuerdo y desacuerdo enfáticamente
- dar órdenes a otras personas
- expresar compasión, sorpresa y alegría

TEMA

Como parte de las costumbres de los países hispanos, se celebran festividades de diferentes tipos, generalmente religiosas. Aquí se presenta una danza azteca chichimeca durante el festival de la Virgen de la Guadalupe. ¿Qué festividades se celebran en tu comunidad?

Nuestras costumbres

4-1 **Teaching tip:** Review the expressions *dar la mano, dar un abrazo, dar un beso* and *agarrar el brazo* before breaking the class into groups. Ask students to act out these expressions.

Lectura

Entrando en materia

Cuando hablamos con otras personas acompañamos las palabras con gestos (*gestures*). Estas expresiones varían según la situación y pueden variar de una cultura a otra.

 4–1. Expresiones de afecto. Basándose en sus propias costumbres, expliquen qué expresiones usan en las siguientes situaciones.

Por si acaso

Expresiones útiles para comparar respuestas con otro estudiante

¿Qué tienes/ pusiste en la respuesta 1/ 2/ 3?
Yo tengo/ puse a/ b.
Yo tengo algo diferente.
No sé la respuesta./ No tengo ni idea.
Creo que la respuesta es a/ b, pero no estoy seguro/a.
Creo que es cierto./Creo que es falso.

Situaciones

1. Alguien me presenta a otro/a estudiante.
2. Camino con mi amigo/a por la ciudad.
3. Camino con mi madre por la ciudad.
4. Veo a un buen amigo por primera vez después de un año.

Expresiones de afecto

a. Le doy la mano.
b. Le doy un abrazo.
c. Le doy un beso.
d. Agarro el brazo de la persona.
e. No uso ninguna de las opciones. Lo que hago en esa situación es...

4–2. Vocabulario: Antes de leer. Las palabras y expresiones de la lista aparecen en la entrevista que van a leer. Busquen estas palabras en el texto y, usando el contexto, emparejen cada palabra con la definición correspondiente.

1. saludar
2. mejilla
3. agarrar (el brazo)
4. alternar
5. tapas
6. por su cuenta

a. Es un sinónimo de *tomar*.
b. Hacemos esto cuando decimos cosas como *buenos días, hola, buenas noches*.
c. Ir a varios bares a beber y comer
d. Es una parte de la cara.
e. Pequeñas porciones de comida que se sirven en los bares
f. Independientemente

Answers:
1. b; 2.d; 3. a; 4. c; 5. e; 6. f

Costumbres de todos los días

Margarita (de México) y Tomás (de España) son los invitados de hoy en una clase de español. Los estudiantes de la clase les preguntan sobre algunas costumbres de sus países.

ESTUDIANTE: Una pregunta para Tomás: cuando **saludo** a una muchacha o un muchacho en un país hispano, ¿qué debo hacer?

TOMÁS: Depende del país. Por ejemplo, en España, con amigos del sexo opuesto, y entre mujeres, se dan dos besos, pero en otros países se da solamente un beso. Los hombres no se besan sino que se dan la mano o un abrazo. Bueno, hay que mencionar que la gente no se besa en la cara necesariamente. En la mayoría de los casos sólo se tocan las **mejillas**.

ESTUDIANTE: Tengo una pregunta para Margarita. En una ocasión vi un documental sobre México. Había dos mujeres y mientras caminaban, una mujer **agarraba** el brazo de la otra, ¿es ésta una costumbre normal entre las mujeres?

MARGARITA: Sí, es una costumbre, especialmente entre madres e hijas, pero también entre amigas. También lo hacen en otros países hispanos, no sólo en México.

ESTUDIANTE: Muy bien. Me gustaría hacer una pregunta sobre otro tema. Aquí en Estados Unidos no se permite a los niños entrar en los bares. He oído que en España esto es diferente. ¿Es verdad?

TOMÁS: Sí. En España los niños van con sus padres a los bares. Existe una costumbre que se llama **alternar**, que consiste en ir a varios bares, uno después de otro, y comer **tapas** acompañadas de un vaso de vino o de cerveza. Algunas familias hacen este recorrido de varios bares con sus hijos y grupos de amigos, especialmente los fines de semana. El ambiente de los bares españoles es muy diferente al de los bares de Estados Unidos. Por eso se permite que los niños entren acompañados por adultos.

ESTUDIANTE: Otra preguntita sobre los hijos... Un amigo mío de Venezuela me dijo que en su país es común que los hijos vivan en la casa de sus padres hasta que se casan. ¿No se van los jóvenes a vivir **por su cuenta** cuando asisten a la universidad?

MARGARITA: Mi hermano se fue de casa de mis padres a los treinta años, el día que se casó. Es frecuente que los hijos vivan con sus padres mientras hacen sus estudios universitarios y que no se independicen totalmente hasta que terminan sus carreras. No todo el mundo lo hace, hay jóvenes que se independizan antes, como se hace aquí en Estados Unidos. Aunque yo creo que esto no es sólo por cuestiones culturales, sino también por razones económicas y laborales.

Por si acaso

El bar y el *pub*

Los estadounidenses entienden el concepto "bar" de manera diferente a los españoles. En España hay una diferencia entre "bar" y *"pub"*. El bar ofrece a los clientes una variedad de comidas y bebidas que incluye bebidas alcohólicas. El *pub* ofrece bebidas alcohólicas y no alcohólicas. Algunos establecimientos pueden servir comida, pero se limita normalmente a simples tapas o tentempiés (*finger foods or snacks*). El bar puede ser un lugar de reunión para toda la familia mientras que el *pub,* que es similar al concepto de "bar" estadounidense, es un establecimiento para adultos donde raramente se admite la entrada de niños.

4–3. ¿De qué hablaron? En parejas, cada persona debe hacerle las preguntas correspondientes a su compañero/a. Después, compartan sus opiniones con el resto de la clase.

Estudiante A: De los temas mencionados en la entrevista, ¿cuál te parece más interesante? ¿Por qué?

Estudiante B: En la entrevista se menciona que hay varias razones por las que los jóvenes hispanos se quedan en casa de sus padres hasta que se casan. ¿Cuáles crees que son estas razones? ¿Qué ventajas y desventajas crees que tiene vivir con los padres a esta edad? ¿Por qué?

4–4. Vocabulario: Después de leer. En parejas, háganse a estas preguntas según su experiencia.

1. ¿Cómo **saludas** a los amigos íntimos?, ¿a las amigas íntimas?
2. ¿En qué circunstancias besas a otra persona en la **mejilla**?
3. ¿Tienes alguna costumbre parecida a la costumbre española de **alternar**?
4. ¿Has probado las **tapas** alguna vez? ¿Hay alguna costumbre similar en Estados Unidos?
5. ¿Desde qué edad vives **por tu cuenta**? Imagina que aún vives en casa de tus padres. ¿Qué aspectos de tu vida serían diferentes?

Gramática

Using Relative Pronouns to Avoid Redundancy

Relative pronouns are used to join two sentences into a single sentence, resulting in a smoother, less redundant statement.

Éste es el bar. **El bar** tiene tapas estupendas.	*This is the bar. **The bar** has wonderful tapas.*
Éste es el bar **que** tiene tapas estupendas.	*This is the bar **that/which** has wonderful tapas.*

In English the relative pronoun can be omitted in sentences like:

I love the food that I ate in that restaurant. → *I love the food I ate in that restaurant.*

In Spanish, **que** is never omitted.

Me gusta la comida **que** comí en ese restaurante.

Que

Use **que** in Spanish to express the relative pronouns *that/which/who*. **Que** can refer to both singular or plural nouns and it is the most common relative pronoun in everyday conversation. In the following examples, the antecedent is underlined (antecedent, i. e., the thing the relative pronoun refers back to).

Los <u>libros</u> **que** compraste eran excelentes.	*The <u>books</u> **that** you bought were excellent.*
El <u>hombre</u> **que** vino a cenar era mi jefe.	*The <u>man</u> **who** came to dinner was my boss.*
La <u>casa</u> de mi hermana, **que** tiene cuatro habitaciones, sólo tiene un baño.	*My sister's <u>house</u>, **which** has four rooms, only has one bathroom.*
Mi <u>hermano</u>, **que** tiene 25 años, se casó ayer.	*My <u>brother</u>, **who** is twenty-five, got married yesterday.*

One more thing: Observe that two of the relative clauses are set between commas and two of them aren't. The clauses without commas are said to be *restrictive* because they state a quality meant to single out an object or a person among a group of them. The clauses between commas are said to be *nonrestrictive* because they state a quality that is not meant to single out the object or person.

Lo que

Use **lo que** when referring back to an idea rather than a noun.

No comprendí **lo que** dijo Margarita sobre su hermano.

*I didn't understand **what** Margarita said about her brother.*

See *Grammar Reference 4* for more about relative pronouns.

4–5. Un viaje de fin de curso. Una costumbre muy común entre los estudiantes es la de hacer un viaje cuando finaliza el año escolar. Tu clase de español ha decidido organizar un viaje de fin de curso. Aquí tienes las notas con los planes para el viaje. Combina las frases usando pronombres relativos para evitar las repeticiones innecesarias, antes de darle la información al instructor/a.

> **MODELO**
>
> **Organizaremos una gran fiesta antes de salir.**
> **La fiesta va a durar toda la noche.**
> **Organizaremos una gran fiesta antes de salir que va a durar toda la noche.**

1. Vamos a reservar un yate. El yate tiene capacidad para muchas personas.
2. Julia y Cecilia van a traer la música latina. A la profesora le gusta la música latina.
3. Invitaremos a los mejores profesores. Los mejores profesores saben bailar salsa.
4. Vamos a contratar a un cocinero para el viaje. El cocinero sabe preparar platos de origen hispano.

 4–6. Acontecimientos memorables. Ustedes organizaron una fiesta para recolectar fondos para el viaje de fin de curso. Su instructor/a quiere saber cuáles fueron los momentos más interesantes de esa fiesta y les ha pedido que completen las siguientes oraciones con todos los detalles posibles. ¡No se olviden de usar los pronombres relativos!

> **MODELO**
>
> **Me gustó mucho...**
> **Me gustó mucho la comida hispana que sirvieron en la fiesta.**

1. No voy a olvidar la alegría...
2. Detesté aquel lugar...
3. Me encantó un/a invitado/a...
4. Me enfadé con un músico...
5. Me alegró ver a un/a chico/a...
6. No me gustó la sangría...

4-7 **Teaching tip:** Help students to think about their local celebrations such as arts festivals, or celebrations that revolve around food, religion or local products.

4–7. Las fiestas hispanas en EE.UU. En parejas, lean las siguientes descripciones sobre algunas fiestas hispanas en EE.UU. Después, escriban una descripción adicional sobre alguna fiesta cultural que se celebre en su ciudad. Presten atención al uso de los pronombres relativos y los antecedentes para evitar redundancias.

Descripción 1: El Carnaval de Miami, que se celebra durante dos semanas en marzo en la calle Ocho de la Pequeña Habana, atrae cerca de un millón de personas cada año. Las personas que participan en este carnaval acuden desde diferentes partes de EE.UU.

Descripción 2: La Fiesta Broadway, que tiene lugar en Los Ángeles en abril, presenta cada año más de cien actos artísticos que incluyen música y teatro.

Descripción 3: La Fiesta de San Antonio, <u>que</u> se celebra en San Antonio, Texas, dura diez días y atrae a unos tres millones de personas.

Descripción 4: ¿...?

 4–8. ¡Qué cosa tan extraña! En parejas, imaginen que un estudiante de origen hispano les pide que describan algunas costumbres de los EE.UU. Con sus propias palabras explíquenle estas costumbres:

1. potluck dinner
2. Saint Patrick's Day
3. to kiss under the mistletoe
4. tailgate party
5. Halloween
6. Mardi Gras
7. the 4th of July
8. April Fool's Day

Por si acaso

disfraces	*costumes*
fuegos artificiales	*fireworks*
bandera	*flag*
suerte	*luck*
desfile	*parade*
reunirse	*to meet, reunite*
llamar a la puerta/	*to knock on the door*
compartir	*to share*
sorprender a alguien	*to surprise someone*
bromas, trucos	*tricks, jokes*

Vocabulario para conversar

Dar explicaciones

¿Por qué tienes esa cara tan seria?

Éste es un día que me pone muy triste porque Paco y yo rompimos el día de San Valentín el año pasado.

In the course of a conversation, you may be asked to explain why you did or said something. These expressions will help you offer explanations in Spanish.

porque, puesto que,	*because*
por eso, por esta razón	*for this reason*
a causa de, por motivo de, dado que	*because of, due to*

Me acosté tarde anoche y **por eso (por esa razón)** llegué tarde a clase.
*I went to bed late last night and **for this reason** I was late to class.*

Se canceló el partido de fútbol **a causa de** la lluvia.
*The game was cancelled **because of** rain.*

Me quejé de mi vecino **porque** tiene muchas fiestas por la noche.
*I complained about my neighbor **because** he throws many parties at night.*

Explanations may be expressed as a cause-effect relationship.

Dado que me distraje hablando por teléfono, no lavé los platos y **por esa razón** tuve una discusión con mi mamá.
***Since** I got distracted while talking on the phone, I didn't wash the dishes, and **for that reason** I had an argument with my mom.*

4–9. Palabras en acción. Usen la imaginación para escribir una explicación para cada una de estas preguntas. Intenten usar varias de las expresiones que aparecen en *Vocabulario para conversar.*

> **MODELO**
>
> **¿Por qué no entregaste la tarea hoy?**
> **No entregué la tarea hoy porque se me olvidó en casa.**

1. ¿Por qué no estabas bien preparado hoy para la clase de español?
2. ¿Por qué saludaste a la chica hispana con un beso en la mejilla?
3. ¿Por qué le dijiste a tu jefe que sabías hablar español perfectamente?
4. ¿Por qué se te olvidó estudiar para el examen final de español?
5. ¿Por qué te enfadaste con tu compañero/a de apartamento?

4-10 **Recycling:**
Before the class breaks up in pairs, review with students, as a class, the vocabulary relevant to the drawings. Then review how to give advise, see *Capítulo 3, Tema 3.*

4-10 **Teaching tip:**
You may wish to play the *A escuchar* track for *Capítulo 4, Tema 1,* from the *Activities Manual,* which presents a relevant model.

4–10. Mi vecino el pesado. En parejas, sigan las instrucciones correspondientes a cada estudiante para representar esta situación.

Estudiante A:

- Inicia la conversación. Las ilustraciones representan los problemas que tienes con tu vecino.
- Explícale estos problemas a tu amigo/a y pídele consejos.

Estudiante B:

- Escucha a tu compañero/a. No mires sus dibujos.
- Si no comprendes lo que dice, pídele una aclaración.
- Dale consejos a tu compañero/a. Usa el subjuntivo cuando sea necesario.

CURIOSIDADES

Los acertijos (*riddles*) son problemas de lógica que requieren el uso de pensamiento creativo. Muchos acertijos contienen la solución del problema en la expresión misma.

4–11. Un acertijo. En parejas, lean el acertijo y presten atención a la pista (*clue*).

Felipe va a una fiesta que se está celebrando en el piso 12 de un edificio. Cuando sale de la fiesta, toma el ascensor y oprime el botón de la planta baja. Sin embargo, cuando vuelve a la fiesta, toma el ascensor y oprime el botón para el piso número 4. ¿Por qué?

Una de estas opciones es correcta:

a. El elevador está averiado y sólo funciona hasta el piso número 4.

b. Felipe es muy bajo de estatura.

c. Felipe quiere visitar a un vecino que vive en el piso número 4.

PISTA

Nuestras creencias

4-12 **Teaching tip:**
Tell your students to try to approach this topic as a cultural challenge. Point out that one of the goals of this *Tema* is precisely to help them 'experience' the concept of death in a similar manner a Hispanic person would.

A escuchar

Entrando en materia

Por si acaso

Expresiones útiles para comparar respuestas con otro estudiante

¿Qué tienes/ pusiste en el número respuesta 1/ 2/ 3?
Yo tengo/ puse a/ b.
Yo tengo algo diferente.
No sé la respuesta./ No tengo ni idea.
Creo que la respuesta es a/ b, pero no estoy seguro/a.
Creo que es cierto./Creo que es falso.

 4–12. La Noche de las Brujas. En parejas, hablen sobre las actividades típicas de la Noche de las Brujas (*Halloween*). ¿Comparten las mismas tradiciones en esta fecha? Si no, ¿cuáles son las diferencias? ¿Qué significado tiene esta tradición para ustedes ahora? ¿Cómo la celebraban cuando eran pequeños/as? ¿Cómo la celebran ahora? ¿Saben cuál es el origen de esta tradición? ¿Creen que existe esta celebración en otras culturas? Den ejemplos.

4–13. Actitudes hacia el tema de la muerte. El tema de esta sección es la

muerte. Antes de seguir adelante, vamos a ver qué piensan sobre este tema.

1. Seleccionen las palabras que mejor reflejen su opinión personal sobre la muerte.

Hablar de la muerte es:

interesante	_____	triste	_____	importante	_____
aburrido	_____	incómodo	_____	terapéutico	_____
difícil	_____	fácil	_____		
absurdo	_____	de mal gusto	_____		

2. **¿Cuál es su actitud?** En algunas culturas la muerte se celebra con fiestas.
En grupos de cuatro, dos de ustedes deben presentar razones por las que los
funerales deben ser alegres y festivos. Las otras dos personas deben presentar
razones por las que los entierros deben ser serios por respeto a la persona que ha
muerto. ¿Qué pareja encontró los argumentos más convincentes?

4–14. Descripción de fotos. Miren las siguientes fotos sobre la celebración

del Día de Muertos (*Day of the Dead*) en México. Escriban una breve
descripción sobre lo que ven en cada foto. Comparen sus descripciones.

4-15 **Answers:** 1. a; 2. a; 3. a; 4. b; 5. a

4–15. Vocabulario: Antes de escuchar. El vocabulario en negrita forma parte de la miniconferencia que van a escuchar. Indiquen el significado apropiado de las palabras, seleccionando **a** o **b**.

1. Hablar de la muerte es algo que debe **evitarse** en ciertas culturas.

   a. no se debe hacer   **b.** es común

2. El Día de Muertos los familiares **acuden en masa** al cementerio a visitar a sus familiares difuntos.

   a. van en grandes grupos   **b.** manejan

3. **Ritualizar** la muerte significa que...

   a. se celebra con rituales   **b.** se murió una señora que se llamaba Rita

4. Hay ciertas culturas que ven la muerte como parte **integral** de la vida.

   a. la muerte no es un tema popular en absoluto   **b.** la muerte es normal en la vida diaria

5. En ciertas culturas, la muerte se toma a broma e incluso se cuentan **chistes** sobre ella.

   a. la gente cuenta historias sobre la muerte que hacen reír   **b.** la gente cuenta historias de terror sobre la muerte

Estrategia: Identificar el énfasis

Cuando escuchas un texto por primera vez, hay muchos elementos que te pueden ayudar a comprender la idea general. Uno de esos elementos es el énfasis que el narrador pone en diferentes palabras y oraciones. Mientras escuchas, fíjate en qué palabras y expresiones enfatiza el narrador. El énfasis se puede expresar levantando la voz o cambiando el tono. Ten en cuenta esta información mientras escuchas y anota los puntos que el narrador enfatiza. Después, usa esos datos para determinar cuál es el tema principal de la narración, según las expresiones en las que el narrador hace énfasis.

MINICONFERENCIA Perspectivas sobre la muerte

You may want to use the *Miniconferencia* PowerPoint presentation available on Instructor Site at www.wiley.com/college/gallego and at www.wileyplus.com.

Ahora su instructor/a va a presentar una miniconferencia.

La siguiente lista contiene los temas centrales.

1. primera perspectiva sobre la muerte
2. segunda perspectiva
3. descripción del Día de Muertos

Miniconferencia **Teaching tip:** As all *miniconferencias* this one is designed for oral delivery in class with a partial outline to guide student comprehension. The recorded version on the textbook CD offers students reinforcement of content, vocabulary and listening skills outside of class.

4–16. ¿Comprendieron? Expliquen con sus propias palabras las dos perspectivas que se dan sobre la muerte. Después, reflexionen sobre las fotografías de las páginas 145–146 que representan el Día de Muertos. ¿A qué perspectiva de las mencionadas creen que corresponden las fotos? ¿Existe en su cultura un fenómeno similar a éste? ¿Con cuál de las dos formas de ver la muerte se identifican ustedes? ¿Y su familia? Expliquen sus respuestas.

4–17. Vocabulario: Después de escuchar. En parejas, usen la imaginación y las palabras de la lista, para escribir una descripción sobre algo que ocurrió en un funeral o en otra situación. La situación debe ser realista, aunque pueden ser creativos si quieren.

de mal gusto   en voz baja   incómodo/a   acudir en masa   disfraz

4–18. ¿Qué opinan? Nuestras ideas sobre la muerte están influidas por nuestra cultura, creencias y orientación espiritual. En grupos de cuatro, seleccionen uno de los temas a continuación. Cada persona debe exponer su punto de vista. Los demás deben escuchar y hacer preguntas para comprender mejor la perspectiva de cada persona.

4-18 **Recycling:** Students have to express their opinion in this activity and the next one. Review the function of expressing an opinion in *Capítulo 3, Tema 1.*

1. el más allá: ¿existe?, ¿cómo es?
2. la reencarnación
3. la comunicación con los muertos
4. la existencia del cielo y el infierno

4–19. Controversia. En parejas, seleccionen una de las siguientes situaciones para representarla en clase. Dediquen unos minutos para preparar sus argumentos antes de hacer la representación.

Situación A: Una persona tiene una enfermedad mortal y expresa su deseo de morir para poder descansar en paz. La otra persona es el médico. El deber de un médico es salvar la vida de sus pacientes siempre que sea posible. Hablen de la situación para encontrar una solución.

Situación B: Uno de ustedes es un senador del estado que quiere imponer una ley que haga obligatoria la donación de órganos después de la muerte para salvar más vidas por medio de los transplantes. La otra persona es un senador que se opone a esta ley por razones religiosas. Intenten encontrar un punto común entre sus diferentes puntos de vista.

Situación C: Su ciudad no encuentra terreno para construir un cementerio nuevo. Uno de ustedes cree que deben incinerarse (*cremate*) todos los cadáveres para solucionar el problema. La otra persona está en contra de la incineración por razones religiosas. Busquen una solución para el problema que sea aceptable para los dos.

Gramática

The Imperfect Subjunctive in Noun Clauses

In Chapter 3 you learned the forms of the present subjunctive and how to use them. Now you will learn how to express desire, doubt and emotion in the past. To do so, you need to learn the forms of the past subjunctive. To form the past subjunctive, follow these steps:

1. take the third person plural form of the preterite, e.g., comier**on**
2. drop the **-on** → comier-
3. add **-a**, **-as**, **-a**, **-amos**, **-ais**, **-an** for all verbs

The **nosotros/as** form requires an accent in the stem. See the following chart:

INFINITIVE	THIRD PERSON PRETERIT FORM	PAST SUBJUNCTIVE	
caminar	caminar**on**	caminara	camináramos
		caminaras	caminarais
		caminara	caminaran
comer	comier**on**	comiera	comiéramos
		comieras	comierais
		comiera	comieran
escribir	escribier**on**	escribiera	escribiéramos
		escribieras	escribierais
		escribiera	escribieran

For stem-changing verbs, spelling-changing verbs and irregulars, you will still base the imperfect subjunctive on the third person preterit. For example:

estar → **estuvier**on → estuviera, -as, -a...

hacer → **hicier**on → hiciera, -as, -a...

dormir → **durmier**on → durmiera, -as, -a...

As you learned in Chapter 3, the subjunctive occurs in the dependent clause when the independent clause includes an expression that conveys:

- advice, suggestion or request
- opinion, doubt or denial
- emotion

See *Appendix B* for additional verb charts.

How do I know when to use the past subjunctive as opposed to the present subjunctive? If the verb in the independent clause expresses a past action, the verb in the dependent clause needs to be in the past subjunctive.

Advice, Suggestion, and Request

Independent Clause: Preterit

El año pasado mi instructor **sugirió**

*Last year my instructor **suggested***

Dependent Clause: Imperfect Subjunctive

que escribié**ramos** una composición sobre la Noche de las Brujas.

*that **we write** a composition about Halloween.*

Doubt or Denial

Independent Clause: Imperfect Indicative

Mi madre **dudaba**

*My mom **doubted***

Dependent Clause: Imperfect Subjunctive

que yo encontra**ra** adornos para la Noche de las Brujas en agosto.

*that I **would find** Halloween decorations in August.*

Emotion

Independent Clause: Imperfect Indicative

En la Noche de las Brujas, a mi hermana le **encantaba**

*On Halloween, my sister **loved***

Dependent Clause: Imperfect Subjunctive

que nos **dieran** tantos caramelos.

*that people **would give** us so much candy.*

4–20. Identificación. Marta y Margarita intercambian algunos mensajes electrónicos acerca de una fiesta a la que fue Margarita durante la Noche de las Brujas.

1. Lee el mensaje de Margarita e identifica los verbos en imperfecto de subjuntivo. ¿Por qué crees que aparecen esas formas en subjuntivo?

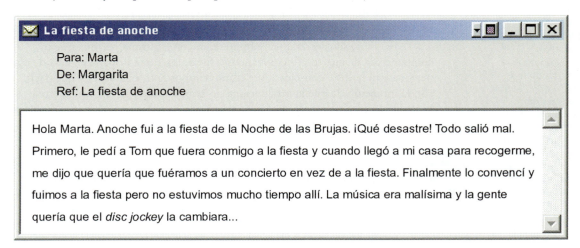

✉ **La fiesta de anoche**

Para: Marta
De: Margarita
Ref: La fiesta de anoche

Hola Marta. Anoche fui a la fiesta de la Noche de las Brujas. ¡Qué desastre! Todo salió mal. Primero, le pedí a Tom que fuera conmigo a la fiesta y cuando llegó a mi casa para recogerme, me dijo que quería que fuéramos a un concierto en vez de a la fiesta. Finalmente lo convencí y fuimos a la fiesta pero no estuvimos mucho tiempo allí. La música era malísima y la gente quería que el *disc jockey* la cambiara...

2. Aquí tienes la respuesta de Marta. Imagínate que tú no pudiste ir a la fiesta y tienes que contestar al mensaje de Margarita dándole una explicación de lo que pasó. Presta atención a los tiempos verbales en tu respuesta.

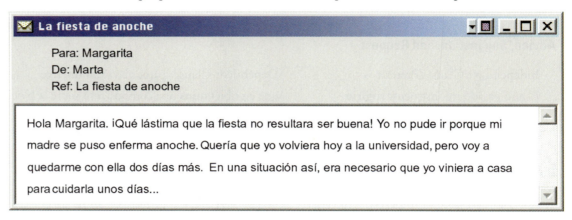

La fiesta de anoche

Para: Margarita
De: Marta
Ref: La fiesta de anoche

Hola Margarita. ¡Qué lástima que la fiesta no resultara ser buena! Yo no pude ir porque mi madre se puso enferma anoche. Quería que yo volviera hoy a la universidad, pero voy a quedarme con ella dos días más. En una situación así, era necesario que yo viniera a casa para cuidarla unos días...

4-21. ¿Son supersticiosos? Con un compañero/a representen los papeles de Marta y Margarita. Imagina que eres Marta. Desgraciadamente Margarita no se creyó tu excusa. La verdad es que no fuiste a la fiesta porque una adivina (*fortune-teller*) te dijo que no fueras. Cuéntale la verdad a Margarita, explicándole lo que te dijo la adivina. Debes incluir la siguiente información:

1. Lo que te dijo la adivina.
2. Por qué te recomendó que no fueras a la fiesta.
3. Por qué te aconsejó que no le dijeras la verdad a Margarita.
4. Por qué era importante que siguieras sus consejos.

4-22 Teaching tip: Brainstorm with the class to come up with examples of bad advice for someone who wants to impress a party's host/hostess positively to get closer to him/her. The instructor may provide this example: *"Lleva guantes blancos para atraer la atención."* Then model what student A would say to student B: *"Tú me dijiste que llevara guantes blancos para atraer la atención."* Then model what student B would say: *"No, yo no dije eso. Yo te aconsejé que no llevaras guantes."* Once the brainstorming session is finished, students may use these ideas to carry out the pair activity.

4-22. Sugerencias útiles. En parejas, representen esta situación. Después intercambien los papeles. Aquí tienen algunas expresiones útiles.

ser importante   ser necesario   recomendar   pedir   aconsejar

ESTUDIANTE A: Tú vas a ir a una fiesta hispana en casa de una persona que te gusta mucho. Tu compañero/a de cuarto, que también está interesado/a en la misma persona, te dio consejos sobre cómo comportarte, qué hacer y qué decir en la fiesta. Seguiste sus consejos pero el resultado fue desastroso. Ahora estás cuestionando las sugerencias de tu compañero/a y le pides explicaciones.

ESTUDIANTE B: Tú estás secretamente interesado/a en la misma persona que tu compañero/a de cuarto. Tu compañero/a fue a una fiesta hispana en casa de esa persona y tú le diste consejos sobre cómo comportarse, qué hacer y qué decir... con la intención de que la otra persona no se interesara por tu compañero/a. El problema es que ahora tus intenciones han sido descubiertas y necesitas inventarte alguna excusa para justificar lo que dijiste.

MODELO

Estudiante A: ¡Tú me aconsejaste que hablara en voz muy alta con todo el mundo!
Estudiante B: No, yo no dije eso. Yo te aconsejé que hablaras en voz muy alta si la música estaba fuerte y las otras personas no te podían oír.

Expresar acuerdo y desacuerdo enfáticamente

Sí, por supuesto, profesor. Le doy toda la razón.

Srta. Smith, usted tiene que hacer más esfuerzo en mi clase. Intente entregar las tareas a tiempo.

In *Chapter 3* you studied some expressions to react to the opinions of others showing agreement or disagreement. In this section you will learn a few expressions that are commonly used to react to others' opinions in a more emphatic way.

Expresar acuerdo enfáticamente

Eso es absolutamente/ totalmente cierto.	*That is totally true.*
Le/ Te doy toda la razón.	*You are absolutely right.*
Creo/ Me parece que es una idea buenísima.	*I think that is a great idea.*
Por supuesto que sí.	*Absolutely.*
Lo que dice(s) tiene mucho sentido.	*You are making a lot of sense.*
Exactamente, eso mismo pienso yo.	*That is exactly what I think.*

Expresar desacuerdo enfáticamente

Eso es absolutamente/ totalmente falso.	*That is totally false.*
No tiene(s) ninguna razón.	*You are absolutely wrong.*
Creo/ Me parece que es una idea malísima.	*I think it is a terrible idea.*
Por supuesto que no.	*Absolutely not.*
Lo que dice(s) no tiene ningún sentido.	*You are not making any sense.*

4–23. Palabras en acción. Expresen enfáticamente su opinión con estos comentarios. Añadan información a las expresiones para justificar su propia opinión.

> **MODELO**
>
> **Tu compañero/a de apartamento te dice: El casero (*landlord*) me ha dicho que una vez más no has pagado tu parte del alquiler. Estoy harto/a de esta situación.**
>
> **Tú dices: ¡Eso es abolutamente falso! Dejé un sobre con el dinero del alquiler en el buzón del casero hace ya una semana.**

1. Un amigo hispano te dice: Los estadounidenses no saben divertirse. Los fines de semana, en vez de salir, se quedan en casa viendo películas y comiendo papitas.
2. Tu instructor de español te comenta: El español es un idioma fácil de aprender. La gramática no es complicada y se puede aprender en un mes.
3. Un compañero de clase te comenta: "Los cubanos, los mexicanos y los argentinos son todos iguales, hablan exactamente igual y comen las mismas comidas".
4. Tu padre te dice: "No es necesario aprender otro idioma porque el inglés es el idioma más importante y si hablas inglés, no necesitas saber otra lengua".

4-24 Teaching tip: Brainstorm with the class to assist the students with generating ideas and reviewing vocabulary. Have the class come up with a list of reasons to go to a bullfight at least once in a lifetime and a list of reasons not to go to a bullfight. Once the brainstorming session is finished, students may use these ideas to carry out the pair activity.

4-24 You may wish to play the *A escuchar* track for *Capítulo 4, Tema 2,* from the *Activities Manual,* which presents a relevant model.

4–24. Un día cultural. Un amigo y tú están pasando un día en México. No se pueden poner de acuerdo sobre qué hacer. Lean las instrucciones de la situación y representen el diálogo.

Estudiante A: Tú inicias la conversación. Quieres ir a ver una corrida de toros (*bullfight*) porque te parece fascinante. Tu ídolo era Paquirri, uno de los grandes toreros de la historia, y la corrida de hoy es un homenaje a él. Explícale a tu compañero/a por qué quieres ir, por qué tu idea es mejor que la suya y por qué es importante que te acompañe.

Estudiante B: Tu compañero/a inicia la conversación. Estás en contra de las corridas de toros y piensas que son horribles. Explica por qué no quieres ir, expresando tu desacuerdo enfáticamente, sugiere una idea mejor e intenta llegar a un acuerdo con tu compañero/a.

CURIOSIDADES

4-25 Teaching tip: Ask students to do the calculation in Spanish. Use this activity to review numbers and mathematical expressions: *Dos, más seis, más uno, más nueve, más ocho, más dos, son treinta y cuatro. Tres más cuatro son siete.*

4–25. Numerología. En algunas culturas, los números tienen un significado que es importante en la vida de cada persona. ¿Sabes cuál es tu número personal? Sigue las instrucciones a continuación para calcularlo; después, puedes calcular el número de tus amigos. ¿Crees que la información es correcta?

Para saber el número que te corresponde debes sumar los números de tu fecha de nacimiento y reducirlos a un solo número. Por ejemplo, si has nacido el 26 de junio de 1982, debes hacer el siguiente cálculo:

2 + 6 (día) + 6 (mes) + 1 + 9 + 8 + 2 (año) = 34; 3 + 4 = 7.

El número 7 es tu número personal. Ahora ya puedes leer tu pronóstico para el próximo mes según tu propio número.

Los números 11 y 22 son números mágicos y no se pueden reducir. Si quieres aprender más sobre la numerología, haz una búsqueda en Internet escribiendo *numerología* en el buscador para aprender más sobre tu destino mientras practicas español.

1. Comienza para ti una etapa muy tranquila. Es una buena época para aclarar tus dudas sobre esa persona especial que acabas de conocer. Vas a dedicar más tiempo a los estudios. Déjate llevar por tus instintos y no te preocupes por la opinión de los demás.

2. En estos días vas a conseguir todo lo que quieras. Aprovecha la ocasión para atraer a esa persona que te gusta porque no va a poder resistir tus encantos (*charm*).

3. ¡Qué hiperactividad! Intenta tomarte las cosas con un poco más de calma, de lo contrario, puedes tener un accidente. Tendrás una ruptura con alguien especial en tu vida: tu mejor amigo/a o tu pareja. Pero esta ruptura te dejará aliviado/a (*relieved*).

4. ¡Muchos cambios en tu vida! Todos los cambios serán positivos. Es un buen momento para dedicarte a los estudios plenamente.

5. Necesitas cultivar tus dotes diplomáticas para conseguir tus objetivos. Tendrás que hacer el papel de mediador/a entre dos personas cercanas a ti.

6. Todo va muy bien. Tienes una actitud muy positiva y alegre. Eso siempre ayuda a la hora de hacer amigos. Vas a conocer a mucha gente nueva y vas a ser el centro de atención. Habrá tantas personas interesadas en ti que no sabrás a quién escoger.

7. ¡Bla! Todo te parece muy lento en estos días. Necesitas aplicarte una buena dosis de realismo y dejar de soñar despierto/a.

8. Estás lleno/a de energía. Las cosas te van de perlas (*very well*) y este mes vas a tener muchas ofertas divertidas: fiestas, viajes, excursiones, etc. Quizás cambies de ciudad o hagas un viaje en el que conocerás a gente muy interesante.

9. Mira a tu alrededor porque muy cerca de ti encontrarás a tu amor ideal. Esta relación va a ser muy seria. Tu único problema serán los estudios, así que concéntrate si no quieres reprobar (*fail*) tus clases.

Nuestra religión

Lectura

Entrando en materia

4–26. Celebrar un día especial. Indiquen un día especial que asocien con las siguientes actividades:

- beber champán
- comer pavo
- dar y recibir regalos
- reunirse con la familia
- ir de picnic.

En parejas, hablen sobre estas celebraciones. ¿Cuál prefieren? ¿Por qué? ¿Hacen las mismas actividades en estas fechas? ¿Qué diferencias hay entre la forma en que las celebran?

4–27. Religiones y símbolos. ¿Con qué religión asocian estos lugares, personas y objetos?

Religión

1. el Corán — judaísmo
2. la Biblia — islam
3. el Papa — catolicismo
4. el pastor (*minister*) — budismo
5. una mezquita — protestantismo
6. México
7. Hanukkah
8. la Navidad
9. una estatua de Buda
10. el Tora

4–28. Vocabulario: Antes de leer. A continuación van a leer unas frases que aparecen en la lectura. Presten atención a las palabras en negrita y al contexto e indiquen cuál es la definición más apropiada.

1. La diversidad de **días festivos** y celebraciones dentro del mundo hispano refleja la **idiosincrasia** de cada uno de los países que lo componen.

   días festivos

   a. día en el que los estudiantes de una fraternidad tienen una fiesta
   b. día en el que no hay que trabajar porque hay alguna celebración nacional

   idiosincrasia

   a. personalidad o características únicas
   b. una persona que no habla lógicamente

2. Una de las tradiciones de la fiesta son los **tamales** oaxaqueños que preparan los responsables de organizar la fiesta.

   a. sinónimo de la expresión "está mal"
   b. un tipo de comida

3. En algunos pueblos de Galicia, una región del noroeste de España, se celebra el día de San Juan **asando** sardinas en la playa por la noche.

   a. cocinar en una sartén con muy poco aceite o en contacto directo con el fuego
   b. cocinar con agua

4. El Santo Patrón puede proteger a personas que tienen una característica específica, por ejemplo, a las mujeres **embarazadas**.

   a. mujeres que están esperando un bebé
   b. mujeres que trabajan en la cocina

5. Sus padres eran **campesinos** muy pobres que no pudieron enviar a su hijo a la escuela.

   a. personas que trabajan en la ciudad
   b. personas que trabajan en el campo

6. Isidro se levantaba muy de **madrugada** y nunca empezaba su día de trabajo sin haber asistido antes a misa.

   a. Se levantaba muy tarde por la mañana.
   b. Se levantaba muy temprano por la mañana.

7. A los 43 años de haber sido sepultado, en 1173, sacaron de la **tumba** su cadáver y éste estaba incorrupto.

   a. el lugar donde descansan los muertos en el cementerio
   b. un ritmo de baile cubano muy popular

8. Por todos sus milagros, la iglesia católica lo **canonizó** como San Isidro en el año 1622.

   a. El Papa le dio a Isidro el título de santo.
   b. El Papa construyó una iglesia en su honor.

Por si acaso

Religiones del mundo hispano

El catolicismo es la religión predominante en el mundo hispano. Sin embargo, también se practican otras religiones, aunque de forma minoritaria. Estas religiones incluyen el protestantismo, el judaísmo, el islam y una variedad de religiones indígenas y de origen africano. Las siguientes cifras reflejan porcentajes de algunas de estas religiones. Para obtener más información sobre otras religiones en el Internet puedes usar tu buscador favorito.

Países	Católicos	Protestantes	Otras
Argentina	92%	2%	4%
Bolivia	95%	5% evangélica metodista	
Chile	70%	15% evangélica	1% testigos de Jehová, 4.6% otras
Colombia	90%		10%
Costa Rica	76%	13.7%	1.3% testigos de Jehová, 4.8% otras
Cuba	85%		15%
Ecuador	95%	5%	
El Salvador	83%	17%	
España	94%	6%	
Guatemala	50%	25%	25% mayas y otras
Honduras	97%	3%	
México	76%	6.3%	1.4% pentecostal, 1.1% testigos de Jehová, 13.8% sin especificar
Nicaragua	73%	15.1% evangélica, 1.5% Morava	1.9%
Panamá	85%	15%	
Paraguay	89%	6%	3%
Perú	81%		1.4% adventista del séptimo día, 16.3% sin especificar
Puerto Rico	85%	15%	
República Dominicana	95%	5%	
Uruguay	66%	2%	31%
Venezuela	96%	2%	2%

Fiestas patronales

La diversidad de **días festivos** y celebraciones dentro del mundo hispano refleja la **idiosincrasia** de cada uno de los países que lo componen. Algunas de las celebraciones giran alrededor de un tipo de producto o comida típicos de una región; otras celebraciones son semejantes a las de otros países no hispanos, como la Navidad y el Año Nuevo; y hay otro grupo de días festivos que tienen como propósito conmemorar o recordar a la Virgen María o a algún santo del calendario católico. A este tipo de celebración pertenecen las llamadas *fiestas patronales*. Las fiestas patronales varían mucho de país a país y de región a región, sin embargo, todas tienen algunas características en común. Por ejemplo, generalmente hay algún tipo de comida que se come durante esas fechas, puede haber competiciones deportivas, hay presentaciones de bailes regionales y puede haber música y baile en la plaza del pueblo. En Comotinchan, un pueblo ubicado en el Estado de Oaxaca,

México, una de las fiestas más importantes tiene lugar el 15 de mayo en honor del patrón del pueblo, San Isidro Labrador. Una de las tradiciones de la fiesta son los **tamales** oaxaqueños que preparan los responsables de organizar la fiesta.

En algunos pueblos de Galicia, una región del noroeste de España, se celebra el día de San Juan **asando** sardinas en la playa por la noche. Ⓜ

> **Ⓜomento de reflexión**
> ¿Verdadero o falso?
> F 1. Las celebraciones religiosas en el mundo hispano son iguales.
> V 2. Se mencionan tres tipos de días festivos.
> V 3. Las fiestas patronales tienen características en común en el mundo hispano.
> F 4. Hay una sola manera de celebrar una fiesta patronal.

Los santos patronos

Un santo patrón es un santo protector. El santo patrón puede proteger a personas que tienen un tipo de trabajo, por ejemplo, a los agricultores. Puede proteger a personas que tienen una característica específica, por ejemplo, a las mujeres **embarazadas,** o puede proteger una ciudad o un pueblo. Ⓜ

> **Ⓜomento de reflexión**
> ¿Verdadero o falso?
> V 1. El santo patrón tiene como función principal la protección de ciertas comunidades.

San Isidro Labrador

15 de mayo

San Isidro es el patrón de los agricultores del mundo. Sus padres eran **campesinos** muy pobres que no pudieron enviar a su hijo a la escuela. Pero en su casa le enseñaron principios religiosos. Cuando tenía diez años, San Isidro se empleó como peón de campo en una finca cerca de Madrid, donde pasó muchos años trabajando las tierras.

Se casó con una campesina que también llegó a ser santa y ahora se llama Santa María de la Cabeza (no porque ése fuera su apellido, sino porque su cabeza se saca en procesión cuando pasan muchos meses sin llover).

San Isidro se levantaba muy de **madrugada** y nunca empezaba su día de trabajo sin haber asistido antes a misa. El dinero que ganaba, lo distribuía en tres partes: una para la iglesia, otra para los pobres y otra para su familia (él, su esposa y su hijo).

San Isidro murió en el año 1130. A los 43 años de haber sido sepultado, en 1173, sacaron de la **tumba** su cadáver y éste estaba incorrupto. La gente consideró esto como un milagro. Por éste y otros muchos milagros, la iglesia católica lo **canonizó** como San Isidro Labrador en el año 1622.

San Isidro

4–29. ¿Comprendieron? Antes de continuar, contesten estas preguntas para asegurarse de que comprendieron toda la información importante de la lectura.

1. ¿Cuál de estas palabras describe mejor el texto sobre San Isidro: diario personal, biografía, novela?
2. ¿A qué tipo de personas protege San Isidro?
3. ¿Cuál de estas palabras describe mejor a San Isidro: trabajador, alegre, triste?
4. ¿Qué parte del texto indica que San Isidro era una persona muy religiosa?
5. Define el término *milagro*.

4–30. Vocabulario: Después de leer. En parejas, imaginen que acaban de presenciar un milagro. Ahora tienen que escribir un pequeño párrafo explicándole al resto de la clase lo que vieron. Para que resulte más interesante, deben usar las palabras que se incluyen abajo y toda la creatividad posible. ¡Lo más probable es que el resultado sea bastante cómico!

tumba   madrugada   campesino   embarazada   tamales   día festivo   asar

4-30 **Recycling:** This activity requires the use of preterit and imperfect. You may review the use of these tenses with the material provided in *Capítulo 2, Tema 2.*

4–31. Su opinión. En parejas, preparen una encuesta para entrevistar a algunos estudiantes del campus. Tienen que averiguar qué porcentaje de los encuestados celebra el día de su santo, qué religión es la más popular entre los estudiantes, cuántos participantes en la encuesta asisten a celebraciones religiosas, con qué frecuencia, y cuál es su celebración favorita. Después, analicen los datos para presentarlos oralmente en clase.

4-31 **Teaching tip:** Encourage students to take their survey into the community so that they can include a diverse population. Also, you may want to ask them to use what they have learned regarding research in other classes, so that they can apply that knowledge when calculating the statistic results of their survey.

4-31 Brainstorm with the students how to formulate the questions for the questionnaire.

Gramática

Formal and Informal Commands to Get People to Do Things for You or Others

The command forms fulfill the same functions in English and Spanish. Those situations that call for a command form in English will call for a command form in Spanish. In this dialogue between Margarita and Tomás, several command forms are used. Can you identify them?

T: Por favor, Margarita, dame la receta para los tamales.

M: ¿Vas a hacer tamales para la fiesta de San Isidro?

T: Pues sí.

M: Compra tomates verdes, cilantro... Si necesitas ayuda, llámame.

T: Gracias, así lo haré.

Let's look at the verb endings we need to use in Spanish when giving a command. Pay attention to the level of familiarity that you have with the person you are speaking to.

	Formal	**Informal**
caminar	(no) camine	camina, no camines
	(no) caminen	caminad, no caminéis (vosotros/as)
comer	(no) coma	come, no comas
	(no) coman	comed, no comáis (vosotros/as)
escribir	(no) escriba	escribe, no escribas
	(no) escriban	escribid, no escribáis (vosotros/as)

The **vosotros/as** form is only used in Spain. The rest of the Spanish-speaking countries use **ustedes** forms in both formal and informal situations.

You also need to pay attention to direct-object pronouns accompanying the command; when they occur they need to be attached to the end of the command.

Prepara la mesa. → Prepára**la**.

Set up the table. → Set it up.

Place the pronoun in front of the verb if the command is negative.

No **la** prepares.

Do not set it up.

Finally, there are some verbs whose command forms are irregular and you need to learn those as separate vocabulary items.

Tema 3 Nuestra religión

159

Irregular Formal Commands			Irregular Informal Commands		
decir			**decir**		
(Ud.) diga	no diga		(tú) di	no digas	
(Uds.) digan	no digan		(vos.) decid	no digáis	
hacer			**hacer**		
(Ud.) haga	no haga		(tú) haz	no hagas	
(Uds.) hagan	no hagan		(vos.) haced	no hagáis	
ir			**ir**		
(Ud.) vaya	no vaya		(tú) ve	no vayas	
(Uds.) vayan	no vayan		(vos.) id	no vayáis	
poner			**poner**		
(Ud.) ponga	no ponga		(tú) pon	no pongas	
(Uds.) pongan	no pongan		(vos.) poned	no pongáis	
salir			**salir**		
(Ud.) salga	no salga		(tú) sal	no salgas	
(Uds.) salgan	no salgan		(vos.) salid	no salgáis	
ser			**ser**		
(Ud.) sea	no sea		(tú) sé	no seas	
(Uds.) sean	no sean		(vos.) sed	no seáis	
tener			**tener**		
(Ud.) tenga	no tenga		(tú) ten	no tengas	
(Uds.) tengan	no tengan		(vos.) tened	no tengáis	
venir			**venir**		
(Ud.) venga	no venga		(tú) ven	no vengas	
(Uds.) vengan	no vengan		(vos.) venid	no vengáis	

Gramática **Teaching tip:** Before explaining how command forms work in Spanish, have students reflect on English commands by having them do as follows: 1) Think of an example of a command in English, 2) What do we accomplish when we use commands in English?, 3) Think of situations where commands are likely to be used in English, and 4) Think of people in your life who are likely to use commands addressed to you.

4–32. Identificación. Tu amiga María quiere preparar sangría, una bebida muy popular entre los hispanos, para una fiesta que va a dar para celebrar su santo. Tu vecina te ha dado una receta para María y como ella es muy educada ha escrito todo formalmente. Antes de darle la receta a María, identifica los mandatos. Después, cámbialos para que sean informales. ¡Al fin y al cabo, los amigos no se hablan de usted entre ellos!

En una jarra, mezcle cuatro vasos de vino tinto, cuatro vasos de agua, un vaso de azúcar y un vaso de jugo de lima. Con una cuchara, mueva el líquido varias veces. Añada una naranja en rodajas y medio vaso de trocitos de melocotón y piña. Ponga la sangría en el refrigerador. Antes de servir, añada cubitos de hielo.

4–33. Tu contribución personal. Tú eres la única persona estadounidense que va a asistir a la fiesta del santo de María. Para que no te sientas solo/a, la madre de María quiere preparar tu plato favorito. Imagina que tu compañero/a es la madre de María. Dale la receta con detalles. Recuerda que es la madre de tu amiga, así que debes dirigirte a ella formalmente.

4–34. La Feria de San Marcos. En la fiesta, la madre de María te explicó que ella es de Aguascalientes, una ciudad de México, donde se celebra la Feria Nacional de San Marcos. Tu compañero/a ha encontrado más información sobre esta feria. En parejas, lean el artículo y preparen un panfleto publicitario para promocionar la feria en el campus. Usen mandatos para animar a los demás estudiantes a hacer lo que sugieren.

> **MODELO**
>
> **Duerme una siesta si quieres asistir a las actividades nocturnas de la feria.**

Origen: La festividad tuvo su origen con la fundación del pueblo de San Marcos en el año 1604, que todos los años celebraba al santo patrono San Marcos. Con el paso del tiempo este pueblo se fue uniendo a la ciudad de Aguascalientes, y ahora esta ciudad es el centro de esta festividad que se llama Feria Nacional de San Marcos.

Descripción: Esta feria es considerada la mejor de todo México. Empieza la tercera semana de abril y dura hasta la primera semana de mayo. Se llevan a cabo doce corridas de toros. Tienen también lugar el Encuentro Internacional de Poetas, conciertos de mariachis, obras de teatro, exposiciones de artesanía y juegos infantiles. La diversión en la feria empieza temprano y concluye al amanecer del día siguiente.

Otras actividades: Aguascalientes tiene diversos museos y un centro histórico de gran interés con hermosos monumentos coloniales.

4–35. Echando una mano. Ustedes trabajan como voluntarios en una iglesia de la comunidad, ayudando a jóvenes con problemas personales y académicos. Hoy están ayudando a un grupo de sexto grado que tiene que preparar una composición para su clase de religión. En parejas, preparen una presentación oral explicando, paso a paso, cómo escribir la composición. ¡Recuerden que están hablando con varias personas, así que necesitan usar la forma plural de los mandatos!

> **MODELO**
>
> **Bueno, primero decidan cuál va a ser el tema de la composición. Tengan en cuenta la información que tienen. Busquen datos adicionales sobre el tema antes de comenzar. Después, dividan el trabajo entre los miembros del grupo.**

Expresar compasión, sorpresa y alegría

> ¡No te vas a creer lo que me acaba de pasar!

> ¡Me han tocado tres millones en la lotería!

> ¿Qué? ¡Cuéntame!

> ¿De verdad? ¡No me digas! ¡Qué suerte tienes!

Expresar compasión

¡Pobre hombre/ mujer!	*Poor man/woman!*
¡Qué desgracia!	*What a bad luck!*
Me puedo poner en tu lugar.	*I can see your point/I can sympathize.*
Comprendo muy bien tu situación.	*I really understand your situation.*
Mi más sentido pésame.	*My deepest sympathy (at a funeral).*

Expresar sorpresa

¿De verdad?	*Really?*
¿En serio?	*Are you serious? Really?*
¡No me digas!	*No way! Get out of here!*

Expresar alegría

¡Cuánto me alegro!	*I'm so glad!*
¡Qué bueno! ¡Qué bien!	*Great!*
Pues, me alegro mucho.	*Well, I'm really glad.*

4–36. Palabras en acción. ¿Cómo pueden responder a estos comentarios?

1. Tu amigo/a: Cuando venía a clase me caí y me rompí una pierna.
2. Tu abuela de 70 años: ¡Estoy embarazada!
3. Tu madre: ¡Nos ha tocado la lotería!
4. Tu profesor: Has sacado una A en el examen.
5. Un/a amigo/a especial: ¿Te quieres casar conmigo?

4–37. Reacciones. En parejas, sigan las instrucciones a continuación para describir algunas situaciones interesantes con las que practicar las expresiones anteriores.

Estudiante A: Tú inicias la actividad. Descríbele los dibujos a tu compañero/a y escucha su reacción a cada descripción. ¿Te parecen adecuadas sus reacciones?

Estudiante B: Tu compañero/a inicia la actividad. Escucha sus descripciones y reacciona con una expresión apropiada. Después, descríbele tus dibujos a tu compañero/a e indica si las expresiones que usó te parecen apropiadas o no.

4-37 **Teaching tip:** Before breaking the class into pairs, go over the scenes depicted on the drawings and provide vocabulary. Then, have students use this information to complete the activity in pairs.

You may wish to play the *A escuchar* track for *Capítulo 4, Tema 3,* from the *Activities Manual,* which presents a relevant model.

La Sagrada Familia con Santa Ana y el niño Juan Bautista, de El Greco (Domenikos Theotokopoulos)

Conocido como El Greco, Domenikos Theotokopoulos nació en Creta, Grecia, hacia el año 1541. En 1577 se documentó por primera vez su presencia en Toledo, España, ciudad en la que permaneció hasta su muerte en 1614. Puede decirse que la mitad de su vida transcurrió en Toledo.

La Sagrada Familia con Santa Ana y el niño Juan Bautista,
de El Greco, Museo de Santa Cruz, en Toledo, España.

 4-38. Mirándolo con lupa. En parejas, observen el cuadro con atención y después, respondan a las siguientes preguntas.

1. Describan a las personas que ven en el cuadro: ¿dónde está cada persona con respecto a la persona más cercana? ¿qué tipo de ropa llevan? ¿cómo es la expresión de las caras de estas personas?
2. Describan los colores: ¿son predominantemente oscuros o claros? ¿qué color o gama de colores predomina?
3. El tema de este cuadro, ¿es religioso o pagano? Justifiquen su respuesta.
4. ¿Qué sentimiento les producen o comunican las imágenes de este cuadro? ¿alegría? ¿tristeza? ¿tensión? ¿paz? ¿Les inspira contemplación espiritual? ¿Sienten lo mismo al mirar el cuadro? Si no es así, ¿cuáles son las diferencias?

Color y forma **Teaching tip:** The woman holding Jesus is Saint Anne, the mother of Mary. The little boy standing is John the Baptist, cousin of Jesus.

Nuestras celebraciones

Lectura

Entrando en materia

4–39. Vocabulario: Antes de leer. Encuentren estas expresiones en la lectura y, según el contexto en que se encuentran, determinen qué opción describe mejor su significado.

1. El origen de la feria **se pierde en la historia.**
   a. No se conoce bien el origen de los Sanfermines.
   b. El origen de la feria es muy concreto.

4-9 **Answers:**
1. a; 2. a; 3. b; 4. a; 5. b;
6. a; 7. a; 8. b

Los Sanfermines

La fiesta de San Fermín, o los Sanfermines, se celebra todos los años en Pamplona, España. La feria dura una semana y su componente más conocido es el encierro. La fiesta es popular a nivel internacional y son varios los estadounidenses que han participado en el encierro.

2. Las fiestas **se trasladaron** a julio.

   a. Los organizadores de la feria cambiaron la fecha de la celebración.
   b. Las fiestas siempre se celebraron en el mes de julio.

3. Las ferias taurinas consistían en la celebración de **corridas de toros.**

   a. Tradición en la que una persona corre delante de un toro.
   b. Tradición en la que una persona se enfrenta a un toro con el objetivo de matarlo.

4. **Poco a poco** se le fueron sumando otras actividades a la fiesta.

   a. lentamente, progresivamente
   b. un objeto pequeño

5. Los festejos incluyen **fuegos artificiales.**

   a. Es un tipo de fuego que no es real.
   b. Se usan en celebraciones especiales (como el 4 de julio) y llenan el cielo de luz y color.

6. La **aglomeración** es uno de los problemas de la celebración.

   a. Un enorme número de personas acude a la Fiesta de San Fermín.
   b. Mucha gente asiste a la iglesia durante la fiesta.

7. Las ferias **impactaron** a Hemingway.

   a. Fiesta de San Fermín tuvo mucho impacto en Hemingway.
   b. Hemingway no tuvo mucho interés en la fiesta.

8. El Ayuntamiento de Pamplona **rindió** un homenaje a Hemingway.

   a. El gobierno de Pamplona invitó a Hemingway a visitar la fiesta.
   b. El gobierno de Pamplona le ofreció un homenaje a Hemingway.

Por si acaso

corrales	*cattle pen*
lidia	*bullfighting*
manadas	*herds*
mansos	*tame*
pregón	*announcement*
riesgo	*risk*
taurino	*related to bulls*
tramo	*section*
trayecto	*distance*
vallada	*fenced in*

7 de julio, San Fermín

El origen

El origen de esta fiesta, **se pierde en la historia.** Hay crónicas de los siglos XIII y XIV que ya hablan de los Sanfermines, que hasta el siglo XVI se celebraron en octubre, coincidiendo con la festividad del santo, pero que **se trasladaron** a julio debido a que el clima en octubre era bastante impredecible.

Según los historiadores, los Sanfermines no nacieron espontáneamente sino que surgieron de la unión de tres fiestas distintas: las de carácter religioso en honor a San Fermín, las ferias comerciales organizadas a partir del siglo XIV, y las ferias taurinas que consistían en la celebración de **corridas de toros,** también desde el siglo XIV.

Poco a poco, a la conmemoración de San Fermín que se celebraba el 10 de octubre, se le fueron incorporando otros elementos como músicos, danzantes, comediantes, puestos de venta y corridas de toros. Esto motivó a que el Ayuntamiento de Pamplona le pidiera al obispo el traslado de la fiesta de San Fermín al 7 de julio, cuando el clima es más adecuado.

Así, con la unión de los elementos de las tres fiestas y con el traslado de fecha, en 1591 nacieron los Sanfermines, que en su primera edición se prolongaron durante dos días y contaron con pregones, músicos, torneos, teatro y corridas de toros. En años sucesivos se incluyeron nuevos festejos como **fuegos artificiales** y danzas, y las fiestas se extendieron hasta el día 10 de julio.

En el siglo XX los Sanfermines alcanzaron su máxima popularidad. La novela *The Sun Also Rises (Fiesta)*, escrita por Ernest Hemingway en 1926, animó a personas de todo el mundo a participar en las fiestas de Pamplona y vivir de cerca las emociones descritas por el escritor norteamericano. El interés que hoy despiertan los Sanfermines es tan grande que la **aglomeración** es uno de los principales problemas de esta celebración. **M**[1]

El encierro (o la encerrona)

El encierro es el evento que más se conoce de los Sanfermines y el motivo por el que muchos extranjeros llegan a Pamplona el 6 de julio. Básicamente consiste en correr delante de los toros un tramo de calle convenientemente vallada, y tiene como fin trasladar a los toros desde los corrales de Santo Domingo hasta los de la Plaza de Toros donde, por la tarde, serán toreados. En total corren seis toros de lidia y dos manadas de toros mansos, y el trayecto, que transcurre por diferentes calles del Casco Viejo de la ciudad, mide 825 metros de largo. La peligrosa carrera, que se celebra todas las mañanas del 7 al 14 de julio, comienza a las 8:00 de la mañana, aunque los corredores deben estar preparados para el recorrido antes de las 7:30 de la mañana.

La carrera tiene una duración media de tres minutos, que se prolongan si alguno de los toros se separa de la manada. Aunque todos los tramos son peligrosos, la curva de la calle Mercaderes y el tramo comprendido entre la calle Estafeta y la plaza son los que más riesgo representan.

Actualmente, la aglomeración es uno de los principales problemas del encierro y aumenta el peligro de la carrera, en la que los participantes no deberán correr más de 50 metros delante de los toros. El resto del recorrido deben hacerlo detrás de los toros.

Todos los tramos del recorrido están vigilados por un amplio dispositivo de seguridad y atención médica. No obstante, la peligrosidad de la carrera ha hecho que entre 1924 y 1997 se haya registrado un total de 14 muertos y más de 200 heridos. **M**[2]

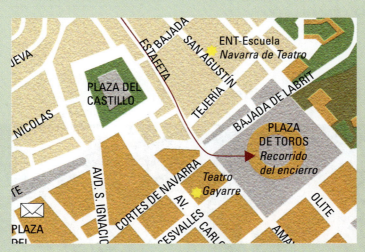

[1] Momento de reflexión

Selecciona la opción que resume mejor el origen de la Fiesta:
- ☒ 1. La fiesta tuvo origen en el siglo XIV y tenía caracter religioso, comercial y taurino.
- ❑ 2. La Fiesta tiene su origen en el siglo XX.

[2] Momento de reflexión

¿Verdadero o falso?
- _V_ 1. El encierro tiene como objetivo llevar a los toros desde los corrales hasta la plaza de toros.
- _V_ 2. El encierro es la parte más popular y mejor conocida de la fiesta.
- _F_ 3. Los participantes en el encierro corren aproximadamente una milla delante de los toros.

CONSEJOS ÚTILES

Además de ser el evento más conocido de los Sanfermines, el encierro también es el más peligroso. Para procurar que la carrera transcurra fluidamente y evitar peligros, conviene que los espectadores y los corredores tengan en cuenta unas mínimas normas que garanticen el normal transcurso del encierro.

1. Se prohíbe la presencia en el trayecto de menores de 18 años, con exclusión absoluta del derecho a correr o participar.
2. Se prohíbe desbordar las barreras policiales.
3. Es necesario situarse exclusivamente en las zonas y lugares que expresamente señalen los agentes de la autoridad.
4. Está absolutamente prohibido resguardarse en rincones, ángulos muertos o portales de casas antes de la salida de los toros.
5. Todos los portales de las casas en el trayecto deben estar cerrados, siendo responsables de ellos los propietarios.
6. Se prohíbe permanecer en el recorrido bajo los efectos del alcohol, de drogas o de cualquier forma impropia.
7. Se debe llevar vestuario o calzado adecuado para la carrera.
8. No se debe llamar la atención de los toros en el itinerario o en el ruedo de la plaza.
9. Se prohíbe pararse en el recorrido y quedarse en el vallado, barreras o portales, de forma que se dificulte la carrera o defensa de los corredores. **M**

Momento de reflexión

¿Verdadero o falso?
V 1. Para poder participar en el encierro es necesario respetar las regulaciones de las autoridades, llevar ropa adecuada y no beber alcohol o comsumir drogas.
F 2. Los participantes en el encierro pueden pararse a descansar en cualquier lugar del recorrido.

Hemingway y los Sanfermines

Ernest Hemingway (1899–1961) llegó por primera vez a Pamplona, procedente de París, el 6 de julio 1923, recién iniciadas las fiestas de San Fermín. El ambiente de la ciudad y, en particular, el juego gratuito del hombre con el toro y con la muerte le **impactaron** tanto que la eligió como escenario de su primera novela importante *The Sun Also Rises (Fiesta)*, publicada tres años después. El estadounidense regresó a los Sanfermines en ocho ocasiones más, la última en 1959, cinco años después de obtener el premio Nobel de Literatura y dos años antes de poner fin a su vida en Ketchum, Idaho.

El Ayuntamiento de Pamplona **rindió** un homenaje a Ernest Hemingway el 6 de julio de 1968, con la inauguración de un monumento en el paseo que lleva su nombre, junto a la Plaza de Toros, acto al que asistió su última esposa, Mary Welsh. El monumento, obra de Luis Sanguino, lleva en su base la siguiente dedicatoria: "A Ernest Hemingway, Premio Nobel de Literatura, amigo de este pueblo y admirador de sus fiestas, que supo descubrir y propagar.

La Ciudad de Pamplona, San Fermín, 1968". Ⓜ

Ⓜomento de reflexión

Selecciona la opción que resume mejor esta parte.
ᵛ 1. Hemingway asistió a los Sanfermines en muchas ocasiones y se inspiró en la feria para escribir una de sus obras.
ᵛ 2. La ciudad de Pamplona tiene mucho respeto y consideración por el famoso escritor.
ᶠ 3. Hemingway asistió personalmente a la inauguración en Pamplona del monumento en su honor.

4-40. ¿Comprendieron? En grupos de cuatro, respondan oralmente a todas las preguntas de la tabla. Tienen cinco minutos para preparar sus respuestas. Después, su instructor/a va a hacer preguntas. El grupo que primero responda a cinco preguntas gana.

El origen	El encierro	Consejos útiles	Hemingway
¿Por qué se cambió la fecha de la feria de octubre a julio?	¿En qué consiste el encierro?	¿Quiénes pueden participar en el encierro?	¿Cuándo visitó el escritor la feria por primera vez?
¿Cuáles fueron los tres componentes que dieron origen a la feria?	¿Son bravos todos los toros que participan en el encierro?	¿Por qué está prohibido pararse o meterse en portales durante la carrera?	¿Qué obra suya está inspirada en la feria?
¿Qué hecho motivó la popularidad internacional de los Sanfermines?	¿A qué hora tienen que estar preparados los corredores?	¿Es aceptable llamar la atención de los toros durante el trayecto? ¿Por qué?	¿Cuántas veces visitó Hemingway Pamplona durante la feria?
	¿Qué distancia deben correr los participantes?		¿Quién asistió al homenaje que le hizo al escritor el Ayuntamiento de Pamplona?
	¿Por qué es la aglomeración un problema en los Sanfermines?		

4–41. Vocabulario: Después de leer. Escriban cinco recomendaciones para alguien que tiene la intención de participar en un encierro. Usen la información de la lectura y los mandatos que han estudiado en este capítulo. Usen también el siguiente vocabulario:

poco a poco   fuegos artificiales   aglomeración   impactar   corrida de toros

Ven a conocer

4–42. Anticipación. Lean los títulos del folleto turístico. Observen las fotos y completen estas ideas según lo que ustedes anticipan.

1. El panfleto turístico da información sobre un país que se llama...
2. El panfleto habla sobre...
3. La sección "Las reglas de la Tomatina" nos va a dar información sobre...

Ven a conocer **Teaching tip:** Recording available on the textbook CD.

Por si acaso

La fiesta de la Tomatina ha inspirado el nombre de una cadena de restaurantes de EE.UU. que lleva el mismo nombre.

La Tomatina:
Fiesta del tomate en Buñol, España

El pueblo español de Buñol tiene una larga historia que se remonta a más de 50 mil años. Sin embargo, en la actualidad es conocido por una fiesta que se celebra desde hace sólo 60: la Tomatina. Es uno de los días más célebres del calendario de la región valenciana, en el que se lleva a cabo la lucha vegetal más grande del mundo con 40 mil personas y 200 toneladas de tomates.

Se celebra a finales de agosto cuando comienzan a llegar los turistas. No es que el clima sea mejor en esa época del año, tampoco es el comienzo de un festival cultural... Es el inicio de la Tomatina: una de las fiestas más divertidas de toda España y, por qué no, del mundo. Hacen falta sólo dos cosas para poder celebrar la Tomatina: muchos tomates y mucha gente. Los tomates los provee el ayuntamiento *(city hall)*.

Historia de la Tomatina

Hay muchas versiones sobre el origen de la Tomatina. La versión oficial es que el último miércoles de agosto de 1945 unos jóvenes, que estaban reunidos en la plaza del pueblo de Buñol, empezaron una pelea con otro grupo de jóvenes. La pelea empezó con empujones y puñetazos pero uno de los jóvenes agarró tomates de una tienda de verduras, que tenía cajas de vegetales y frutas en la calle, y empezó a usarlos como munición. De esta manera, la pelea que empezó a puñetazos, derivó en pelea a tomatazos. Al año siguiente, el tercer miércoles de agosto, estos jóvenes conmemoraron la pelea de tomates con otra pelea de tomates, pero esta vez trajeron sus propios tomates. Esta tradición continuó un año y otro, pero a principios de la década de 1950, las autoridades prohibieron la Tomatina. Finalmente, la celebración de la Tomatina se hizo oficial en 1957 y el mismo ayuntamiento la promociona y la usa para desarrollar el turismo del área de Buñol. Esta celebración es hoy tan importante que en 2008 tuvo lugar en Buñol el primer simposio de la Tomatina.

LAS REGLAS DE LA TOMATINA

Si pensaron que estaba todo permitido, casi aciertan. Pero la verdad es que para mantener el orden y evitar accidentes, se han establecido algunas reglas que todos deben seguir. Son fáciles de cumplir y más fáciles de aprender:

1) No está permitido llevar objetos que puedan producir accidentes, como por ejemplo botellas de vidrio.

2) Los tomates deben ser aplastados antes de ser lanzados para que no le hagan daño a nadie.

3) Los participantes deben empezar a lanzar tomates cuando el ayuntamiento les dé la señal y parar de lanzar cuando el ayuntamiento lo indique.

4-43. ¿Comprendieron? Completen las siguientes ideas con la información de la lectura o con su opinión.

1. El origen de la Tomatina no es claro porque...
2. Sabemos que la Tomatina es una celebración importante porque...
3. La mejor palabra para describir la Tomatina es... porque...
4. Una de las reglas de la Tomatina es que...
5. Quiero / No quiero participar en la Tomatina porque...
6. Si voy a la Tomatina, iré con...
7. En mi opinión, éstas son las características de las personas que quieren participar en la Tomatina:...

 4–44. Recomienden la Tomatina. Ustedes quieren recomendarle a un amigo que visite la Tomatina. Piensen en dos o tres razones que le darían para animarle a participar en la Tomatina.

Viaje virtual

Visita http://www.revistaiberica.com/fiestas/interes_turistico.htm y ojea (*take a look at*) la lista de las diferentes fiestas que existen en diferentes lugares de España. Selecciona una de las fiestas y lee la información. Prepara un informe oral de unas 50–100 palabras. Tu informe debe incluir lo siguiente: 1) por qué te interesa la fiesta que seleccionaste, 2) un resumen de la información que leíste, 3) tu opinión sobre la calidad del sitio web.

4-45 **Teaching tip:** Students may choose to write about any other celebration of other Spanish speaking countries of their choice.

4–45. Un artículo sobre turismo. El periódico *La Feria* te ha encargado que escribas un artículo con recomendaciones para el visitante a Pamplona durante la semana de los Sanfermines. Los lectores de tu artículo pueden ser turistas estadounidenses o de otros lugares del mundo. Tu artículo tiene como objetivo informar al lector sobre la feria y su historia y debe incluir una sección de consejos prácticos para que el turista saque el mayor partido de su visita. Para escribir este artículo debes convertirte primero en un "experto" en los Sanfermines. Consulta Internet u otras fuentes en la biblioteca para poder ampliar tus conocimientos sobre esta fiesta.

Preparación

Preparación **Teaching tip:** If the *Preparación* steps are completed in class, you may have the class work in groups.

1. Determina cuáles son los objetivos de esta composición:

   _____ describir la realidad cultural estadounidense

   _____ analizar la actitud de la gente hacia las corridas de toros

   _____ convencer al lector de un punto de vista determinado

   _____ narrar una historia

   _____ informar al lector

   _____ resumir las fuentes sobre esta celebración

   _____ reportar información

   _____ una combinación de dos o más de los objetivos listados arriba

2. Decide a qué tipo de lector va dirigida tu composición:

   _____ el público en general

   _____ estudiantes de español

   _____ turistas estadounidenses

   _____ turistas de todo el mundo

   _____ estudiantes de antropología

   _____ profesores de Historia

   _____ otros _____

3. Basándote en la información obtenida en tu investigación sobre el tema, ¿qué información vas a incluir en tu artículo? Escribe una lista de las ideas que puedes incluir.

4. Piensa cómo vas a organizar las ideas:

   a. ¿Cuál es el título de mi artículo?

   b. ¿Qué información voy a incluir en la introducción?

   c. ¿Qué tema/s voy a incluir en cada párrafo?

   d. ¿Qué información voy a incluir en la conclusión?

A escribir

1. Escribe una introducción que capte el interés del lector.

> **A las 8:00 de la mañana de cada 7 de julio, se pueden sentir el nerviosismo y la emoción en el ambiente del encierro de San Fermín, en Pamplona.**

2. Desarrolla el cuerpo de tu artículo. Puedes seguir la estructura siguiente:
   a. Describe la historia de la feria con cierto detalle.
   b. Resume los aspectos más importantes de la feria.
   c. Ofrécele al lector una serie de recomendaciones para disfrutar al máximo de su visita.
3. Escribe una conclusión resumiendo el tema.

> **Espero que el lector tenga ya la información necesaria para sentirse cómodo en la feria. Ahora sólo le falta hacer las maletas y presentarse en Pamplona el 7 de julio. ¡Viva San Fermín!**

Revisión

Escribe el número de borradores que te indique tu instructor/a y revisa tu artículo usando la guía de revisión del Apéndice C. Escribe la versión final y entrégasela a tu instructor/a.

El escritor tiene la palabra
Teching tip: Explain that *"Sor"* is a title used in front of the name of women who belong to a Catholic religious order. *"Sor"* comes from Latin *"soror"*, 'sister' and this Latin root makes up the English word *sorority*.

El escritor tiene la palabra

Sor Juana Inés de la Cruz (1651–1695)

Sor Juana Inés de la Cruz es una de las pocas escritoras de su tiempo. Nació en México y se crió entre los libros de la biblioteca de su abuelo. Ya desde muy joven, antes de cumplir los veinte años, decidió dedicarse a la vida religiosa e ingresó en un convento de la orden de San Jerónimo. Su escritura se clasifica dentro del periodo literario llamado Barroco, que se caracteriza por el uso frecuente de dobles sentidos. Estos dobles sentidos aparecen en el soneto *En perseguirme, Mundo, ¿qué interesas?*

4–46. Entrando en materia.

1. Identifiquen qué actividades de la siguiente lista se relacionan con los conceptos "valores espirituales" y "valores materiales":

   a. matener la forma física
   b. leer sobre temas filosóficos
   c. practicar una religión

   d. hacer trabajo voluntario
   e. pensar en el dinero
   f. buscar la fama

2. Lean el título. La pregunta "¿qué interesas?" está dirigida (*addressed*) a:

   a. una persona específica
   b. nadie específicamente

3. Lean la primera estrofa (*stanza*). Seleccionen la opción que explica mejor esta estrofa.

   a. La poeta está interesada en cosas materiales.
   b. La poeta no quiere pensar en cosas materiales.

EN PERSEGUIRME, MUNDO, ¿QUÉ INTERESAS?

En **perseguirme**[1], Mundo, ¿qué interesas?
¿En qué te ofendo, cuando solo intento
poner bellezas en mi **entendimiento**[2]
y no mi entendimiento en las bellezas?

Yo no estimo tesoros ni riquezas;
y así, siempre me causa más contento
poner riquezas en mi pensamiento
que no mi pensamiento en las riquezas.

Y no estimo **hermosura**[3] que, **vencida**[4],
es **despojo civil**[5] de las edades,
ni riqueza me agrada **fementida**[6],

teniendo por mejor, **en mis verdades**[7],
consumir vanidades de la vida
que consumir la vida en vanidades.

4-48 **Teaching tip:**
If you'd like to offer your students more support for this activity, provide them with the bank of synonym expressions suggested here. For the first stanza: *tentar, persuadir, tener interés, molestar, tratar, cosas buenas, corazón, pensamiento.* For the second stanza: *dinero, cosas materiales, alegría, cultivar valores espirituales, corazón, alma.* For the third stanza: *gustar, querer, efímero, basura, tiempo, engañoso.* For the fourth stanza: *preferir, eliminar, cosas mudanas, frivolidad, gastar.*

As a follow-up activity, you may have students summarize in a sentence per stanza the meaning of each stanza.

4–47. Nuestra interpretación de la obra. Lean el poema y respondan a las siguientes preguntas.

1. Identifiquen las expresiones que están relacionadas con valores materiales.
2. Identifiquen las expresiones que están relacionadas con valores espirituales.
3. La palabra "bellezas" aparece en la primera estrofa con dos significados, uno material y otro espiritual, ¿puedes identificar cuál tiene un significado material?
4. En la segunda estrofa, ¿qué palabra es casi sinónima de "gustar"?
5. En la tercera estrofa hay dos palabras que son casi sinónimas de "gustar", ¿cuáles son?
6. ¿Con qué estrofa o estrofas asocian estas afirmaciones?

   a. para la poeta la apariencia física no es importante
   b. para la poeta el dinero no es importante
   c. la poeta quiere dar disciplina a su pensamiento

4–48. Ustedes tienen la palabra. Reescriban una de las estrofas cambiando algunas palabras o expresiones con palabras o expresiones sinónimas. Después, lean su estrofa a la clase.

---

1. *to hound*   2. *thoughts, mind*   3. *physical beauty*   4. *defeated*   5. *mundane refuse*
6. *deceiving*   7. *in my values*

Vocabulario

Ampliar vocabulario

acudir en masa	*to flock to*
agarrar	*to hold*
aglomeración *f*	*crowd*
alternar	*to socialize*
asar	*to roast*
campesino/a	*peasant*
canonizar	*canonize*
chiste *m*	*joke*
corrida de toros *f*	*bullfight*
de mal gusto	*bad taste*
día festivo	*holiday*
disfraz *m*	*costume*
embarazada *f*	*pregnant*
evitarse	*to avoid*
fuegos artificiales	*fireworks*
idiosincrasia *f*	*idiosincrasy*
impactar	*to impact*
incómodo	*uncomfortable*
integral *m/f*	*integral, essential*
madrugada *f*	*dawn, daybreak*
mejilla *f*	*cheek*
perderse en la historia	*to get lost in history*
poco a poco	*little by little*
por su cuenta	*on his/her own*

rendir	*to give*
ritualizar	*to make into a ritual*
saludar	*to greet*
tamal *m*	*tamale*
tapas *f*	*snacks, appetizers*
trasladarse	*to move*
tumba *f*	*grave, tomb*
voz baja	*low voice*

Vocabulario glosado

bandera *f*	*flag*
broma *f,* truco *m*	*trick*
compartir	*to share*
desfile *m*	*parade*
despojo civil	*mundane refuse*
en mis verdades	*in my values*
entendimiento	*thoughts, mind*
fementida	*deceiving*
hermosura *f*	*beauty*
llamar a la puerta	*to ring the bell, to knock*
perseguir	*to hound*
reunirse	*to meet, to get together*
sorprender a alguien	*to surprise*
suerte *f*	*luck*
vencido/a	*defeated*

Vocabulario para conversar

Para dar explicaciones

a causa de, dado que, por motivo de	*because of, due to*
por eso, por esta razón	*for this reason*
porque, puesto que	*because*

Para expresar acuerdo enfáticamente

Creo/ Me parece que es una idea buenísima.	*I think that is a great idea.*
Eso es absolutamente/ totalmente cierto.	*That is totally true.*
Exactamente, eso mismo pienso yo.	*That is exactly what I think.*
Le/ Te doy toda la razón.	*You are absolutely right.*
Lo que dice(s) tiene mucho sentido.	*You are making a lot of sense.*
Por supuesto que sí.	*Absolutely*

Vocabulario

Para expresar desacuerdo enfáticamente

Creo/ Me parece que es una idea malísima.	*I think it is a terrible idea.*
Eso es absolutamente/ totalmente falso.	*That is totally false.*
Lo que dice(s) no tiene ningún sentido.	*You are not making any sense.*
No tiene(s) ninguna razón.	*You are absolutely wrong.*
Por supuesto que no.	*Absolutely not.*

Para expresar compasión

Comprendo muy bien tu situación.	*I really understand your situation.*
Me puedo poner en tu lugar.	*I can see your point/ I can sympathize.*
Mi más sentido pésame.	*My deepest sympathy (at a funeral).*
¡Pobre hombre/ mujer!	*Poor man/ woman!*
¡Qué desgracia!	*What bad luck!*

Para expresar sorpresa

¿De verdad?	*Really?*
¿En serio?	*Are you serious? Really?*
¡No me digas!	*No way! Get out of here*

Para expresar alegría

¡Cuánto me alegro!	*I'm so glad!*
Pues, me alegro mucho.	*Well, I'm really glad.*
¡Qué bueno! ¡Qué bien!	*Great!*

CAPÍTULO 5

NUESTRA HERENCIA INDÍGENA, AFRICANA Y ESPAÑOLA

Objetivos del capítulo

En este capítulo vas a...

- ampliar tus conocimientos sobre el significado del llamado descubrimiento de América
- describir y narrar en el futuro
- convencer o persuadir a otras personas
- hablar sobre acontecimientos posibles
- debatir un tema controvertido
- expresar hipótesis
- iniciar y mantener una discusión

TEMA

Esta mujer guatemalteca de ascendencia maya pasa parte del día tejiendo, como lo vienen haciendo las mujeres de su cultura desde hace siglos. ¿Qué sabes tú sobre las culturas indígenas antes y después del descubrimiento de América?

Antes de 1492: La gente de América

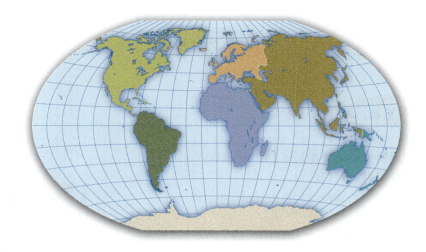

5-1 **Recycling:** Briefly review the rules for *ser* and *estar* that students will apply in this activity: *ser* for identification and *estar* for location of entities. See *Gramática, Capítulo 1, Tema 1.* Model several simple comparisons: *Asia es más grande que Europa*, etc. See *Gramática, Capítulo 2, Tema 2.*

Lectura

Entrando en materia

Por si acaso

Expresiones útiles para comparar respuestas con otro estudiante

¿Qué tienes/ pusiste en el número 1/ 2/ 3?
Yo tengo/ puse a/ b.
Yo tengo algo diferente.
No sé la respuesta./ No tengo ni idea.
Creo que la respuesta es a/ b, pero no estoy seguro/a.
Creo que es cierto./ Creo que es falso.

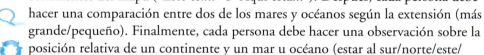

5–1. Repaso de geografía. En parejas, primero identifiquen todos los continentes del mapa ("Éste es...." o "Aquí está..."). Después, cada persona debe hacer una comparación entre dos de los mares y océanos según la extensión (más grande/pequeño). Finalmente, cada persona debe hacer una observación sobre la posición relativa de un continente y un mar u océano (estar al sur/norte/este/ oeste de...).

Los continentes: Norteamérica, Sudamérica, Asia, África, Europa, Oceanía, Antártida

Los océanos y mares: Atlántico, Pacífico, Mediterráneo, Caribe

5–2. Vocabulario: Antes de leer. Expliquen el significado de los cognados de la lista. Usen **una** de estas tres formas para explicar la palabra: a) sinónimos, b) antónimos, c) elaboración. Si es necesario, consulten el contexto de las palabras en negrita en la lectura o el vocabulario al final del capítulo.

MODELO

habitado	
a) sinónimo	poblado
b) antónimo	deshabitado
c) elaboración	condición de estar un sitio poblado de gente

---

1. descubrimiento   **a)** sinónimo   _____
                       b) antónimo   _____
                       c) elaboración   _____

2. compleja   **a)** sinónimo   _____
                       b) antónimo   _____
                       c) elaboración   _____

3. precolombinas   **a)** sinónimo   _____
                       b) antónimo   _____
                       c) elaboración   _____

4. avanzada   **a)** sinónimo   _____
                       b) antónimo   _____
                       c) elaboración   _____

5. jeroglífica   **a)** sinónimo   _____
                       b) antónimo   _____
                       c) elaboración   _____

América no fue descubierta en 1492

Antes de 1492, el continente americano estaba **habitado** por una gran variedad de grupos de personas, a los que se les llamó "indios". Cristóbal Colón llamó "indios" equivocadamente a los habitantes que encontró al llegar a América, y llamó al territorio Las Indias, creyendo que había llegado a ese lugar. Colón murió con esta idea errónea sobre las tierras que había encontrado.

La historia de los llamados indios empieza más de 30,000 años a. C. (antes de Cristo). Por consiguiente, el **descubrimiento** de América ocurrió literalmente en esta fecha y no en 1492. América comenzó a habitarse cuando unos nómadas asiáticos pasaron por un brazo de tierra que unía Asia y América. Estos primeros habitantes bajaron por el continente americano en dos o tres grandes migraciones

América antes de 1492

Map **Teaching tip:** The map (p. 180) roughly captures societal structure in the century prior to Spanish colonization, with the exception of the Mayan society, which had already declined by that time. In addition, recent archeological evidence suggests the development of relatively complex societies north of the Rio Grande in centuries BC.

Map legend:
- Pueblos nómadas
- Pueblos sedentarios (agricultura, pesca, caza)
- Sociedades complejas (con grandes centros urbanos)

durante un período de miles de años y así surgieron cientos de culturas diferentes. **M**

Momento de reflexión

Marca con una X la oración correcta.
- ☒ 1. El descubrimiento de América ocurrió realmente hace unos 30,000 años.
- ☐ 2. Colón sabía que las tierras a las que llegó no eran Las Indias.

La **variedad** cultural de estos grupos se manifiesta en el gran número de idiomas que hablaban. Estos pueblos indígenas hablaban un total de dos mil lenguas diferentes cuando los europeos llegaron al continente americano. Estos idiomas tenían diferencias comparables a las que existen entre el árabe y el inglés; es decir, eran muy diferentes entre sí.

La enorme diversidad de estos grupos indígenas también se manifiesta en el tipo de sociedades que desarrollaron. Los aztecas, por ejemplo, tenían una organización social **compleja** y estratificada de guerreros, comerciantes, sacerdotes, gente común y esclavos. El nacimiento determinaba el estatus del individuo y no había movilidad social. Sin embargo, otras sociedades indígenas se organizaban de forma más sencilla, sin muchas distinciones sociales rígidas. Los mayas, los incas y los aztecas constituían las sociedades **precolombinas** más **avanzadas**.

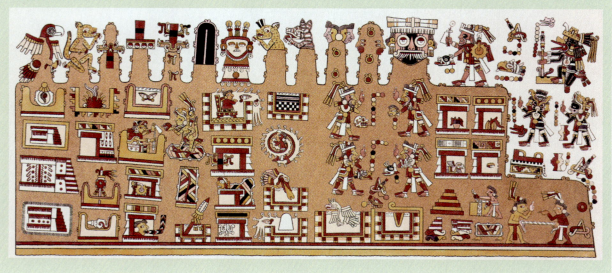

Sus ciudades tenían una población mayor que los centros urbanos europeos de la época y eran más limpias, con sistemas sofisticados de agua corriente. Los avances tecnológicos de arquitectura, agricultura y astronomía son también notables. Los mayas usaban una escritura **jeroglífica**, representaciones de palabras por medio de símbolos y figuras, y establecieron un sistema de numeración basado en veintenas que incluía el número cero. **M**

M omento de reflexión

Marca con una X la oración correcta.
- ❏ *1. Las diferentes lenguas indígenas eran muy similares.*
- ☒ *2. Algunos pueblos indígenas tenían una organización social muy compleja.*

5–3. Información global. ¿Pueden responder brevemente a las siguientes preguntas sobre la lectura?

1. ¿Qué relación hay entre el título y la información de la lectura?
2. ¿Por qué el término *indio* es un término inexacto?

5–4. Vocabulario: Después de leer. Piensen en la región de Estados Unidos donde nacieron o donde viven ahora. ¿Cómo era la sociedad indígena de esa región antes de la llegada de los europeos? Descríbanla con las características que tenía o no tenía. Escriban un párrafo usando el siguiente vocabulario para describir lo que saben de esa sociedad. Comparen sus párrafos con el de otro/a estudiante. ¿Son similares las sociedades descritas?

habitado/a   descubrimiento   variedad   complejo/a
avanzado/a   precolombino/a   jeroglífica

5–5. Más detalles. Hagan una tabla con información de la lectura acerca de los cuatro temas que aparecen a continuación. Incluyan tantos detalles como sea posible.

- Origen de los primeros habitantes de América
- Cuándo ocurrió el descubrimiento de América
- Ejemplos de variedad cultural entre los pueblos indígenas
- Ejemplos de sociedades avanzadas

Gramática **Recycling:** Review the periphrastic future (*ir* + *a* + infinitive) and alternate this structure with the future tense as you work through activities in this section.

Gramática

The Future to Talk About Plans

In this section you will learn how to talk about future events and plans using the future tense. You already know a way to talk about future occurrences. Do you remember?

To form the future tense:

1. take the infinitive of a verb
2. add the endings **-é, -ás, -á, -emos, -éis, -án**

Regular Verbs

-ar verbs		-er verbs		-ir verbs	
hablar**é**	hablar**emos**	beber**é**	beber**emos**	escribir**é**	escribir**emos**
hablar**ás**	hablar**éis**	beber**ás**	beber**éis**	escribir**ás**	escribir**éis**
hablar**á**	hablar**án**	beber**á**	beber**án**	escribir**á**	escribir**án**

The irregular verbs shown below take the same future endings as the regular verbs. Note the changes in the stem.

Irregular Verbs

Drop last vowel in the infinitive		Replace last vowel in the infinitive with *d*		Other	
haber	→ **habr-**	poner	→ **pondr-**	decir	→ **dir-**
poder	→ **podr-**	salir	→ **saldr-**	hacer	→ **har-**
querer	→ **querr-**	tener	→ **tendr-**		
saber	→ **sabr-**	valer	→ **valdr-**		
		venir	→ **vendr-**		

When to Use the Future Tense

- Use the future tense in the same situations you would use future tense in English.

  Mañana mi hermana **visitará** el Museo de Historia Precolombina.

  *Tomorrow my sister **will visit** the Pre-Columbian History Museum.*

- The future tense and the expression **ir + a +** *infinitive* are interchangeable.

  Mañana mi hermana **va a visitar** el Museo de Historia Precolombina.

  *Tomorrow my sister **is going** to the Pre-Columbian History Museum.*

See *Grammar Reference 5* to learn about the use of the future tense to express probability.

5–6. Identificación. El astrólogo consejero de Moctezuma hizo algunas profecías sobre el destino de su pueblo. Lee las profecías e identifica los verbos en tiempo futuro.

"Nuestros reinos sufrirán terribles calamidades. Los invasores destruirán nuestras ciudades y nosotros seremos sus esclavos; la muerte dominará en nuestras ciudades. Tú verás toda esta destrucción porque todas estas cosas ocurrirán durante tu reinado."

5–7. ¿Qué aprenderemos? Y ya que estamos en el tema de las predicciones, ¿puedes predecir qué vas a aprender en esta unidad sobre el descubrimiento de América? Si completas el párrafo en la página siguiente, vas a averiguarlo. Los verbos de la lista te pueden ayudar a hacer tus predicciones.

encontrar   poner   venir   poder   querer   tener   escuchar   hacer

En este capítulo yo (1) _____ información sobre el nombre de América. Mis compañeros y yo (2) _____ hablar sobre la historia del descubrimiento. Después, el instructor (3) _____ un video sobre las culturas maya y azteca. Cuando estudiemos el Tema 2, toda la clase (4) _____ una miniconferencia sobre los instrumentos de exploración. Finalmente, al terminar la unidad, yo (5) _____ una composición usando el tiempo futuro.

5-7 **Answers:** 1. encontraré; 2. podremos; 3. pondrá; 4. escuchará; 5. haré

5–8. Planes para mañana. Imagínate que mañana, por un solo día, vas a tener la oportunidad de vivir como un/a agricultor/a maya, que tiene una función importante en la estructura compleja de la sociedad. ¿Qué harás mañana? Usando los verbos de abajo, escribe una lista de dos actividades de la mañana, dos actividades del mediodía y dos de la noche. Después, comparte tus ideas con un compañero/a.

sembrar (*to plant*)	hacer	regresar	comer	rezar
preparar	salir	trabajar	sentarse	descansar

5–9. Un joven guerrero azteca. A los ocho años de edad, los varones aztecas iban al techpocalli, la escuela de entrenamiento para guerreros. A continuación tienen algunos detalles de su entrenamiento. En parejas, usen esta información y representen un diálogo entre un padre y un hijo. La persona que hace el papel de hijo debe hacer preguntas específicas sobre lo que hará durante el entrenamiento. La persona que hace de padre debe responder a las preguntas y asegurarse de que el hijo entiende sus explicaciones.

MODELO

Papá: ¿Crees que mi rutina diaria cambiará mucho?
Hijo: Tu rutina cambiará totalmente cuando comiences tu
    entrenamiento.

Durante los primeros días, los jóvenes se entrenan con armas de madera y cuando su entrenamiento está más avanzado, acompañan a los guerreros expertos como ayudantes. En general, la vida de los aprendices es muy dura. Tienen que aprender a ser humildes, haciendo trabajos de todo tipo y no se quejan por miedo a ser castigados. Los jóvenes pueden ir a sus casas durante algunas horas al día, pero incluso allí no pueden descansar, ya que tienen que ayudar a sus padres. En la escuela, aprenden canciones y danzas religiosas. Allí también estudian las leyes de la comunidad.

La mayoría de los aprendices tiene un comportamiento excelente, sobre todo porque se castiga con espinas (*thorns*) a los desobedientes o perezosos.

5–10. Reglas de comportamiento. Ustedes son cuatro indígenas que están muy preocupados por el comportamiento de los conquistadores en su tierra. Para evitar problemas, han decidido establecer reglas de comportamiento. Preparen un póster que incluya diez reglas básicas que todos los visitantes deben seguir.

MODELO

No se casarán con nuestras mujeres.

 5–11. En el reino de Moctezuma. ¿Recuerdan las predicciones del astrólogo de Moctezuma de la actividad 5–6? Imaginen que son súbditos de Moctezuma. ¿Qué harán para prevenir la catástrofe? ¿Qué harán los miembros de su familia? Hablen del tema para llegar a un acuerdo sobre qué hacer. Después, comparen su plan con el de otra pareja y determinen cuál de los dos tiene más probabilidades de éxito. Aquí tienen algunas sugerencias.

pedir consejo a los ancianos
negociar con los europeos
luchar ferozmente contra los
    conquistadores

hablar con Moctezuma
emigrar a otro lugar
atacar al enemigo

rezar
esconderse

Vocabulario para conversar

Convencer o persuadir

We employ convincing or persuading when our points of view or desires enter in competition with those of someone else. We can persuade others by offering something in exchange on the spot, promising delivery of something in the near future, by simply presenting logical reasoning, by flattering our opponent or a combination of the four strategies. Below are some expressions that you can use while trying to persuade.

Proponer algo

Te/Le propongo este plan...   *I propose this plan . . .*

Yo te/le doy... y a cambio tú/usted me da(s) ...   *I give you . . . and in exchange you give me . . .*

Te/Le invito a cenar (en mi casa/ en un restaurante).   *Please come to dinner (at my house/at a restaurant).*

Prometer

Te/Le prometo que...   *I promise you that . . .*

Razonar en forma lógica

Tu/Mi plan tendrá consecuencias graves/   *Your/My plan will have grave/negative/positive/ beneficial*
    negativas/ positivas/ beneficiosas para...   *consequences for . . .*

Creo que mi idea es acertada porque...   *I believe my idea is right because . . .*

Esto nos beneficiará a los dos porque...   *This will work well/be advantageous to us both because . . .*

Piensa/e lo que pasará si...   *Think about what will happen if . . .*

Alagar

Admiro tu/su inteligencia/ valentía/ dinamismo.   *I admire your intelligence/bravery/energy.*

Como siempre, tu/su lógica es admirable/ impecable.   *As usual, your ability to reason is remarkable/flawless.*

¡Qué guapo/a está(s)!   *You look great!*

Te/Le queda muy bien ese traje/ sombrero.   *That suit/hat looks great on you.*

¡Qué buen trabajo ha(s) hecho!   *What a nice job you've done!*

5–12. Palabras en acción. ¿Qué expresión será apropiada para cada una de las siguientes situaciones?

1. Tu padre comenta: Ya estoy harto de tus malas notas en la clase de español.
   Tú: _____

2. Tu compañero/a de apartamento: He decidido que me voy a cambiar de apartamento porque tú nunca quieres hablar en español conmigo y estoy cansado/a de hablar siempre en inglés.
   Tú: _____

3. Tu instructor/a: Me temo que si no preparas un buen informe sobre los mayas vas a reprobar esta clase...
   Tú: _____

4. Tu novio/a: Como no te gusta el desorden, he decidido limpiar el apartamento y ordenarlo todo. Así, tú puedes descansar.
   Tú: _____

You may wish to play the *A escuchar* track for *Capítulo 5, Tema 1* from the *Activities Manual*, which presents a relevant model.

5-13. El futuro de nuestra civilización. En parejas, representen la siguiente situación, utilizando las expresiones de la página anterior cuando sea necesario.

Estudiante A: Eres un marciano. Has llegado al planeta Tierra con intenciones hostiles. Tienes una conversación "ciberespacial" con el presidente de la Organización de las Naciones Unidas en la que le comunicas tus planes (le dices las cosas que harás). Tienes una debilidad: te gustan los nachos pero tu gente no sabe hacerlos.

Estudiante B: Eres el/la presidente/a de la Organización de las Naciones Unidas. Tienes que convencer al marciano hostil para que no destruya tu civilización. El marciano tiene una debilidad: le gustan los nachos, pero su gente no sabe hacerlos. Intenta llegar a un acuerdo pacífico y satisfactorio para ambas partes.

CURIOSIDADES

Los números mayas

Los mayas tenían un sistema de numeración vigesimal, es decir que el número 20 era la unidad básica, mientras que nuestro sistema es un sistema decimal, es decir que el 10 es la unidad básica. Otra diferencia entre el sistema maya y el nuestro se encuentra en los símbolos que usaban para representar los números.

0	1	2	3	4
5	6	7	8	9
10	11	12	13	14
15	16	17	18	19
20	21	22	23	24

5-14. Contemos. Estudien el sistema de números mayas. Observen que al llegar a 20, hay dos niveles de símbolos: el nivel superior representa el número de unidades de 20, el nivel inferior representa el número de unidades 0–20. Deben escribir la respuesta (o una posible respuesta) a estas preguntas, según el sistema numérico maya: 1) ¿Cuántos años tienes? 2) ¿Cuánto pagas por una comida para dos en un restaurante elegante? 3) ¿Cuántos alumnos se gradúan de tu escuela secundaria en un año típico? 4) ¿Cuántos años tiene el presidente actual de Estados Unidos? Ahora, léanle a la clase las respuestas de un/a compañero/a. (James tiene 19 años. James cree que el presidente tiene 52 años, etc.)

1492: El encuentro de dos mundos

A escuchar

Entrando en materia

5–15. Anticipar ideas. Mira el título de la miniconferencia en la página 189. ¿De qué tratará la miniconferencia? ¿Has estudiado antes las exploraciones al Nuevo Mundo? ¿Qué aprendiste? ¿Sabes cómo se guía un barco moderno? ¿Sabes cómo se guiaban los barcos en el siglo XV?

5–16. Vocabulario: Antes de escuchar.

A. Objetos de navegación. Lean las definiciones y después determinen qué dibujo le corresponde a cada una.

a.

d.

b.

e.

c.

f.

1. Se llaman **cuerpos celestes** porque están en el cielo. Sólo se ve un objeto celeste durante el día y se ven muchos objetos celestes durante la noche.
2. Se llama **brújula** y es un instrumento que sirve para determinar la posición del norte, sur, este y oeste.

3. Se llama **vela** y forma parte del mecanismo de los barcos que utilizan el viento como energía.
4. Se llama **reloj de arena** y sirve para medir el tiempo.
5. Se llama **mástil** y es un palo vertical que sirve para sostener la vela de un barco.
6. Se llama **reloj de sol** y sirve para determinar la hora según la luz del sol.

B. Palabras en contexto. Lee estos segmentos que aparecen en la miniconferencia. Presta atención a las palabras en negrita y trata de adivinar su significado basándote en el contexto. Si no puedes determinar el significado exacto, escucha el texto de la miniconferencia y vuelve a intentarlo. También puedes consultar el vocabulario al final del capítulo.

1. Las **naves** se dirigieron primero a Canarias, de donde salieron el 9 de septiembre.
2. ...porque Colón pensaba que había llegado a las Indias Orientales, es decir, al territorio que **comprendía** India, Indochina y Malasia.
3. ...las tierras que encontró Colón no eran parte de las Indias Orientales **sino** otro continente desconocido.
4. La Pinta, la Niña y la Santa María son **embarcaciones**.
5. Al conocer a los indígenas, Colón les **obsequió** regalos para agradarlos.
6. Los regalos eran **collares** de **cuentas** que los indígenas podían usar para adornar el **cuello**.

Estrategia: ¿Qué sabes ya del tema?

Piensa en las predicciones una vez más. ¿Qué puedes predecir sobre el contenido del texto que vas a escuchar? Por ejemplo, el título indica que tratará sobre los instrumentos de exploración. Piensa en lo que aprendiste en tus clases de historia. ¿Qué tipo de instrumentos crees que usaban Colón y sus hombres? Después, piensa en lo que aprendiste sobre los orígenes de tu país. ¿Crees que el nombre de Amerigo Vespucci se mencionará en el texto? Dedica unos minutos a anotar tus predicciones acerca de este contenido, teniendo en cuenta lo que aprendiste sobre el tema en otras clases. Después de escuchar, vuelve a leer tu lista y modifica las predicciones que no eran correctas.

Los instrumentos de exploración, el viaje al continente desconocido y el nombre de América

 You may want to use the *Miniconferencia* PowerPoint presentation available on Instructor Site at www.wiley.com/college/gallego and at www.wileyplus.com.

Ahora su instructor/a va a presentar una miniconferencia.

5–17. Detalles. Contesten estas preguntas sobre la miniconferencia para verificar su comprensión.

1. ¿Cuánto tiempo tardó Colón en llegar a América desde su salida del Puerto de Palos?
2. Según su diario, ¿cuál fue la primera impresión de Colón al llegar al Nuevo Mundo?
3. ¿Por qué crees que Colón llamó "indios" a los habitantes de estas tierras?
4. ¿Descubrió Colón que no había llegado a Asia sino a un continente desconocido para los europeos?
5. ¿Por qué eran las carabelas embarcaciones ideales para el primer viaje de Colón?
6. ¿Cómo sabían Colón y su tripulación (*crew*) dónde se encontraban sus embarcaciones cuando estaban en medio del Atlántico?

Por si acaso

Fragmento del "Diario de a bordo" de Colón

Primeras impresiones sobre los indígenas

[...] Ellos andan todos desnudos como su madre los parió, y también las mujeres, aunque no vide más de una harto moza, y todos los que yo vi eran todos mancebos, que ninguno vide de edad de más de 30 años, muy bien hechos, de muy hermosos cuerpos y muy buenas caras, los cabellos gruesos casi como sedas de cola de caballo y cortos [...]

Fuente: Cristóbal Colón. *Diario de a bordo.* En **Crónicas de América**. *Vol. 9. Edición de Luis Arranz. Madrid. Historia 16, 1985.*

Teaching tip: As all *miniconferencias* this one is designed for oral delivery in class with a partial outline to guide student comprehension. The recorded version on the textbook CD offers students reinforcement of content, vocabulary and listening skills outside of class.

 5–18. Vocabulario: Después de escuchar. Imaginen que acompañan a Colón en su expedición, y que tienen que enviar una nota a la reina Isabel hablando de sus impresiones del viaje y la llegada al Nuevo Mundo. Escriban una descripción breve del viaje y de sus primeras impresiones del continente, incluyendo tantas palabras de la lista como sea posible.

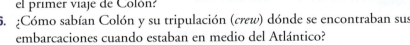

cuerpos celestes	embarcaciones	obsequiar	collares de cuentas
reloj de sol	brújula	comprender	

Gramática

Future and Present with *si* Clauses to Talk about Possibilities or Potential Events

You are already familiar with the present indicative tense, and you just learned the future tense in *Tema 1*. When you want to talk about an event that will happen only if certain conditions are met, you will use both the present and the future tenses in one sentence. These sentences have the following characteristics:

- In both English and Spanish, these sentences have two clauses, one in the present tense and one in the future.

- The two clauses are joined by *if* in English and **si** in Spanish.

- The *if* / **si** clause expresses the condition to be met.

- The remaining clause expresses the consequences.

Recycling: Review the present indicative in *Capítulo 1, Tema 2.*

Estados Unidos **colonizará** Marte en el futuro si la NASA **tiene** suficiente dinero.
              future   present

*The United States **will colonize** Mars in the future if NASA **has** enough money.*
                  future   present

Can you express the sentence above switching the position of the clauses?

5–19. Predicciones. ¿Recuerdan el documento que prepararon en la actividad 5–10 sobre el comportamiento que debían tener los conquistadores? Para asegurarse de que obedecen las normas, deben establecer las consecuencias de desobedecerlas. En parejas, revisen el documento e incluyan estas consecuencias.

MODELO

Estudiante A: **No se casarán con nuestras mujeres.**
Estudiante B: **Si se casan con nuestras mujeres, no tendrán derecho a vivir aquí.** (Opción 1)
No tendrán derecho a vivir aquí si se casan con nuestras mujeres. (Opción 2)

5–20. Conquistadores disidentes. Imaginen que ustedes son dos conquistadores disidentes que quieren ayudar a un grupo de indígenas a escapar de la opresión de los españoles. El dibujo de abajo representa diferentes rutas para escapar. Todas las rutas menos una tienen un obstáculo. En parejas, explíquenle al grupo de indígenas qué pasará si siguen las diferentes rutas e indiquen cuál es la mejor.

Cosas y animales: camino, serpiente, cañón, río, puente, espada
Acciones: caminar, escapar, ir por, matar, atacar, atar (*to tie*), cruzar (*to cross*)

MODELO

Si usan la ruta 1 para escapar, los morderán dos serpientes.

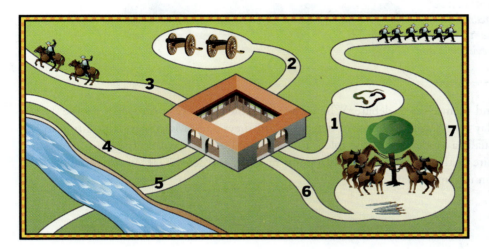

5–21. El indígena exige respeto. Ustedes son los líderes de un grupo indígena. Han decidido dar un discurso público para alertar a su gente sobre lo que pasará si no detienen las acciones de los conquistadores. Aquí tienen el principio del discurso. En grupos de tres, deben completarlo y después, presentarlo frente a la clase. Es importante que animen a sus compañeros a defender sus derechos, que les expliquen las consecuencias de las acciones de los conquistadores y que, aun así, mantengan una actitud positiva, para mantener alta la moral del pueblo. ¡Sean tan creativos como puedan!

Queridos compañeros:

Nos dirigimos a ustedes para comunicarles el gran peligro que corremos si continuamos tratando al hombre europeo como nuestro amigo. Si estos hombres nos roban nuestro oro… Nuestra raza no será pura si… Además, nuestra lengua nativa… Otro aspecto a considerar es la salud de nuestro pueblo, si permitimos que los europeos nos transmitan sus enfermedades… Por último, debemos hablar de nuestra religión, si…

Acusar y defender

> Su Señoría, las acciones de este joven han sido totalmente inmorales e inexcusables.

> Su Señoría, la afirmación del señor fiscal es totalmente cuestionable y no está justificada con la evidencia que tenemos del caso.

Controversial issues lend themselves to debate. When a person is the center of controversy, people involved in a debate play roles similar to those of defending attorneys and prosecutors. In addition to the debaters, there's usually a moderator whose role is to maintain the debate within the limits of a civil discussion and to inquire further in order to clarify a point made by the debaters. Here are some expressions that you can use in a debate.

Acusar

La moralidad de... es muy cuestionable.	*The morality of . . . is very questionable.*
Esta persona es inmoral.	*This person has no morals.*
Las acciones de... son/ fueron irracionales.	*The actions of . . . are/were irrational.*
Las acciones de... son/ fueron inexcusables.	*The actions of . . . are/were inexcusable.*

Defender

Esa es una acusación injustificada.	*That is a groundless accusation.*
Su/Tu argumento no es convincente.	*Your argument is not convincing.*
Su/Tu argumento es débil.	*Your argument is weak.*
La información que tiene/s es incompleta.	*The information you have is incomplete.*
Eso no es verdad.	*That is not true.*
Eso es verdad pero...	*That's true but . . .*

Moderar

Es su/tu turno. Te toca a ti (le toca a usted).	*It's your turn.*
Por favor, modere/a sus/tus palabras.	*Please, moderate your words.*
¿Puede/s explicar mejor su/tu argumento?	*Can you elaborate more?*
Tengo una pregunta para ti/usted/ustedes...	*I have a question for you . . .*

5–22. Palabras en acción. Como saben, los indígenas tenían su propio sistema legal. Aunque las leyes cambian de un lugar a otro, en todos los juicios hay un acusado y un demandante o acusador. Teniendo en cuenta lo que ya saben de las culturas indígenas, completen estos diálogos con las respuestas que podría dar cada persona. Usen las expresiones anteriores siempre que sea necesario.

1. ACUSADO: No fui a cazar esta mañana porque estaba muy cansado.
   ACUSADOR: ...

2. ACUSADOR: Usted es una mentirosa, todo lo que ha dicho hasta ahora son mentiras.
   ACUSADA: ...
   MODERADOR: ...

3. ACUSADOR: Usted estuvo ayudando a los conquistadores mientras dormíamos...
   ACUSADO: Usted es un egoísta y un desconsiderado. La ley no prohíbe ayudar a los demás...
   MODERADOR: ...

4. ACUSADOR: Usted sabe que nuestras leyes prohíben que los europeos se casen con nuestras mujeres y aún así, ¡usted lo hizo!
   ACUSADO: ...

5. ACUSADOR: Nuestro pueblo ha sufrido mucho y la moralidad de este gobierno ha sido muy cuestionable. Por eso...
   ACUSADO: Déjeme responder. Usted ha hablado mucho tiempo de cosas sobre las que no sabe nada...
   MODERADOR: ...

5–23. Colón en el banquillo (*bench*). En grupos de cuatro, preparen una representación de un juicio del año 1500. Colón está siendo juzgado por los indígenas, por los daños que causó a su tierra y su pueblo. Un/a estudiante va a representar a Colón; otro/a va a hacer de abogado/a defensor/a; la tercera persona va a ser el/la fiscal (*prosecutor*) y la cuarta persona será el/la juez. Preparen sus argumentos y después, representen su juicio frente a la clase (la clase será el jurado que tomará la decisión final sobre la sentencia de Colón).

5-23 Teaching tip: Have students share ideas for each of the roles as a group before beginning the trial. You may wish to encourage students to use expressions of doubt and certainty, with the subjunctive when appropriate, to complement the *Vocabulario para conversar*.

You may wish to play the *A escuchar*, track for *Capítulo 5, Tema 2* from the *Activities Manual*, which presents a relevant model.

Estudiante A: Eres el/la abogado/a defensor/a de Colón. Aquí tienes notas para argumentar tu defensa.

Trajo a América animales domésticos: caballos, cerdos, ovejas, pollos, perros y gatos.
Llevó a Europa patatas, maíz, tomates, chocolate, tabaco.
El comercio del tabaco enriqueció a muchas personas.
Llevó mucho oro a Europa.
Aumentaron los conocimientos geográficos.
El oro permitió la construcción de muchos edificios históricos.
...?

Llevó tabaco a Europa.
Los indígenas perdieron sus tierras.
Muchos indígenas murieron por malos tratos y enfermedades.
Los indígenas tuvieron que aprender español.
Los indígenas perdieron su religión.
...?

Estudiante B: Eres el/la fiscal. Aquí tienes notas para argumentar tu acusación.

Estudiante C: Eres el/la juez (*judge*). Debes moderar el debate, indicar cuándo es el turno de cada persona, hacer preguntas y escuchar la decisión del jurado (la clase) sobre si Colón es inocente o culpable, y determinar una sentencia apropiada.

Estudiante D: Eres Cristóbal Colón. Expresa tu reacción a los comentarios de los abogados y el/la juez. Pide la palabra y defiende tu espíritu aventurero. Explícale al jurado todas las dificultades por las que pasaste y háblale sobre todos los hombres que murieron en el trayecto.

CURIOSIDADES

Menú de a bordo

¿Qué comían durante sus viajes los miembros de la tripulación colombina? El historiador Julio Valles publicó un libro titulado *Saberes y sabores del legado colombino* y en su capítulo II, "Comer en el mar", relata lo que se comía en las naves de Colón.

He aquí la lista de 'bastimentos' para el cuarto y último viaje colombino, que partió de Cádiz el 11 de mayo de 1502 con cuatro navíos y 150 hombres:

dos mil arrobas* de vino

ochocientos quintales* de bizcocho (*biscuits*)

doscientos tocinos (*salt pork*)

ocho barriles de aceite

ocho barriles de vinagre

veinticuatro vacas encecinadas (*cured*)

ochenta docenas de pollos

sesenta docenas de pescados

dos mil quesos

doce cahíces* de garbanzos (*dried chick peas*)

ocho cahíces* de habas (*dried beans*)

mostaza (*mustard*), ajos (*garlic*) y cebollas (*onions*)

Adaptado de *El Universal* Madrid, España, jueves 22 de junio de 2006

---

* 1 arroba = 15 litros; 1 quintal = 100 lbs.; 1 cahiz = 150 litros

5-24 Students should note the abundance of wine and the lack of fresh vegetables and fruits. *Escorbuto*, or scurvy, would result from this diet deficient in vitamin C. Typical American foods might include tomatoes, potatoes and chocolate (although a bit of a geographic stretch) as well as tropical fruits from the islands and fish from the Caribbean.

5–24. La dieta colombina. Estudien la lista de alimentos que se llevaron en el cuarto viaje de Colón y comenten las preguntas siguientes.

1. ¿Tuvo la tripulación de Colón una dieta equilibrada durante este viaje? Expliquen.

2. Imaginen que reciben a Colón al otro lado del Atlántico en las colonias españolas americanas y le preparan a él y a su tripulación su primera comida. Escriban el menú incluyendo comidas típicas de América.

El crisol de tres pueblos

Lectura

Entrando en materia

 5–25. Anticipar ideas. Miren el título de la lectura de la página 196. ¿A qué se refiere "su triple herencia"? ¿Cuáles son los tres grupos que componen la herencia hispanoamericana? Miren el título de la lectura de la página 196. ¿Cuál es la importancia de la fecha 1992? ¿A qué se refiere la palabra "controversia"? ¿Por qué fue controvertido 1992?

5–26. Vocabulario: Antes de leer.

A. Estos fragmentos aparecen en la siguiente lectura. Presten atención a las palabras en negrita y seleccionen la definición que corresponde a cada palabra según su contexto.

Expresiones en contexto

1. Después de tres siglos de dominación española... Hispanoamérica es hoy el resultado de la **mezcla** de tres culturas: la europea, la indígena y la africana.
2. La herencia africana está presente fundamentalmente en las áreas **cercanas** al mar Caribe.
3. ...el indígena y el negro **reclaman** que seamos críticos de las consecuencias negativas de la invasión europea: **esclavitud** y genocidio.

Definiciones

a. sinónimo de pedir
b. antónimo de libertad
c. sinónimo de próximas, adyacentes
d. sinónimo de combinación

Hispanoamérica y su triple herencia

Cuando llegaron los europeos al Nuevo Mundo en 1492, había en tierras americanas de 60 a 70 millones de habitantes. La mayoría poblaba la zona central de la cordillera de los Andes y la región que se encuentra entre Centroamérica y México. Se trataba de los pueblos inca, maya y azteca.

Cincuenta años después, más de la mitad de esta población indígena había perecido y, después de un siglo, sólo quedaba un cuarto de la población original. La muerte de tantos indígenas se ha atribuido a la crueldad y malos tratos de los españoles. Sin embargo, ciertas enfermedades importadas de Europa, como la viruela y el sarampión, también contribuyeron a la desaparición de la población indígena, la cual no tenía defensas inmunológicas contra tales enfermedades.

Con el fin de hacerse con más mano de obra, los portugueses y españoles llevaron esclavos africanos a América. Durante los tres siglos anteriores a 1850, se llevaron 14 millones de esclavos africanos a Latinoamérica, comparado con los 500,000 que se llevaron a Estados Unidos. Las zonas de mayor concentración africana fueron el norte de Brasil y las islas del Caribe, donde estos esclavos trabajaban en plantaciones de azúcar.

Después de tres siglos de dominación, España perdió sus últimas colonias americanas, Puerto Rico y Cuba, en 1898. Después de cinco siglos, Hispanoamérica es hoy el resultado de la **mezcla** de tres culturas: la europea, la indígena y la africana. Junto a la lengua española, se hablan otras lenguas indígenas. Entre 20 y 25 millones de indígenas hablan su lengua nativa además del español. Aunque la mayoría de la población indígena es bilingüe, existen comunidades en las que sólo se habla la lengua indígena. Las lenguas nativas más habladas son el quechua y aymará en Perú, Bolivia y Ecuador; el chibcha en Colombia, el mam y quiché en Guatemala, y el náhuatl y el maya en México. La herencia africana está presente fundamentalmente en las áreas **cercanas** al mar Caribe y su influencia se observa en rituales religiosos y en manifestaciones artísticas como la música, el baile y las esculturas de madera.

1992: CONTROVERSIA DESPUÉS DE 500 AÑOS

Hacia 1515 el padre Bartolomé de las Casas escribió para el rey de España un documento de quinientas páginas en defensa de los indígenas. Este documento es una de las bases de la **oposición** a la **celebración** del *V Centenario*. Quienes se oponen a la celebración consideran que los europeos no descubrieron América sino que la invadieron, dando lugar al genocidio de millones de nativos en todo el continente.

La **controversia** sobre la **conmemoración**, que ha causado tantas reacciones diversas, reside en nosotros mismos. Mientras el español que llevamos dentro quiere que celebremos el *V Centenario*, el indígena y el negro **reclaman** que seamos críticos de las consecuencias negativas de la invasión europea: **esclavitud** y **genocidio**.

Fuente: "El otro punto de vista", *Más*, mayo-junio 1992, vol. IV, No. 3, p. 75

5–27. Vocabulario: Después de leer. En parejas, representen la siguiente situación. Uno de ustedes defiende la perspectiva indígena respecto al *V Centenario*. La otra persona defiende la perspectiva española. Primero, cada uno debe escribir cuatro argumentos a favor de su perspectiva usando palabras de la lista. Después, cada persona lee sus argumentos, uno por uno, y la otra responde.

reclamar	esclavitud	mezcla	oposición	conmemoración
genocidio	centenario	celebración	controversia	

5–28. Astrología. Ustedes dos trabajan como astrólogos reales en la corte de los Reyes Católicos, Isabel y Fernando, y tienen que presentar predicciones astrológicas sobre el futuro de su reinado. Ustedes usan los signos del zodiaco para predecir el futuro. Sigan estos pasos para preparar sus predicciones.

1. Isabel nació el 27 de abril de 1451. Era Tauro. Fernando nació el 2 de marzo de 1452. Era Piscis. Usen estos datos para escribir predicciones para cada uno, usando el vocabulario de *Por si acaso*, cuando sea posible.

Por si acaso

beneficiarse	*to benefit*
construir	*to build*
destruir	*to destroy*
estar	*to be*
obligado/a a	*obligated*
hacer daño	*to hurt*
justicia	*justice*
progresar,	*to make*
mejorar	*progress,*
	to improve

MODELO

Tauro: La Reina tendrá que renunciar al trono por maltratar a los indígenas.

2. Después de leer sus predicciones, los Reyes Católicos les han pedido que predigan qué pasará si actúan de forma diferente. Incluyan una alternativa para cada predicción. Después, comparen sus documentos con los de otros estudiantes para ver si tuvieron las mismas premoniciones.

MODELO

Si la Reina no maltrata a los indígenas, no tendrá que renunciar al trono.

Gramática

The Conditional and Conditional Sentences to Talk About Hypothetical Events

In this section you will learn how to use the conditional tense. The forms of the conditional are easy to learn because the stems are the same as the future. To form the conditional tense:

1. take the infinitive of a verb

2. add the endings **-ía, -ías, -ía, -íamos, -íais, -ían**

Recycling: Review the past subjunctive on *page 148, Capítulo 4.*

Regular Verbs

-ar verbs	-er verbs	-ir verbs
hablaría	bebería	escribiría
hablarías	beberías	escribirías
hablaría	bebería	escribiría
hablaríamos	beberíamos	escribiríamos
hablaríais	beberíais	escribiríais
hablarían	beberían	escribirían

The irregular verbs shown below take the same conditional endings as the regular verbs.

Irregular Verbs

Drop last vowel in the infinitive		Replace last vowel in the infinitive with *d*		Other	
haber	➜ habr-	poner	➜ pondr-	decir	➜ dir-
poder	➜ podr-	salir	➜ saldr-	hacer	➜ har-
querer	➜ querr-	tener	➜ tendr-		
saber	➜ sabr-	valer	➜ valdr-		
		venir	➜ vendr-		

Conditional Tense and Past Subjunctive in Conditional Sentences

• You use the conditional to speculate about consequences to situations that are hypothetical or contrary to fact. The conditional expresses what would happen given a situation that doesn't exist now and may be unlikely to occur. You again use the **si** clause construction but instead of present and future, you use imperfect subjunctive and conditional. The imperfect subjunctive expresses the hypothetical situation and the conditional expresses the consequences.

Si yo **fuera** explorador, no **invadiría** nuevas tierras.

*If I **were** an explorer, I **would not invade** new lands.*

Other Uses of the Conditional

- You use the conditional tense to express the result of an implied condition, that is, a condition that is not spelled out in the form of a **si** clause.

  Con un millón de dólares, yo **invertiría** en expediciones a Marte.

  *With a million dollars, I **would invest** in expeditions to Mars.*

- You use the conditional to make a polite request or suggestion with verbs like **deber, desear, gustar, poder, preferir** and **querer.**

  ¿**Podrías** ayudarme con mi tarea?

  Would/Could you help me with my homework?

See *Grammar Reference 5* for the use of the conditional to indicate uncertainty and probability in the past.

5–29. Identificación. Lee los ejemplos siguientes e identifica el uso del condicional: 1) resultado de una condición no real *(contrary to fact)* (expresada con imperfecto del subjuntivo en una cláusula con "si"), 2) resultado de una condición implícita, 3) petición cortés.

1. Con un billete de avión, llegaríamos a Cuzco en diez horas.
2. Me gustaría leer más sobre los aztecas. ¿Podría usted sugerir un buen libro?
3. Si pudiera conversar con Colón, le preguntaría sobre las condiciones sanitarias en las carabelas.
4. Antes de viajar a México, yo estudiaría las civilizaciones indígenas precolombinas.
5. Nos perderíamos en mar abierto si no tuviéramos instrumentos de navegación sofisticados.
6. ¿Preferirías tomar una clase de historia medieval europea o historia precolombina?

 5–30. Situaciones hipotéticas. Cada una de las siguientes situaciones representa una realidad errónea *(contrary to fact)*. Por lo tanto, todas se expresan con una cláusula con "si" y un verbo en el imperfecto del subjuntivo. Imaginen una consecuencia para cada situación hipotética y escríbanla.

1. Si los conquistadores se interesaran por las culturas indígenas,...
2. Si los seres humanos no discriminaran a las diferentes razas,...
3. Si Colón estuviera vivo hoy en día,...
4. Si todos compartiéramos un idioma universal,...
5. Si los indígenas tuvieran armas nucleares,...
6. Si nadie matara en nombre de la religión,...

5-30 Recycling: Students recently studied the imperfect subjunctive in *Capítulo 4.* Be sure to call attention to its usage in these structures and briefly review its formation.

5-31. Un futuro incierto. ¿Qué pasaría si nos visitaran los extraterrestres? ¿Creen que se comportarían como los conquistadores europeos? ¿Creen que nos tratarían como los colonizadores trataron a los indios americanos? Si ustedes fueran los embajadores encargados de recibir a los extraterrestres, ¿qué harían para darles la bienvenida, cómo los tratarían, qué precauciones tomarían para proteger a los ciudadanos (ya que no conocen las intenciones de los visitantes) y qué tratos harían con los extraterrestres para mantener la paz en la galaxia?

> **MODELO**
>
> **Si nosotros fuéramos los encargados de recibir a los extraterrestres, planearíamos todos los detalles de la visita cuidadosamente.**

 5-32. Si descubriéramos un planeta habitable... En grupos de cuatro, imaginen las consecuencias del descubrimiento de otro planeta con agua y una atmósfera compatible con la vida. El nuevo planeta representaría una oportunidad para desarrollar una sociedad ideal sin todos los problemas que tenemos aquí en nuestro planeta Tierra. ¿Cómo sería la nueva sociedad en ese planeta?

1. Dos de ustedes deben hacer una lista de cuatro elementos que NO habría en la nueva sociedad y dos de ustedes deben hacer una lista de cuatro características que tendría la sociedad. Para redactar su lista, piensen en las categorías siguientes: educación, relaciones raciales, trabajo, economía, justicia/crimen, gobierno, ocio, viviendas.

2. Los dos grupos deben comparar sus listas para encontrar ideas similares en las diferentes categorías usando las siguientes expresiones:

   ¿Tienen ustedes una idea para la educación/gobierno/viviendas/etc.? ¿Cuál es?

   Nosotros también dijimos que habría.../las personas tendrían.../etc.

3. Compartan con la clase dos de sus ideas similares.

 5-33. Reacción en cadena. En grupos de cuatro personas, siéntense formando un círculo. Van a jugar un juego en que cada persona inventa una consecuencia de una situación. La situación original es "ganarse la lotería." Una persona comienza la cadena diciendo "Si me ganara la lotería..." y añade una consecuencia con el verbo en el condicional. La siguiente persona usa la información de la consecuencia como la nueva situación e inventa otra consecuencia, y así sucesivamente.

> **MODELO**
>
> **Estudiante A: Si me ganara la lotería, yo me compraría una casa en Chile.**
> **Estudiante B: Si me comprara una casa en Chile, invitaría a mis amigos.**
> **Estudiante C: Si invitara a mis amigos, invitaría también a mis padres.**
> **Estudiante D: Si invitara a mis padres, mi madre reorganizaría todos mis muebles.**
> **Estudiante E: Si …**

Iniciar y mantener una discusión

Esta nueva forma de vestir que nos exige el decano a los profesores va a ser un tema muy controvertido.

Exactamente. Eso mismo pienso yo.

Iniciar y mantener una discusión

¿Qué piensa/s de…?	*What is your opinion of . . . ?*
¿(No) Cree/s que…?	*Do (Don't) you believe that . . . ?*
¿No te/le parece un buen tema?	*Doesn't it seem like a good topic?*
¿Cuál es tu/su reacción ante…?	*What is your reaction to . . . ?*
Es un tema muy controvertido pero…	*It is a very controversial topic, but . . .*
Es verdad.	*It's true.*
Es exactamente lo que pienso yo./	*That's exactly what I think.*
Eso mismo pienso yo.	
Mira…	*Look . . .*
¿Bueno?	*OK?*
¿Verdad?	*Is it?, Isn't it?, Does it?, Doesn't it?*
Perdona, pero…	*Pardon me, but . . .*

5–34. Expresiones en contexto. Carmen y Mariam están hablando acerca de un problema que tiene una amiga común. Reconstruye la conversación completando los espacios en blanco con las expresiones correspondientes de la lista anterior u otras que aprendiste antes.

CARMEN: Ayer estuve toda la tarde hablando con Cristina y su novio.

MARIAM: _____ yo no sabía que Cristina tuviera novio...

CARMEN: Sí, es un chico español, es encantador. Pero la pobre Cristina está muy disgustada porque a su familia no le gusta que salga con él. Y él tiene el mismo problema con su propia familia.

MARIAM: ¿Por qué?

CARMEN: Las dos familias son muy cerradas. A la de él no le gusta que el hijo tenga una novia dominicana y de alta sociedad, y la de ella no quiere que su hija se case con un chico de la clase trabajadora.

MARIAM: ¿_____ eso es un poco exagerado? _____

CARMEN: _____ yo no lo veo exagerado, lo veo absurdo, increíble. Cristina intentó hablar con su madre, pero ése _____ en su familia, no quieren ni hablar de ello.

MARIAM: ¿Y _____ de Cristina y su novio _____ esta situación?

CARMEN: Ellos van a seguir intentando que sus familias vean las cosas de otro modo. Pero pase lo que pase, no piensan separarse.

MARIAM: ¿Tú _____ eso?

CARMEN: Creo que es lo mejor que pueden hacer. _____

MARIAM: _____

CARMEN: ¿Crees que podríamos ayudarlos?

MARIAM: Yo creo que si todos se conocieran... _____

CARMEN: ¡Pues vamos a pensar en algo!

You may wish to play the *A escuchar* track for *Capítulo 5, Tema 2* from the *Activities Manual,* which presents a relevant model.

5–35. Una discusión. En grupos de seis personas, representen una situación en la que se reúnen las dos familias del diálogo anterior. Dos personas van a representar a Cristina y a Esteban, su novio español. Otras dos personas, a los padres de Cristina, y otras dos, a los padres de Esteban. Sigan los siguientes pasos.

1. La pareja de novios debe presentar a su familia a los miembros de la otra familia.
2. Después, los padres de cada persona deben presentar las razones por las que no quieren que su hijo/a salga con la otra persona.
3. Finalmente, Cristina y Esteban deben presentar su punto de vista y explicar las razones por las que no están de acuerdo con las opiniones de sus respectivas familias.
4. Finalmente, deben hablar sobre el tema y sugerir ideas para resolver el conflicto, hasta que encuentren una solución satisfactoria para todos.

COLOR Y FORMA

La conquista de México, de Diego Rivera

Diego Rivera, muralista y pintor mexicano, nació en 1886 y murió en 1957.
Su obra se encuentra representada en edificios y museos de arte moderno de
México, Estados Unidos y Francia.

Historia de México: de la conquista al futuro, 1929–35 de Diego Rivera, Palacio Nacional, Ciudad de
México.

 5–36. Mirándolo con lupa. En parejas, observen el cuadro y completen las
siguientes tareas.

1. Describan los objetos y los colores que observan en el cuadro.
2. Expliquen la relación que existe entre las imágenes del cuadro y el título.
3. Inventen un título diferente para el cuadro y expliquen por qué es más
   adecuado que el título real.
4. Finalmente, ¿cuál creen que es la relación entre el tema de este cuadro y el
   tema de este capítulo?

Lectura

Entrando en materia

5-37. Investigar. Busquen información sobre la UNESCO y anoten los datos más importantes en un papel. Deben incluir qué función tiene esta organización en la política internacional y cuáles son sus objetivos. Si pueden, incluyan algún ejemplo específico de un proyecto que la UNESCO haya llevado a cabo en un país de habla hispana.

5-38. Vocabulario: Antes de leer. Antes de pasar a la lectura, busquen las siguientes palabras en los párrafos indicados y lean los sinónimos para aclarar su significado.

Párrafo 1	Sinónimo	Párrafo 5	Sinónimo
encuesta	cuestionario	diario	periódico
contundentes	fuertes	recriminaciones	críticas
Párrafo 2		estériles	inútiles
sujeción	control	inalterable	no se puede cambiar/ alterar
Párrafo 3			
puntos de vista	opiniones	fecundas	productivas
		acercamiento	estar cerca, en contacto
Párrafo 4			
detener	parar	talante	forma de ser, personalidad
pedir perdón	decir "lo siento"		

5-39. Una lectura rápida. Haz una lectura rápida del texto y determina si estas afirmaciones son ciertas o falsas. Corrige las afirmaciones falsas. Después, lee el texto otra vez prestando atención a los detalles y haciendo inferencias cuando sea posible.

1. El primer párrafo dice que la celebración del *V Centenario* es un tema controvertido.
2. El segundo párrafo dice que varias organizaciones indígenas están muy contentas con la celebración del centenario.
3. El tercer párrafo dice que el proyecto Amerindia 92, desarrollado por la UNESCO, trata de conciliar los varios puntos de vista indígenas.
4. En el cuarto párrafo, el autor opina que la creación del proyecto Amerindia 92 por la UNESCO va a tener mucho apoyo (*support*) en las comunidades indígenas.
5. El quinto párrafo dice que la UNESCO quiere encontrar una posición neutral.

Estrategia: Hacer inferencias

Muchas veces, cuando leemos una carta o un mensaje de un amigo o conocido, no sólo captamos lo que esa persona expresa con palabras, sino que también prestamos atención al mensaje que queda "entre líneas". En ocasiones, esa información que no se comunica abiertamente está implícita en el tono o las connotaciones de la información, y puede ser la más valiosa a la hora de comprender un texto. Por ejemplo, si te fijas en este segmento de la lectura:

"...el Estado español ha aportado casi ocho millones de pesetas a los programas de la UNESCO relacionados con el V Centenario. Pero no parece que esta presencia española vaya a detener los comentarios hostiles de las comunidades indígenas".

El autor en ningún momento ha dicho que la contribución monetaria de los españoles tuviera como objetivo "detener" los comentarios hostiles... sin embargo, al leer el párrafo, la impresión que recibe el lector es precisamente ésa.

"Celebremos 1991 en lugar de 1992".

"El V Centenario no representa la visión indígena de la Conquista".

"1992 es un año de reflexión y evaluación de la historia".

"Queremos oír las voces indígenas africanas".

Los indios americanos dan la espalda al V Centenario

La comisión del V Centenario ha recibido críticas severas a través de las respuestas obtenidas en una **encuesta** a 26 organizaciones de América del Norte y del Sur. Particularmente las dos preguntas que se refieren a la conveniencia o no de celebrar el V Centenario del descubrimiento de América y el papel de España en la realidad indígena han recibido respuestas **contundentes**.

Así, la organización de los indios kolla, en Argentina, propone "no celebrar los 500 años, cuando llegaron invasores de otra cultura y nos sometieron a una **sujeción** colonial". Los indios chitakolla de Bolivia dicen que "el V

Centenario no puede ser un triunfalismo español u occidental".

Esta encuesta, que ha sido publicada con el título "Directorio de Organizaciones Indígenas de América", ha dado lugar al inicio de un proyecto de la UNESCO que se llamará "Amerindia 92", y que trata **puntos de vista** indígenas sobre el encuentro de dos mundos. Este proyecto cuenta con una importante presencia española: el propio director de la organización, Federico Mayor Zaragoza; Miguel Ángel Carriedo, representante del V Centenario y embajador español permanente en la

UNESCO; Luis Yanez-Barnuevo, Secretario de Estado para la Cooperación Internacional, y también el popular Miguel de la Cuadra Salcedo. Por su parte, el Estado español ha aportado casi ocho millones de pesetas a los programas de la UNESCO relacionados con el V Centenario. Ⓜ

Pero no parece que esta presencia española vaya a **detener** los comentarios hostiles de las comunidades indígenas. Según el movimiento Tuitsam de Perú: "No debemos festejar o celebrar el inicio y continuación de los genocidios, colonización y explotación". Otro grupo peruano, el Partido Indio AINI, propone, irónicamente, la creación de "los 500 años de resistencia anticolonial". Por su parte, la Asociación de Parcialidades Indígenas de Paraguay propone "que España **pida perdón** por todos los daños ocasionados a los pueblos indios del continente americano".

En medio de esta controversia, la UNESCO trata de colocarse en una posición intermedia similar a la que defiende el antropólogo mexicano Miguel León Portilla, uno de los participantes en "Amerindia 92". León Portilla escribía hace unos meses en un **diario** madrileño: "Más allá de **recriminaciones estériles**, porque el pasado es **inalterable**, el V Centenario tiene una significación universal, abrir la puerta a nuevas y **fecundas** formas de **acercamiento** multilateral", y haciendo gala de su **talante** conciliador citaba a Montaigne: "Nuestro mundo acaba de encontrar a otro no menos grande, extenso y fuerte".

> **Ⓜ** omento de reflexión
> ¿Cuál de las siguientes afirmaciones es cierta según la lectura?
> ☒ 1. *Algunos grupos indígenas están en contra de la celebración del V Centenario.*
> ☐ 2. *El proyecto "Amerindia 92" es una organización formada esencialmente por representantes indígenas.*

5–40. Vocabulario: Después de leer. En parejas, una persona debe hacer las preguntas correspondientes al estudiante A y la otra debe hacer las preguntas correspondientes al estudiante B.

Estudiante A:

1. ¿Cuál es un ejemplo del texto de una respuesta contundente a la encuesta? Léemelo.
2. Explícame brevemente el punto de vista indígena sobre el V Centenario.
3. ¿Qué grupo quiere que España pida perdón por la conquista?

Estudiante B:

1. ¿Qué proyecto de la UNESCO tiene la intención de detener los comentarios hostiles de los grupos indígenas?
2. ¿Qué alternativa a las recriminaciones estériles propone León Portilla?
3. Dame dos ejemplos de cómo el mundo americano antes de 1492 era "grande, extenso y fuerte."

5–41. Más allá de 1992. Imaginen que ustedes forman parte de un panel de la UNESCO para planear "fecundas formas de acercamiento multilateral" en el futuro. Escriban una lista de tres iniciativas que ayudarán en el proceso de reconciliación. Piensen en posibles iniciativas de comunicación, educación y programas para mejorar la calidad de la vida de los grupos indígenas. Usen el tiempo futuro de los verbos para expresar las iniciativas. Compartan la información con la clase.

5–42. Anticipación. ¿Recuerdan la miniconferencia del Capítulo 1 sobre las plazas de las ciudades hispanas? En parejas, piensen en lo que aprendieron en esa miniconferencia para escribir respuestas a estas preguntas: ¿Cuál es el edificio más común de una plaza típica? ¿Cuáles son las actividades comúnmente asociadas con las plazas? Después, hagan una lectura rápida de esta lectura. ¿Se mencionan en la lectura los elementos que ustedes recordaron de la miniconferencia? ¿Qué otros edificios se mencionan en la lectura?

Ven a conocer **Teaching tip:** Recording available on the textbook CD.

5-42. **Recycling:** Students should recall the *iglesia* as a common building and frequent activities such as commercial exchange (*vendedores ambulantes*), *rituales religiosos, fiestas y celebraciones (patronales), el paseo, reuniones de jubilados, protestas sociales.* This reading mentions the cathedral but also the Palacio Nacional. Frequent activities include *fiestas, eventos culturales* and *protestas.*

México, D.F.: El Zócalo

Esta plaza, con casi siete siglos de historia, constituye la sede del poder político, económico y religioso del México actual y también representa un espacio donde se mezclan el pasado indígena y el pasado colonial. En tiempos prehispánicos este sitio formaba el centro de la capital del imperio azteca, Tenochtitlán. En sus templos tenían lugar los ritos y ceremonias religiosas aztecas y en su palacio vivía el emperador Moctezuma. Los españoles conservaron la función religiosa y administrativa del lugar y construyeron su catedral sobre los restos del Templo Mayor azteca y en el lugar del palacio de Moctezuma, edificaron el Palacio del Virrey, la autoridad suprema de Nueva España. La catedral,

Randy Faris/©Corbis

Mapa de Tenochtitlán y el golfo de México, de *'Praeclara Ferdinadi Cortesii de Nova maris Oceani Hyspania Narratio'* , de Hernán Cortés (1485–1547), 1524 (litografía, siglo XVI) / Newberry Library, Chicago, Illinois, USA, /The Bridgeman Art Library International

en su forma contemporánea, es sede de la Arquidiócesis de México y constituye la iglesia más grande de Latinoamérica. El actual Palacio Nacional es sede del poder ejecutivo mexicano. En el Zócalo se llevan a cabo las celebraciones del Día de la Independencia, bienvenidas a jefes de estado, protestas, fiestas y otros eventos culturales. De esa manera el Zócalo de la Ciudad de México es símbolo de la contemporaneidad y la herencia cultural mexicana.

ZONA ARQUEOLÓGICA Y MUSEO DEL TEMPLO MAYOR

La zona arqueológica del Templo Mayor azteca fue descubierta en la segunda mitad del siglo XX, durante las obras de construcción del metro de la Ciudad de México. Han quedado al descubierto las capas más antiguas de la pirámide que antes sostenía el doble templo de alrededor de 60 metros de altura. Fue aquí donde se encontraban los adoratorios de las más importantes deidades aztecas: Tláloc, dios de la Lluvia y por lo tanto de la agricultura, y Huitzilopochtli, dios del Sol y de la guerra. En la mitología azteca, fue Huitzilopochtli que guió al pueblo mexica a fundar Tenochtitlán y es él quien exige el sacrificio humano. En el museo se observan los artefactos encontrados entre las ruinas del Templo Mayor: ofrendas funerarias, enormes estatuas de piedra, máscaras, cráneos de los sacrificados y objetos del comercio y para adorno personal de gran belleza artística.

CATEDRAL METROPOLITANA

La Catedral Metropolitana fue construida a lo largo de tres siglos y así engloba los distintos estilos de la época virreinal: renacentista, barroco, gótico y neoclásico. Hernán Cortés colocó la primera piedra, la cual formaba antes parte del Templo Mayor azteca. En el siglo XVI, se realizó la demolición del edificio original y se iniciaron los trabajos en el interior del nuevo: la sacristía, el coro con sus dos órganos monumentales, las catorce capillas y los altares principales. El visitante puede apreciar los diversos tesoros religiosos y varias pinturas murales de la época colonial. Las obras en el exterior de la catedral se finalizaron en 1813 cuando el arquitecto Manuel Tolsá concluyó las fachadas y campanarios.

PALACIO NACIONAL

Desde épocas prehispánicas y hasta la actualidad, el lugar que hoy ocupa el Palacio Nacional en el lado este del Zócalo ha sido el centro político de mayor importancia en México. Además de su papel como edificio de ceremonias presidenciales, sus galerías están abiertas al público. Allí se guardan los famosos murales de Diego Rivera, pintados entre 1929 y 1945, que representan vívidamente la historia de México a través de miles de personajes plasmados en las paredes. El patio central del palacio también merece una visita para ver una fuente del siglo XVII, adornada con la figura mitológica de Pegaso, quien encarna las tres virtudes que deben formar parte del carácter de quien ocupe el palacio y gobierne al país: el valor, la prudencia y la inteligencia.

5-43. **Recycling:** Briefly review the main-clause verbs of recommendation and sentence structure from *Gramática, Capítulo 3, Tema 3.*

5–43. Recomendaciones para la visita. Ustedes van a viajar a México, D.F. con una excursión organizada por la agencia Viajes Mexica, S.A. El tercer día de la excursión visitarán el Zócalo. Ya que saben mucho sobre esta plaza, deben escribir una pequeña nota a los otros participantes con recomendaciones para su visita. A continuación tienen la lista de los participantes y sus intereses principales. Para cada individuo o pareja, incluyan dos o tres frases en su nota: las recomendaciones (Recomendamos/Sugerimos/Aconsejamos que...) y una explicación (...porque...).

Viaje virtual

Visita la página de la red del Templo Mayor: http://www.templomayor.inah.gob.mx/. Visita "EL TEMPLO", "ZONA ARQUEOLÓGICA", y dos de las salas del museo. Escribe dos notas de interés según la información de cada página. También puedes encontrar información adicional sobre el Templo Mayor y el Zócalo usando tu buscador preferido.

PARTICIPANTES	INTERÉS PRINCIPAL
Los señores Martin & Lucille Copeland	el arte
William Fludd	la arquitectura
Los hermanos Walsh (Robert & Alfred)	la historia
Virginia Silva	la arqueología

Redacción

5–44. Encuentros en la tercera fase Tú eres una figura importante de la *Asociación de Historiadores del Mundo* que trabaja en colaboración con la NASA. Para preparar a nuestra civilización para un posible contacto extraterrestre, NASA te ha pedido que escribas un informe describiendo qué pasaría si nuestra civilización y la civilización de estos extraterrestres estuvieran continuamente en contacto. Primero, elabora una descripción de esa civilización (¿Cómo es esta comunidad de extraterrestres?) y después describe qué pasaría si nuestra civilización y la suya entraran en contacto. ¡Prepárate para ser muy creativo/a!

Preparación

Piensa en los siguientes puntos:

1. ¿Quiénes son los lectores de mi composición?
2. ¿Qué título voy a usar?
3. ¿Qué información voy a incluir en la introducción?
4. ¿Qué tema/s voy a incluir en cada párrafo?
5. ¿Qué información voy a incluir en la conclusión?

Redacción **Teaching tip**: The *Preparación* activities can be completed in class in pairs or at home by individual students.

A escribir

1. Al escribir tu informe recuerda lo que has aprendido en esta unidad sobre cómo formular hipótesis usando oraciones con **si**.

> **MODELO**
>
> Los hombres de esta civilización extraterreste se dedican exclusivamente a las tareas domésticas y al cuidado de los hijos. Las mujeres se dedican a trabajar fuera del hogar y su participación en las responsabilidades domésticas es mínima.
>
> Si los hombres de nuestra civilización se dedicaran exclusivamente a las tareas domésticas, se formarían muchos grupos a favor del "Movimiento de Liberación de Varones".

2. Las expresiones de la lista te servirán para hacer transiciones entre diferentes ideas.

a diferencia de, en contraste con	*in contrast to*
igual que	*the same as, equal to*
mientras	*while*
al fin y al cabo	*in the end*
en resumen	*in summary*
después de todo	*after all*
sin embargo	*however*

Revisión

Para revisar tu informe usa la guía de revisión del Apéndice C. Después de hacer el número de revisiones que te indique tu instructor/a, escribe la versión final y entrega tu informe.

El escritor tiene la palabra

Miguel de Cúneo (c. 1450–c. 1500)

Miguel de Cúneo acompañó a Cristobal Colón en su segundo viaje a América, saliendo de España el 25 de septiembre de 1493 y volviendo en marzo de 1495. Cúneo fue amigo de la infancia de Colón en Savona, Italia, y por lo tanto también se le conoce como Miguel de Savona. Al volver del viaje, narró en una larguísima carta a un amigo varios incidentes del viaje: conflictos hostiles con los taínos y los caribes, los muchos prisioneros que los conquistadores tomaron,

el descubrimiento por Cúneo de su propia isla y la violación de una joven caribe. La carta de Cúneo presenta un marcado contraste con el diario y las cartas de Colón, las cuales enfatizan la naturaleza pacífica de los índigenas y su predisposición a convertirse al catolicismo. En el diario de Colón, los conquistadores obsequian a los índigenas con regalos; en la carta de Cúneo, cometen otros actos agresivos, como por ejemplo esclavizarlos.

5–45. Anticipación. Piensen en lo que saben de los colonizadores españoles y los índigenas. A continuación tienen una lista de acciones mencionadas en la carta de Cúneo. ¿Con qué grupo, índigenas o españoles, asocian cada situación?

estar desnudos	poner nombres en español a las islas	remar (*row*) en canoas
tomar posesión de tierras	tomar posesión de mujeres	tomar posesión de esclavos
viajar en carabelas o naves	morir en el viaje a España	tirar flechas (*arrows*) con arco

5–46. Entrando en materia. En la carta de Cúneo, se mencionan dos grupos de indígenas los taínos y los caribes. Los españoles entran en conflicto con los caribes, pero Cúneo también se refiere a varios actos de agresión de los caribes hacia los taínos. Los caribes se describen como guerreros agresivos y feroces y se les atribuye la costumbre de comer carne humana. Lean el segundo párrafo (**P2**) e indiquen qué grupo comete los siguientes actos de agresión.

T = taínos   C = caribes   E = españoles

1. _____ cortarles el miembro generativo a los prisioneros taínos
2. _____ dar caza a la canoa de los caribes
3. _____ flechar con sus arcos a los enemigos
4. _____ apresar la canoa
5. _____ tirar un caribe supuestamente muerto al mar
6. _____ cortarle la cabeza a un caribe con una segur
7. _____ enviar a los caribes a España

En los otros párrafos de la carta que leerán a continuación, "el señor Almirante" es Colón, los "caníbales" son los caribes y los "indios" son los taínos.

A los 15 días de octubre de 1495 en Savona.

Al noble señor Jerónimo Annari.

[P1] Ese mismo día **izamos**[1] velas y llegamos a una isla grande que está poblada por caníbales, los cuales al vernos **huyeron**[2] en seguida a las montañas. En esa isla bajamos a tierra y allí nos quedamos cerca de seis días; la causa fue que once hombres de los nuestros, que habían acordado formar una banda e ir a robar, entraron en el desierto cinco o seis millas; cuando quisieron retornar no supieron encontrar el camino, aunque todos eran marineros y observaban el sol, pero no lo podían ver bien por la espesura de los bosques y las **breñas**[3]. Juzgamos que los once habían sido comidos por los caníbales, como acostumbran hacerlo. Sin embargo, luego de cinco o seis días, **plugo a Dios**[4] que dichos once hombres, cuando ya no teníamos esperanzas de encontrarlos, encendieran un fuego en un **cabo**[5]; nosotros, viendo el fuego, juzgamos que eran ellos y enviamos una barca a buscarlos y así fueron recobrados.

[P2] Uno de esos días en que habíamos **echado anclas**[6] vimos venir desde un cabo una canoa -es decir, una barca, pues así la llaman en su lengua **dándole a los remos**[7] que parecía un **bergantín**[8] bien armado, y en ella venían tres o cuatro caníbales, dos mujeres caníbales y dos indios que venían cautivos, a los cuales, como hacen siempre los caníbales con sus vecinos de las otras islas cuando los **apresan**[9], les acababan de cortar el miembro generativo **al ras del vientre**[10], de modo que aún estaban **dolientes**[11]. Como teníamos en tierra el **batel**[12] del capitán, al ver venir esa canoa prestamente saltamos al batel y **dimos caza**[13] a la canoa. Al acercarnos, los caníbales **nos flecharon reciamente**[14] con sus arcos; os diré que a un compañero que sostenía una **adarga**[15], le tiraron una flecha que atravesó el escudo y le entró tres dedos en el **pecho**[16], de tal modo que murió a los pocos días. Apresamos la canoa con todos los hombres y un caníbal fue herido de un **lanzazo**[17] en forma que pensamos que había sido muerto y lo tiramos al mar dándolo por tal; pero vimos que súbitamente se echaba a nadar, de modo que lo pescamos con un **bichero**[18], y lo acercamos al borde de la barca y allí le cortamos la cabeza con una **segur**[19]. Los otros caníbales, junto con los esclavos, fueron enviados a España.

[P3] Como yo estaba en el batel, apresé a una caníbal bellísima y el señor Almirante me la regaló. Yo la tenía en mi **camarote**[20] y como según su costumbre estaba desnuda, me vinieron deseos de **solazarme**[21] con ella. Cuando quise poner en ejecución mi deseo ella se opuso y me atacó en tal forma con las **uñas**[22], que no hubiera querido haber empezado. Pero así las cosas, para contaros todo de una vez, tomé una **soga**[23] y la **azoté**[24] tan bien que lanzó gritos tan inauditos como no podríais creerlo. Finalmente nos pusimos en tal forma de acuerdo que baste con deciros que realmente parecía **amaestrada**[25] en una escuela de **rameras**[26]. Al dicho

---

1. *we hoisted;*   2. *they fled;*   3. *rough ground;*   4. *it pleased God;*   5. *cape;*   6. *put down anchor;*
7. *rowing so hard;*   8. *boat of robbers;*   9. *take prisoners;*   10. *flush with the abdomen;*   11. *in pain;*
12. *skiff (small boat);*   13. *we gave chase to;*   14. *shot many arrows at us;*   15. *shield;*   16. *chest;*
17. *wound from an arrow;*   18. *boat hook;*   19. *axe;*   20. *cabin;*   21. *to take pleasure;*   22. *fingernails;*
23. *rope;*   24. *whipped;*   25. *schooled;*   26. *prostitutes*

Más allá de las palabras

cabo de esa isla el señor Almirante le puso el nombre de Cabo de la Flecha, por aquel que había sido muerto por una flecha.

[P4] Arribamos a un **puerto**[27] muy bueno y muy poblado, y apenas **anclamos**[28], súbitamente teníamos al pie cerca de sesenta canoas; cuando las vimos hicimos diez o doce **disparos de bombarda**[29] sin bala y al oírlos huyeron a tierra. Cuando quisimos bajar nos atacaron reciamente con piedras de tal modo que las barcas debieron retornar a las naves. Armamos entonces las barcas con **paveses, ballestas**[30] y bombardas y volvimos a tierra. Nos recibieron de la misma forma; pero ahora con las ballestas les matamos dieciséis o dieciocho hombres y con las bombardas cinco o seis. Esto ocurrió cuando ya había salido la estrella vespertina y entonces volvimos a las carabelas. Volvimos al día siguiente, dispuestos a combatir, pero esos hombres, todos con los brazos en cruz, nos pidieron **misericordia**[31], ofreciéndonos todas sus cosas: o sea gran cantidad de panes, pescados, raíces y calabazas llenas de agua. Entre otras cosas, nos trajeron incluso sus propias armas. Bajamos entonces a tierra y les repartimos de lo nuestro, entre otras cosas **cascabeles**[32], que tuvieron más aceptación que el resto y que rápidamente se sujetaron a las orejas y a la nariz, que todos, hombres y mujeres, tenían agujereados para ponerse cosas. Les preguntamos por el oro, y nos contestaron que no lo habían visto nunca ni sabían qué cosa era.

[P5] Navegando así, pues, hacia la Española, fui el primero en descubrir tierra. Por lo que el señor Almirante mandó tomar tierra y por mí le puso al cabo el nombre de San Miguel Savonés y así lo anotó en su libro. Así, siguiendo la costa hacia nuestra población encontramos una isla bellísima, y que también fui el primero en descubrir. Tiene una vuelta de unas veinticinco leguas y también por amor a mí el señor Almirante le llamó "La Bella Savonesa" y me la regaló. De acuerdo con las formas y modos convenientes tomé posesión de ella, tal como el señor Almirante hacía con las otras en nombre de su Majestad El Rey, o sea yo, en virtud del instrumento notarial, sobre dicha isla **arranqué hierbas**[33], corté árboles, planté la cruz y también la **horca**[34], y en nombre de Dios la bauticé con el nombre de la Bella Savonesa.

[P6] Como nuestras carabelas debían partir hacia España y yo quería repatriarme con ellas, juntamos en nuestra población mil seiscientos indios, entre mujeres y hombres, de los cuales el 17 de febrero de 1495 cargamos en dichas carabelas quinientos cincuenta almas, de los mejores hombres y mujeres. Entre la gente apresada había uno de sus reyes y dos jefes, que habíamos resuelto **asaetar**[35] al día siguiente y por ello los pusimos en los **cepos**[36]; pero durante la noche tan bien supieron **roer**[37] con sus dientes el uno junto a los **tobillos**[38] del otro que **se soltaron**[39] de los cepos y huyeron.

[P7] Cuando llegamos a los mares de España murieron cerca de doscientos de los indios y los tiramos al mar; pienso que fue el aire frío, tan insólito para ellos. La primera tierra que vimos fue el cabo Espartel y bien pronto fondeamos en

---

27. *port;*   28. *put down the anchor;*   29. *cannon shots;*   30. *shields, crossbows;*   31. *mercy;*   32. *bells;*
33. *picked plants;*   34. *gallows;*   35. *shoot with arrows;*   36. *stocks (for prisoners);*   37. *gnaw;*   38. *ankles;*
39. *they freed themselves*

Cádiz. Allí descargamos todos los esclavos, que estaban medio enfermos. Para vuestro conocimiento os diré que no son hombres esforzados, temen mucho al frío y no tienen larga vida.

... No se me ocurre otra cosa en la presente, sino que quedo a la disposición de vuestra señoría.

Terminada en Savona el día 28 de ese mes.

Vuestro Michael de Cúneo

5–47. Identificación. ¿Qué párrafo (P1, P2, etc.) corresponde a cada una de las siguientes aventuras?

5-47 **Answers:** a. P4; b. P1; c. P2; d. P7; e. P5; f. P6; g. P3

a. _____ En una batalla, los indígenas atacaron con piedras y los españoles con ballestas y bombardas. Al día siguiente, los indígenas pidieron misericordia.

b. _____ Once españoles se perdieron y sus compañeros concluyeron que habían sido comidos. Finalmente fueron recobrados.

c. _____ Cúneo y sus compañeros dieron caza a una canoa de caribes, los cuales flecharon y mataron a un español. Los españoles le cortaron la cabeza a un caribe que trató de escapar.

d. _____ Al final del viaje a España, muchos indígenas se murieron porque no estaban acostumbrados al clima.

e. _____ Cúneo descubrió dos islas y Colón les puso nombres que reflejaron el origen de Cúneo en Savona. Colón se las da como regalos y Cúneo toma posesión de ellas con varios actos rituales.

f. _____ Cúneo y algunos compañeros se prepararon para volver a España con esclavos indígenas. Iban a matar a los líderes indígenas pero los indígenas se escaparon durante la noche.

g. _____ Colón le regaló a Cúneo una joven caribe. Cuando ella resistió los avances sexuales, él la azotó y después la violó.

5–48. Nuestra interpretación de la obra. En parejas comparen sus respuestas a estas preguntas.

1. El tono de Cúneo en su narración es bastante objetivo; no expresa mucha emoción. Busquen tres ejemplos en la carta de actos violentos que el autor narra sin emoción. Para cada acto, identifiquen la emoción que ustedes sienten al leer las palabras de Cúneo. ¿Pueden encontrar algunos ejemplos en la carta de emoción, exageración u opinión?

2. ¿Cómo era la actitud de Miguel de Cúneo hacia las personas que encontró en el nuevo mundo? ¿Qué opinión tenía de ellas? Comenten ejemplos de palabras o expresiones que comunican esa actitud.

3. Analicen la caracterización en la carta de los caribes y de Colón. ¿Tienen los caribes y Colón características en común o son diferentes? ¿Qué rasgos y acciones revelan su carácter?

4. Después de leer la carta de Cúneo, escriban una nota a la UNESCO reaccionando a las protestas asociadas con el V Centenario del "descubrimiento" de América. Incluyan en su nota datos de la carta de Cúneo que apoyen su postura.

Vocabulario

Ampliar vocabulario

acercamiento *m*	*approaching*
avanzado/a	*advanced*
brújula *f*	*compass*
celebración *f*	*celebration*
centenario	*centennial*
cercano/a	*close, nearby*
collar *m*	*necklace*
complejo/a	*complex*
comprender	*to comprise*
conmemoración *f*	*commemoration*
controversia *f*	*controversy*
contundente	*forceful*
cuello *m*	*neck*
cuenta *f*	*bead*
cuerpo celeste *m*	*celestial object*
descubrimiento *f*	*discovery*
detener	*to stop*
diario *m*	*newspaper*
embarcación *f*	*ship*
encuesta *f*	*survey*
esclavitud *f*	*slavery*
estéril	*useless*
fecundo/a	*productive*
genocidio *m*	*genocide*
habitar	*to inhabit*
inalterable	*unchangeable*
jeroglífico/a	*hieroglyphic*
mástil *m*	*mast*
mezcla *f*	*mixture*
nave *f*	*vessel (maritime)*
obsequiar	*to give (as a present)*
oposición *f*	*opposition*
pedir perdón	*to ask for forgiveness*
precolombino/a	*pre-columbian*
punto de vista *m*	*point of view*
reclamar	*to demand*
recriminación *f*	*reproach*
reloj de arena *m*	*hourglass*
reloj de sol *m*	*sundial*
sino	*but (instead)*
sujeción *f*	*subjugation*
talante *m*	*character, personality*
variedad	*variety*
vela *f*	*sail*

Vocabulario glosado

adarga *f*	*shield*
al ras del vientre	*flush with the abdomen*
amaestrado/a	*schooled*
anclar	*to put down the anchor*
apresar	*to take prisoner*
arrancar hierbas	*to pick plants*
asaetar	*to shoot with arrows*
azotar	*to whip*
ballesta *f*	*crossbow*
batel *m*	*skiff; small boat*
bergantín *m*	*boat of robbers*
bichero *m*	*boat hook*
breña *f*	*rough ground*
cabo *m*	*cape*
camarote *m*	*cabin*
cascabel *m*	*small bell*
cepo *m*	*stock (for prisoners)*
dar a los remos	*to row very hard*
dar caza	*to give chase*
disparo de bombarda *m*	*cannon shot*
doliente	*in pain*
echar anclas	*to put down anchor*
flechar reciamente	*to shoot many arrows*
horca *f*	*gallows*
huir	*to flee*
izar	*to hoist*
lanzazo *m*	*wound from an arrow*
misericordia *f*	*mercy*
pavés *m*	*shield*
pecho *m*	*chest*
plugo a Dios	*to please God*
puerto *m*	*port*
ramera *f*	*prostitute*
roer	*to gnaw*
segur *f*	*axe*

Vocabulario

soga *f*	*rope*
solazarse	*to take pleasure*
soltarse	*to free oneself*
tobillo *m*	*ankle*
uña *f*	*fingernail*

Vocabulario para conversar

Para convencer o persuadir

Admiro tu/su inteligencia/ valentía/ dinamismo.	*I admire your intelligence/bravery/energy.*
Como siempre, tu/ su lógica es admirable/ impecable.	*As usual, your ability to reason is remarkable/flawless.*
Creo que mi idea es acertada porque...	*I believe my idea is right because . . .*
Esto nos beneficiará a los dos porque...	*This will work well/be advantageous to us both because . . .*
Piensa/e lo que pasará si...	*Think about what will happen if . . .*
¡Qué buen trabajo ha(s) hecho!	*What a nice job you've done!*
¡Qué guapo/a estás!	*You look great!*
Te/Le invito a cenar (en mi casa/ en un restaurante).	*Please come to dinner (at my house/at a restaurant).*
Te/Le prometo que...	*I promise you that . . .*
Te/Le propongo este plan...	*I propose this plan . . .*
Te/Le queda muy bien ese traje/ sombrero.	*That suit/hat looks great on you.*
Tu/Mi plan tendrá consecuencias graves/ negativas/ positivas/ beneficiosas para...	*Your/My plan will have grave/negative/positive/ beneficial consequences for . . .*
Yo te/le doy... y a cambio tú/usted me da(s)...	*I give you . . . and in exchange you give me . . .*

Para acusar y defender

Es su/tu turno. Te toca a ti (le toca a usted).	*It's your turn.*
Esa es una acusación injustificada.	*That is a groundless accusation.*
Eso es verdad pero...	*That's true but . . .*
Eso no es verdad.	*That is not true.*
Esta persona es inmoral.	*This person has no morals.*
La información que tiene/s es incompleta.	*The information you have is incomplete.*
La moralidad de... es muy cuestionable.	*The morality of . . . is very questionable*
Las acciones de... son/ fueron inexcusables.	*The actions of . . . are/were inexcusable.*
Las acciones de... son/ fueron irracionales.	*The actions of . . . are/were irracional.*
Por favor, modere/a sus/tus palabras.	*Please, moderate your words.*
¿Puede/s explicar mejor su/tu argumento?	*Can you elaborate more?*
Su/Tu argumento es débil.	*Your argument is weak.*
Su/Tu argumento no es convincente.	*Your argument is not convincing.*
Tengo una pregunta para ti/usted/ustedes...	*I have a question for you . . .*

Para iniciar y mantener una discusión

¿Bueno?	*OK?*
¿Cuál es tu/su reacción ante...?	*What is your reaction to . . . ?*
Es exactamente lo que pienso yo./ Eso mismo pienso yo.	*That's exactly what I think.*
Es un tema muy controvertido pero...	*It is a very controversial topic, but . . .*
Es verdad.	*It's true.*
Mira...	*Look . . .*
¿(No) Cree/s que...?	*Do (Don't) you believe that . . . ?*
¿No te/le parece un buen tema?	*Doesn't it sem. like a good topic?*
Perdona, pero...	*Pardon me, but . . .*
¿Qué piensa/s de...?	*What is your opinion of . . . ?*
¿Verdad?	*Is it?, Isn't it?, Does it?, Doesn't it?*

CAPÍTULO 6

MÉXICO Y ESPAÑA: IDIOSINCRASIAS, RIVALIDAD Y RECONCILIACIÓN

WILEY PLUS

ADDITIONAL ACTIVITIES FOR EACH TEMA AND
ANIMATED GRAMMAR TUTORIALS AVAILABLE ONLINE.

Objetivos del capítulo

En este capítulo vas a...
- explorar conexiones entre las culturas de México y España
- describir y narrar en el pasado
- hablar nostálgicamente sobre el pasado
- expresar acciones en el pasado que afectan el presente
- usar algunos coloquialismos mexicanos y españoles

TEMA

El Zócalo de la ciudad de México, D.F., es un ejemplo de la influencia española en el mundo hispano. En la plaza se representan el gobierno, la iglesia y el comercio. ¿Hay algún sitio parecido en tu comunidad?

México y su herencia indígena

Capital: México, D. F.
Población: 110 millones de habitantes
Grupos étnicos: mestizo 60%, amerindio 30%, blanco 9%, otros 1%
Idiomas: español, náhuatl, maya y otras lenguas indígenas
Moneda: peso
Área: aproximadamente tres veces el tamaño de Texas

MÉXICO

Golfo de México

● México, D.F.

OCÉANO PACÍFICO

Lectura

Por si acaso

Expresiones útiles para comparar respuestas con otro estudiante

¿Qué tienes/ pusiste en el número 1/ 2/ 3?
Yo tengo/ puse a/ b.
Yo tengo algo diferente.
No sé la respuesta./ No tengo ni idea.
Creo que la respuesta es a/ b, pero no estoy seguro/a.
Creo que es cierto./ Creo que es falso.

Entrando en materia

6–1. ¿Qué sabes del México prehispánico? Lean las siguientes oraciones sobre los mayas y los aztecas y decidan si son ciertas o falsas Si pueden, corrijan las falsas. Si no están seguros, repasen sus respuestas después de leer la sección para ver si eran correctas.

Los mayas y los aztecas…

1. tenían escritura jeroglífica.
2. no tenían conocimientos astronómicos.
3. fumaban.
4. no conocían la planta del cacao.
5. tenían juegos de pelota.

6-1 **Answers:** 1. C 2. F 3. C 4. F 5. C

Perfil de México

MÉXICO PREHISPÁNICO

Antes de la llegada de Cristóbal Colón a América, ya existían varias civilizaciones indígenas o amerindias en tierras americanas. Los expertos proponen que, hace más de 40,000 años, grupos procedentes de Asia atravesaron el estrecho de Bering, que en aquella época estaba **congelado**[1].

Hacia el año 5000 a.C. los amerindios abandonaron el nomadismo para adoptar una vida sedentaria. 1800 a.C. es la fecha que marca el período caracterizado por el florecimiento de centros urbanos importantes.

La información más abundante que tenemos hoy sobre las culturas amerindias de México es de los aztecas. Sin embargo, hubo otras civilizaciones amerindias que florecieron en el área de México antes del imperio azteca. Entre estas civilizaciones está el imperio maya, que se desarrolló en la península de Yucatán. Otra civilización construyó Teotihuacán, la "ciudad de los dioses", cuyas ruinas se pueden visitar hoy; de esta civilización se sabe muy poco. Los toltecas construyeron la ciudad de Tula, que representa un ejemplo excelente de la sofisticación arquitectónica tolteca.

Hoy en día usamos el término *azteca* para referirnos a los habitantes que poblaban el área central de México en el siglo XV. Los aztecas adoptaron el calendario, el sistema numérico y la escritura de otras culturas, pero su escritura no tenía la complejidad de la escritura maya. La ciudad de Tenochtitlán era uno de los centros urbanos más importantes del imperio azteca cuando el español Hernán Cortés decidió conquistar esos territorios. Cortés **asedió**[2] Tenochtitlán durante tres meses y el 13 de agosto de 1521 la ciudad **se rindió**[3].

LA CUESTIÓN INDÍGENA

Desde 1975 se han formado varias organizaciones indígenas en México. Antes existían únicamente organizaciones de campesinos, donde lo indígena no estaba presente. Al comienzo, sus demandas se centraban en la **dotación**[4] de tierras y en la defensa de sus valores culturales. Con los años, estas demandas han ido creciendo. La crisis económica que afecta a los campesinos indígenas ha hecho que las organizaciones exijan:

1. La defensa de sus recursos naturales, insistiendo en el derecho de preservar o aprovechar sus bosques, sus minas, sus ríos o sus lagos.
2. Garantías para desarrollar su producción **agropecuaria**[5] y eliminar intermediarios y especuladores.

OCÉANO ÁRTICO

Estrecho de Bering

Mar de Bering

Por si acaso

Fechas importantes en la historia del mundo

3500 a. C. Florece la civilización sumeria en Oriente Medio.
2500 a. C. Uso del papiro en Egipto.
776 a. C. Celebración de los primeros Juegos Olímpicos en Grecia.
753 a. C. Fundación de Roma.
221 a. C. Se empieza la construcción de la Muralla China.
44 a. C. El emperador romano Julio César es asesinado.
100 d. C. El imperio romano alcanza su máximo apogeo.
105 d. C. China comienza la manufactura del papel.
711 d. C. Los moros invaden España.
1492 d. C. Los cristianos conquistan Granada (España), última ciudad mora.

1. *frozen* 2. *besieged* 3. *surrendered* 4. *allotment* 5. *related to agriculture and farming*

3. El establecimiento de servicios educativos bilingües e interculturales, así como la preservación de su patrimonio y herencia cultural prehispánica.

4. La creación de representación política en los congresos estatales y federal, además de la participación en sus proyectos de desarrollo.

5. El respeto a los derechos humanos, reclamando justicia contra masacres, asesinatos y la expropiación de sus tierras.

Aunque hay muchas organizaciones indígenas, éstas no incluyen a todos los grupos étnicos que habitan el país. Además, estas organizaciones presentan importantes diferencias entre ellas porque sus objetivos varían según las necesidades de las diferentes comunidades indígenas. Las reivindicaciones culturales dependen de sus intereses y sus necesidades. Muchas de estas organizaciones han tomado como principio organizador la recuperación de sus raíces culturales, que se refleja en los nombres indígenas de algunas organizaciones. Hoy en día existen más de cincuenta organizaciones indígenas.

6-2 **Teaching tip:**
Extend the discussion by asking students to name some national or international organizations that represent the interests of specific groups of people (the poor, farmers, labor, political prisoners etc.). How do they make their case known? How do they work for change?

Teaching tip:
Explain that the roman numerals following the names of emperors, kings and chiefs, like Moctezuma II, are pronounced as ordinary numbers: *primero, segundo*, etc.

 6–2. ¿Comprendieron? Respondan a las siguientes preguntas:

1. ¿Cuándo llegaron a América los primeros habitantes?
2. ¿Cómo llegaron los primeros habitantes?
3. ¿Cuáles son las tres ciudades precolombinas que se mencionan? ¿Qué información se menciona sobre cada una?
4. Hagan una lista de las civilizaciones precolombinas que se mencionan y las fechas asociadas con ellas.
5. ¿Cuándo empiezan a surgir organizaciones indígenas en México?
6. ¿Qué demandan esas organizaciones?

MOCTEZUMA II (1480?—1520)

Fue un guerrero joven, valiente, prudente y muy religioso. Tenía fama de ser humilde y virtuoso, pero cuando subió al poder se tornó orgulloso y arrogante. Mostró un profundo desprecio por la clase que no era noble. Desde un principio **se dio cuenta de**[6] su gran poder y se hizo llamar Tlacatecuhtli (jefe de los hombres). Moctezuma II violó el tratado de la Guerra Florida con otros pueblos para obligarlos a pagar tributo. Estos pueblos odiaban a Moctezuma II y su odio creó inestabilidad política. Cuando llegaron los españoles, los pueblos sometidos vieron la posibilidad de liberarse y ayudaron a derrotar el gran imperio de Moctezuma II. **En vez de**[7] unirse contra los invasores, se aliaron con ellos para liberarse de la terrible tiranía de Moctezuma II.

Moctezuma II era muy religioso y supersticioso. Cuando supo de la llegada de hombres blancos con barba, no dudó que éstos eran la materialización de la vieja leyenda, según la cual el dios Quetzalcóatl y sus hermanos aparecerían un día. Cuando en 1519 llegaron Hernán Cortés (1485—1547) y sus hombres, Moctezuma II no preparó a su pueblo para combatirlos sino, al contrario, para tratarlos

---

6. *realized*   7. *Instead of*

amigablemente. Cortés, que quería conquistar el imperio azteca, tomó prisionero a Moctezuma II. Finalmente hubo una revuelta provocada por una masacre de indígenas nobles realizada por los españoles. Cortés hizo salir a Moctezuma II para que hablara con su pueblo y restableciera la paz. Pero cuando Moctezuma II salió, fue recibido con insultos. Una piedra arrojada con mucha fuerza desde la **muchedumbre** [8] lo hirió. Los soldados se lo llevaron y murió dos días después, el 29 de junio de 1520. Existe la sospecha de que los españoles lo mataron, porque las heridas que produjo la piedra no eran de mucha gravedad.

6–3. Más detalles.

A. En parejas, usen la información de la lectura para completar los siguientes pasos:

1. Hagan un esquema de las virtudes y defectos que creen que tenía Moctezuma II. Incluyan por lo menos tres cosas en cada lado del esquema. Piensen en su personalidad y sus relaciones con el pueblo y con los conquistadores, según la información que leyeron.
2. Piensen en un líder actual de su país y preparen un esquema similar al de Moctezuma II.
3. Escriban un breve párrafo describiendo las semejanzas y diferencias más importantes entre estos dos personajes. Después, intercambien sus comentarios con otra pareja para ver si tienen la misma interpretación.

6–4. Síntesis y opinión. En parejas, respondan a las siguientes preguntas:

1. De las reivindicaciones (*demands*) de los grupos amerindios, ¿cuáles creen que son las que necesitan atención inmediata?
2. Imaginen que son líderes de una organización amerindia. ¿Qué van a hacer para alcanzar (*achieve*) los objetivos de su organización?
3. ¿Qué le recomiendan a un líder como Moctezuma II?
4. ¿A qué líder actual o del pasado admiran? Expliquen sus razones.

Por si acaso

Abreviaturas

En los textos que tratan de historia, frecuentemente se encuentran estas abreviaturas:
s. XV se lee "siglo quince"; el siglo se debe escribir con números romanos.
a. C. (a. de C., a. J. C., a. de J. C.) se lee "antes de Cristo".
d. C. (a. de C., d. J. C., d. de J. C.) se lee "después de Cristo".

6-3 **Teaching tip:** Extend the discussion by asking students: What are, in their opinion, the most important qualities of a good leader? Ask them to mention a couple of names of leaders they admire.

6-4 **Recycling:** You may want to review expressions of opinion and how to give recommendations in *Vocabulario para conversar, Capítulo 3, Tema 1.*

---

8. *mob*

Gramática

Preterit and Imperfect Tenses in Contrast

You have already studied the preterit and imperfect tenses. You know that both tenses talk about different aspects of the past. Your choice of which tense to use in talking about the past is influenced by what you want to convey. The following is a list of the main uses of each tense.

Preterit

1. The preterit conveys an action, event or condition that is viewed as completed in the past.

   Los primeros pobladores de América **llegaron** hace 40,000 años.

   *The first settlers **arrived** in America 40,000 years ago.*

2. When two actions are expressed in the past and one interrupts the other, the ongoing action is in the imperfect. The preterit is used for the interrupting action.

   Me **dormí** cuando **leía** un libro sobre la invasión de Tenochtitlán.

   *I **fell asleep** while **I was reading** a book on the invasion of Tenochtitlán.*

3. The preterit is used when the end or duration of an action is emphasized. How long the action went on doesn't matter. If you are expressing that it had a beginning and an ending, use the preterit.

   Preparé mi presentación sobre la cuestión indígena en cuatro horas.

   *I **prepared** my presentation on the indigenous issue in four hours.*

Imperfect

The imperfect . . .

1. describes background information, physical, mental and emotional states, and sets the scene for another action (in the preterit) to take place.

   La ciudad de Tenochtitlán **era** uno de los centros urbanos más importantes del imperio azteca cuando Hernán Cortés la **invadió**.

   *The city of Tenochtitlán **was** one of the most important urban centers of the Aztec empire when Hernán Cortés **invaded** it.*

2. conveys habitual past actions.

   Moctezuma II no **trataba** bien a las personas de clase baja.

   *Moctezuma II **did** not **treat** the lower class people well.*

3. expresses age in the past.

   Hernán Cortés **tenía** 62 años cuando **murió**.

   *Hernán Cortés **was** 62 years old when he **died**.*

4. expresses time in the past.

   Eran las dos de la mañana cuando **terminé** mi investigación sobre las organizaciones indígenas de México.

   *It **was** two in the morning when I **finished** my research on the indigenous organizations of Mexico.*

5. describes two actions ongoing at the same time.

Esta mañana, mientras yo **estudiaba** para mi examen de historia, mi compañero de cuarto **preparaba** el desayuno.

*This morning, while I **was studying** for my history exam, my roommate **was preparing** breakfast.*

6. conveys indirect speech.

La instructora dijo que **iba** a visitar las ruinas de Tenochtitlán.

*The instructor said that she **was going** to visit the ruins of Tenochtitlán.*

Verbs that Convey Different Meanings in the Preterit and the Imperfect

Imperfect	Preterit
conocía (*I was acquainted with*)	**conocí** (*I met, made the acquaintance of*)
Al principio, Cortés no **conocía** la leyenda del dios Quetzalcóatl.	Finalmente, Cortés **conoció** a Moctezuma II.
*At first, Cortés **did** not **know** about the Quetzalcóatl legend.*	*Finally, Cortés **met** Moctezuma II.*
sabía (*I/He/She knew, knew how to, had knowledge that*)	**supe** (*I learned, found out*)
Moctezuma II no **sabía** con certeza que Cortés no era el dios Quetzalcóatl.	Finalmente, Moctezuma II **supo** que los españoles no eran sus amigos.
*Moctezuma II **did** not **know** with certainty that Cortés was not the god Quetzalcóatl.*	*Finally, Moctezuma II **learned** that the Spaniards were not his friends.*
podía (*I/He/She could, was able to*)	**pude** (*I was able to and did*)
Moctezuma II y su gente no **podían** imaginar su destino.	Los alumnos **pudieron** finalmente comprender la problemática indígena en México.
*Moctezuma II and his people **couldn't** imagine their destiny.*	*The students **were** finally **able** to understand the indigenous problems in Mexico.*
quería (*I/He/She wanted to*)	**quise** (*I tried to*)
Cortés y sus hombres no **querían** revelar sus verdaderas intenciones.	Juan Diego **quiso** convencer al obispo pero el obispo no le creyó.
*Cortés and his men **didn't want** to reveal their true intentions.*	*Juan Diego **tried** to convince the bishop, but the bishop didn't believe him.*

For information on spelling changes in the preterit, see *Grammar Reference 6.*

6-5 **Recycling:** Review regular and irregular preterit and imperfect forms in Chapter 2. Take the infinitive of *-ar*, *-er*, and *-ir* verbs and write the conjugation of each verb as students say the forms aloud. Start with the regular verbs and then move on to the irregular ones.

6–5. Identificar y explicar. En parejas, lean el párrafo de la página siguiente y determinen por lo menos tres razones por las que se usa el tiempo imperfecto en lugar del pretérito para narrar estos hechos.

En el culto religioso azteca, los sacrificios humanos eran un elemento fundamental. Eran la compensación o pago que los hombres daban a los dioses. El sacrificio más frecuente consistía en arrancar el corazón de la víctima, ofreciéndoselo inmediatamente al dios. En el sacrificio intervenían cinco sacerdotes: mientras cuatro sujetaban (*held*) al sacrificado sobre una piedra, un quinto sacerdote ejecutaba el sacrificio con un cuchillo. También había meses consagrados al sacrificio de niños; estos sacrificios se hacían para atraer la lluvia.

6-6 Teaching tip:
Encourage students to think before choosing one past tense or another, instead of simply relying on the rules they memorized during the first year. For situations where either tense would work, ask them to focus on the different meanings that can be conveyed depending on the tense they choose.

 6–6. Datos históricos. Conjuguen los verbos en el tiempo pasado correcto, según la información y el significado que quieran transmitir. Después, explíquenle a su compañero/a las razones por las que eligieron el pretérito o el imperfecto en cada lugar.

Moctezuma II generalmente _____ (seguir) el mismo ritual a la hora de comer: mientras él _____ (comer), músicos y bailarinas _____ (entrar) en el comedor para entretenerlo. La mayoría de los conquistadores no _____ (conocer) a Moctezuma II, porque él murió al principio de la conquista de América. Los conquistadores tampoco _____ (saber) mucho sobre los rituales indígenas.

6–7. Encuentro entre Cortés y Moctezuma II. En algunos casos es necesario elegir el tiempo correcto para contar una historia exactamente tal y como ocurrió. Este párrafo describe un momento específico de la historia. Determina el tiempo correcto en cada caso.

Cuando Moctezuma II (1. terminar) de comer, (2. visitar) a Cortés y a sus hombres en sus habitaciones. Moctezuma II (3. decir) que él (4. estar) muy complacido de conocer a un hombre tan valiente. Cortés le (5. contestar) diciendo que él no (6. saber) cómo agradecerle su hospitalidad. En una ocasión Moctezuma II les (7. mostrar) sus armas a los españoles. Estas armas (8. cortar) más que muchas de las espadas de los hombres de Cortés.

6–8. ¿Y tú? Hay muchas películas famosas sobre el tema de la Conquista (*La Misión, Apocalypto* o *1492* son buenos ejemplos). Si no has visto ninguna de estas películas, piensa en una película popular que esté relacionada con la invasión de un pueblo por otro. No le digas el nombre de la película a tu compañero/a y haz lo siguiente:

1. Escribe 4 ó 5 oraciones que indiquen los eventos principales de la película.
2. Verifica que los verbos estén en el tiempo pasado más apropiado.
3. Añade por lo menos dos detalles adicionales sobre cada punto.
4. Intercambia tu papel con el de tu compañero/a.
5. Determina de qué película se trata.
6. Si necesitas más detalles sobre algún punto, tu compañero/a puede darte la información oralmente.

Entrando en materia

 6–9. Anticipar el tema. Miren el mapa y el texto que está abajo. Basándose en la información que ven, ¿qué temas creen que aparecerán en el artículo que van a leer? Anoten dos o tres ideas sobre el tema general y guárdenlas para verificarlas después.

 6–10. Vocabulario: Antes de leer. En el artículo que van a leer aparecen estas oraciones. Para familiarizarse con el vocabulario nuevo, presten atención a las palabras en negrita y escojan un sinónimo de la lista para cada palabra. Si les resulta difícil, pueden volver a esta actividad después de leer el artículo completo y revisar los sinónimos que eligieron.

6-10 **Answers:**
1. consecuencias;
2. se produjo; 3. se puede;
4. se inclinó; 5. lugares geográficos

se produjo   se puede   se inclinó   consecuencias   lugares geográficos

1. Aunque la Conquista fue enormemente cruel, no tuvo motivos ni **secuelas** propiamente racistas.
2. La muerte colectiva **tuvo lugar** después, por las epidemias que trajeron los conquistadores.
3. **Cabe** hablar de discriminación, abuso y opresión, pero no de exterminio.
4. A partir del siglo XVII la sociedad mexicana **tendió** a la integración y mezcla de los grupos étnicos.
5. En Chiapas y en muchos **enclaves** mexicanos, los indios sufren un trato discriminatorio.

Población de Chiapas: 4,532,561

Población indígena: 25%

Lengua: español y 12 lenguas indígenas

Sociedad y política: El primero de enero de 1994 el pueblo chiapaneco protagonizó una protesta masiva contra el gobierno federal mexicano. La protesta fue coordinada por un grupo rebelde, el Ejército Zapatista para la Liberación Nacional (EZLN). El pueblo de Chiapas reivindica entre otras cosas una reforma agraria justa, acceso a la educación y la protección de sus propios recursos naturales.

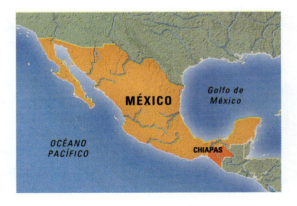

Nueve inexactitudes sobre la cuestión indígena (fragmento)

Enrique Krauze

Enrique Krauze es un escritor e historiador mexicano.
(El texto a continuación es un fragmento del artículo en el que el autor describe la inexactitud número 4: la cuestión indígena en relación al racismo.)

4. México es un país racista.

Depende de qué se entienda por racismo. En el siglo XX y aún en nuestros días, racismo equivale a muchas cosas. En algunos casos, el racismo ha tenido como consecuencia el exterminio de una raza por otra. En otros casos, la discriminación de un grupo racial determinado. Aunque es verdad que la Conquista de América fue enormemente cruel, no podemos decir que tuvo motivos ni **secuelas** propiamente racistas. La muerte colectiva de los pueblos indígenas **tuvo lugar** después, por las enfermedades y epidemias que trajeron a América los conquistadores, las cuales un siglo después de la llegada de los europeos habían causado la muerte del 75% de la población indígena original. Desde ese momento histórico, **cabe** hablar de discriminación, abuso y opresión, pero no es posible hablar del exterminio de una raza por otra.

A partir del siglo XVII la sociedad mexicana **tendió** a la integración y mezcla de los grupos étnicos. ¿Qué otro país de América ha tenido un presidente indígena? Sólo México con Benito Juárez (y con Porfirio Díaz, que en buena medida lo era). Perú tuvo un presidente indígena: Alejandro Toledo. No hay duda de que en la comunidad de Chiapas (como en la Tarahumara, Nayarit, Yucatán y otros **enclaves** mexicanos, incluido el Distrito Federal) los indios aún sufren un trato injusto y discriminatorio. Pero los europeos o estadounidenses que hablan del 'racismo mexicano' olvidan su propia situación: el racismo ha sido significativo históricamente en Europa y en el presente sigue siendo una fuente de problemas en la sociedad estadounidense. El problema de México no es principalmente racial, sino social, político y económico.

> **M**omento de reflexión
>
> Selecciona la idea que mejor representa el contenido de la lectura hasta este momento.
> - ☒ a. El autor dice que los conquistadores no planearon exterminar a la población indígena.
> - ☐ b. El racismo fue un factor importante en el proceso de la Conquista.

El País. Opinión. Jueves, 8 de marzo de 2001. DIARIO EL PAÍS, S.L.

 6–11. ¿Hay racismo en México? En parejas, comenten sus opiniones sobre las siguientes oraciones. Si no tienen la misma opinión, expliquen sus razones.

1. El artículo está escrito desde una perspectiva favorable a México.
2. En el artículo se ve claramente que la población indígena murió a consecuencia de la Conquista.
3. El autor tiene una opinión negativa de los europeos y los estadounidenses.
4. El artículo está escrito a favor de los grupos indígenas.
5. El autor dice que "El problema de México no es principalmente racial, sino social, político y económico". ¿Por qué creen que hace esta afirmación?

Por si acaso

En 2006 Evo Morales se convirtió en el primer indígena en ser elegido presidente de Bolivia.

6–12. Vocabulario: Después de leer. Completen las siguientes oraciones con palabras del vocabulario nuevo. Pueden usar las pistas entre paréntesis para determinar qué palabra del vocabulario deben usar.

1. Dos _____ (lugares) mayas de Yucatán podrían desaparecer con la construcción de unas carreteras.

2. Algunos huracanes han dejado graves _____ (consecuencias) en los territorios afectados.

3. El problema _____ (se produjo) cuando me quedé sin empleo.

4. Las comunidades indígenas _____ (se inclinan) a conservar sus tradiciones.

5. _____ (Se puede) destacar que las organizaciones indígenas son populares en muchos países latinoamericanos.

6-12 **Answers:** 1. enclaves; 2. secuelas; 3. tuvo lugar; 4. tienden; 5. Cabe

 6–13. Cuestión de palabras. En parejas, consideren qué cambios pueden hacer en el párrafo anterior sobre Chiapas, para que el artículo parezca escrito por una persona que está en contra de la igualdad de los indígenas. Pueden centrarse en los tiempos verbales, cambiar los adjetivos o incluso el orden de las oraciones. Después, intercambien su "nuevo" párrafo con otra pareja para saber qué opinan sus compañeros.

 6–14. Hablemos del tema. En grupos de cuatro, repasen la información incluida sobre Chiapas y organicen un pequeño debate sobre uno de los siguientes puntos.

1. El racismo que existe en Chiapas es muy diferente del racismo que encontramos en Europa o en Estados Unidos. ¿Es cierta esta afirmación? ¿Por qué?

2. El racismo está presente en todas las sociedades. En el pasado el racismo era más evidente; hoy en día, el racismo existe en todas las sociedades, pero no es tan evidente como antes.

6-14 **Recycling:** Encourage students to play devil's advocate with one another to try to elicit as many different viewpoints as possible within each group. You may want to review with students expressions of agreement and disagreement in *Chapter 4*.

Vocabulario para conversar

Recordar viejos tiempos

¿Recuerdas el día que tuvimos el accidente?

Lo recuerdo como si acabara de pasar.

Recordar viejos tiempos

How do we share experiences from the past? The following expressions will help you recall events in your life and talk about how you felt at the time.

¿Recuerdas el día que...?	*Do you remember the day when . . . ?*
¿Te acuerdas de alguien o algo especial?	*Do you remember someone or something special?*
¿Hay un objeto, color, canción, etc. que te recuerde algo especial?	*Is there an object, color, song, etc. that makes you remember something special?*
Nunca voy a olvidar a... (una persona)	*I will never forget . . . . (a person)*
Nunca voy a olvidar cuando...	*I will never forget when . . .*
Cuando era más joven, solía...	*When I was younger, I used to . . .*
En esa época acostumbraba	*Back then, I used to . . .*
Algo positivo/negativo que me ocurrió una vez fue...	*Something positive/negative that happened to me once was . . .*
Lo recuerdo como si acabara de pasar.	*I remember as if it had just happened.*
Lo recuerdo como si fuera ayer.	*I remember as if it were yesterday.*
No quiero ni acordarme (de)...	*I don't even want to remember . . .*
Eso me hace pensar en...	*That makes me think of . . .*

6–15. Palabras en acción. Emparejen las expresiones de la columna izquierda con las correspondientes de la columna derecha.

1. ¿Recuerdas el día que compraste tu primer carro?
2. ¿Hay algún olor que te recuerde algo especial?
3. Nunca voy a olvidar a Mireya.
4. Nunca voy a olvidar el día que recibí la noticia de la muerte de mi tío.
5. Cuando estabas en la secundaria, ¿solías conectarte al Internet?

a. *No quiero ni acordarme. Estabas inconsolable.*
b. *Lo recuerdo como si acabara de pasar. Ese fue un día muy emocionante.*
c. *Yo tampoco. Ella siempre ha sido una persona muy especial.*
d. *Con muchísima frecuencia. Para mí era clave estar comunicado.*
e. *Sí, el olor a mango me hace pensar en la casa de mi abuela. Yo me subía al árbol a comer mangos con frecuencia.*

6-15 **Answers:** 1. b; 2. e; 3. c; 4. a; 5. d.

 6–16. Un momento memorable Describan en un párrafo de 75 a 100 palabras el momento más memorable de su vida. Su párrafo debe incluir qué ocurrió, cuándo, dónde, con quién, etc. Usen por lo menos cuatro de las expresiones que aparecen en la página anterior.

Hablen de sus recuerdos con sus compañeros de clase.

6–17. Una sesión con el psicólogo. Ahora van a representar una visita a la oficina del psicólogo en la que una persona tiene problemas enfrentando su pasado. Dediquen cinco minutos a preparar la situación usando el vocabulario de esta sección.

Estudiante A: Te sientes perturbado por recuerdos del pasado. Decides visitar al psicólogo/a para que te ayude a superar tus problemas. Contesta todas las preguntas que te haga y dale muchos detalles. Piensa en las cosas, personas y experiencias buenas y/o malas del pasado. Sé creativo/a.

Estudiante B: Eres un/a psicólogo/a. A tu consultorio llega un/a paciente muy perturbado por cosas que le han sucedido. Hazle preguntas para ayudarlo/a a hablar de su pasado. Ayúdale también a pensar en experiencias positivas. Si el paciente no da muchos detalles, síguele haciendo preguntas.

6-17: You may wish to play the *A escuchar* track for *Capítulo 6, Tema 1* from the *Activities Manual*, which presents a relevant model.

CURIOSIDADES

Refranero

Los refranes son frases cortas, a veces metafóricas, que contienen una enseñanza o una moraleja (*moral*). Las personas mayores tienden a usar refranes más que los jóvenes. Muchos refranes hispanos tienen un equivalente cercano en inglés, por ejemplo, *A bird in the hand is worth two in the bush* en español es *Más vale pájaro en mano que ciento/cien volando.*

 6–18. Refranes. Emparejen los refranes de la columna A con sus equivalentes en inglés de la columna B.

A	B
El tiempo es oro.	*Better late than never.*
Perro que ladra, no muerde.	*Don't look a gift horse in the mouth.*
Ojos que no ven, corazón que no siente.	*Time is money.*
Más vale tarde que nunca.	*Love is blind.*
En casa de herrero, cucharas de palo.	*Barking dogs never bite.*
El amor es ciego.	*Out of sight, out of mind.*
No todo lo que brilla es oro.	*The shoemaker's son always goes barefoot.*
A caballo regalado no se le mira el colmillo.	*All that glitters is not gold.*

6–19. ¿Cuándo se usan estos refranes? Escojan dos de los refranes anteriores y traten de explicarlos con sus propias palabras o usando un ejemplo.

> **MODELO**
>
> **No todo lo que brilla es oro.**
> **A veces las apariencias engañan y algo que parece ser muy bueno realmente no lo es.**

España: Su lugar en la Unión Europea

Por si acaso

En 2007 España tuvo el porcentaje más alto de inmigración entre los países de la Unión Europea. Esta cifra alcanzó el 10%—alrededor de 4.5 millones de personas se estima que han hecho de España su hogar en los últimos 10 años.

Según el Instituto Nacional de Estadística, 920,534 inmigrantes llegaron a España en el año 2007. La tercera parte de estas personas vienen de países miembros de la Unión Europea, 284,772 vienen de América (Bolivia y Colombia aportaron el mayor número en este grupo), el 10% viene de África (especialmente de Marruecos), el 4% de Asia y el 12% de inmigrantes cuya nacionalidad no se conoce.

Capital:	Madrid
Población:	46 millones de habitantes
Grupos étnicos:	europeos
Idiomas:	español (castellano) 74%, catalán 17%, gallego 7%, vasco 2%
Moneda:	euro
Área:	aproximadamente dos veces el tamaño de Oregón

Lectura

Entrando en materia

 6–20. ¿Qué sabes de España? Lean las siguientes oraciones sobre España y decidan si son ciertas o falsas. Si pueden, corrijan las falsas. Si no están seguros/as, repasen sus respuestas después de leer la sección para ver si eran correctas.

1. España tiene frontera con Portugal y Francia solamente.
2. Los tacos son un tipo de comida española.
3. España, como el Reino Unido, tiene una monarquía.
4. La tortilla española es semejante a la tortilla mexicana.
5. Gibraltar está en la costa sur de España.

Por si acaso
Teaching tip: Tell students to use this box for activity 6-20.

Por si acaso

Expresiones útiles para comparar respuestas con otro estudiante

¿Qué tienes/ pusiste en el número 1/ 2/ 3?
Yo tengo/ puse a/ b.
Yo tengo algo diferente.
No sé la respuesta./ No tengo ni idea.
Creo que la respuesta es a/ b, pero no estoy seguro/a.
Creo que es cierto./Creo que es falso.

6-20 **Answers:**
1. F (España además comparte fronteras con el principado de Andorra al norte y con territorio británico de Gibraltar al sur.)
2. F   3. C   4. F   5. C 19

Perfil de España

El Rey Juan Carlos y la Reina Sofía

DECADENCIA DEL IMPERIO ESPAÑOL, DICTADURA Y DEMOCRACIA

Durante los siglos XVI y XVII, España poseía un gran imperio que incluía territorios en América, Europa y el norte de África. La derrota de la Armada Invencible (la flota española) por parte de los ingleses en 1588, marcó el comienzo de la decadencia del imperio español en Europa. En el siglo XIX, España perdió el control de las colonias americanas, Cuba y Puerto Rico, en 1898.

España vivió los primeros treinta y nueve años del siglo XX en aguda inestabilidad política y **estancamiento**[1] económico. Esta situación culminó en una guerra civil que comenzó en 1936 y terminó en 1939 con la victoria del General Francisco Franco. Después de la Guerra Civil, España se declaró neutral durante la Segunda Guerra Mundial. Su neutralidad y la dictadura de Franco mantuvieron a España **aislada**[2] del resto de Europa económica y políticamente. Por esta razón, en 1960 España era uno de los países más pobres de Europa.

Entre 1961 y 1973 se produjo una revolución económica marcada por un aumento de intercambio económico con otros países, una liberalización de la economía y la promoción turística del país. En 1969 Franco nombró como su sucesor al príncipe Juan Carlos, nieto del rey Alfonso XIII, quien se había exiliado de España en 1931. Dos días después de la muerte de Franco en 1975, Juan Carlos I fue proclamado rey de España. Con él se **reinstauró**[3] una monarquía constitucional y democrática. Las primeras elecciones democráticas después de la muerte de Franco tuvieron lugar en 1977.

INGRESO DE ESPAÑA A LA UNIÓN EUROPEA

En 1986 España **ingresó**[4] en la Unión Europea después de un largo proceso de negociaciones. Como miembro de la Unión Europea, España participó en el proyecto para crear una moneda única para la Unión, el euro. Este proyecto se completó en enero de 2002. En esa fecha España y otros nueve miembros de la Unión Europea adoptaron el euro como **moneda**[5] oficial.

Algunos beneficios de esta unión monetaria son:

1. La eliminación de los costos de transacción como consecuencia de la sustitución de las distintas monedas nacionales **actualmente**[6] existentes.

2. La eliminación de la **incertidumbre**[7] asociada con la variación de los tipos de cambio de las monedas de los países que participan de la moneda única. Esta **ventaja**[8] resulta clara al considerar el efecto negativo que el cambio de moneda genera sobre las inversiones internacionales.

El establecimiento del euro constituye un paso definitivo en la integración de los mercados y aumenta las posibilidades de obtener más beneficios económicos.

Las condiciones establecidas en el Tratado de la Unión Europea indican que sólo aquellos países con estabilidad económica pueden tener acceso a la moneda común. Este nuevo contexto macroeconómico ha sentado las bases para que España pueda crecer y crear empleo a un ritmo estable y sostenido.

---

1. *stagnation*   2. *isolated*   3. *restored*   4. *joined*   5. *currency*   6. *currently*   7. *uncertainty*   8. *advantage*

6-21. ¿Comprendieron? Completen las siguientes ideas sobre las lecturas.

1. En los siglos XVI y XVII el territorio del imperio español incluía…
2. El acontecimiento que marca la decadencia del imperio español es…
3. En 1898 España…
4. De 1900 a 1939 la situación política y económica…
5. La Guerra Civil española terminó con la victoria de…
6. Entre 1961 y 1973 la revolución económica fue el resultado de…
7. La monarquía se reinstauró…
8. En 1986 España…

 6-22. Un momento de pausa. En parejas, piensen en la información que leyeron en la sección anterior y hablen sobre las consecuencias de establecer una moneda única para todos los países del mundo. ¿Creen que sería algo beneficioso? Escriban un mínimo de dos consecuencias negativas y dos positivas que podrían resultar de la eliminación de las monedas nacionales. Después, comenten sus opiniones con sus compañeros.

Penélope Cruz

Penélope Cruz Sánchez nació en Madrid (España) en 1974 y tiene un hermano y una hermana. Sus padres siempre la han apoyado en todas sus decisiones. Con tan sólo cinco años ingresó en una academia de baile y a los catorce empezó a trabajar como modelo publicitaria. Cuando todavía no tenía dieciocho años recibió una oferta para hacer el **papel**[9] de protagonista en *Las edades de Lulú,* pero tuvo que rechazarlo por ser menor de edad.

Con la película *Belle Époque* de Fernando Trueba, que recibió el Óscar a la mejor película extranjera en 1993, Penélope Cruz se convirtió en una de las actrices españolas más **destacadas**[10] del momento. Tuvo un papel importante en *Todo sobre mi madre,* de Pedro Almodóvar, película que recibió el Óscar a la mejor película extranjera en 1999.

En 2001 protagonizó *Vanilla Sky* junto a Tom Cruise. En 2006 Penélope fue la primera actriz española nominada a los premios Óscar de Hollywood y a los Globos de Oro en la categoría de mejor intérprete femenina por la película *Volver* de Pedro Almodóvar.

La comida que más le gusta es la japonesa y sus colores son el blanco y el negro. Penélope ha comentado: "Soy una cosa a la que hacen fotos" y "Todas las experiencias son positivas. Si no hay sombras, no puede haber luz".

9. *role*   10. *visible*

6–23. Más detalles. Respondan a las preguntas sobre la lectura usando la información que leyeron y su propia opinión.

1. ¿Cómo creen que es la relación entre Penélope y sus padres?
2. ¿Por qué no pudo aceptar el papel que le ofrecieron en *Las edades de Lulú*?
3. Expliquen qué quiere decir Penélope con: "Todas las experiencias son positivas. Si no hay sombras, no puede haber luz".
4. ¿Qué opinión tienen de Penélope? ¿Por qué?

Gramática **Teaching tip:** Bring to the students' attention that "to have" is *tener* only when it functions as an independent verb. In this case "to have" conveys possession. When "to have" is a helping verb, as is the case in compound tenses, "to have" is *haber*.

Penélope Cruz y el director de cine Pedro Almodóvar.

Gramática

Present Perfect Tense

Formation

The present perfect tense has two parts, the first one is the present tense of the auxiliary verb **haber**, the second one is the past participle of the main verb.

Present tense (**haber**)   +   Past participle
yo **he**
tú **has**
él/ella/usted **ha**   -**ar**   -**er**   -**ir**
nosotros **hemos**   habl**ado**,   com**ido**,   dorm**ido**
vosotros **habéis**
ellos/ellas/ustedes **han**

To form the past participle, drop the last two letters of the infinitive and add **-ado** for **-ar** verbs, and **-ido** for **-er** and **-ir** verbs. Some verbs feature an irregular past participle. The most common ones are listed below.

abrir	→	abierto	hacer	→	hecho
romper	→	roto	decir	→	dicho
morir	→	muerto	ver	→	visto
escribir	→	escrito	poner	→	puesto
volver	→	vuelto	freír	→	frito
resolver	→	resuelto			

Any verbs that derive from the verbs above also have irregular past participles, e.g., **describir, refreír, deshacer, imponer, componer, prever,** and **devolver**.

Uses of the Present Perfect

The present perfect is used in Spanish in very much the same way it is used in English.

España y Portugal **han recibido** mucha ayuda económica de la Unión Europea.

*Spain and Portugal **have received** a lot of financial help from the European Union.*

The present perfect is a past tense used when the speaker perceives the action with results bearing upon the present time. That is why certain temporal references such as **hoy, esta mañana, hace una hora, este mes, este año,** and **este siglo** are compatible with the present perfect but expressions like **ayer, el año pasado,** and **la semana pasada** preclude the use of the present perfect and call for the preterit instead.

Este mes hemos tenido muchos exámenes.

This month we have had many tests.

Ayer tuve un examen.

Yesterday I had a test.

At times, the present perfect is interchangeable with the preterit.

Hoy he bebido café tres veces.

Today I have drunk coffee three times.

Hoy bebí café tres veces.

Today I drank coffee three times.

No word can come between the auxiliary verb and the past participle, therefore in negative sentences **no** is always placed before the auxiliary verb.

—¿Has estudiado para el examen ya? —No, **no** he estudiado todavía.

*Have you studied for the test yet? No, I have **not** studied yet.*

6–24. Identificación. Aquí tienes una nota de prensa sobre una visita del presidente de EE.UU. a España. Léela fijándote en los verbos que aparecen en el presente perfecto y subráyalos. ¿Puedes cambiarlos al pretérito? ¿Cambia el significado o se mantiene igual?

Noticias de España

El presidente de EE.UU. ha llegado a Madrid esta mañana. Uno de los temas de su visita es la lucha contra el terrorismo. Durante la cena ofrecida al presidente de EE.UU., el rey de España dijo: "España ha superado (*overcome*) muchos obstáculos a lo largo de la historia y está preparada para superar el problema del terrorismo local e internacional".

Durante el último año, España y EE.UU. han colaborado estrechamente (*closely*) en la lucha contra el terrorismo internacional.

 6–25. Lo que hemos aprendido. Usen la forma apropiada del presente perfecto de los verbos en paréntesis para completar esta sinopsis de lo que han aprendido en esta unidad.

En esta unidad nosotros (1. estudiar) varios aspectos de la historia y la cultura de España. Es impresionante ver cómo se (2. transformar) España en sólo unas décadas. La manera en que los españoles se (3. adaptar) a la democracia en tan poco tiempo es ejemplar. Ellos (4. hacer) un gran esfuerzo para integrarse política y económicamente a la Europa occidental. Yo (5. leer) un artículo que decía que algunos países gobernados bajo dictaduras (6. examinar) el caso de España para usarlo como ejemplo y facilitar su transición a la democracia. Yo (7. aprender) mucho sobre este tema y voy a buscar más información en Internet.

 6–26. Un día en la vida del rey. En parejas, completen este párrafo para descubrir cómo pasa un día el rey de España. Deben conjugar los verbos de la lista en el tiempo pasado más apropiado (el imperfecto, el pretérito o el presente perfecto). ¡Atención, estos verbos pueden tener un participio pasado irregular!

volver   decir   resolver   hacer   escribir

Mucha gente piensa que un rey no tiene nada que hacer. Sin embargo, un rey moderno tiene muchas responsabilidades. Por ejemplo, hoy el rey Don Juan Carlos (1) ___ de una visita a Costa Rica y (2) ___ diez cartas, todas ellas sobre importantes temas de estado. Por la tarde él y la reina (3) ___ varios problemas durante una cena oficial para los dignatarios de la Unión Europea. El rey también (4) ___ varias llamadas telefónicas a diferentes ministros del gobierno. Durante la cena oficial el rey no (5) ___ mucho porque estaba muy cansado.

6–27. ¿Y tú? ¿Es tu rutina tan ocupada como la del rey? Explica en diez oraciones qué ha pasado o no ha pasado esta semana, qué has hecho tú y qué han hecho las personas con las que te relacionas. Selecciona entre estos verbos para formar <u>cinco</u> de las diez oraciones.

abrir   escribir   decir   hacer   morir   poner   resolver   romper   ver   volver

Entrando en materia

6–28. ¿Qué saben de la Unión Europea? Usen lo que ya saben sobre la política mundial para determinar si estas oraciones son ciertas o falsas. Si pueden, corrijan las falsas.

1. Europa quiere ser una potencia (*power*) económica comparable a EE.UU. o Japón.
2. El ruso es una de las lenguas oficiales de la Unión Europea.
3. Los términos **Europa** y **Unión Europea** son sinónimos.
4. La UE es una comunidad de 27 países europeos.
5. La Unión Europea permite que sus miembros tengan gobiernos no democráticos.

6-28 Teaching tip:
Encourage students to elaborate on the logic of their response. For instance, if they say that item #1 is true, they may add: *porque yo creo (o creemos) que Europa no es tan fuerte económicamente como EE.UU. o Japón.*

6–29. Vocabulario: Antes de escuchar.

A. Van a oír las oraciones siguientes en la miniconferencia. Usando el contexto de las oraciones, indiquen cuál de estos sinónimos corresponde a las palabras en negrita.

dar   activar   pedir   situada   unión

1. El proceso de **adhesión** de España a la Unión Europea fue largo.
2. Un objetivo importante de la Unión Europea es **estimular** la economía.
3. La ciudadanía europea **confiere** a los españoles una serie de privilegios.
4. España está **ubicada** geográficamente al sur de Francia y al este de Portugal.
5. España **solicitó** la entrada en la Unión Europea en 1960.

B. Usando el contexto, indiquen cuál de estos antónimos corresponde a cada una de las palabras en negrita.

disminución   salida   occidental

1. La Unión Europea ha continuado creciendo. Se espera que en el futuro haya nuevas fases de **ampliación**.
2. La Unión Europea incluye países de Europa **Oriental**.
3. El **ingreso** de Bulgaria en la Unión Europea tuvo lugar en 2007.

Estrategia: ¿Qué sabes ya del tema?

¿Qué saben ya sobre la Unión Europea? ¿Tienen una idea general del tipo de información que van a escuchar? ¿Saben cuáles son algunos de los requisitos para ingresar en la UE? Usen la información que ya tienen o simplemente su "sentido común" para escribir una lista con 4 ó 5 puntos que creen que son importantes al decidir qué países están preparados para ingresar a la Unión. Después de escuchar la conferencia, revisen su lista. ¿Acertaron en sus predicciones?

Historia del ingreso de España a la Unión Europea

Ahora su instructor/a va a presentar una miniconferencia.

6–30. Recapitulación. Responde a las siguientes preguntas según lo que escuchaste.

1. ¿Qué otros nombres ha recibido la Unión Europea en el pasado?
2. ¿Cuántas fases de adhesión ha tenido la Unión Europea?
3. Menciona tres aspectos en que los países de la Unión Europea quieren tener una política común.
4. ¿Qué requisitos necesita cumplir un país para ser aceptado en la Unión Europea?
5. ¿Cuáles son los países que tienen el estatus oficial de candidatos?

6–31. Hablemos del tema. En la miniconferencia se menciona que España solicitó entrar a la Unión Europea en 1975, después de la muerte del dictador Francisco Franco. La Unión Europea no aceptó a España por considerar que el país no había consolidado su transición de la dictadura a la democracia. Ahora ustedes van a representar una situación relacionada con ese hecho histórico.

Estudiantes A y B:

Dos representantes del gobierno español piden la entrada de España en la Unión Europea. Su objetivo es persuadir a los representantes de la Unión de que España está bien preparada para ser admitida y que no aceptarla sería un tremendo error. Preparen una lista de argumentos sólidos y convincentes (*convincing*). Sean creativos.

Estudiantes C y D:

Dos representantes de la Unión Europea expresan acuerdo o desacuerdo con los argumentos y comentarios de los representantes españoles. Finalmente, les comunican su decisión. Sean creativos.

Teaching tip: As all *miniconferencias* this one is designed for oral delivery in class with a partial outline to guide student comprehension. The recorded version on the textbook CD offers students reinforcement of content, vocabulary and listening skills outside of class.

Por si acaso

Expresiones para persuadir

Ésta es una idea clave que merece su atención.
This is a key idea that deserves your attention.
Es muy importante que consideren todos los detalles.
It is very important that you consider every detail.
Éste es un argumento convincente porque…
This is a convincing argument because…
Nuestra petición está justificada porque…
Our request is justified because…
Expresiones para expresar acuerdo o desacuerdo

(No) Estoy de acuerdo
I agree/disagree
(No) Tiene/s razón
You're right/wrong
Ésa es una idea plausible pero…
That is a plausible idea but…
De acuerdo, pero no olvide/s que…
OK, but don't forget that…

6-31 Teaching tip: You may want to assign this activity as homework, so that students can look up data and research the topic on their own. Then, during the following class period, they can finish the activity and present their findings through a brief oral presentation.

Hablar de lo que acaba de pasar

Hola Mónica, ¿de dónde vienes?

Acabo de ver al médico.

Vocabulario para conversar **Teaching tip:** You may want to present the expression *Recién +* preterit. E.g: *Recién supe que mi abuela está enferma*/I just found out that my grandmother was sick.

Hablar de lo que acaba de pasar

In this chapter we have studied the present perfect. As you know, this tense is used to refer to actions that have taken place in the recent past, e.g: *He visto a mi hijo* recientemente. But in Spanish there are additional expressions that you can use to refer to the recent past:

Acabo de (*infinitivo*)…	*I just (past)/I have just (past participle)…*
Acabo de terminar la tarea.	*I just finished my homework/I have just finished my homework.*
Hace un rato (que)…	*It's been a little while (since) . . .*
Hace un rato que almorcé.	*It's been a little while since I had lunch.*
Hace unos minutos (que)…	*It's been a few minutes (since) . . ./. . . a few minutes ago.*
Hace unos minutos que te llamé.	*It's been a few minutes since I called you/I called you a few minutes ago.*
Vengo de (*infinitivo*)…	*I have come from (gerund)…*
Vengo de hablar con mi tío.	*I have come from talking to my uncle.*

6–32. Palabras en acción. Completen la siguiente conversación usando las expresiones mencionadas en el vocabulario nuevo. No repitan ninguna.

Rubén: ¿Qué acabas de hacer?

Mónica: _____ ver al médico.

Rubén: ¿Cómo te fue? ¿Qué te dijo?

Mónica _____ enterarme de que tengo amigdalitis. (*tonsillitis*)

Rubén: ¿Te dieron medicina?

Mónica: Sí, _____ la compré en la farmacia de la esquina.

Rubén: ¿Ya te la tomaste?

Mónica: Sí, _____

You may wish to play the *A escuchar* track for *Capítulo 6, Tema 1* from the *Activities Manual,* which presents a relevant model.

6–33. Un jefe impaciente. En parejas representen esta situación entre un jefe impaciente y su asistente. Dediquen unos minutos a preparar la situación y luego represéntenla para toda la clase.

Estudiante A: Tú eres el jefe de una compañía y haz convocado una reunión (*you have called a meeting*) muy importante. Todo lo que necesitas debe estar hecho antes de la reunión. Estás muy estresado/a porque tu asistente es un poco incompetente. Pregúntale a tu asistente si todo está listo. En tu lista de cosas importantes están: la lista de asistentes, las copias, los informes, las llamadas y los correos electrónicos.

Estudiante B: Tu jefe ha convocado una reunión de trabajo muy importante. Tú estás muy estresado/a porque tu jefe es una persona muy impaciente. Él necesita saber si cumpliste con los siguientes asuntos: la lista de asistentes, las copias, los informes, las llamadas y los correos electrónicos.

MODELO

Estudiante A: ¿Respondiste los correos electrónicos?
Estudiante B: Sí, hace unos minutos que los envié.

CURIOSIDADES

6-34 **Teaching tip:** You may want assign this activity as homework to allow students to do some research and come up with the answers.

6-34 **Answers:**
1. A (Unión Europea: 497 millones; Estados Unidos: 304 millones)
2. B
3. B
4. A
5. A
6. A
7. A
8. B (hay 27 países)
9. A (UE=7%, EE.UU. 5%)
10. A (UE = 1,669,807 millas cuadradas EE.UU.= 3,794,066 millas cuadradas)

6–34. ¿Cuánto saben sobre la Unión Europea? Pongan a prueba sus conocimientos sobre la Unión Europea.

1. La población de la Unión Europea es superior a la de los Estados Unidos.
   a. cierto   **b.** falso

2. El euro fue adoptado por todos los países de la Unión Europea en 2002.
   a. cierto   **b.** falso

3. Suiza es miembro de la Unión Europea.
   a. cierto   **b.** falso

4. La bandera de la Unión Europea es azul y tiene 12 estrellas amarillas.
   a. cierto   **b.** falso

5. La representación de cada país en el parlamento europeo es proporcional al número de habitantes que tiene cada país.
   a. cierto   **b.** falso

6. Una de las caras de las monedas del euro tiene exactamente el mismo diseño en todos los países.
   a. cierto   **b.** falso

7. Croacia es un Estado con estatus oficial de candidato para la membresía en la UE.

   a. cierto   **b.** falso

8. El número de estrellas de la bandera de la Unión es igual al número de países representados.

   a. cierto   **b.** falso

9. La tasa de desempleo de la UE es superior a la de los Estados Unidos.

   a. cierto   **b.** falso

10. El territorio de los Estados Unidos es mayor que el de la Unión Europea.

    a. cierto   **b.** falso

Resultados:

0–3 euroinconsciente   4–7 euroconsciente   8–10 eurogenio

México y España:
Su rivalidad y reconciliación

Lectura

Entrando en materia

6–35. ¿Qué esperan leer? Lean los títulos que aparecen a continuación. ¿Qué información esperan encontrar?

1. México se independiza de España
2. Sobre las relaciones entre México y España
3. Sobre Lázaro Cárdenas

6–36. Términos y asociaciones. En parejas, expliquen qué ideas, conceptos o hechos históricos de su cultura u otras culturas asocian con los siguientes términos:

> **MODELO**
>
> **invasión**
> **Los moros invadieron España en el año 711.**

1. período colonial
2. independencia
3. revolución
4. guerra civil
5. monarquía absoluta

Por si acaso

Expresiones útiles para comparar respuestas con otro estudiante

¿Qué tienes/ pusiste en el número 1/ 2/ 3?
Yo tengo/ puse a/ b.
Yo tengo algo diferente.
No sé la respuesta./ No tengo ni idea.
Creo que la respuesta es a/ b, pero no estoy seguro/a.
Creo que es cierto./Creo que es falso.

Perfil de México y España

MÉXICO SE INDEPENDIZA DE ESPAÑA

España se resistió durante mucho tiempo a reconocer la independencia de México, que entonces se llamaba Nueva España. La Guerra de Independencia de la Nueva España duró 11 años (1810–1821). Durante esos años murieron algunos de sus principales líderes, como el padre Miguel Hidalgo, ejecutado en 1811, y el padre José María Morelos, ejecutado en 1815, además de miles de hombres y mujeres patriotas. Finalmente, la lucha por la independencia **alcanzó**[1] su objetivo el 27 de septiembre de 1821. Después de esta fecha, en 1829, España intentó recuperar México, pero no lo consiguió.

Varios factores inspiraron el deseo de independencia en México. Los criollos, personas de padres españoles nacidas en territorio colonial, empezaron a cuestionar los privilegios de los nacidos en España, a los que se les llamaba **despectivamente**[2] gachupines. Los criollos no tenían acceso a los puestos más influyentes en la administración civil y eclesiástica de Nueva España. Además, estos criollos, que no se sentían españoles, no veían la posibilidad de mejorar la economía en Nueva España. Los españoles no tenían interés en su prosperidad y utilizaban los recursos de las colonias para enriquecerse **a sí mismos**[3]. Igualmente, la población indígena y mestiza estaba descontenta por la pobreza en la que vivían.

Mapa de Nueva España

En la escena internacional, EE.UU., que había conseguido su independencia oficial en 1783, después de seis años de guerra con los británicos, fue un ejemplo para la población de Nueva España. Además, las nuevas corrientes filosóficas de pensamiento liberal afectaron las ideas políticas de los indígenas, criollos y mestizos. La filosofía liberal se oponía al poder absoluto de la monarquía y defendía ideas democráticas: la **soberanía**[4] del pueblo y la división de los poderes ejecutivo, legislativo y judicial.

Al romperse la relación con España, los mexicanos iniciaron la búsqueda de su identidad política. La adopción de las ideas sobre la formación de la república fue una manera de **rechazar**[5] el pasado colonial, que se asociaba con la monarquía.

Felipe Calderón, presidente de México, termina su mandato en el año 2012.

RELACIONES ENTRE MÉXICO Y ESPAÑA

Las buenas relaciones que México ha tenido con España continúan fortaleciéndose bajo el **mandato**[6] del presidente Felipe Calderón. En su afán de estrechar lazos y de diversificar los **vínculos**[7] que México tiene con la comunidad internacional, la administración de Calderón está muy interesada en continuar con una **apertura económica**[8] que le permita reducir la dependencia que México tiene de los Estados Unidos, país que compra más del 85% de las exportaciones mexicanas.

El presidente Calderón continúa **recalcando**[9] la importancia de invertir en la mejora de la infraestructura

Teaching tip: Students may get confused and think that the war of independence from Spain (1810–1821) and the Mexican revolution (1910–1920) are the same thing. Remind them that they are two different events: the first one occurring in the 19th century and the second one in the 20th century, exactly one century apart from each other.

1. *reached*   2. *derogatorily*   3. *themselves*   4. *sovereignty*   5. *reject*
6. *term of office*   7. *links*   8. *open market*   9. *stressing*

de México, ya que se considera que este aspecto es crucial para seguir generando un desarrollo sostenido en su país. Para cumplir con este objetivo, el presidente Calderón ha afirmado que los capitales españoles pueden encontrar en México buenas oportunidades de negocio en áreas como telecomunicaciones, construcción de viviendas y generación de energía, entre otros.

LÁZARO CÁRDENAS (1895–1970)

Cárdenas, que fue presidente de México de 1934 a 1940, había sido general de la Revolución Mexicana (1910 a 1920), período en el que muchos líderes como Emiliano Zapata y Pancho Villa habían luchado por una reforma agraria y social profunda. Los grupos que favorecieron a Cárdenas para la presidencia pensaban que lo podrían manipular fácilmente, ya que era un hombre cortés, sereno y de pocas palabras. Sin embargo, se equivocaron y Cárdenas procedió inmediatamente a implementar las reformas sociales de la Revolución. La prioridad de Cárdenas fue la reforma agraria, pues el 70% de la población trabajaba en agricultura o **ganadería**.[10]

Algunos califican su política exterior como una de las más **exitosas**[11] de la historia de México. Desde el punto de vista de España, Cárdenas ofreció una generosísima ayuda a los españoles no franquistas que tuvieron que exiliarse durante la Guerra Civil española

(1936 a 1939) y después de que Franco iniciara su dictadura. México ofreció **asilo**[12] a miles de españoles, entre ellos a quinientos niños que quedaron huérfanos a consecuencia de la guerra. Muchos de esos españoles se establecieron para siempre en México.

Por si acaso

España y México tienen hoy excelentes relaciones políticas y económicas. Los dos países tienen múltiples acuerdos bilaterales para fomentar (*foster*) el intercambio cultural, económico y científico. El Instituto de México en España es una buena muestra del intercambio cultural entre los dos países.

Por si acaso

El corrido mexicano

El corrido es un tipo de canción popular mexicana que generalmente cuenta la historia de algún héroe legendario. La estrofa de abajo es parte de un corrido titulado "*Corrido de la muerte de Zapata*". A la sombra de un guayabo (*guava tree*) cantaban dos chapulines (*grasshoppers*):
—¡Ya murió el señor Zapata… terror de los gachupines!

6-37 **Answers:** 1. e; 2. c; 3. a; 4. f; 5. d; 6. b

6-37. En detalle. Indica qué idea de la columna B completa la idea de la columna A.

A

1. Por mucho tiempo, España no reconoció…
2. Miguel Hidalgo y José María Morelos…
3. Los criollos eran…
4. Los criollos se inspiraron en EE.UU. porque…
5. El presidente Calderón quiere…
6. Lázaro Cárdenas ayudó a los exiliados…

B

a. hombres y mujeres de ascendencia española que nacieron en territorio mexicano.
b. que salieron de España durante la Guerra Civil española.
c. fueron héroes de la Guerra de Independencia de México.
d. invertir en la mejora de la infraestructura.
e. a México como país independiente.
f. EE.UU. había tenido éxito (*success*) en su lucha por la independencia.

10. *cattle farming*   11. *successful*   12. *asylum*

Gramática

Prepositions por, para, de, a, en

Except for the idiomatic uses of prepositions, we can define a preposition as a word that establishes a relationship between its most immediate words, e.g., mesa **de** madera, caminamos **por** dos días, vivo **en** Puebla. In these examples **de, por** and **en** indicate a relationship of substance, time and location respectively.

Only a few Spanish prepositions feature a one-to-one correspondence with English. The norm is for a Spanish preposition to have different translations in English depending on the context. In addition, while a certain phrase may not require a preposition in English, the Spanish equivalent may require it, e.g., *I'm afraid to speak.* ➜ Tengo miedo **de** hablar.

The focus of this unit is on the use of the prepositions **por, para, de, a** and **en**. Some of the information you may recall from first-year Spanish and some of it may be new.

Uses of **por** and **para**

Por

1. Place of transit (**por** = *through*)

   Los revolucionarios no quisieron pasar **por** la capital de México.

   *The revolutionaries did not wish to pass **through** the capital of Mexico.*

2. Duration (**por** = *for*)

   Los rebeldes lucharon **por** once años.
   *The rebels fought **for** eleven years.*

3. Because of, in exchange for (**por** = *for*)

   Los rebeldes lucharon **por** la libertad.

   *The rebels fought **for** liberty.*

   Las asociaciones sin ánimo de lucro no trabajan **por** dinero.

   *Non-profit organizations do not work **for** money.*

Para

1. Place of destination (**para** = *to*)

   Algunos revolucionarios insistieron en ir **para** la capital de México.

   *Some revolutionaries insisted on going **to** the capital of Mexico.*

2. Goal or recipient or beneficiary (**para** = *for, in order to*)

   Los campesinos no tenían dinero **para** comprar comida.

   *The peasants did not have any money **to** buy food.*

   Los campesinos no tenían dinero **para** comida.

   *The peasants did not have any money **for** food.*

   Los campesinos trabajaron **para** los dueños de las haciendas.

   *The peasants worked **for** the owners of the ranches.*

Uses of **de**

1. Characteristic or condition (**de** = *in, with*)

   El hombre **del** sombrero es Pancho Villa.

   El hombre **de** ojos marrones e intensos es Emiliano Zapata.

   *The man **in** the hat is Pancho Villa.*

   *The man **with** intense brown eyes is Emiliano Zapata.*

2. Time and time span (**de** = *at, during, from*)

   Los revolucionarios atacaban **de** noche.

   Los campesinos trabajaban **de** día.

   Los campesinos trabajaban **de** cinco de la mañana a ocho de la noche.

   *The revolutionaries attacked **at** night.*

   *The peasants worked **during** the day.*

   *The peasants worked **from** five in the morning until eight in the evening.*

3. Authorship (**de** = *by*)

   La historia "Los novios" es **de** un autor desconocido.

   Estoy leyendo una novela **de** un autor mexicano.

   *The story "Los novios" is **by** an unknown author.*

   *I am reading a novel **by** a Mexican author.*

   Teaching tip: Uses of *al*. Bring to the students' attention that English calls for the present participle (*-ing* ending) of the verb in this type of construction. *Al llegar, Juan fue a la playa.* Upon arriving, Juan went to the beach.

Uses of **a**

1. Time expressed in reference to clock hours (**a** = *at*)

   Los revolucionarios se levantaron **a** las seis de la mañana.

   *The revolutionaries got up **at** six in the morning.*

2. After verbs of motion (**ir, venir, llegar, volver, caminar, correr**) (**a** = *to*)

   Los revolucionarios fueron **a** la capital de México.

   *The revolutionaries went **to** the capital of Mexico.*

3. In the construction **al** + *infinitive* to express an event that triggers another (**a** = *on/upon*)

   Al llegar los revolucionarios, la población indígena los aplaudió.

   ***Upon** the arrival of the revolutionaries, the indigenous population applauded.*

4. **a** + **la** + *feminine adjective* (of geographical origin) to indicate the style in which something is done (**a** + **la** + *feminine adjective* = *in the style*)

   Muchas personas en EE.UU. comen **a la** mexicana.

   *Many people in the US eat **in the** Mexican style.*

Uses of **en**

1. Location (**en** = *at*)

   Los campesinos tendrán una fiesta **en** la plaza del pueblo.

   *The peasants will have a party **at** the town square.*

2. Location (**en** = *on*)

   Emiliano Zapata puso la pistola **en** la mesa.

   *Emiliano Zapata put the gun **on** the table.*

3. Time in the past or in the future expressed in quantity (**en** = *in, within*)

Estudiaremos más sobre Emiliano Zapata **en** dos semanas.

*We will study more about Emiliano Zapata **in** two weeks.*

México ha cambiado mucho **en** la última década.

*Mexico has changed greatly **within** the last decade.*

For a review of the use of personal *a* and *ser* vs. *estar*, see *Grammar Reference 8*.

6–38. Identificación y producción. Identifica el uso de las preposiciones en las siguientes oraciones. Escribe una oración sobre tu vida personal o académica con el mismo uso de la preposición en el ejemplo.

> **MODELO**
>
> **Me gusta pasear por el D.F.**
> **Use: place of transit**
> **Todas las mañanas paso por el Centro Estudiantil de camino a mis clases.**

1. Los últimos dos presidentes de México han sido **del** PAN.
2. Tienes que ver el D. F. **de** noche.
3. El primer ministro español voló **a** México ayer.
4. ¿Cuándo vas **para** España?
5. El revolucionario dejó su sombrero **en** una silla.
6. **A** las tres de la tarde tendremos un examen sobre la historia de México.
7. He estudiado **para** este examen por veinte horas.
8. España ha invertido grandes cantidades de dinero **en** México.
9. **Al** ver al primer ministro, los periodistas se acercaron para tomar fotos.
10. La esposa del ministro bailó **a la** mexicana.
11. El hombre **del** poncho rojo es de Chiapas.
12. Compré unos aretes en México **para** mi hermana.
13. Este compendio de México es **de** un historiador famoso.
14. Los rebeldes se sacrificaron **por** México.

Ahora decide si necesitas **por** o **para**.

1. Calderón visitó España (por/para) negociar acuerdos bilaterales.
2. Los mexicanos quieren trabajar más (por/para) un futuro mejor.
3. El día de la Virgen de Guadalupe, cientos de personas saldrán temprano (por/para) el santuario de la Virgen.
4. Muchos españoles vivieron en México (por/para) muchos años después de la Guerra Civil española.
5. A muchos turistas les gusta pasear (por/para) Oaxaca.

6-38 **Answers:** 1. para; 2. por; 3. para; 4. por; 5. por

6–39. ¿Quién es doña Margarita Zavala? Escojan la preposición apropiada usando la lista de preposiciones incluida en la sección anterior. ¡Ojo, es posible que haya más de una opción para algunas oraciones!

1. Margarita Zavala es la esposa _____ Felipe Calderón y la madre _____ tres hijos.

2. Margarita asistió _____ la Escuela Libre de Derecho y escribió una disertación sobre los derechos humanos _____ la que recibió el reconocimiento de Tesis Laureada.

3. Dentro de su trayectoria política, la señora Zavala ha tenido un papel muy activo con el PAN y se ha interesado _____ la problemática femenina.

4. Durante su carrera ella se ha preocupado _____ lograr una mayor participación política de la mujer.

5. La señora Zavala inició su lucha _____ las mujeres antes de cumplir 30 años.

6. _____ ser nombrada como Secretaria Nacional de Promoción Política de la Mujer, logró incrementar la participación _____ diputadas federales del PAN.

7. Zavala está interesada _____ mejorar las condiciones laborales _____ las madres trabajadoras.

8. Margarita Zavala fue docente _____ la Universidad Iberoamericana además de haber trabajado como abogada.

Lectura

Entrando en materia

6–40. Relacionar ideas. En parejas, lean el título de la lectura en la página 243 y seleccionen el tema que posiblemente aparecerá en el texto. Después, piensen en qué elementos pueden tener en común los inmigrantes de cualquier país. Hablen con otra pareja sobre sus opiniones y determinen qué puntos parecen más universales.

1. un mexicano que vive en España
2. un centroamericano que emigra a México
3. un hombre de España que emigra a México

6–41. Vocabulario: Antes de leer.

Las siguientes palabras aparecen en la lectura. Primero, deduzcan su significado usando el contexto y las definiciones. Después, respondan a la pregunta para usar el vocabulario nuevo.

1. **ley**

   En México, la **ley** de inmigración es estricta.

   ley: regulación

   explica: ¿Qué sabes de la **ley** de inmigración en EE.UU.?

2. **en cuanto a**

   El gobierno mexicano es estricto **en cuanto a** los requisitos de inmigración.

   en cuanto a: en referencia a

   explica: ¿**En cuanto a** qué aspectos es estricto el gobierno federal o estatal de EE.UU.?

3. **alentó**

   El gobierno mexicano **alentó** a los exiliados para ir a México.

   alentar: animar

   explica: ¿Crees que en el futuro EE.UU. **alentará** más inmigración? Explica.

4. **apoyó**

   El gobierno mexicano **apoyó** económicamente a los exiliados españoles.

   apoyar: dar ayuda

   explica: ¿Cómo **apoya** EE.UU. a otros países?

5. **botánica**

   El Dr. Faustino Miranda hacía estudios científicos en **botánica**.

   botánica: estudio de las plantas

   explica: ¿Qué tipo de actividades incluye la investigación **botánica**?

6. **a causa de**

   El Dr. Miranda emigró a México **a causa de** la Guerra Civil española.

   a causa de: como consecuencia de

   explica: Menciona un efecto sociocultural en la vida estadounidense que ha ocurrido **a causa de la** inmigración mexicana a EE.UU.

7. **conocedor**

   El Dr. Miranda era **conocedor** de las plantas de Chiapas.

   conocedor: persona que sabe mucha información sobre un tema determinado

   explica: Da el nombre de una persona famosa **conocedora** de un tema de tu elección.

8. **premiar**

   El gobierno mexicano **premió** al Dr. Miranda por su contribución científica.

   premiar: dar una recompensa o reconocimiento

   explica: ¿Qué tipo de actividades **premian** los gobiernos? ¿Y las instituciones académicas?

Faustino Miranda (1905–1964): Un emigrante español en México

La **ley** mexicana fue muy estricta **en cuanto a** los requisitos de inmigración y en particular los de naturalización. Un ejemplo que ilustra este hecho es que un ciudadano naturalizado mexicano perdía automáticamente su ciudadanía mexicana si residía fuera de México por cinco años consecutivos. Sin embargo, México fue uno de los pocos países que mostró solidaridad incondicional con los miles de españoles que tuvieron que abandonar España después de la Guerra Civil. Faustino Miranda formó parte de esa emigración masiva e incondicional que el gobierno mexicano **alentó** y **apoyó** económica y moralmente. Ⓜ

El Dr. Faustino Miranda nació en España e inició su brillante carrera de **botánica** en la Universidad Central de Madrid. Llegó a México en 1939, **a causa de** la Guerra Civil española. Fue catedrático de la Facultad de Ciencias y jefe del Departamento de Botánica en el Instituto de Biología, donde formó un brillante grupo de discípulos. Pasó dos o tres años en Chiapas fundando el Jardín Botánico de Tuxtla Gutiérrez (capital de Chiapas). El resultado de sus investigaciones en Chiapas fue, entre otras publicaciones, *La vegetación de Chiapas*, que contiene una clasificación de las plantas que se encuentran en la región. En sus aspectos científicos y conservacionistas, el Jardín Botánico es un lugar donde crece una gran variedad de plantas representativas de las montañas y de las zonas tropicales y subtropicales de Chiapas.

El Dr. Faustino Miranda es considerado como el botánico más **conocedor** de las selvas del sur de México. En 1954 recibió el Premio Chiapas, establecido por el gobierno para **premiar** a los hombres de ciencia.

El Dr. Miranda se casó con una mexicana a los cincuenta y nueve años de edad, pero tristemente murió poco después de haberse casado el 17 de diciembre de 1964.

> **Ⓜ omento de reflexión**
>
> Selecciona la idea que mejor representa el contenido de la lectura hasta este momento.
>
> ☐ a. Históricamente, México nunca ha hecho una excepción en la aplicación de su ley de inmigración.
>
> ☒ b. La estricta ley de inmigración contrasta con la incondicional invitación a los españoles exiliados para establecerse en México.

6-42 **Answers:** 1. no; 2. sí; 3. sí; 4. sí; 5. sí

6–42. Recapitulación. Identifica en la lista las oraciones que describan la contribución del Dr. Faustino Miranda a la ciencia mexicana. Escribe *sí* o *no* junto a cada frase en el espacio indicado.

1. _____ El Dr. Miranda colaboró con el gobierno en asuntos de inmigración.
2. _____ Fue instructor de botánica en la Facultad de Ciencias.
3. _____ Se casó con una mexicana a los cincuenta y nueve años.
4. _____ Fue el fundador del Jardín Botánico de la capital de Chiapas.
5. _____ Era un experto en temas de botánica tropical.

6–43. Vocabulario: Después de leer. En parejas, respondan a las siguientes preguntas según sus opiniones personales.

1. Piensen en lo que ya saben sobre las **leyes** de inmigración en Estados Unidos. ¿Les parecen **leyes** justas y prácticas o creen que son demasiado estrictas?
2. El gobierno mexicano **alentó** a los españoles exiliados a vivir y trabajar en México. ¿Qué actitud tiene el gobierno de Estados Unidos hacia los inmigrantes? ¿Los **alienta** a inmigrar? ¿Los **apoyan** una vez que llegan?
3. **En cuanto a** los inmigrantes, ¿qué cosas positivas aportan a la sociedad estadounidense? ¿Qué problemas hay **a causa de** la inmigración?
4. El Dr. Miranda es un **conocedor** de **botánica** que fue **premiado**. ¿De qué se consideran ustedes conocedores?

6–44. Hablemos del tema. En grupos de cuatro personas, piensen en algunos de los movimientos inmigratorios hacia EE.UU., por ejemplo, la llegada de la población judía de Alemania entre 1939 y 1945, la llegada de la población coreana entre 1950 y 1953 y la gran cantidad de población mexicana que ha llegado durante los últimos veinte años. Después, tengan una breve conversación sobre los siguientes puntos:

6-44 **Recycling:** Review with students expressions of opinion in *Capítulo 3* and expressions of agreement and disagreement in *Capítulo 4*.

1. ¿Por qué creen que se han producido esos movimientos migratorios?
2. ¿Cómo han contribuido estos grupos económica y socialmente al país?
3. ¿Qué grupos han recibido más aceptación? ¿Por qué?
4. Si tuvieran que emigrar a otro país, ¿qué país escogerían? ¿Por qué?

Vocabulario para conversar

Coloquialismos de México y España

Usar coloquialismos en México y España

The following expressions are commonly used in everyday conversations in Mexico and Spain. As you may imagine, this is only a partial sample of how rich the Spanish language is. Enjoy!

México	España	Estados Unidos
lana	pasta	*money*
cuate/güey	tío/tía/colega	*dude*
chela	birra	*beer*
codo	agarrado	*stingy*
fresa	pijo	*snob, stuck-up*
órale	vale	*OK, right on!*
¡Qué padre!	¡Qué guay!	*How cool!*
ir de reventón	ir de marcha	*go party*
un chorro de…	un mogollón de…	*an awful lot of…*

España		
pasarlo bomba		*to have a great time*
ser un rollo		*to be a bore*
tener mala leche/uva		*to be bad-tempered*
un/una guiri		*a tourist*

México		
¡Aguas!		*Watch out!*
¡Chin!		*Bummer!*
¡Híjole!		*Holy cow!*
¡No manches!		*Give me a break!*
¿Mande?		*Pardon?/ A way to respond to someone who has called your attention*
¿Qué onda?		*What's up?*

6–45. ¿Nos vamos de reventón? Completen las siguientes conversaciones usando los coloquialismos que aparecen en las listas.

Un par de mexicanos en un café:

6-45 **Answers:**
Un par de mexicanos en
un café:
cuate/güey
órale; un chorro de
vamos de reventón
¡órale/que padre!
lana
codo

Alejandro: Hola _____.

Rodolfo: ¿Qué onda, _____? ¿Te tomas un café?

Alejandro: _____. Hace _____ tiempo que no hablamos así que aprovechamos para ponernos al día.

Rodolfo: Oye, ¿qué ha pasado con tu novia? No te he visto con ella últimamente.

Alejandro: Estoy harto con su temperamento. Siempre está enojada.

Rodolfo: Pues güey, tengo que presentarte a Lupita. Ella es la hermana de mi novia y tiene un muy buen sentido del humor. Seguro que con ella vas a pasarlo bien.

Alejandro: ¿Qué te parece si invitas a tu novia y a Lupita y los cuatro nos _____ el viernes?

Rodolfo: ¡_____! Paga los cafecitos porque estoy sin _____.

Alejandro: Tú, _____ como siempre. ¡Ja,ja, ja!

La misma situación en un café en Sevilla:

Manolo: Hola _____.

Fernando: Manolo, qué bueno verte. ¿Te tomas un café?

Manolo: _____. Hace _____ tiempo que no hablamos así que aprovechamos para ponernos al día.

Fernando: Oye, ¿qué ha pasado con tu novia? No te he visto con ella últimamente.

Manolo: Esa _____ tiene _____. Siempre está enojada.

Fernando: Pues, tengo que presentarte a Lola. Ella es la hermana de mi novia y tiene un muy buen sentido del humor. Seguro que con ella vas a _____.

Manolo: Hablando de pasarlo bien, ¿qué te parece si invitas a tu novia y a Lola y los cuatro nos _____ el viernes?

Fernando: Me parece fenomenal. Paga los cafecitos porque estoy sin _____.

Manolo: Tú, _____ como siempre. ¡Ja,ja, ja!

COLOR Y FORMA

El padre Miguel Hidalgo y la independencia nacional, de José clemente Orozco. Palacio de Gobierno. Guadalajara, México.

El padre Miguel Hidalgo y la independencia nacional, de José Clemente Orozco

José Clemente Orozco (1883–1949) nació en el estado de Jalisco, México. Este pintor popularizó la técnica del fresco y es uno de los mejores muralistas de la cultura occidental. Trabajó en EE.UU. entre 1927 y 1934. Durante esta época pintó los murales de la biblioteca Baker en Dartmouth College, en los cuales se representa la historia de América. El movimiento artístico que más influyó en su arte fue el simbolismo. Orozco fue un hombre activo en la política durante la Revolución Mexicana (1910 a 1920). Su preocupación por la justicia social es evidente en sus murales y en sus caricaturas.

 6–46. Mirándolo con lupa. Observen esta obra de arte y hagan lo siguiente:

1. Describan los objetos y los colores que observen en el cuadro.
2. Expliquen la relación entre las imágenes del cuadro y el título.
3. Denle un título diferente a la obra y expliquen su selección.
4. Expliquen la relación entre el tema de este cuadro y el tema de esta unidad.
5. ¿Comprarían este cuadro? Expliquen.

Lo mejor de México y España

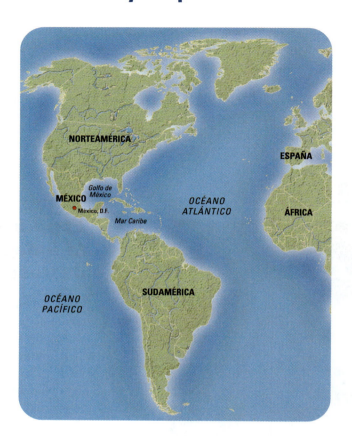

NORTEAMÉRICA

ESPAÑA

Golfo de México

MÉXICO

ÁFRICA

OCÉANO ATLÁNTICO

● México, D.F.

Mar Caribe

OCÉANO PACÍFICO

SUDAMÉRICA

Lectura

Por si acaso

Expresiones útiles para comparar respuestas con otro estudiante

¿Qué tienes/ pusiste en el número 1/ 2/ 3?
Yo tengo/ puse a/ b.
Yo tengo algo diferente.
No sé la respuesta./ No tengo ni idea.
Creo que la respuesta es a/ b, pero no estoy seguro/a.
Creo que es cierto./Creo que es falso.

▶ Entrando en materia

6–47. Anticipar. Dediquen unos minutos a mirar las páginas siguientes. Fíjense en los títulos de las lecturas, pero no lean el texto todavía. Después, con la información de esos títulos, traten de determinar qué temas de la columna B le pueden corresponder a cada título de la columna A. Para cada título hay dos temas.

A: TÍTULOS	**B: TEMAS**
1. Tres cineastas mexicanos	**a.** _____ El trabajo de un ingeniero en España
2. Santiago Calatrava, arquitecto, ingeniero y escultor español	**b.** _____ Datos sobre el estilo de cada director
	c. _____ Información sobre tres directores de cine
	d. _____ Información sobre un un arquitecto, ingeniero y escultor

Tres cineastas mexicanos

Los tres cineastas mexicanos más notables de la actualidad realizan, cada uno, un cine de estilo muy particular. Guillermo del Toro se dedica al género de horror, cargado de efectos especiales y seres fantásticos de original aspecto. Por su parte, Alfonso Cuarón tiende a contar historias relacionadas con la infancia o la adolescencia y sus ritos de paso correspondientes. En cambio, las producciones de Alejandro González Iñárritu están compuestas por personajes atormentados que sufren algún **duelo**[1] interno y cuya vida se transforma **a raíz de**[2] algún trágico acontecimiento. Sin embargo, cuando se hace un análisis más detallado sobre la trayectoria de este trío de talentosos directores, **resaltan**[3] diversos elementos que todos comparten. El más

evidente es que los tres han logrado trascender las fronteras de nuestro país con su cine, ganando numerosos premios y reconocimientos internacionales, pocas veces vistos en la historia de la cinematografía nacional. Entre ellos hay una buena amistad y se ayudan mutuamente con el proyecto en turno de cada uno. También pertenecen a la misma generación, (Del Toro tiene 42 años, González Iñárritu, 43 y Cuarón, 45). Asímismo, los tres trabajaron en la televisión nacional y **lanzaron**[4] sus primeros filmes en la década de los 90, lo cual no es simple coincidencia, puesto que fue precisamente en esa época cuando distintos factores permitieron que el cine mexicano retomara su vuelo.

Alfonso Cuarón, Alejandro González Iñarritu y Guillermo del Toro

---

1. *struggle*   2. *due to*   3. *bring out*   4. *launched*

Español polifacético

SANTIAGO CALATRAVA VALLS: ARQUITECTO, INGENIERO Y ESCULTOR ESPAÑOL

Calatrava nació en Valencia en 1951. Este genio de la arquitectura empezó sus estudios en la Escuela de Bellas Artes de Valencia a los 8 años. Después de viajar

por Europa, Calatrava se graduó como arquitecto en Valencia e hizo estudios de posgrado en urbanismo. Recibió también un doctorado en ingeniería civil en Zurich en 1979.

Las obras de Calatrava se pueden ver en España, Estados Unidos, Irlanda, Israel, Argentina, Canadá y Suecia, entre otros países. A Calatrava se le concedió la construcción del rascacielos más alto de los Estados Unidos que se llamará *Chicago Spire* y que tendrá 610 metros/2,000 pies de altura.

Algunas de sus obras son la Ciudad de las Artes y de las Ciencias y el Palacio de las Artes Reina Sofía (Valencia).

6–48. Resumir. Completen estas oraciones con la información que se encuentra en las lecturas anteriores.

1. Los personajes de las historias de González Iñarritu son….
2. En la década de los 90…
3. Del Toro se dedica al género de…
4. Los temas que trata Cuarón son…
5. Los personajes de González Iñarritu…
6. Santiago Calatrava es conocido por…
7. En el año 1979…
8. Las obras de Santiago Calatrava se encuentran en…

Ven a conocer

Ven a conocer **Teaching tip:** Recording available on the textbook CD.

6–49. Preparación. Aquí tienen varios folletos turísticos. En parejas, y antes de leer, preparen una lista breve incluyendo el tipo de información que normalmente se encuentra en folletos turísticos. Incluyan la mayor cantidad de puntos posibles. Después de leer, repasen su lista para comprobar si sus predicciones fueron acertadas.

Qué ver en Oaxaca

EL ESTADO DE OAXACA

En su vasta geografía encontrarás playas, montañas, bosques y valles, zonas arqueológicas, arquitectura colonial, enormes recursos de biodiversidad, todas las comodidades del mundo moderno, tradiciones centenarias y folclor. Todos estos aspectos hacen de Oaxaca uno de los destinos preferidos por el turismo nacional y extranjero.

LA CIUDAD DE OAXACA

La ciudad de Oaxaca se distingue por la belleza y armonía de su arquitectura, la riqueza de sus costumbres y tradiciones, la extensa variedad de su comida y la suavidad de su clima primaveral.

El centro histórico de la ciudad fue declarado Patrimonio de la Humanidad por la Organización de las Naciones Unidas para la Educación, las Ciencias y la Cultura (UNESCO). La Plaza de la Constitución o Zócalo de la ciudad es una de las más hermosas de México. El andador Macedonio Alcalá o "Andador Turístico" es una calle peatonal (*pedestrian*) y es donde están los museos, las antiguas casas coloniales, las galerías, los restaurantes y las más distinguidas tiendas de artesanía y joyería.

RUTA DE LA CULTURA PREHISPÁNICA

La ruta Monte Albán-Zaachila comprende la zona arqueológica de Monte Albán, la ciudad más representativa de la cultura zapoteca por su desarrollo cultural y su arquitectura monumental. En el poblado de Atzompa se elaboran hermosas piezas de barro natural y verde **vidriado**[1].

LA COSTA OAXAQUEÑA

¡Huatulco tiene de todo, menos invierno! Es uno de los lugares más bellos de la costa del Pacífico mexicano. Huatulco también es uno de los complejos turísticos más ambiciosos del país, porque en todos sus megaproyectos se ha buscado proteger la belleza natural del lugar y conservar su ecología.

EL SABOR DE OAXACA

La cocina oaxaqueña es una de las más ricas de México. En la cocina de Oaxaca el ingrediente prehispánico es fundamental. Los platillos más tradicionales son: el "mole oaxaqueño", en sus siete variedades dependiendo del tipo de chile que se utiliza, comenzando desde el mole más sencillo hasta el más elaborado; hay mole negro, amarillo, almendrado, de chichilo, verde y colorado. Además sobresalen los chiles rellenos, el quesillo, las tlayudas y los típicos tamales. Pero el platillo más peculiar es los **"chapulines"**[2] preparados con sal. Se dice que aquellos que lo prueban siempre regresan a Oaxaca.

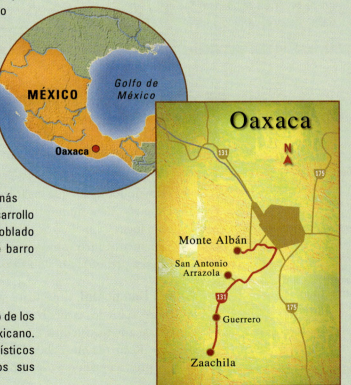

MÉXICO

Golfo de México

Oaxaca

Oaxaca

N

131

175

Monte Albán

San Antonio Arrazola

131

175

Guerrero

Zaachila

---

1. *glass crafts* 2. *grasshopper*

El Camino de Santiago: Turismo espiritual

La **red**[3] de caminos que conducen a Santiago de Compostela (España) recibe el título de Primer Itinerario Cultural Europeo por su función difusora de las manifestaciones culturales y creadora de una identidad común entre los pueblos de Europa. Es sin duda la primera gran ruta que conduce por tierras de España a viajeros de todo el mundo.

Desde hace más de ocho siglos, el culto al apóstol Santiago tiene como consecuencia un flujo interminable de **peregrinos**[4]. El itinerario del Camino de Santiago tiene una función espiritual y cultural. En la ruta resalta la gran variedad cultural de las regiones que se recorren, la hospitalidad de sus gentes y el variado paisaje.

La ruta más conocida y mejor acondicionada es la que se conoce como el camino francés. Entra en España por Somport u Orreaga-Roncesvalles en los Pirineos y se unifica después en Puente la Reina. El objetivo de la ruta es visitar la tumba del Apóstol Santiago, que se encuentra en la ciudad de Santiago de Compostela, específicamente en la catedral de esta ciudad.

La ciudad del apóstol está llena de monumentos, y recorrer sus calles, plazas y rincones es el mejor atractivo antes de probar la excelente cocina. Las fiestas para honrar al apóstol Santiago son los días 24 y 25 de julio.

6–50. Comprensión y preferencias. En parejas, hagan lo siguiente: imaginen que tienen que hacer varias recomendaciones para sus amigos sobre algunos de los lugares mencionados en los folletos. Uno de sus amigos quiere hacer turismo arqueológico, a otro le interesa mucho la gastronomía y a su amiga Marta le fascina ir a la playa durante las vacaciones.

- Primero indiquen qué lugar les parece más indicado para cada viajero.
- Después, incluyan información sobre las actividades disponibles en cada lugar.
- Finalmente, incluyan sus preferencias personales y explíquenles por qué ustedes preferirían ir a un sitio u otro.

6–51. Una postal. Imagínate que acabas de pasar tus vacaciones en uno de los lugares sobre los cuales han leído. Escribe una postal de unas 50 a 75 palabras y explícale a tu instructor a dónde fuiste y qué hiciste en los lugares de tu elección. Recuerda que debes dirigirte a tu instructor formalmente, usando *usted*, y presta atención a los tiempos verbales del pasado.

Viaje virtual

Visita www.caminosantiago.org y escoge tres aspectos que te parezcan interesantes o visita oaxaca-travel.com/ y dirígete a la página en español para escoger uno de los siguientes temas (atractivos naturales, actividades culturales, ecoturismo o consejos de viaje). Prepara un informe para traer a la clase. Este informe puede incluir por qué te interesa la sección, un resumen de su contenido y tu opinión sobre este sitio del Internet. También puedes encontrar información adicional usando tu buscador preferido.

3. *network*   4. *pilgrims*

Redacción

6–52. Un resumen histórico.

La Enciclopedia Wokopedia necesita una entrada (*entry*) de 250 a 300 palabras que resuma un momento histórico de las relaciones entre México y España. Piensa en un aspecto que te interese y escribe la entrada usando la información de este capítulo y de fuentes adicionales.

You may want to work on the *Preparación* in class to allow students to brainstorm in groups about possible topics and/or ask questions.

Preparación

1. Repasa las lecturas de esta unidad y toma nota de la información sobre las relaciones entre México y España.
2. Organiza la información en dos o tres temas, por ejemplo, política, sociedad, economía, etc.
3. ¿Cómo crees que debe ser el tono de este artículo, objetivo o subjetivo?

A escribir

1. Da un título a tu resumen.
2. Escribe una breve introducción que anticipe los temas que vas a tratar.
3. Desarrolla cada uno de los temas en un párrafo. Debes introducir cada tema con una oración temática (la idea central del párrafo) y continuar el resumen con dos o tres detalles que expliquen esa idea central.

MODELO

Párrafo 1
Oración temática ➔ **Las relaciones sociales entre México y España durante la época de la conquista eran…**

    Detalle 1 ➔ **Entre otros factores, los conquistadores no respetaban la identidad cultural del pueblo indígena…**

---

4. Escribe una conclusión que resuma los puntos mencionados más importantes.

Revisión

1. Escribe el número de borradores que te indique tu instructor/a y revisa tu texto usando la guía de revisión del Apéndice C.
2. Escribe la versión final y entrégasela a tu instructor/a.

El escritor tiene la palabra

6-53 **Teaching tip:** Tell students that Popocatepetl and Ixtaccíhuatl are two volcanoes that can be seen from Mexico City and Puebla. Popocatepetl means "smoking mountain" and Ixtaccíhuatl means "sleeping lady." Tell students to enter one of the names of the volcanoes in a web search engine to see photos of the two volcanoes.

 6–53. Anticipar. Antes de leer, respondan a las siguientes preguntas para identificar lo que ya saben sobre el tema que trata esta leyenda.

1. El título "Los novios" sugiere:

   a. una historia de misterio   **b.** una historia de amor

2. Lean la primera frase. ¿Conocen otras historias que empiezan de esa forma? ¿Qué tipo de historias son?
3. ¿Qué personajes creen que van a encontrar en "Los novios"?
4. Miren la ilustración de la historia y preparen una hipótesis sobre qué representan los dos volcanes. Después de leer la leyenda, revisen su hipótesis y corrijan los elementos necesarios.

Los novios (Leyenda anónima)

Hace mucho tiempo había un gran emperador azteca cuyo mayor tesoro era su hija, la muy hermosa Ixtaccíhuatl. Los aztecas, como toda nación poderosa, tenían muchos enemigos. Un día, el emperador recibió malas noticias. Sus peores enemigos planeaban un ataque contra su pueblo. El emperador era ya viejo y no podía ser el jefe de sus soldados en una lucha **despiadada**[1] y cruel. Por eso, convocó en el salón del **trono**[2] a todos los **guerreros**[3] jóvenes y valientes del imperio. El emperador les dijo:

—He recibido noticias terribles. Nuestros peores enemigos están planeando un ataque enorme contra nuestras fronteras. Yo ya soy viejo y no puedo mandar las tropas. Necesito un jefe para mi ejército. **Elijan**[4] entre ustedes al guerrero más valiente, más fuerte y más inteligente, y yo lo nombraré capitán de mis ejércitos. Si

ganamos la guerra, no sólo le daré todo mi imperio, sino también mi joya más preciada: mi hija, la bella princesa Ixtaccíhuatl.

En la sala hubo mucho **alboroto**[5], un gran **rugido**[6] se elevó de las **gargantas**[7]; todos los guerreros gritaron al mismo tiempo un solo nombre:

—¡Popocatepetl! ¡Popocatepetl! Popocatepetl es el más valiente, Popocatepetl es el más fuerte y el más inteligente. Popocatepetl va a **derrotar**[8] a nuestros enemigos. ¡Viva Popocatepetl!

Los jóvenes guerreros **levantaron** a Popocatepetl **en hombros**[9] y lo llevaron hasta el emperador. Este lo miró a los ojos y le dijo:

—Popocatepetl, la **suerte**[10] de nuestro pueblo está en tus manos. Tú eres el nuevo jefe del ejército azteca. El enemigo es poderoso. Si **vences**[11], te daré mi trono y la

---

1. *merciless*   2. *throne*   3. *warriors*   4. *Choose*   5. *uproar*   6. *roar*   7. *throats*   8. *defeat*
9. *carried on their shoulders*   10. *fate*

mano de mi hija, la bella princesa Ixtaccíhuatl. Pero si eres **derrotado**[12], no vuelvas.

Popocatepetl tenía una tarea muy difícil ante él. Estaba preocupado y feliz: preocupado por la guerra, pero ¿por qué estaba feliz? Nadie lo sabía. El secreto que guardaba era que él e Ixtaccíhuatl se amaban. Se habían conocido hacía un año caminando entre **aguacates**[13], y el amor floreció en sus ojos desde la **primera mirada**[14]. La guerra sería dura, sería difícil, sería terrible; pero con la victoria, sus sueños de amor se verían cumplidos.

La noche antes de partir para la lucha, Popocatepetl fue a despedirse de Ixtaccíhuatl. La encontró paseando entre los canales. La princesa estaba muy triste y le dijo a su amado:

—Tengo miedo de que mueras, ten mucho cuidado, mi amor. Regresa **sano**[15] y vivo. Sé que no podré seguir viviendo si tú no estás conmigo.

—Volveré, volveré por ti. Nos casaremos y siempre, siempre, permaneceré a tu lado —contestó Popocatepetl.

Popocatepetl salió de la capital **al mando de**[16] los jóvenes soldados. La guerra resultó sangrienta, larga, feroz. Pero Popocatepetl era el más fuerte. Popocatepetl era el más inteligente. ¡Nadie era más valiente que Popocatepetl! ¡Viva Popocatepetl!

El ejército azteca triunfó contra sus enemigos. Todos los guerreros se alegraron. Todos celebraron la victoria. ¿Todos? Había un guerrero que no se alegró, un guerrero que no celebró la victoria. ¿Qué pasaba? Este guerrero

tenía celos de Popocatepetl. Deseaba todo lo que Popocatepetl poseía. Él quería ser el nuevo jefe del ejército azteca y él deseaba casarse con la princesa Ixtaccíhuatl.

Los soldados aztecas se prepararon para regresar a la capital. Sin embargo, el guerrero celoso salió más pronto, corrió tan rápidamente que llegó un día antes que el resto del ejército. Fue donde el emperador. **Se arrodilló**[17] a sus pies y le anunció que Popocatepetl había muerto en el primer día de lucha; que él, y no Popocatepetl, fue el guerrero más fuerte y valiente; que él, y no Popocatepetl, fue el jefe del ejército en la batalla.

El emperador, quien apreciaba de verdad a Popocatepetl, se entristeció profundamente. Su **rostro**[18] se oscureció de dolor; pero él había hecho una promesa y tenía que cumplirla. Le ofreció al guerrero celoso todo el imperio azteca y la mano de su hija. Al día siguiente hubo una gran fiesta en el palacio con flores, música, bailes y concursos de poesía. Ese día se celebraban las bodas de la bella princesa y de aquel guerrero. **De repente**[19], en mitad de la ceremonia, Ixtaccíhuatl gritó: ¡Ay mi pobre Popocatepetl! No podré vivir sin ti. Y ella cayó muerta en el suelo.

En ese momento, los otros guerreros aztecas con Popocatepetl a la cabeza entraron ruidosamente en el palacio. Popocatepetl quería su recompensa y sus ojos buscaron a su amada por las salas. Nadie habló. Un gran silencio ocupó todas las estancias. Las miradas se dirigieron a la princesa muerta. Popocatepetl vio a Ixtaccíhuatl. Corrió a su lado. La tomó en sus brazos, le **acarició**[20] el pelo y **sollozando**[21] le **susurró**[22]:

—No te preocupes, amor mío. No te dejaré nunca sola. Estaré a tu lado hasta el fin del mundo. La llevó a las montañas más altas. La puso en un **lecho**[23] de flores y se sentó a su lado, para siempre, lejos de todos. Pasó tiempo y, por fin, uno de los buenos dioses se compadeció de los dos amantes: los transformó en volcanes.

Desde entonces, Ixtaccíhuatl ha sido un volcán tranquilo y silencioso: permanece dormido. Pero Popocatepetl tiembla de vez en cuando. Cuando su corazón sangra, **suspira**[24] y **vierte**[25] lágrimas **teñidas**[26] de fuego. Entonces, todo México sabe que Popocatepetl llora por su amor, la hermosa Ixtaccíhuatl.

---

11. *win* 12. *defeated* 13. *avocado trees* 14. *first sight* 15. *healthy* 16. *in charge of*
17. *He kneeled down* 18. *face* 19. *Suddenly* 20. *caressed* 21. *sobbing* 22. *whispered*
23. *bed* 24. *sighs* 25. *sheds* 26. *tinged*

Más allá de las palabras

6–54. Nuestra interpretación de la obra. Responde a las siguientes preguntas:

1. Selecciona la idea que mejor resume la trama (*plot*) de la leyenda:

   a. Una historia de amor

   b. Una explicación mítica o fantástica del origen de dos volcanes

2. ¿Qué semejanzas encuentras entre la leyenda y la trama de *Romeo y Julieta*?
3. Haz una lista de los personajes de la leyenda y describe su personalidad brevemente.
4. ¿Con qué personaje te identificas? Explica.
5. ¿Cuál es la parte más dramática de la historia?
6. ¿Cuál es la parte mítica o fantástica de la historia?

 6–55. Ustedes tienen la palabra. En parejas, seleccionen una parte de la historia para representarla en clase. Pueden utilizar el diálogo original, o adaptarlo de forma creativa para cambiar el final. Escriban el diálogo y ensayen de 5 a 10 minutos antes de representarlo.

Vocabulario

Ampliar vocabulario

a causa de	*as a result of, because of*
adhesión *f*	*membership*
alentar	*to encourage*
ampliar	*to enlarge*
apoyar	*to support*
botánica *f*	*botany*
caber + *inf*	*can, may*
conferir (ie, i)	*to give*
conocedor/a	*knowledgeable*
en cuanto a	*in reference to*
enclave *m*	*place*
estimular	*to stimulate*
ingreso *m*	*admission*
ley *f*	*law*
Oriental	*Eastern*
pena *f*	*pity*
premiar	*to award*
secuela *f*	*consequence*
solicitar	*to request*
tender	*tend to*
tener lugar	*to take place*
ubicado/a	*located*

Vocabulario glosado

a raíz de	*due to*
a sí mismos	*themselves*
acariciar	*to caress*
actualmente	*currently*
agropecuaria *f*	*farming, agricultural*
aguacate *m*	*avocado tree*
aislado/a	*isolated*
al mando de	*in charge of*
alboroto	*uproar*
alcanzar	*reach*
apertura económica	*open market*
arrodillarse	*to kneel down*
asediar	*besiege*
asilo	*asylum*
chapulín *m*	*grasshopper*
congelado	*frozen*
darse cuenta de	*to realize*
de repente	*suddenly*
derrotar	*to defeat*

despectivamente	*derogatorily*
despiadada	*merciless*
destacada *f*	*visible*
dotación *f*	*allotment*
duelo	*struggle*
elegir	*to choose*
en vez de	*instead of*
estancamiento	*stagnation*
exitoso/a	*successful*
ganadería *f*	*cattle farming*
garganta	*throat*
guerrero	*warrior*
incertidumbre *f*	*uncertainty*
ingresar	*to join*
lanzar	*to launch*
lecho	*bed*
levantar en hombros	*to carry on someone's shoulders*
mandato	*term of office*
moneda	*currency*
muchedumbre *f*	*mob*
papel *m*	*role*
peregrino	*pilgrim*
primera mirada	*first sight*
recalcar	*to stress*
rechazar	*to reject*
red *f*	*network*
reinstaurar	*to restore*
rendirse	*to surrender*
resaltar	*to bring out*
rostro	*face*
rugido	*roar*
sano	*healthy*
soberanía *f*	*sovereignty*
sollozar	*to sob*
suerte	*fate*
suspirar	*to sigh*
susurrar	*to whisper*
teñida	*tinged*
trono	*throne*
vencer	*to win*
ventaja *f*	*advantage*
vertir	*to shed*
vidriado	*glass craft*
vínculo	*link*

Vocabulario para conversar

Para recordar viejos tiempos

Algo positivo/negativo que me ocurrió una vez fue…	*Something positive/negative that happened to me once was . . .*
Cuando era más joven, solía…	*When I was younger, I used to . . .*
En esa época acostumbraba….	*Back then, I used to . . .*
Eso me hace pensar en…	*That makes me think of . . .*
Hay un objeto, color, canción, etc. que te recuerde algo especial?	*Is there an object, color, song, etc. that makes you remember something special?*
Lo recuerdo como si acabara de pasar.	*I remember as if it had just happened.*
Lo recuerdo como si fuera ayer.	*I remember as if it were yesterday.*
No quiero ni acordarme (de)…	*I don't even want to remember . . .*
Nunca voy a olvidar a… (una persona)	*I will never forget . . . . (a person)*
Nunca voy a olvidar cuando…	*I will never forget when . . .*
¿Recuerdas el día que…?	*Do you remember the day when . . . ?*
¿Te acuerdas de alguien o algo especial?	*Do you remember someone or something special?*

Para hablar de lo que acaba de pasar

Acabo de (*infinitivo*)	*I just (past) /I have just (past participle)*
Hace un rato (que)…	*It's been a little while (since)…*
Hace unos minutos (que)…	*It's been a few minutes (since) . . . / . . . a few minutes ago.*
Vengo de (*infinitivo*)	*I have come from (gerund)*

Para usar coloquialismos en México y España

agarrado (Esp.)	*stingy*	órale (Mx.)	*OK. Right on!*
¡Aguas! (Mx.)	*Watch out!*	pasarlo bomba (Esp.)	*to have a great time*
birra (Esp.)	*beer*	pasta (Esp.)	*money*
chela (Mx.)	*beer*	pijo (Esp.)	*snob, stuck-up*
¡Chin! (Mx.)	*Bummer!*	¡Qué guay! (Esp.)	*How cool!*
codo (Mx.)	*stingy*	¿Qué onda? (Mx.)	*What's up?*
cuate/güey (Mx.)	*dude*	¡Qué padre! (Mx.)	*How cool!*
fresa (Mx.)	*snob, stuck-up*	ser un rollo (Esp.)	*to be a bore*
¡Híjole! (Mx.)	*Holy cow!*	tener mala leche/uva (Esp.)	*to be bad-tempered*
ir de marcha (Esp.)	*to go party*	tío/tía/colega (Esp.)	*dude*
ir de reventón (Mx.)	*to go party*	un chorro de (Mx.)	*an awful lot of . . .*
lana (Mx.)	*money*	un mogollón de… (Esp.)	*an awful lot of . . .*
¿Mande? (Mx.)	*Pardon?*	un/una guiri (Esp.)	*a tourist*
¡No manches! (Mx.)	*Give me a break!*	vale (Esp.)	*OK. Right on!*

CAPÍTULO 7

CULTURAS HISPANAS DEL CARIBE: PAISAJES VARIADOS

Objetivos del capítulo

En este capítulo vas a...

- explorar la realidad polifacética de las culturas hispanas caribeñas
- expresar opiniones, recomendaciones y emociones
- tener una discusión acalorada con otra persona
- hablar de personas y objetos conocidos y desconocidos
- usar gestos para comunicarte
- explicar un malentendido

TEMA

Muchas ciudades con costa en El Caribe, como San Juan en Puerto Rico, cuentan con antiguas fortificaciones que protegían la ciudad de posibles invasores. ¿De qué invasores crees que se estaban protegiendo?

Cuba: Las dos caras de la moneda

Por si acaso

Expresiones útiles para comparar respuestas con otro estudiante

¿Qué tienes/ pusiste en el número 1/ 2/ 3?
Yo tengo/ puse a/ b.
Yo tengo algo diferente.
No sé la respuesta./ No tengo ni idea.
Creo que la respuesta es a/ b, pero no estoy seguro/a.
Creo que es cierto./Creo que es falso.

Capital: La Habana
Población: 11,394,043 habitantes
Grupos étnicos: blanco 64%, africano 10%, mulato 25%, otro 1%
Idiomas: español
Moneda: peso
Área: aproximadamente del tamaño de Pensilvania

Lectura

Por si acaso

El peso convertible cubano, conocido también como *chavito*, es una de las dos monedas oficiales de Cuba. La otra es el peso. Desde 2005, el dólar no se acepta en establecimientos cubanos. El peso convertible hasta 2009 era equivalente a $1.08 USD.

Entrando en materia

7-1. ¿Qué saben de Cuba? Lean las siguientes oraciones sobre Cuba y decidan si son ciertas o falsas. Si pueden, corrijan las falsas. Si no están seguros/as, repasen sus respuestas después de leer la sección para ver si eran correctas.

1. La isla de Cuba es la más grande de las Antillas.
2. Cuba es el único país latino con una dictadura socialista.
3. El jefe del gobierno de Cuba es Fidel Castro.
4. Las relaciones entre EE.UU. y Cuba han sido siempre excelentes.
5. Durante el gobierno de Fidel Castro, los cubanos no podían alojarse en los hoteles reservados para los turistas.

7-1 **Answers:** 1. C; 2. C; 3. F; 4. F; 5. C.

Perfil de Cuba

LA INDEPENDENCIA

Cuba, la isla más grande de las Antillas, fue el último país latino en obtener su independencia de España. En el año 1898, Estados Unidos derrotó a España en la Guerra Hispana-Estadounidense y tomó el control de la isla. Comenzó entonces un período de dominación de Estados Unidos sobre Cuba que duró hasta la declaración de su independencia y la formación de la República de Cuba en 1902.

DE BATISTA A LOS HERMANOS CASTRO

Después de lograr la independencia, hubo años de inestabilidad política caracterizados por una serie de **dictaduras**[1]. En 1933 el dictador Fulgencio Batista tomó el control del gobierno hasta 1959, año en que fue **derrocado**[2] por Fidel Castro. En 1961, dos años después de tomar el poder, Castro anunció que su gobierno seguiría una ideología marxista y formó una alianza con la Unión Soviética. Así comenzó un período de tensión política entre Cuba y Estados Unidos que todavía existe hoy en día. En 1961 el gobierno de EE.UU. organizó una invasión de Cuba, pero fracasó. Esta invasión es conocida como la invasión de la Bahía de Cochinos. En 1962 la Unión Soviética intentó aumentar su presencia militar y comenzó a instalar misiles nucleares en Cuba. El presidente John F. Kennedy estableció un embargo contra Cuba. Este bloqueo económico, todavía **vigente**,[3] tiene el objetivo de **aislar**[4] económicamente a Cuba, limitando su relación comercial con otros países. El resultado ha sido un gran **empobrecimiento**[5] del pueblo cubano.

Cuba es el único país socialista de Latinoamérica. Miles de cubanos se han exiliado y buscado refugio político en Estados Unidos.

EL PERÍODO ESPECIAL

En la década de 1990 los problemas económicos en Cuba determinan el comienzo del llamado "Período Especial". Este período se caracteriza por acciones políticas más democráticas por parte del gobierno cubano. Cuba recibió ayuda económica de otros países como recompensa de esta democratización de su política interna y externa. Ejemplos de esta **suavización**[6] fueron el incremento de permisos para visitar la isla, la promoción del turismo y la creación de varios ministerios (de Economía y Planificación, de Inversión Extranjera y de Turismo, entre otros). Se produjo también una reconciliación con los grupos moderados de cubanos en el exilio con la celebración en 1994 de la *Primera Conferencia con la Comunidad en el Exterior*.

RAÚL CASTRO, SUCESOR DE FIDEL

Raúl Castro Ruz se convirtió en el presidente interino de Cuba cuando su hermano Fidel Castro cayó enfermo en 2006. El 24 de febrero de 2008, Raúl fue nombrado jefe de gobierno y con su llegada se han implementado algunas reformas económicas. Los cubanos ahora tienen la posibilidad de usar teléfonos celulares, quedarse en los hoteles que antes estaban reservados para los turistas y comprar electrodomésticos. Es importante notar que el **ingreso**[7] promedio del cubano es de $20 dólares al mes aunque una computadora puede llegar a costar $800.

---

1. *dictatorships*   2. *overthrown*   3. *in force*   4. *isolate*   5. *impoverishment*   6. *softening*   7. *income*

Además, el acceso al Internet sigue estando restringido a algunos lugares de trabajo.

En el campo de la agricultura, se ha establecido un nuevo programa en el que los **campesinos**[8] pueden arrendar tierras estatales que no se estaban usando y decidir cómo usar sus tierras y qué **cultivos**[9] plantar. El objetivo es incrementar la productividad y la eficiencia del sistema agrario.

Dentro de las reformas económicas se ha hablado de eliminar el sistema que paga a todos por igual y remunerar a la gente por medio de bonos de acuerdo al tipo de trabajo que haga. Sin embargo, el gobierno cubano, incluyendo a Fidel Castro, ha aclarado que no habrá ningún tipo de concesión política. No se espera que haya reformas políticas significativas en un futuro cercano.

 7–2. ¿Qué han aprendido sobre la historia de Cuba? Respondan a las preguntas que aparecen a continuación:

1. ¿En qué fecha tomó Estados Unidos el control de Cuba? ¿Cuánto tiempo duró este control?
2. ¿Qué piensan al oír el nombre Bahía de Cochinos?
3. ¿Por qué se exiliaron tantos cubanos en el año 1959?
4. ¿Qué es el Período Especial?
5. ¿Qué reformas ha implementado el gobierno de Raúl Castro?
6. ¿Se esperan reformas políticas en el sistema de gobierno cubano?

Gramática

Another look at the Subjunctive in Noun Clauses

The subjunctive mood is used mostly in dependent clauses. There are three types of dependent clauses: noun clauses, adjective clauses (later in this chapter) and adverb clauses (later in Chapter 9). In this section you are going to review and practice the use of the present and imperfect subjunctive in noun clauses. Let's begin by reviewing the forms.

Infinitive	*Yo* Form Present Indicative	Present Subjunctive	
caminar	camino	camine	caminemos
		camines	caminéis
		camine	caminen
comer	como	coma	comamos
		comas	comáis
		coma	coman
escribir	escribo	escriba	escribamos
		escribas	escribáis
		escriba	escriban

---

8. *peasants*   9. *crops*

Infinitive	Third-Person Plural Preterit	Imperfect Subjunctive*	
caminar	caminaron	caminara	camináramos
		caminaras	caminarais
		caminara	caminaran
comer	comieron	comiera	comiéramos
		comieras	comierais
		comiera	comieran
escribir	escribieron	escribiera	escribiéramos
		escribieras	escribierais
		escribiera	escribieran

Uses

Use the subjunctive in the dependent clause when the main verb in the independent clause expresses:

- uncertainty, doubt or denial
- advice, suggestion or recommendation
- personal judgment, opinion, emotion, reaction.

1. Some verbs and expressions of uncertainty or doubt are:

ser (im)posible que	ser (im)probable que
no ser seguro que	ser dudoso que
no ser cierto que	no creer que
no estar seguro de que	

Independent Clause	Dependent Clause
No creo	que las relaciones entre EE.UU. y Cuba cambien drásticamente en un futuro cercano.
I don't think	*that the relations between the US and Cuba will change drastically in the near future.*

2. Some verbs and expressions of advice, recommendation or suggestion are:

aconsejar que	permitir que
recomendar que	sugerir que
querer que	prohibir que
insistir en que	decir que
desear que	mandar que
ser mejor que	ser necesario que
ser preciso que	ser urgente que

*There is an alternative spelling of the past subjunctive using the ending *-se* instead of *-ra*. The *-se* form is less commonly used in Latin America than the *-ra* form. In Spain, both forms are used interchangeably.

caminar: caminase, caminases, caminásemos…

comer: comiese, comieses, comiésemos…

escribir: escribiese, escribieses, escribiésemos…

Independent Clause

Las agencias de viaje recomiendan
Travel agencies recommend

Dependent Clause

que sus clientes **vayan** de vacaciones a Cuba.
*that their clients **go** to Cuba on vacation.*

3. Some verbs and expressions of opinion, judgment, reaction and emotion are:

estar contento/ triste de que…
tener miedo de que…
preocupar que…
molestar que…

sentir que…
(no) gustar que…
odiar, detestar que…
ser bueno (malo, fantástico, increíble,
interesante, importante, etc.) que…

Independent Clause

Al gobierno cubano le preocupa

The Cuban government is worried

Dependent Clause

que el gobierno estadounidense **continúe** con el
bloqueo económico.
*that the American government **will continue** with the
economic blockade.*

Present Subjunctive or Imperfect Subjunctive

If the dependent clause requires the subjunctive, how do we tell which tense to use?

Here are the rules:

1. When the verb or impersonal expression in the independent clause is in the present, present perfect, future or is a command, use the <u>present subjunctive</u> in the dependent clause.

2. When the verb or impersonal expression in the independent clause is in the preterite or imperfect, use the <u>imperfect subjunctive</u> in the dependent clause.

Independent Clause	Dependent Clause
Present, present perfect, future, command	Present subjunctive
Preterit, imperfect	Imperfect subjunctive

Independent Clause

Me parece bueno
I think it is good

La clase alta cubana temía
The Cuban upper class was afraid

Dependent Clause

que los cubanos **puedan usar** celulares.
*that Cubans **can use** cellular phones.*

que el gobierno de Castro le **quitara** todas sus riquezas.
*that the Castro regime **would take away** all of their riches.*

See irregular verbs and verbs with spelling changes in the present and imperfect subjunctive in
Grammar Reference 7.

Gramática **Teaching tip:** As an extension activity, you may want to provide sentences to be completed by the students to allow then to decide whether to use present or imperfect subjunctive. Highlight the tense of the verb in the main clause to help students determine the tense of the second part of the sentence.

Al gobierno cubano le **preocupa** que el gobierno **continúe** con el bloqueo.

Al gobierno cubano le **preocupaba** que el gobierno _____ el bloqueo.

Los cubanos **quieren** que Raúl **haga** cambios.

Los cubanos **querían** que Fidel _____ cambios.

7–3. ¿Y ustedes? En parejas, hagan una lista de seis recomendaciones o sugerencias para un estudiante cubano que acaba de llegar a Estados Unidos por primera vez. Combinen las expresiones de la columna A con las de la columna B para hacer sus sugerencias. También pueden añadir otras recomendaciones que les parezcan apropiadas para este tema.

7-3 Teaching tip: Once the students have written their sentences, ask them to change the verb in the main clause to preterit or imperfect. Give them a few minutes to share their answers. For example:
Te aconsejo que te acuestes muy tarde.
Te aconsejé que no te acostaras muy tarde.

> **MODELO**
>
> **Te recomiendo que comas pasta porque es muy económico.**

A	B
aconsejar	no acostarte muy tarde porque…
ser importante	llamar o escribir a tu familia porque…
ser necesario	estudiar mucho inglés porque…
ser esencial	¿… ?
sugerir	¿… ?
recomendar	¿… ?

7–4. Conocimientos históricos. En parejas, repasen la información de las lecturas anteriores y contesten estas preguntas.

1. ¿Qué sucedió en Cuba en el año 1898? ¿Por qué?
2. ¿Qué logró Cuba en 1902?
3. Batista fue un dictador, igual que Castro, pero sus dictaduras han sido muy diferentes. ¿Por qué Castro no quería que continuara la dictadura de Batista?
4. ¿Qué prohibió Estados Unidos con el bloqueo económico de Cuba?
5. ¿Cómo reaccionaron los países democráticos hacia Cuba durante el llamado "Período Especial"?

7–5. Cuando salí de Cuba. Como ya saben, en la década de 1960 muchos cubanos salieron de Cuba y se exiliaron en Estados Unidos. Celia Cruz, una famosa cantante cubana, fue una de estas personas. ¿Qué recomendaciones creen que le hicieron su familia y amigos antes de salir del país? Usen la lógica y lo que saben de los dos países para escribir cuatro o cinco recomendaciones útiles. Aquí tienen algunos verbos que pueden ayudarles a escribir sus recomendaciones.

sugerir   recomendar   pedir   desear   aconsejar   decir

7-5 Teaching tip: You may want to play "*La vida es un carnaval*" or "*Por si acaso no regreso*". In the last song, Celia Cruz asked to be buried alongside the Cuban flag if she didn't live long enough to see the end of the Castro regime.

> **MODELO**
>
> **Su madre le pidió que le escribiera a menudo.**

Su abuela…	Otros cantantes cubanos…
Su padre…	Su agente artístico…
Su amigo de la infancia…	¿…?

Por si acaso

Las expresiones de seguridad requieren el uso del indicativo

ser seguro que
ser cierto que
ser verdad que
estar claro que
ser obvio que
ser evidente que

7–6. Turista en Cuba. Imagina que eres un/a turista en Cuba y acabas de conocer a una estudiante cubana de tu edad. Ella te habla sobre las costumbres de Cuba. Expresa tu opinión o reacción por escrito sobre al menos cinco de los comentarios de tu nueva amiga. Puedes usar los verbos y expresiones siguientes. ¡Ojo! Algunas de estas expresiones requieren el uso del indicativo y otras el uso del subjuntivo.

creer	no creer	estar seguro de	ser importante
ser evidente	ser bueno	ser interesante	ser sorprendente
ser increíble	ser extraño	ser natural	ser seguro

MODELO

Es verdad que el bloqueo económico contra Cuba todavía existe.

No creo que en Cuba sea obligatorio estudiar inglés en la escuela secundaria.

1. Algunos cubanos hablan ruso porque han estudiado en la Unión Soviética.
2. El 50% de las mujeres cubanas son profesionales que trabajan fuera de la casa.
3. La gente de Cuba no es tan religiosa como la de otros países de Latinoamérica.
4. La mayoría de la gente en Cuba se casa en una ceremonia civil, seguida de una pequeña fiesta familiar.
5. Como no hay muchas casas disponibles, muchas parejas de recién casados viven un tiempo con los padres hasta que tienen casa o apartamento propio.
6. En Cuba, para dirigirse a una persona que no se conoce se debe decir *compañero* o *compañera* (*comrade*). También se usa *señor* o *señora*.

Lectura

Entrando en materia

 7–7. Anticipar el tema. Lean el título del texto que aparece a continuación y miren la foto de la página 273. ¿Cuál creen que es el tema general de esta lectura?

1. El título se refiere a que hay más de una isla en Cuba.
2. El título indica que hay dos formas de ver el gobierno de Cuba.

Ahora, piensen en lo que ya saben sobre Cuba. Piensen en la información que escuchan en televisión, en radio o en la que han leído en el Internet. ¿Hay varias perspectivas sobre lo que se dice de Cuba? ¿Creen que la información que se recibe en los Estados Unidos sobre Cuba es objetiva? ¿Por qué? Discutan estas preguntas con sus compañeros de clase.

Lectura

Cuba: Dos visiones, una isla

Ha transcurrido más de medio siglo desde qué Fulgencio Batista fue derrocado por Fidel Castro. Durante este tiempo muchas cosas han ocurrido en Cuba y en el mundo.

Hay quienes consideran que durante estos años Cuba **ha logrado** avances notables en la educación y en la salud, a pesar del bloqueo económico al que se ha visto sometida la isla por parte de Estados Unidos.

Hay otros que piensan que la realidad política cubana, sin partidos políticos, sin elecciones y sin una prensa libre por medio de la cual los **ciudadanos** puedan expresarse, es evidencia de violaciones fundamentales de los derechos humanos que no pueden justificarse bajo ninguna circunstancia.

Momento de reflexión

Selecciona la oración que mejor describa el contenido de estos párrafos.
- ❑ 1. La opinión de algunas personas es que el gobierno de Cuba ha tenido efectos muy positivos en todas las áreas.
- ☒ 2. Algunas personas piensan que ha habido efectos positivos y otras piensan que, a pesar de las mejoras en la educación y la salud, el sistema de Cuba no es aceptable porque uno no se puede expresar libremente.

La búsqueda de un diálogo que permita la reconciliación del pueblo cubano con las naciones democráticas ha sido el deseo de muchos. Con Fidel no se puede hablar, opinan algunos. Ahora que su hermano Raúl está al mando, algunos creen que las reformas van a traer algo de cambio al país, aunque otros creen que las reformas son simplemente cosméticas y en nada cambian la situación existente en Cuba.

Por la vía de la fuerza no se puede alcanzar nada, dicen otros. La mejor prueba son estos cincuenta años. El bloqueo económico **no ha debilitado** al gobierno y lo único que ha hecho es empobrecer más al pueblo. El diálogo es la única vía práctica, además de ser la única forma en que se evitaría el **derramamiento de sangre**.

… ¿Y los cubanos en Cuba? Es difícil conocer con certeza sus opiniones. Las restricciones que impone el gobierno no permiten que las ideas se puedan expresar con libertad. Además, las precarias condiciones económicas han causado desconfianza contra las autoridades y exarcerbado el deseo interno de que las cosas cambien. **M**

M omento de reflexión

Selecciona la oración que mejor describa el contenido de estos párrafos.
☒ 1. Algunas personas piensan que las relaciones de Cuba con el mundo sólo se pueden mejorar por medio del diálogo.
☐ 2. Para la mayoría de las personas la única solución para mejorar las relaciones de Cuba con otros países es usar la fuerza.

M omento de reflexión

Selecciona la oración que mejor describa el contenido del último párrafo.
☒ 1. No podemos saber la opinión real que tienen sobre el gobierno los cubanos que viven en Cuba, pero sí sabemos que los cubanos quieren que las condiciones económicas del país mejoren.
☐ 2. No podemos saber la opinión real que tienen los cubanos sobre su gobierno porque en Cuba no hay buenos medios de comunicación.

7–9. Vocabulario: Después de leer. Responde a estas preguntas incorporando en tus respuestas el vocabulario escrito en negrita.

1. ¿Cuántos años **han transcurrido** desde que Fidel nombró a Raúl Castro presidente interino de Cuba? ¿ Por qué lo hizo?
2. Explica con tus propias palabras qué significa para ti la palabra *ciudadano.*
3. ¿Qué acontecimiento histórico **ha debilitado** la economía de Cuba? ¿Qué opinas sobre esto? ¿Te parece una buena solución a los problemas actuales? ¿Por qué?
4. Identifica dos o tres situaciones reales en las que pueda haber **derramamiento de sangre**.

7–10. Resumir. En parejas, repasen el texto anterior para separar los hechos y la información objetiva de las opiniones y comentarios personales. Después, incluyan los datos objetivos en una de las dos categorías siguientes, según su contenido:

Una visión positiva:
Una visión negativa:

Después de completar esta tarea, vuelvan a leer el artículo. Según las opiniones que se incluyen, ¿cuál creen que es la intención del escritor? ¿Qué ideología política creen que tiene esta persona? ¿Por qué? Comenten sus respuestas con otras parejas en clase.

7–11. Hablemos del tema. En grupos de cuatro, lean las citas de "Los cubanos hablan," que incluye comentarios a favor y en contra de Fidel y Raúl Castro. Después, piensen en su propio gobierno y entre los cuatro, usen las expresiones de abajo para expresar tres afirmaciones a favor y tres afirmaciones en contra de la actitud del gobierno de Estados Unidos hacia Cuba.

Los cubanos hablan

Opiniones en contra

"El gobierno cubano le dice al pueblo que a la gente que se va de Cuba le va muy mal."

"En las tiendas para turistas no falta nada, pero el pueblo cubano no tiene acceso a ellas."

"Uno de los problemas que tenemos en Cuba es que no tenemos libertad para salir del país."

Opiniones a favor

"El gobierno provee educación y servicios de cuidado médico gratuitos para todo el mundo."

"En Cuba los índices de criminalidad y delincuencia son muy bajos comparados con otros países latinoamericanos."

"El cultivo de las artes y los deportes se fomenta desde muy temprana edad."

Vocabulario para conversar

Tener una discusión acalorada

¿Cómo pudiste hacerme esto?

¡Deja de decir tonterías!

There are times when arguments can escalate. The following list will provide you with expressions needed to present your case and to express how unhappy or frustrated you might feel.

¡Cállate!	*Shut up!*
¡Deja de decir tonterías!	*Stop that nonsense!*
¡Eso es una ridiculez!	*That is foolish!*
¡Estás loco/a!	*You are crazy!*
¡Estás más loco/a que una cabra!	*You are crazier than I thought!*
¡Lo que dices no tiene ningún sentido!	*What you are saying doesn't make any sense!*
¡No puedes estar hablando en serio!	*You can't be serious!*
¿Cómo pudiste hacerme esto?	*How could you do this to me?*
Estás muy equivocado/a si piensas que…	*You are utterly mistaken if you think that . . .*

7-12 **Answers:** 1. b; 2. e; 3. a; 4. d; 5. c.

7–12. Palabras en acción. Emparejen las expresiones de la columna de la izquierda con las correspondientes de la columna de la derecha.

1.	¡Deja de decir tonterías!	**a.**	Tiene todo el sentido del mundo.
2.	¡Estás loco!	**b.**	Yo no soy ningún tonto.
3.	Lo que dices no tiene ningún sentido.	**c.**	¡No me mandes a callar!
4.	¿Cómo pudiste hacerme esto?	**d.**	¿Hacerte qué?
5.	¡Cállate!	**e.**	¡Más loco estás tú!

7-13 You may wish to play the *A escuchar* track for *Capítulo 7, Tema 1* from the *Activities Manual,* which presents a relevant model.

7–13. ¡Te lo puedo explicar! Tú y tu novio/a se encuentran sorpresivamente por la calle. El problema es que tú estás con otra persona con quien has estado saliendo en secreto durante un mes. Tu pareja te ha pillado con las manos en la masa (*you got caught with your hand in the cookie jar*). Preparen la situación durante unos minutos y luego represéntenla para la clase. Usen el vocabulario nuevo.

Estudiante A

Llegas a la universidad después de las vacaciones y sorprendes a tu pareja paseando de la mano con otra persona. Como es de esperar, estás muy enojado/a. Hazle saber cómo te sientes.

Estudiante B

Tu pareja te encuentra en la universidad paseando de la mano con otra persona. Se enfada muchísimo y empieza a insultarte. Trata de explicarle la situación.

CURIOSIDADES

7-14. Chistes de Cuba. Primero, traten de explicar el significado de estos chistes con la información que han aprendido sobre Cuba. Todos estos chistes tienen un mismo objetivo. ¿Cuál es? ¿Creen que el humor puede ser útil para expresarse en situaciones donde la censura no permite la expresión libre? Compartan sus opiniones con la clase y con su instructor/a.

¿Cuál es la relación monetaria entre el dólar, la libra y el peso cubano?
—Que una libra de pesos cubanos vale un dólar.

Un periodista le pregunta a un cubano en la calle:
—¿Usted se considera señor o compañero?
—Yo me considero señor. Compañero es aquel que va en el Mercedes.

El inspector de escuela le pregunta a Pepito:
—Pepito, ¿quién es tu madre?
—La Patria, inspector.
—¿Y tu padre?
—Fidel, inspector.
—Y tú, ¿qué quisieras ser, Pepito?
—Huérfano, inspector.

República Dominicana: Raíces de su música

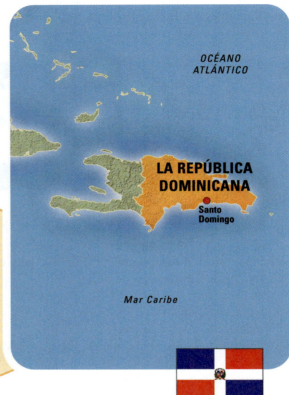

OCÉANO ATLÁNTICO

LA REPÚBLICA DOMINICANA

Santo Domingo

Mar Caribe

Capital:	Santo Domingo
Población:	9,523,209 habitantes
Grupos étnicos:	blanco 16%, africano 11%, mezcla de amerindio/ europeo/ africano 73%
Idiomas:	español
Moneda:	peso
Área:	el doble del tamaño de Vermont

Lectura

Entrando en materia

7-15. ¿Qué sabes de la República Dominicana? Decidan si las siguientes oraciones son ciertas o falsas. Si pueden, corrijan las falsas. Si no están seguros, repasen sus respuestas después de leer la sección para ver si eran correctas.

1. Los taínos vivían en la isla cuando llegaron los conquistadores.
2. La capital de la República Dominicana es San Cristóbal.
3. La primera universidad establecida por los españoles está en Santo Domingo.
4. Tanto en Haití como en la República Dominicana se habla español.

7-15 **Answers:** 1.C; 2. F; 3. C; 4. F.

7–16. Anticipar el tema.
Aquí tienen los títulos de los párrafos que aparecen a continuación. Asocien los temas de la lista de la derecha que crean que puedan estar relacionados con cada una de las secciones. Puede haber más de un tema para algunos títulos.

7-16 **Answers:** 1. b, c, f; 2. a, b, c; 3. e; 4. d.

Títulos

1. El fin de una raza y el comienzo de otra
2. La independencia de Haití
3. El gobierno corrupto de Trujillo
4. Transición a la democracia

Temas

a. dos países en una isla
b. luchas por dominar la isla
c. los blancos oprimen a los índigenas
d. abolición de la dictadura, elecciones periódicas
e. dictadura y corrupción
f. exterminio de grupos humanos

Perfil de la República Dominicana

EL FIN DE UNA RAZA Y EL COMIENZO DE OTRA

Al igual que en otras islas del Caribe, los conquistadores también encontraron en la República Dominicana tribus de indios taínos que vivían en la isla antes de su llegada. Los índigenas, sin embargo fueron prácticamente exterminados en un período de 50 años. La isla, bautizada La Española, fue la primera colonia europea del Nuevo Mundo. En su capital, Santo Domingo, se originaron las primeras instituciones culturales y sociales coloniales, se construyeron las primeras **fortalezas**[1], las primeras iglesias, la primera catedral, el primer hospital, los primeros monumentos y la primera universidad.

LA INDEPENDENCIA DE HAITÍ

En 1697 España cedió a Francia la parte occidental de la isla. Nació así una nueva nación, Haití, colonizada por los franceses. Esta división fue origen de varias tensiones y disputas por el dominio de la isla **a lo largo de**[2] la historia entre Francia y España. Los haitianos conquistaron toda la isla en el año 1822 pero las fuerzas del General Juan Pablo Duarte recuperaron el territorio dominicano y, con la ayuda de los españoles, se proclamó la independencia de Haití.

EL GOBIERNO CORRUPTO DE TRUJILLO

La ocupación del país entre 1916 y 1924 por Estados Unidos ayudó con la reorganización de la vida política y **aportó**[3] un cierto nivel de estabilidad económica. A la ocupación estadounidense le siguió el período del gobierno del dictador Rafael Leónidas Trujillo que comenzó en 1930. Si bien el gobierno de Trujillo hizo énfasis en la expansión de la industria y el **bienestar**[4] público, su gobierno ha pasado a la historia como una de las dictaduras más corruptas y **sanguinarias**[5]. En 1961 Trujillo fue asesinado, poniendo fin a 30 años de dictadura y corrupción.

Rafael Leónidas Trujillo

TRANSICIÓN A LA DEMOCRACIA

En 1960, Trujillo había nombrado presidente a Joaquín Balaguer, cuyo gobierno de derecha se caracterizó por la introducción de reformas democráticas después de la muerte de Trujillo.

En 1965 Estados Unidos volvió a ocupar el territorio dominicano con el objetivo de luchar contra el gobierno de Juan Bosch, líder de **izquierda**[6] que había ganado las primeras elecciones libres en 38 años. Bosch fue derrocado y sustituido de nuevo por el gobierno de **derecha**[7] de Balaguer. Aunque es probable que lo

---

1. *forts* 2. *throughout* 3. *contributed* 4. *well being* 5. *bloody* 6. *left-wing* 7. *right-wing*

Leonel Fernández

haya logrado por medio de elecciones **fraudulentas**[8], Balaguer permaneció en el poder durante 24 años a lo largo de siete períodos presidenciales. Es de notar que el sistema democrático ha prevalecido en la República Dominicana hasta el presente. El presidente Leonel Fernández ha **emprendido**[9] una política exterior dinámica, ha **abogado**[10] por la apertura de los mercados y la globalización. Se le critica, sin embargo, que los cambios económicos que ha implementado no han incrementado los ingresos del pueblo dominicano.

7-17 **Recycling:** This is a good opportunity to review the past tense with students.

 7-17. Correspondencias. Escriban una lista de cuatro puntos que indiquen momentos importantes en la historia de la República Dominicana, según la información que acaban de leer. Después, piensen en la historia de su país durante esos años y escriban cuatro puntos indicando qué pasó en esas mismas fechas.

Juan Luis Guerra

Juan Luis Guerra es un popular cantante de salsa, bachata y merengue. En 1991 grabó el disco *Bachata Rosa*, que tuvo un éxito fenomenal y por el cual recibió un Grammy en EE.UU. Su música es tan popular en la República Dominicana como en otros países de habla hispana, incluyendo la comunidad hispana de Estados Unidos. Sus canciones son alegres y bailables con un notable mensaje político y social y en algunos casos religioso.

 7-18. Una prueba. En parejas, preparen una prueba de cinco preguntas sobre la información histórica que acaban de leer. Intenten incluir preguntas de todas las lecturas. Después, intercambien su prueba con la de otra pareja y háganse las preguntas.

MODELO

> ¿Por qué hubo tantos problemas entre Haití y la República Dominicana?

---

8. *dishonest*   9. *undertaken*   10. *advocated*

Gramática

The Subjunctive in Adjective Clauses

What is an adjective clause? An adjective clause, also known as relative clause, is a dependent clause that describes a preceding noun.

> El merengue es <u>la música</u> **que prefiere la mayoría de los dominicanos**.
>
> *Merengue is the music* **that the majority of dominicans prefer**.

La música is the preceding noun to the adjective clause **que prefiere la mayoría de los dominicanos**. This clause qualifies the word **música**.

When do I use the subjunctive in an adjective clause?

1. Use the subjunctive in an adjective clause when the antecedent is unknown, unspecific or uncertain.

   > Ese estudiante quiere viajar a <u>un lugar de la República Dominicana</u> **que no sea demasiado turístico**.
   >
   > *That student wants to travel to a place in the Dominican Republic* **that is not too touristy**. *(The place the student is going to is not known.)*

2. When the antecedent refers to someone or something that is known to exist, the indicative is used.

   > Ese estudiante quiere viajar a <u>ese lugar de la República Dominicana</u> **que tiene más turistas**.
   >
   > *That student wants to travel to that place in the Dominican Republic* **that has more tourists**. *(The place is specific and known to exist.)*

Experienced or known reality   →   Indicative

Unknown, unspecific reality   →   Subjunctive

Buscar, querer, necesitar

These verbs and other such verbs commonly trigger subjunctive in the dependent clause. Nevertheless, they may also refer to known or specific objects or people. When that is the case, the indicative must be used in the adjective clause:

> Busco **un hotel en Santo Domingo** que tenga todas las comodidades.
>
> *I'm looking for* **a hotel in Santo Domingo** *that has all the comforts.*
>
> Busco **el hotel de Santo Domingo** que ofrece una noche gratis para los recién casados.
>
> *I'm looking for* **the hotel in Santo Domingo** *that offers a free night stay to newlyweds.*

Do I need to use the present subjunctive or the imperfect subjunctive?

The rule is the same as the one you learned for noun clauses.

1. When the verb or impersonal expression in the independent clause is in the present, present perfect, future or is a command, then the present subjunctive needs to be used in the dependent clause.

   > Quiero hablar con una persona **que conozca bien la cultura dominicana**.
   >
   > *I want to speak with someone* **that knows well the Dominican culture**.

2. When the verb or impersonal expression in the independent clause is in the preterit or imperfect, the imperfect subjunctive needs to be used in the dependent clause.

Después de Trujillo, el pueblo dominicano quería un presidente **que tuviera ideas democráticas**.

*After Trujillo, the Dominican people wanted a president **who had democratic ideas**.*

7–19. Los dominicanos de ayer y de hoy. Completa las siguientes oraciones de forma lógica usando el imperfecto de subjuntivo y la información de las lecturas. Después, ordena las oraciones cronológicamente. Puedes usar estos verbos para completar las oraciones.

Gramática **Teaching tip:** Review again the sequence of tenses. *El pueblo dominicano quería un presidente que tuviera ideas democráticas* *El pueblo dominicano quiere un presidente que tenga ideas democráticas.*

tener	proporcionar	ser
dar	denunciar	garantizar
poder	comparar	mantener

1. El gobierno español quería colonizar territorios que…
2. Durante el gobierno de Rafael Leónidas Trujillo, los dominicanos buscaban un gobernante que…
3. EE.UU. luchó contra el gobierno de Juan Bosch porque EE.UU. prefería un gobierno que…
4. Los conquistadores que llegaron a la República Dominicana necesitaban trabajadores que…
5. Durante el período de tensión política con Haití, los dominicanos querían relaciones políticas que…
6. Después del asesinato de Trujillo el pueblo dominicano esperaba elecciones que…

 7–20. Santo Domingo Lean el siguiente párrafo sobre Santo Domingo. En la siguiente página, escojan el verbo apropiado y conjúguenlo para completar cada oración.

Santo Domingo es la capital y ciudad más grande del país. Tiene un claro sabor colonial pero también es el centro industrial y comercial del país. La ciudad fue fundada en 1496 por Bartolomé Colón, hermano de Cristóbal Colón, y fue la primera colonia establecida en el Nuevo Mundo. En los últimos años el turismo se ha convertido en una de las fuentes de ingresos más importantes para el país, el cual recibe visitas de numerosos turistas norteamericanos y de otras nacionalidades.

1. El turista en Santo Domingo se encuentra con una ciudad que (tener / necesitar) muchos edificios de la época colonial.

2. Los dominicanos aprecian el dinero de los turistas que (distribuir / contribuir) a aumentar los ingresos del país.

3. La ciudad de Santo Domingo recibe a turistas que (venir / ir / buscar) desde varias partes del mundo.

4. Santo Domingo fue la primera colonia que los españoles (descubrir / establecer) en el Nuevo Mundo.

5. Bartolomé Colón, hermano de Cristóbal Colón, fue la persona que (visitar / fundar) Santo Domingo.

7-20 **Answers:** 1. tiene; 2. contribuye; 3. vienen; 4. establecieron; 5. fundó.

7–21. ¿Comprendieron? Ustedes están a cargo de preparar un folleto turístico sobre Santo Domingo para promover el turismo. Consulten el párrafo de la actividad 7-20 o el Internet. Hagan lo siguiente:

- Inventen un título llamativo.
- Incluyan información interesante.
- Organicen las ideas de forma lógica.
- Intercambien el folleto con otros compañeros.

7–22. ¿Y ustedes? Dos de ustedes están preparando unas vacaciones para ir una semana a la República Dominicana. La tercera persona trabaja en una agencia de viajes. Usen la información que aparece en esta tabla y la que aparece en la siguiente página para preparar un diálogo.

La pareja de turistas	El/la agente de viajes
Saluden al/a la agente de viajes.	Responde a los clientes y ofréceles ayuda.
Díganle lo que necesitan. Dónde quieren ir, cuándo, cuánto tiempo, cuántas personas van a viajar.	Responde las preguntas. Pregúntales qué tipo de alojamiento prefieren y cuánto dinero quieren gastar.
Respondan las preguntas del agente. Denle detalles sobre el tipo de hotel y los servicios que necesitan.	Responde lógicamente. Sugiéreles un hotel con las características que buscan.
Pregúntenle la situación del hotel. ¿Está en el centro, en las afueras, tiene vistas al mar, o la montaña, etc.?	Responde lógicamente. También menciona el precio por noche para dos personas.
Hagan la reservación.	Pregunta y escribe nombre, dirección, número de teléfono, etc.
Pregúntenle al/a la agente cuándo y cómo recibirán los billetes.	Responde lógicamente.
Despídanse del/la agente.	Despídete de los clientes.

Santo Domingo

Hotel	Costo por noche	Categoría	Servicios
Sofitel Nicolás de Ovando	$149	☆☆☆☆☆	Piscina, gimnasia, guardería infantil, jacuzzi
Aparta-hotel Tiempo	$55	☆☆	Acceso a Internet, cocina compartida
Casa Doña Elvira	$119	☆☆☆☆	Clases de español, ambiente colonial, alquiler de bicicletas

Punta Cana

Hotel	Costo por noche	Categoría	Servicios
El Cortecito Inn	$53	☆☆	Bar, tres restaurantes
Hotel Paradisus Punta Cana	$242	☆☆☆☆☆	Rodeado de vegetación tropical y palmeras, sauna, canchas de tenis, gimnasio

Puerto Plata

Hotel	Costo por noche	Categoría	Servicios
Wyndham Playa Dorada	$95 (50% de descuento)	☆☆☆☆	Todo incluido, discoteca, gimnasio
Grand Paradise Playa Dorada	$48 (30% de descuento)	☆☆☆☆☆	Todo incluido, frente a la playa

Entrando en materia

7–24. Ritmos populares. ¿Puedes adivinar cuál es el origen de estos ritmos populares? Selecciona la respuesta que te parezca correcta. Si no estás seguro/a, vuelve a mirar tus respuestas después de escuchar la miniconferencia.

7-24 **Answers:** 1. b; 2. a; 3. b; 4. b.

1. *Jazz*
   a. Viene de la música africana de la época de la esclavitud en el siglo XIX.
   b. Se origina en Nueva Orleáns a principios del siglo XX.

2. *Rock-and-roll*
   a. Se establece como género en la década de 1950.
   b. Se establece como género en la década de 1930.

3. *Blues*
   a. Es una variedad del *jazz* con el mismo origen.
   b. El origen del *blues* es desconocido.

4. *Rap* o *hip-hop*
   a. Comenzó en la década de 1970 en la comunidad hispana.
   b. Comenzó en la década de 1970 entre las comunidades afroamericanas e hispanas de Nueva York.

7–25. ¿Qué tipo de música? En grupos de cuatro, hablen sobre el tipo de música que les gusta escuchar y del tipo de música que prefieren para bailar. Entre todos, intenten llegar a un acuerdo para decidir qué tipo de música o qué cantantes serían los mejores en las siguientes situaciones. Después, comenten sus respuestas con sus compañeros de clase.

7-25 You may wish to play the *A escuchar* track for *Capítulo 7, Tema 2* from the *Activities Manual,* which presents a relevant model.

> **MODELO**
>
> **Música para meditar: La mejor música para meditar es la de Enya.**

1. Música para estudiar
2. Música para una cena romántica
3. Música para dormir
4. Música para una fiesta latina
5. ¿…?

7–26. Vocabulario: Antes de escuchar. Van a escuchar estas expresiones en la miniconferencia. Identifiquen las expresiones de la lista que tienen un cognado en inglés para familiarizarse un poco con el vocabulario.

teoría	Upa habanera	posibilidad	instrumento
inventar	La Tumba	improbable	nacer
incierto	origen	época	extender
plausible			

Bandurria

Cuatro

MINICONFERENCIA   **El origen del merengue**

Ahora su instructor/a va a presentar una miniconferencia.

7–27. ¿Comprendieron? Después de escuchar la miniconferencia, en parejas, intenten dar la siguiente información. Si tienen dudas, respondan con la información que les parezca más lógica basándose en lo que han aprendido.

1. El número de teorías sobre el origen del merengue
2. La teoría más plausible o lógica de todas
3. ¿Qué dice cada una de las teorías del origen?
4. ¿Por qué se hizo popular el merengue tan rápidamente?
5. ¿Por qué se comenzó a usar el acordeón para interpretar el merengue?

7–28. Vocabulario: Después de escuchar. En parejas, expliquen el significado de este vocabulario con sus propias palabras. Pueden explicar el significado con sinónimos, antónimos o usando la palabra en el contexto de una oración. Consulten el glosario del texto o un diccionario, si lo necesitan.

MODELO

> **teoría   La teoría de la evolución de Darwin es muy conocida.**

La Tumba	posibilidad	época	nacer
origen	improbable	instrumento	extender

Vocabulario para conversar

Usar gestos y palabras para comunicarse

¡Esta música es insoportable!

Miniconferencia Teaching tip: As all *miniconferencias* this one is designed for oral delivery in class with a partial outline to guide student comprehension. The recorded version on the textbook CD offers students reinforcement of content, vocabulary and listening skills outside of class.

For additional practice on this *Miniconferencia* see PowerPoint slides on the Instructor Site at www.wiley .com/college/gallego and at www.wileyplus.com.

Different cultures make use of nonverbal communication or use gestures to convey certain meanings. In this section you are going to learn some gestures Spanish speaking people use. Some may be gestures you are familiar with, and that you may use already in your daily communications, while others may be different. Which of the following gestures are the same or different in your culture?

Pedirle a alguien que se acerque

¡Ven acá!   *Come here!*

The gesture for beckoning is performed by bending the index finger of one hand toward the gesticulator. The movement can also be performed by using all the fingers of one hand.

Indicar que hay mucha gente

Hay muchísima gente aquí.   *There are a lot of people here.*

To express the idea of large crowds some people perform a gesture by opening and closing—rapidly and repeatedly—the bunched fingers of one or both hands, held directly in front of the gesticulator.

Saludar a otra persona

¡Hola! ¿Qué tal?   *Hi! What's up?*

A common greeting and leave-taking behavior (especially in Spain) is kissing or brushing both cheeks with the lips. This behavior is more common between two females and between a male and a female.

Expresar desagrado

¡Este profesor es terrible!   *This professor is awful!*

Expressions of disapproval are often accompanied by shaking the head negatively in response to something we are unhappy with. In some cultures this head movement is accompanied by a clicking sound.

No oír o escuchar bien

Perdona, no te he oído.   *I am sorry, I didn't hear what you said.*

When you can't hear what someone said you can perform a gesture by cupping your fingers of one hand behind the ear, or you may push the fingers back and forth while in the same position behind the ear.

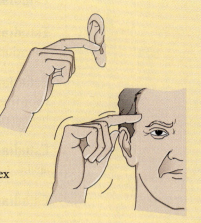

Indicar que hay ruido

¡Este ruido es insoportable!   *I can't stand this noise!*

To express displeasure or to escape from unwelcome noise, cover your ears with both hands or both index fingers.

Indicar locura

Este tipo está un poco loco.   *This dude is a little crazy.*

When somebody says or does something crazy, you may use your index finger to make small circles next to your temple.

 7–29. Palabras en acción. Hagan los gestos que corresponden a las expresiones subrayadas. Tomando turnos, un estudiante lee una expresión y el otro responde con un gesto.

1. Me parece que mi hermano <u>ha perdido la cabeza.</u> ¡Le está hablando al perro del vecino!
2. ¡Ay! <u>¡Qué desagradable!</u> Ese muchacho acaba de raspar la pizarra con la tiza.
3. <u>¡Estoy harta/o!</u> Ésta es la última vez que me dejas plantada/o.
4. El estadio donde se celebró la Copa de Europa estaba hasta los topes.
5. <u>Acércate un poco más</u> para que te dé un abrazo.
6. <u>¿Cómo has dicho?</u>
7. El profesor de español vino hoy a clase sin camisa. Creo que <u>le falta un tornillo.</u>

 7–30. Un restaurante hasta los topes. Ustedes están en un restaurante que está de moda donde hay muchísima gente. En parejas, representen esta situación usando los gestos correspondientes a las expresiones subrayadas.

Estudiante A: You are waiting for your friend at a restaurant. It is Saturday night and the place is packed and extremely loud. When you see your friend at the door, you wave and <u>signal to him/her to join you at the table</u>.

Estudiante B: You just walked into this very busy restaurant. Walk to the table and <u>greet your friend</u>. Remember this may be different if your friend is a male or female.

Estudiante A: Ask what's new with him/her lately.

Estudiante B: Answer the question.

Estudiante A: Ask how long he/she has been waiting.

Estudiante B: Tell him/her that you have been trying to get the waiter's attention for a while with no luck, and that you <u>think this waiter is a little crazy</u>.

Estudiante A: <u>Express disapproval</u> in response to your friend's comment. Tell your friend you think this restaurant is way <u>too loud and crowded</u>, and why did he/she pick it and ask why he/she picked it.

Estudiante B: <u>You couldn't hear</u> what he/she just said. Ask him/her to repeat again.

Estudiante A: Repeat what you said by yelling your response.

Estudiante B: Tell your friend <u>you can't stand the noise</u> and that you think you will go deaf in this place.

Estudiante A: Suggest leaving the restaurant for a quieter place.

Estudiante B: Agree with your friend.

CURIOSIDADES

Curiosidades **Teaching tip:** You may want to point out that some of Juan Luis Guerra's songs highlight the social problems found in the Dominican Republic and other Latin American countries.

"El Niágara en bicicleta" and *"Visa para un sueño"* are great examples.

"El costo de la vida", de Juan Luis Guerra

Lee la letra de este popular merengue de Juan Luis Guerra. Sólo necesitan comprender las ideas principales. Después de leerla, vayan al Internet para escucharla y ver el video.

7–31. Anticipar el contenido. Primero lean el título y decidan de qué trata este merengue.

1. tema amoroso
2. tema social y político
3. una combinación de los dos temas

El costo de la vida

I.
El costo de la vida sube otra vez
el peso que baja, ya ni se ve
y las habichuelas no se pueden comer
ni una libra de arroz, ni una cuarta
de café
a nadie le importa qué piensa usted
será porque aquí no hablamos inglés
Ah, ah es verdad
do you understand? Do you, do you?

II.
Y la gasolina sube otra vez
el peso que baja, ya ni se ve
y la democracia no puede crecer
si la corrupción juega ajedrez
a nadie le importa qué piensa usted
será porque aquí no hablamos francés
Ah, ah vous parlez?
ah, ah non, Monsieur

III.

Somos un agujero
en medio del mar y el cielo
quinientos años después
una raza encendida
negra, blanca y taína
pero quién descubrió a quién

IV.

Ay, el costo de la vida
eh, ya ves, pa-arriba tú ves
y el peso que baja
eh, ya ves, pobre ni se ve
y la medicina
eh, ya ves, camina al revés
aquí no se cura
eh, ya ves, ni un callo en el pie

V.

Ay, ki-iki-iki
eh, ya ves, ay ki-iki-é
y ahora el desempleo
eh, ya ves, me mordió también
a nadie le importa
eh, ya ves, pues no hablamos inglés
ni a la Mitsubishi
eh, ya ves, ni a la Chevrolet

VI.

La corrupción pa-rriba
eh, ya ves, pa-rriba tú ves
y el peso que baja
eh, ya ves, pobre ni se ve

y la delincuencia
eh, ya ves, me pilló otra vez
aquí no se cura
eh, ya ves, ni un callo en el pie
Ay, ki-iki-iki
eh, ya ves, ay ki-iki-é
y ahora el desempleo
eh, ya ves, me mordió también
a nadie le importa, no
eh, ya ves, pues no hablamos inglés
ni a la Mitsubishi
eh, ya ves, ni a la Chevrolet

Oye!

La recesión pa-rriba
eh, ya ves, pa-rriba tú ves
y el peso que baja
eh, ya ves, pobre ni se ve
y la medicina
eh, ya ves, camina al revés
aquí no se cura
eh, ya ves, ni un callo en el pie

VII.

Ay, ki-iki-iki
eh, ya ves, ay ki-iki-é
y ahora el desempleo
eh, ya ves, me mordió también
a nadie le importa, no
eh, ya ves, pues no hablamos inglés
ni a la Mitsubishi
eh, ya ves, ni a la Chevrolet

7-32. En otras palabras. A continuación está la idea general de cada una de las estrofas de la canción. Identifiquen la estrofa que corresponde a la idea general.

1. Otro problema es la delincuencia (el crimen) y nadie quiere hacer nada para solucionarlo.
2. Hay tanta inflación en la República Dominicana que ni los productos básicos como el café, las habichuelas (frijoles) y el arroz se pueden comprar.
3. Repetición de otra estrofa con algunas variaciones.
4. Los servicios médicos son escasos y poco eficientes.
5. Los dominicanos no sólo tienen problemas para adquirir productos de primera necesidad sino que también tienen que vivir bajo la corrupción del gobierno.
6. No hay trabajo para todos en el país.
7. Quinientos años después del descubrimiento, la República Dominicana es todavía un lugar olvidado por todos, habitado por personas que representan la mezcla étnica de tres culturas.

Puerto Rico: Encontrando su identidad

OCÉANO ATLÁNTICO

PUERTO RICO

San Juan

Mar Caribe

Capital:	San Juan
Población:	3,994,259 habitantes
Grupos étnicos:	blanco 80.5%, africano 8%, mezcla de amerindio/ blanco/ africano 11.3%, asiático 0.2%
Idiomas:	español e inglés
Moneda:	dólar americano
Área:	aproximadamente del tamaño de Maryland

Lectura

Entrando en materia

7-33. ¿Qué sabes de Puerto Rico? Lean las siguientes oraciones sobre Puerto Rico y determinen si son ciertas o falsas. Si pueden, corrijan las falsas. Si no están seguros/as, repasen sus respuestas después de leer la sección para ver si eran correctas.

1. Puerto Rico es una isla del Caribe con una extensión comparable al estado de Florida.
2. A los puertorriqueños se les conoce también como boricuas.

7-33 **Answers:** 1. F; 2. C; 3. F; 4. F; 5. C.

Por si acaso

Expresiones útiles para comparar respuestas con otro estudiante

¿Qué tienes/ pusiste en el número 1/ 2/ 3?
Yo tengo/ puse a/ b.
Yo tengo algo diferente.
No sé la respuesta./ No tengo ni idea.
Creo que la respuesta es a/ b, pero no estoy seguro/a.
Creo que es cierto./ Creo que es falso.

3. El gobierno de Puerto Rico es un gobierno democrático e independiente, parecido al gobierno de la República Dominicana.
4. El jefe del gobierno de Puerto Rico es el presidente de Estados Unidos.
5. En Puerto Rico, la mayoría de la gente quiere seguir formando parte de Estados Unidos.

7–34. Anticipar el tema. Lean los títulos de los párrafos de la siguiente lectura e identifiquen los temas que aparecerán bajo cada título.

Por si acaso

La isla de Puerto Rico también es conocida como "la Isla del Encanto". Los taínos llamaban a la isla *Borinquen* que significa "isla de cangrejos". A los puertorriqueños se les conoce también como *boricuas*.

Títulos

1. El dominio español
2. Del dominio español al estadounidense
3. Estado Libre Asociado

Temas

a. Crisis de identidad, ni país ni estado de EE.UU.
b. Independencia del control español
c. Influencia de EE.UU.
d. Descubrimiento y conquista

Perfil de Puerto Rico

EL DOMINIO ESPAÑOL

Cristóbal Colón fue el primer explorador europeo en llegar a Puerto Rico en 1493, pero fue Ponce de León quien en 1502 se estableció en la isla como su primer gobernador. La isla fue **codiciada**[1] por piratas y bucaneros, así como por expediciones inglesas y **holandesas**[2] que querían ocuparla. Debido a continuos ataques e intentos de invadir la isla, los españoles construyeron los fuertes del Morro y San Cristóbal, que les sirvieron para proteger el puerto de San Juan. A pesar de los ataques, la isla permaneció como territorio español. Los puertorriqueños se rebelaron contra el dominio español en 1868, lo que ocasionó tensiones políticas con España. Estas tensiones terminaron cuando España le cedió Puerto Rico a Estados Unidos después de perder la Guerra Hispano-Estadounidense en 1898.

DEL DOMINIO ESPAÑOL AL ESTADOUNIDENSE

La Ley Jones de 1917 convirtió a todos los puertorriqueños en ciudadanos estadounidenses y Puerto Rico se convirtió en territorio anexado a Estados Unidos. A partir de 1944 el gobierno estadounidense dio a los puertorriqueños total autonomía en la elección de sus representantes en el gobierno local, la elección de un representante en Washington y la oportunidad de escribir su propia constitución.

ESTADO LIBRE ASOCIADO

Con la Constitución de 1952, Puerto Rico pasó a llamarse Estado Libre Asociado de Puerto Rico (*Commonwealth of Puerto Rico*). La asociación política con Estados Unidos no ha anulado el interés de los puertorriqueños por mantenerse **fieles**[3] a su cultura y sus tradiciones. Muchos puertorriqueños van y vienen entre Estados Unidos y la isla, disfrutando de las posibilidades que les ofrecen ambos mundos. La asociación entre Puerto Rico y Estados Unidos ha originado una nueva cultura híbrida que se observa en las costumbres y hasta en el lenguaje. La circulación constante de puertorriqueños que viajan entre la isla y el continente es una de la causas de esta mezcla de culturas.

Económicamente Puerto Rico es más fuerte que las otras islas del Caribe, con una mejor y mayor red de industrias, comercios y servicios. El **ingreso per cápita**[4] es el más alto de Latinoamérica.

---

1. *sought-after*   2. *Dutch*   3. *faithful*   4. *income per capita*

Hoy en día los puertorriqueños obtienen algunos de los beneficios de los ciudadanos de Estados Unidos. Por ejemplo, tienen derecho a recibir asistencia económica. El programa de cupones de alimento beneficia aproximadamente al 50% de la población puertorriqueña. Sin embargo, los puertorriqueños que residen en la isla no tienen derecho a votar en las elecciones presidenciales a pesar de que se pueden alistar en las fuerzas armadas. Los habitantes de Puerto Rico no están obligados a pagar **impuestos**[5] federales, pero pagan impuestos al gobierno de Puerto Rico. Estos impuestos son tan altos como los impuestos locales y federales que cualquier residente de un estado debe pagar.

La dominación sobre Puerto Rico por parte de Estados Unidos es un tema muy controvertido. Los independentistas quieren la separación absoluta para convertirse en una nación autónoma; otro grupo apoya el estatus presente y un tercer grupo quiere la estadidad, es decir, desea que Puerto Rico se convierta en el estado 51 de la Unión.

Por si acaso

En diciembre de 1998 los puertorriqueños votaron para decidir si querían continuar como Estado Libre Asociado de Estados Unidos. Los resultados de esa votación fueron los siguientes:
Estado 51 de la Unión (o estadidad) - 46.5%
Independencia - 2.5%
Ninguna de las anteriores - 50.3%
Al triunfar la opción "Ninguna de las anteriores," Puerto Rico se mantuvo como Estado Libre Asociado.

7–35. ¿Comprendieron? Completen las ideas de las siguientes oraciones según el contenido que acaban de leer.

1. Los españoles construyeron los fuertes del Morro y San Cristóbal porque…
2. España le cedió Puerto Rico a EE.UU. porque…
3. La Ley Jones, aprobada en 1917, dice que…
4. Los puertorriqueños que residen en la isla no tienen derecho a votar en las elecciones de EE.UU. debido a que…
5. En comparación a otras naciones del Caribe, la economía de Puerto Rico es…
6. En el presente en Puerto Rico hay tres posturas con respecto a la asociación de la isla con EE.UU. Estas posturas son…

Sila María Calderón

Sila María Calderón nació en San Juan el 23 de septiembre de 1942. Estudió en el Colegio Sagrado Corazón de las Madres en Santurce, donde se graduó como la mejor de su clase. Hizo sus estudios universitarios en Manhattanville College en Purchase, Nueva York, obteniendo un **título**[6] en Ciencias Políticas.

De enero de 1997 a enero de 2001 ocupó el cargo de alcaldesa de San Juan, capital de Puerto Rico, puesto que obtuvo en noviembre de 1996 con el 51% de los votos.

El 7 de noviembre de 2000 fue elegida gobernadora de Puerto Rico e hizo historia al convertirse en la primera mujer gobernadora del Estado Libre Asociado de Puerto Rico.

En 2008 Luis Fortuño fue elegido como el nuevo gobernador de la isla.

---

5. *taxes*   6. *degree*

7–36. Reflexiones. Piensa en las preguntas que aparecen a continuación y escribe un párrafo breve explicando tu respuesta. Después, comparte lo que escribiste con tus compañeros de clase.

- ¿Por qué crees que no hubo otras mujeres gobernadoras de Puerto Rico antes de Sila M. Calderón? ¿Crees que el ser mujer le dificultó su carrera política?

Gramática

One More Look at the Indicative and Subjunctive Moods

When do I use subjunctive or indicative?

Noun Clauses

Always use the subjunctive in the dependent clause when the subject of the main clause:

1. gives advice, a recommendation or attempts to influence someone's behavior.

   Te recomiendo que **visites** Ponce durante tus vacaciones en Puerto Rico.

   *I recommend that **you visit** Ponce during your vacation in Puerto Rico.*

2. expresses doubt, uncertainty or denial.

   No creo que el 80% de los puertorriqueños **desee** la independencia.

   *I don't think that 80% of Puerto Ricans **want** independence.*

3. expresses a value judgement, opinion or emotional reaction.

   Es importante que **aprendas** a hablar español antes de ir a Puerto Rico.

   *It is important that **you learn** to speak Spanish before going to Puerto Rico.*

Always use the indicative:

1. if the main clause simply transmits information.

   Los independentistas dicen que el gobierno de Puerto Rico **debe** ser de los puertorriqueños.

   *The independents say that the Puerto Rican government **should** belong to the Puerto Ricans.*

2. after expressions of certainty or belief.

   Estoy segura de que la vida en San Juan no **es** tan estresante como la vida en Nueva York.

   *I am sure that life in San Juan **is** not as stressful as life in New York.*

Adjective Clauses

Always use the subjunctive when the adjective clause refers back to an antecedent that is either unknown, indefinite or may not exist at all.

No hay nadie en Puerto Rico que no **hable** español. (*nadie is the antecedent*)

*There is **nobody** in Puerto Rico that does not **speak** Spanish.*

Always use the indicative when the adjective clause refers back to an antecedent that is known or specific to the speaker.

Voy a pasar una semana en el hotel que **tiene** los precios más altos de todo el mundo.

*I am going to spend a week in the hotel that **has** the highest rates in the world.*

Infinitive Instead of Subjunctive

In noun clauses, when the verb in the main clause expresses recommendations suggestions or wishes and the verb in the dependent clause has the same subject, the infinitive is used instead of the subjunctive. In this case **que** is not used.

Quiero que (**tú**) **vengas** a visitarme a la isla el próximo verano.

*I **want you to come** visit me on the island next summer.*

but

Quiero visitar la isla el próximo verano.

*I **want to visit** the island next summer.*

7–37. Cuando vayas a Puerto Rico. Estás planeando unos días de vacaciones en Puerto Rico. ¿Qué vas a hacer allí? Completa la siguiente descripción. Trata de usar verbos diferentes.

En San Juan quiero quedarme en un lugar que _____. También me interesa conocer a gente que _____. Voy a visitar todos los monumentos que _____. Me interesa especialmente conocer los fuertes que _____ para proteger la isla contra los ataques de los piratas. Necesito quedarme en un hotel que _____ porque no tengo mucho dinero.

7–38. Reacciones de los puertorriqueños. ¿Cómo creen que se sintieron los puertorriqueños en los momentos históricos que aparecen en la siguiente página? Usen la información de las lecturas y escriban sus respuestas. Recuerden que deben usar el subjuntivo después de expresiones de opinión y el indicativo después de opiniones de certeza. Pueden usar estas expresiones:

Pensar
Estar de acuerdo
Gustar
Parecer interesante
   estupendo/intolerable/bueno/extraordinario

Creer
Estar seguro de
Molestar
Estar claro

7-38 **Teaching tip:** Remind students that verbs such as *parecer, molestar* and *importar* are conjugated like the verb *gustar*.

MODELO

> **Los piratas atacaban constantemente la isla de Puerto Rico en el siglo XV.**
> **A los puertorriqueños les parecía intolerable que los piratas atacaran la isla constantemente.**

1. España le cedió Puerto Rico a Estados Unidos al perder la guerra.
2. Estados Unidos le dio a Puerto Rico la autonomía para elegir a su gobernador.
3. Puerto Rico se convirtió en Estado Libre Asociado.
4. El gobierno de Estados Unidos eliminó la obligación de pagar impuestos federales para los residentes de la isla.
5. El gobierno de Estados Unidos estableció que los puertorriqueños tenían la obligación de servir en el ejército.

Lectura

Entrando en materia

 7–39. Anticipar el contenido. Hagan una lectura rápida de los mensajes electrónicos del foro de las páginas 299–301 y determinen lo siguiente:

1. el objetivo del intercambio de mensajes
2. los puntos de vista o posturas que figuran en este intercambio

 7–40. Vocabulario: Antes de leer. Usen las explicaciones y el contexto de estas oraciones para comprender el vocabulario. Usen la palabra en una oración.

1. derechos

   No es justo que los puertorriqueños no tengan los mismos **derechos** que los demás ciudadanos estadounidenses.

   Aquí **derechos** es sinónimo de *privilegios.*

2. equivocado

   Creo que estás totalmente **equivocado**

   no tener razón; cometer un error

3. desempleo

   El resultado de esto: más **desempleo**.

   Desempleo es la ausencia o falta de trabajo.

4. **invierten**

   Las compañías que **invierten** en la isla no van a querer hacerlo si tienen que pagar impuestos federales.

   Invertir significa "contribuir con dinero con el fin de obtener un beneficio".

5. apoyar

   El gobierno no va a **apoyar** la autonomía cultural de Puerto Rico.

   Apoyar es aquí sinónimo de *favorecer*.

Foro sobre Puerto Rico

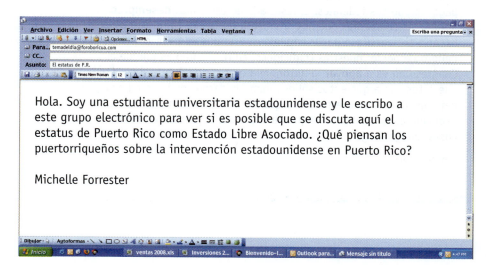

Hola. Soy una estudiante universitaria estadounidense y le escribo a este grupo electrónico para ver si es posible que se discuta aquí el estatus de Puerto Rico como Estado Libre Asociado. ¿Qué piensan los puertorriqueños sobre la intervención estadounidense en Puerto Rico?

Michelle Forrester

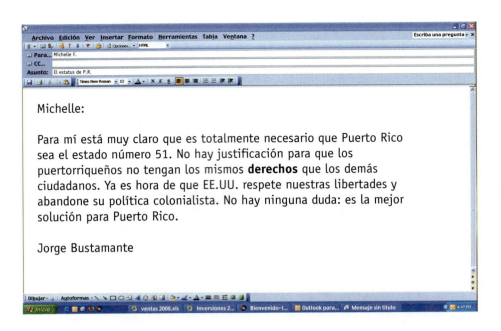

Michelle:

Para mí está muy claro que es totalmente necesario que Puerto Rico sea el estado número 51. No hay justificación para que los puertorriqueños no tengan los mismos **derechos** que los demás ciudadanos. Ya es hora de que EE.UU. respete nuestras libertades y abandone su política colonialista. No hay ninguna duda: es la mejor solución para Puerto Rico.

Jorge Bustamante

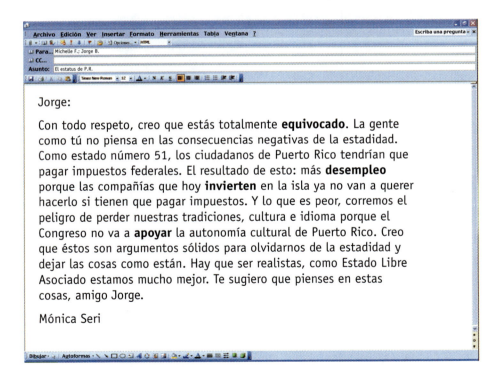

Jorge:

Con todo respeto, creo que estás totalmente **equivocado**. La gente como tú no piensa en las consecuencias negativas de la estadidad. Como estado número 51, los ciudadanos de Puerto Rico tendrían que pagar impuestos federales. El resultado de esto: más **desempleo** porque las compañías que hoy **invierten** en la isla ya no van a querer hacerlo si tienen que pagar impuestos. Y lo que es peor, corremos el peligro de perder nuestras tradiciones, cultura e idioma porque el Congreso no va a **apoyar** la autonomía cultural de Puerto Rico. Creo que éstos son argumentos sólidos para olvidarnos de la estadidad y dejar las cosas como están. Hay que ser realistas, como Estado Libre Asociado estamos mucho mejor. Te sugiero que pienses en estas cosas, amigo Jorge.

Mónica Seri

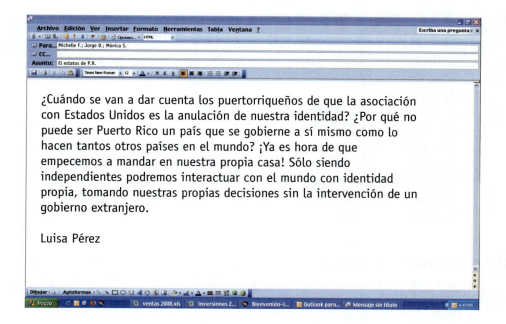

Email client window:

Archivo   Edición   Ver   Insertar   Formato   Herramientas   Tabla   Ventana   ?   Escriba una pregunta · x

Opciones... · HTML

Para... Michelle F.; Jorge B.; Mónica S.
CC...
Asunto: El estatus de P.R.

Times New Roman · 12 ·

¿Cuándo se van a dar cuenta los puertorriqueños de que la asociación con Estados Unidos es la anulación de nuestra identidad? ¿Por qué no puede ser Puerto Rico un país que se gobierne a sí mismo como lo hacen tantos otros países en el mundo? ¡Ya es hora de que empecemos a mandar en nuestra propia casa! Sólo siendo independientes podremos interactuar con el mundo con identidad propia, tomando nuestras propias decisiones sin la intervención de un gobierno extranjero.

Luisa Pérez

Dibujar · Autoformas ·

Inicio   ventas 2008.xls   Inversiones 2...   Bienvenido-i...   Outlook para...   Mensaje sin título

---

7–41. A resumir. En parejas, identifiquen la postura de cada uno de los participantes del foro. Luego, resuman los argumentos a favor que se dan para cada una.

1. Postura de Jorge:
   Argumentos de apoyo:

2. Postura de Mónica:
   Argumentos de apoyo:

3. Postura de Luisa:
   Argumentos de apoyo:

7–42. Vocabulario: Después de leer. Con la información que tienen sobre Puerto Rico, intenten ponerse de acuerdo para dar una sola respuesta a cada una de estas preguntas.

1. ¿Qué **derecho** no tienen los puertorriqueños como Estado Libre Asociado de EE.UU.?
2. ¿Creen que algún participante de esta discusión electrónica está **equivocado**? ¿Por qué?
3. Según Mónica, ¿qué puede causar problemas de **desempleo** en Puerto Rico?
4. ¿Por qué es beneficioso para ciertas compañías **invertir** en Puerto Rico?
5. ¿Creen que Puerto Rico debe continuar siendo un Estado Libre Asociado, ser independiente o ser el estado 51 de la Unión? **Apoyen** su opinión con uno o dos argumentos.

7–43. Hablemos del tema. En grupos de tres, preparen un pequeño párrafo con dos o tres recomendaciones para el gobierno de Estados Unidos con respecto a su intervención en la política de Puerto Rico. Compartan sus recomendaciones oralmente con el resto de la clase y determinen qué párrafo podría ser mejor aceptado por el gobierno. Repasen las expresiones para dar sugerencias y recomendaciones y no se olviden de usar el subjuntivo cuando sea necesario.

Vocabulario para conversar

Aclarar un malentendido y reaccionar

The following expressions are used to let someone know that there is a misunderstanding.

Creo que no me entendió/entendiste.	*I don't think you understood me.*
Creo que no me hice entender.	*I don't think I made myself clear.*
Déjeme explicarle/Déjame explicarte.	*Allow me to explain.*
Esa no era mi intención.	*That was not my intention.*
Eso no es lo que yo quise decir.	*That is not what I meant to say.*
Eso no fue lo que yo dije.	*That is not what I said.*
Lo que yo quise decir…	*What I wanted to say . . .*
Yo entendí mal.	*I didn't understand what you meant.*
Yo me confundí.	*I got confused.*
Yo me refería a…	*I was referring to . . .*
A ver, cuéntame.	*O.K. Tell me.*
Bueno, explícame.	*Well, let me hear an explanation.*
¿Espera/esperas que le/te crea?	*You expect me to believe that?*
¿Me crees tonto/a?	*Do you think I am an idiot?*
Nada que pueda/puedas decir va a cambiar las cosas.	*Nothing you can say is going to change anything.*
No me venga/vengas con ese cuento.	*Don't give me that.*
Soy todo/a oídos.	*I am all ears.*

 7–44. Palabras en acción. Lean la siguiente situación y usando las expresiones que están listadas arriba, traten de aclarar el malentendido. Usen tres expresiones diferentes.

Una pareja de dominicanos está invitada a una fiesta en casa de una amiga estadounidense. La estadounidense les pidió que trajeran salsa. Los dominicanos llevaron su colección de CD de salsa a la fiesta. Cuando la estadounidense vio los CD se sorprendió mucho. ¿Cuál fue el malentendido? ¿Qué podría decir la estadounidense? ¿Cómo podrían los dominicanos explicar el malentendido?

 7–45. ¿Qué me quieres decir? Escojan una de las situaciones listadas y creen un diálogo corto para representar una de las situaciones. Usen las expresiones necesarias para aclarar el malentendido.

7-45 You may wish to play the *A escuchar* track for *Capítulo 7, Tema 3* from the *Activities Manual,* which presents a relevant model.

1. Te ofreces a llevar a un amigo/a al día siguiente a la universidad. Tu amigo/a te espera a la hora convenida pero tú no llegas. Tu amigo/a te llama para ver si hubo un malentendido sobre el lugar o la hora.
2. Vienes a la clase de español con la tarea equivocada. Explícale a tu instructor/a qué pasó. Tu instructor/a debe aclarar lo que él/ella realmente dijo.

José Alicea en su estudio

José Alicea, que nació en Ponce, Puerto Rico, en 1928, es un artista que se especializa en grabados (*prints*) y serigrafías (*silkscreens*). Su preferencia por estos medios se debe a su interés en expresarse con claridad y transparencia. Alicea se ha destacado sobre todo por su extraordinaria producción de carteles.

El artista en su estudio rodeado de su obra.

 7–46. Mirándolo con lupa. Miren la fotografía con atención durante un minuto y hablen de sus impresiones con su compañero/a. Sigan estos pasos.

1. Describan en detalle lo que ven en la fotografía.
2. ¿Qué imágenes pueden distinguir en los carteles que tiene el artista en su estudio?
3. Observen los carteles que se ven mejor, ¿qué títulos les pondrían?

Venezuela: Diversidad de paisajes

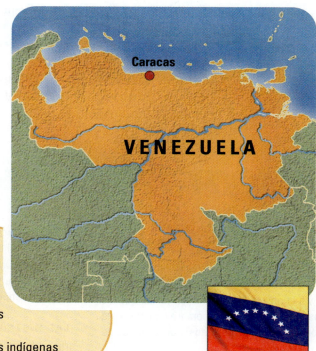

Capital:	Caracas
Población:	28,068,389 habitantes
Grupos étnicos:	mestizo 67%, blanco 21%, africano 10%, una variedad de grupos amerindios 2%
Idiomas:	español, varias lenguas indígenas
Moneda:	bolívar
Área:	aproximadamente el doble del tamaño de California

Lectura

Entrando en materia

 7–47. ¿Qué sabes de Venezuela? Respondan a estas preguntas con *sí* o *no*.

1. ¿Es Venezuela un país caribeño?
2. ¿Es Venezuela uno de los países productores de petróleo más importantes del mundo?
3. ¿Es Venezuela un país con un clima tropical?
4. ¿Es Venezuela el único país del continente sudamericano en la costa del mar Caribe?

7-47 **Answers:** 1. Sí; 2. Sí; 3. Sí; 4. No.

Por si acaso

Expresiones útiles para comparar respuestas con otro estudiante

¿Qué tienes/ pusiste en el número 1/ 2/ 3?
Yo tengo/ puse a/ b.
Yo tengo algo diferente.
No sé la respuesta./ No tengo ni idea.
Creo que la respuesta es a/ b, pero no estoy seguro/a.
Creo que es cierto./ Creo que es falso.

7-48. Anticipar el tema. Hagan una lectura rápida de los textos que aparecen a continuación para determinar si estas oraciones son ciertas o falsas. Si pueden, corrijan las falsas. Si no están seguros/as, repasen sus respuestas después de leer la sección.

1. Los colonizadores asociaron Venezuela con la ciudad de Venecia por las aldeas de palafitos.
2. El gobierno del dictador Juan Vicente Gómez estuvo caracterizado por la honestidad.
3. Hugo Chávez intentó tomar el gobierno en 1992 por medio de un golpe de estado.
4. La fuente económica esencial del país es la agricultura.
5. A Hugo Chávez, el presidente actual, lo llaman "Huracán Chávez" por su temperamento apasionado.

Perfil de Venezuela

LA LLEGADA DE LOS ESPAÑOLES

Cristóbal Colón llegó por primera vez a las costas de Venezuela en su tercer viaje en 1498. El territorio estaba habitado por una variedad de tribus indígenas dedicadas a la agricultura y a la pesca. Una de las teorías es que los colonizadores españoles le dieron el nombre de Venezuela porque asociaron las **aldeas de palafitos**[1] con la ciudad de Venecia.

Muchos exploradores fueron a Venezuela para buscar **perlas**[2] y otras riquezas. España no tenía mucho interés en estas tierras, de forma que Carlos V cedió a banqueros alemanes el derecho de explotar y colonizar el territorio. El interés de los alemanes en Venezuela era exclusivamente económico y la abandonaron cuando no pudieron encontrar las riquezas que esperaban.

LAS DICTADURAS

Después de obtener su independencia el gobierno de Venezuela se caracterizó por una serie de dictaduras y gobiernos corruptos. Un ejemplo fue el gobierno de Juan Vicente Gómez (1908–1935), quien hizo cambiar en varias ocasiones la Constitución para hacer legítima su permanencia en el poder. Cuando no era presidente, era comandante en jefe del ejército y designaba a hombres de su **confianza**[3] para el cargo de presidente. Gómez y sus aliados se convirtieron en los dueños del país. El mismo Gómez llegó a **poseer**[4] el 60% del **ganado**[5] nacional y se convirtió en el mayor proveedor de carne del país.

VENEZUELA DEMOCRÁTICA

En el año 1958 terminó el mandato del dictador Pérez Jiménez y desde entonces Venezuela ha tenido una democracia. El teniente coronel Hugo Chávez intentó en 1992 dar un golpe de estado durante el gobierno de Carlos

---

1. *indigenous constructions built on stilts*   2. *pearls*   3. *trust*   4. *own*   5. *cattle*

Andrés Pérez, a quien se le acusaba de corrupción, pero el intento **no tuvo éxito**[6]. Hugo Chávez fue elegido presidente de Venezuela en las elecciones de 1998.

Venezuela es un país con enormes riquezas naturales. El petróleo continúa siendo el producto más importante de la economía venezolana ya que genera alrededor del 80% de los ingresos por exportación. Este país ha estado siempre en la lista de los mayores productores de petróleo del mundo. Venezuela es también uno de los mayores productores de gas natural.

 7–49. Resumir la idea principal. En parejas, escriban una oración que resuma cada una de las lecturas anteriores. Después, intercambien sus oraciones con las de otra pareja y determinen qué oraciones expresan la idea principal de cada párrafo con más claridad. Justifiquen su selección.

Hugo Chávez (1954)

Hugo Chávez, presidente de Venezuela desde 1998 y ahora en su tercer término presidencial, ha sido una figura muy controversial en su país y fuera de él. Chávez nació en 1954 en un pueblo rural venezolano, hijo de un maestro de escuela. Realizó sus estudios superiores en la Academia Militar de Venezuela. Sus **seguidores**[7] lo llaman "Huracán Chávez", por su carácter apasionado y directo.

Sus oponentes no pueden olvidar que en 1992 intentó derrocar el gobierno de Carlos Andrés Pérez. En 2002 hubo un fallido golpe de estado con el que se buscaba derrocar el gobierno de Chávez. Cuando Fue reelegido como presidente de Venezuela en 2006, Chávez aseguró que llevaría a Venezuela hacia el socialismo del siglo XXI.

 7–50. Preguntas. Repasen la sección anterior. Basándose en la información que tienen sobre Chávez, ¿qué preguntas les gustaría hacerle a este gobernante? ¿Por qué? Escriban un mínimo de tres preguntas que les gustaría que Chávez respondiera.

---

6. *didn't succeed*   7. *followers*

Ven a conocer **Teaching tip:** Recording available on the textbook CD.

7–51. Anticipar el tema. Miren el texto y la fotografía de esta página. Hablen con su compañero/a de lo siguiente:

1. de qué trata este texto
2. a qué tipo de público está dirigido
3. en qué medio se puede encontrar un texto como éste

7–52. Identificación. Haz una lectura rápida del texto para encontrar la siguiente información.

1. qué tipo de lugar es Canaima
2. tipo de paquetes de viaje disponibles en verano
3. tipo de paquetes de viaje disponible en temporada de lluvia
4. el paquetes de viaje más caro de todos

Canaima:
UN PARAÍSO TERRENAL

CANAIMA Y SALTO ÁNGEL

Vayamos en una excursión de aventura a uno de los parques nacionales más grandes del mundo. Ubicado al sur del río Orinoco, Canaima es un paraíso con una variedad infinita de recursos naturales y asombrosos paisajes. En esta expedición usted tendrá la oportunidad de apreciar los hermosos paisajes de Canaima, sin duda uno de los lugares más espectaculares del mundo.

Nuestro destino más famoso es el Salto Ángel en la selva venezolana. El Salto Ángel tiene más de 3,000 pies de altura y es la caída libre de agua más alta del mundo. La mejor época del año es la temporada de lluvia, de junio a noviembre. ¡Usted podrá ver otras cascadas y pasear sobre algunos rápidos! En este recorrido viajaremos río arriba en curiaras (canoas indígenas que ahora tienen motores fuera de borda), acompañados por guías bilingües conocedores de la

zona y que con gusto responderán a todas las preguntas que tanto usted como sus acompañantes quieran hacer.

Visitará también el no menos famoso Salto Sapo, atracción muy singular y única en el mundo en la que tendrá la oportunidad de caminar detrás de una cortina de toneladas de agua. Se encontrará en esta excursión con visitantes de todas partes del mundo, amantes de la naturaleza que han encontrado en Canaima la pureza y tranquilidad de una tierra virgen y mágica llena de leyendas y personajes.

EXCURSIONES DURANTE TODO EL AÑO:

Canaima en verano, 2 días y 1 noche.

Incluye: Excursiones a Salto Sapo, medio día. Yuri-Lú, (Playa y Salto Yuri) medio día. Paseo en la Laguna Canaima. Alojamiento en posada (hab. con camas y baño privado): US$220

Alojamiento en campamento rústico en hamacas: US$170

Sobrevuelo al Salto Ángel (opcional): US$40

Canaima en verano, 3 días y 2 noches.

Incluye: Excursiones a Salto Sapo, medio día. Yuri-Lú, (Salto y Playa Yuri) medio día. Expedición a Isla de Orquídea, rápidos de Mayupa y Pozo de la Felicidad, Paseo en la Laguna Canaima. Alojamiento en posada (hab. con camas y baño privado): US$350

Alojamiento en campamento rústico en hamacas: US$210

Sobrevuelo al Salto Ángel (opcional): US$40

EXCURSIONES EN TEMPORADA DE LLUVIA:

Canaima, 3 días y 2 noches.

Incluye: Expedición hasta Salto Ángel, navegación río arriba por el río Carrao (pasando por los rápidos de Mayupa) hasta llegar al campamento en la Isla de Orquídea. Viaje al pie del Salto Ángel y caminata por la selva tropical. Regreso a Canaima de llegada a las 11:00 de la mañana aproximadamente.

Alojamiento en campamento rústico: US$210

Alojamiento en posada con camas y baños privados: US$385

Sobrevuelo al Salto Ángel (opcional): US$40

Todas las excursiones incluyen:

Asistencia al pasajero en el aeropuerto de Canaima. Un guía exclusivo en cada excursión. Traslados terrestres y fluviales. Todas las comidas y bebidas (exceptuando bebidas alcohólicas). Alojamiento en posadas o campamento rústico (de acuerdo al plan seleccionado). Chaleco salvavidas para cada pasajero.

Sugerimos que traiga:

Identificación o pasaporte * suéteres o chaquetas * botas o zapatos de tenis * *jeans* y camisetas * pantalones cortos deportivos * linterna pequeña * impermeable * trajes de baño y toallas * repelente de mosquitos y protector solar

El costo del impuesto de entrada al Parque Nacional Canaima no está incluido. Los niños menores de 7 años pagan 50%. Las excursiones con alojamiento en los campamentos en la selva no se recomiendan para personas de edad avanzada ni con problemas físicos o de salud. Si el cliente no tiene una razón válida para cancelar la excursión la compañía no hará devoluciones.

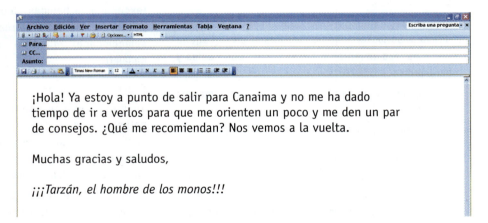

7–53. Comprensión. Túrnense para responder las siguientes preguntas sobre Canaima.

1. ¿Qué es el Salto Ángel? Descríbelo con tus propias palabras.
2. ¿Por qué es la temporada de lluvia la mejor época para visitar el salto?
3. ¿Qué tipo de alojamiento seleccionarías tú si fueras de viaje a Canaima? Explica tu respuesta.
4. Según el texto, ¿es éste un tipo de excursión recomendable para personas mayores? Explica tu respuesta.
5. ¿Te interesaría hacer un viaje a Canaima? ¿Por qué?

7–54. Vacaciones en Canaima. Un amigo está a punto de salir de viaje para Canaima con uno de estos paquetes de viaje y les envía este mensaje electrónico para pedir consejo. Usando la información del texto, háganle cinco recomendaciones a su amigo.

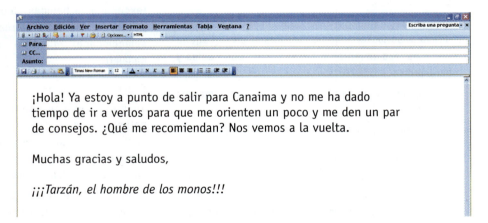

¡Hola! Ya estoy a punto de salir para Canaima y no me ha dado tiempo de ir a verlos para que me orienten un poco y me den un par de consejos. ¿Qué me recomiendan? Nos vemos a la vuelta.

Muchas gracias y saludos,

¡¡¡Tarzán, el hombre de los monos!!!

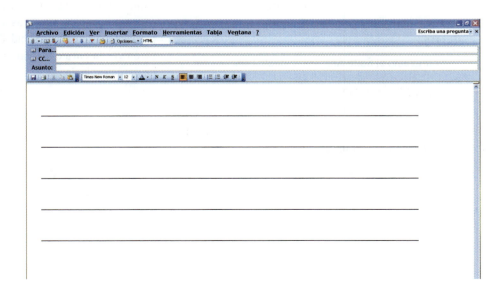

Viaje virtual

En la red busca información sobre el Parque Nacional Canaima. Contesta las siguientes preguntas y comparte la información que encuentres con tus compañeros. Si puedes, imprime un par de fotos para compartirlas con la clase.

1. ¿En qué fecha se estableció este parque?
2. ¿Qué tan grande es el parque?
3. ¿En qué año fue el parque nombrado Patrimonio de la Humanidad?
4. Nombra 3 saltos que se encuentran en Canaima.
5. Nombra 5 especies de animales que se encuentren en Canaima.
6. ¿Podrías dibujar un tepuy?
7. ¿Te gustaría visitar este parque? ¿Por qué?

Viaje virtual Answers:
1. El 12 de junio de 1962;
2. El parque tiene una extensión de 30,000 km^2 = 11,584 mi^2; 3. En 1994;
4. Ángel, Kukenán, Kamá, Karuay, El Danto; 5. Tucán, puma, iguana caribeña, armadillo gigante, sapito minero, etc.; 6. and
7. Answers will vary.

Redacción

7–55. Un anuncio sobre un viaje. El club de español de tu universidad está organizando un viaje para las vacaciones de primavera y te ha pedido que escribas un noticia para anunciar un viaje a algún destino en el Caribe. El anuncio se publicará en el boletín informativo (*newsletter*) del departamento de español. Los estudiantes del programa de español son el público a quien va dirigido el texto. Necesitas captar el interés de los lectores e intentar convencerlos de que no hay un lugar mejor en el mundo para pasar las vacaciones de primavera.

Preparación

Para escribir el anuncio debes hacer lo siguiente:

1. Seleccionar un lugar de tu interés en el Caribe y buscar información sobre ese lugar en Internet u otras fuentes.
2. Hacer una lista de la información que quieres incluir.
3. Seleccionar qué elementos de la lista son los más atractivos.

A escribir

1. Escribe una introducción que capte el interés de los lectores. Recuerda que quieres convencer a tus lectores de que no hay un lugar en el mundo mejor que éste.
2. Escribe un resumen descriptivo de la información que encontraste en las fuentes.
3. Expresa tu opinión con la intención de convencer a los lectores.
   - ¿Qué aspectos hacen que este lugar sea tan especial y único?
   - ¿Por qué deben tus lectores elegir este lugar para sus vacaciones de primavera y no otro lugar?
   - Consulta la información gramatical de la unidad y repasa el uso del subjuntivo.
4. Escribe una conclusión que resalte los puntos más importantes de tu ensayo.

Revisión

1. Escribe el número de borradores que te indique tu instructor/a y revisa tu texto usando la guía de revisión del Apéndice C.
2. Escribe la versión final y entrégasela a tu instructor/a.

El escritor tiene la palabra

NICOLÁS GUILLÉN (1902–1989)

El cubano Nicolás Guillén es uno de los poetas más conocidos de los autores que escriben literatura afroantillana. Es conocido por sus poemas sobre la vida afrocubana y sobre la protesta política y social.

Guillén ha tenido mucha influencia en el mundo literario y también en la vida de muchos cubanos y otros latinos. Nació en Camagüey, Cuba, el diez de julio de 1902. Como su padre, Guillén estuvo a favor de la Revolución cubana durante toda su vida.

Durante el gobierno de Batista estuvo exiliado por sus actividades subversivas. Vivió en Buenos Aires hasta que Fidel Castro tomó el poder y permitió que Guillén regresara. Murió en Cuba en 1989.

Nicolás Guillén

 7–56. Entrando en materia. Hagan una lectura rápida del poema a continuación y escriban una lista de cinco palabras que saben y cinco palabras que no saben. Comparen su lista con la de su compañero/a y ayúdense mutuamente (*help each other*) a comprender el significado de las palabras que no saben. ¿Cuál creen que es el tema central del poema?

No sé por qué piensas tú

No sé por qué piensas tú,
soldado, que te odio yo,
si somos la misma cosa
yo,
tú.

Tú eres pobre, lo soy yo;
soy de abajo, lo eres tú;
¿de dónde has sacado tú,
soldado, que te odio yo?

Me duele que a veces tú
te olvides de quién soy yo;
caramba, si yo soy tú,
lo mismo que tú eres yo.

Pero no por eso yo
he de malquererte, tú;
si somos la misma cosa,
yo,
tú,

no sé por qué piensas tú,
soldado, que te odio yo.
Ya nos veremos yo y tú,
juntos en la misma calle,
hombro con hombro, tú y yo,
sin odios ni yo ni tú,
pero sabiendo tú y yo,
a dónde vamos yo y tú…
¡no sé por qué piensas tú,
soldado, que te odio yo!

7–57. Nuestra interpretación de la obra. En parejas comenten sus
respuestas a los siguientes puntos:

1. La idea principal del poema es:

   a. describir a un soldado cubano.

   b. describir los sentimientos del poeta sobre la igualdad social.

2. El poeta usa el término *soldado* para simbolizar:

   a. a la gente de color de la clase trabajadora con la que el poeta se identifica.

   b. a la gente de la clase alta en el poder.

3. ¿En qué estrofa del poema compara el poeta sus orígenes con los del
   soldado?

4. ¿Qué expresiones usa el poeta para enfatizar la idea de igualdad social?
   Identifica las partes del poema que tengan esta idea.

7–58. Ustedes tienen la palabra. En grupos de cuatro, agrupen las palabras que rimen dentro de las cajas correspondientes.

complemento	realeza	repuesto	tratamiento	Pancho
provecho	gancho	renacimiento	torpeza	departamento
despecho	Juancho	deshecho	presupuesto	reglamento
resuelto	impuesto	fortaleza	instrumento	miento
pereza	maltrecho	presiento	lento	
dispuesto	puesto	proeza	acercamiento	
rancho	derecho	hecho	ancho	
Sancho	aislamiento	destreza	suplemento	

Ampliar vocabulario

apoyar	*to support*
ciudadano/a	*citizen*
debilitar	*to weaken*
derecho	*right*
derramamiento de sangre	*bloodshed*
desempleo	*unemployment*
época *f*	*time, period*
equivocado/a	*wrong, mistaken*
extender (ie)	*to extend*
improbable	*unlikely*
incierto/a	*uncertain*
instrumento	*instrument*
inventar	*to invent*
invertir (ie, i)	*to invest*
La Tumba	*Cuban rhythm*
legítimo	*legitimate*
lograr	*to achieve*
nacer	*to be born*
origen	*origin*
plausible	*plausible*
posibilidad	*possibility*
teoría	*theory*
transcurrir	*to pass, go by*
Upa habanera	*Cuban rhythm*

Vocabulario glosado

a lo largo de	*throughout*
abogar	*to advocate*
aislar	*to isolate*
aldeas de palafitos	*indigenous constructions built on stilts*
aportar	*to contribute*
bienestar	*well being*
campesino	*peasant*
codiciado/a	*sought-after*
confianza	*trust*
cultivo	*crop*
derecha	*right-wing*
derrocar	*to overthrow*
dictadura	*dictatorship*
empobrecimiento	*impoverishment*
emprender	*to undertake*
fiel	*faithful*
fortaleza	*fort*
fraudulento/a	*dishonest*
ganado	*cattle*
holandés/a	*Dutch*
impuesto	*tax*
ingreso	*income*
ingreso per cápita	*income per capita*
izquierda	*left-wing*
perla	*pearl*
poseer	*to own*
sanguinario	*bloody*
seguidor	*follower*
suavización	*softening*
tener éxito	*to succeed*
título	*degree*
vigente	*in force*

Vocabulario

Vocabulario para conversar

Para tener una discusión acalorada

¡Cállate!	*Shut up!*
¿Cómo pudiste hacerme esto?	*How could you do this to me?*
¡Deja de decir tonterías!	*Stop that nonsense!*
¡Eso es una ridiculez!	*That is foolish!*
¡Estás loco/a!	*You are crazy!*
¡Estás más loco/a que una cabra!	*You are crazier than I thought!*
Estás muy equivocado/a si piensas que…	*You are utterly mistaken if you think that…*
¡Lo que dices no tiene ningún sentido!	*What you are saying doesn't make any sense.*
¡No puedes estar hablando en serio!	*You can't be serious!*

Para usar gestos y palabras para comunicarse

¡Este profesor es terrible!	*This professor is awful!*
¡Este ruido es insoportable!	*I can't stand this noise!*
Este tipo está un poco loco.	*This dude is a little crazy.*
Hay muchísima gente aquí.	*There are a lot of people here.*
¡Hola! ¿Qué tal?	*Hi! What's up?*
Perdona, no te he oído.	*I am sorry, I didn't hear what you said.*
¡Ven acá!	*Come here!*

Para aclarar un malentendido y para reaccionar

A ver, cuéntame.	*O.K. Tell me.*
Bueno, explícame.	*Well, let me hear an explanation.*
Creo que no me entendió/entendiste.	*I don't think you understood me.*
Creo que no me hice entender.	*I don't think I made myself clear.*
Déjeme explicarle/Déjame explicarte.	*Allow me to explain.*
Esa no era mi intención.	*That was not my intention.*
Eso no es lo que yo quise decir.	*That is not what I meant to say.*
Eso no fue lo que yo dije.	*That is not what I said.*
¿Espera/esperas que le/te crea?	*You expect me to believe that?*
Lo que yo quise decir…	*What I wanted to say…*
¿Me crees tonto/a?	*Do you think I am an idiot?*
Nada que pueda/puedas decir va a cambiar las cosas.	*Nothing you can say is going to change anything.*
No me venga/vengas con ese cuento.	*Don't give me that.*
Soy todo/a oídos.	*I am all ears.*
Yo entendí mal.	*I didn't understand what you meant.*
Yo me confundí.	*I got confused.*
Yo me refería a…	*I was referring to…*

CAPÍTULO 8

CENTROAMÉRICA: MIRADA AL FUTURO SIN OLVIDAR EL PASADO

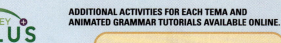

ADDITIONAL ACTIVITIES FOR EACH TEMA AND ANIMATED GRAMMAR TUTORIALS AVAILABLE ONLINE.

Objetivos del capítulo

En este capítulo vas a...

- explorar algunas similitudes y diferencias entre las culturas centroamericanas
- expresar probabilidad
- hablar de la ropa y la moda
- hablar de viajes y vacaciones
- expresar hipótesis
- hacer una entrevista de trabajo

TEMA

Las edificaciones coloniales, como la catedral de Managua en Nicaragua, contrastan con las modernas. ¿Conoces alguna similar en tu estado?

Guatemala:
Lo maya en Guatemala

8-1 **Recycling:** Show a map of Latin America or use the map at the end of the textbook and review the use of *estar* to indicate location and the vocabulary listed in the *Por si acaso* box asking the class *¿Dónde está [país] en referencia/relación a [país]?*

Por si acaso

Para orientarse:

a la derecha de	*to the right of*
a la izquierda de	*to the left of*
abajo de	*below*
arriba de	*above*
al este de	*east of*
al norte de	*north of*
frontera	*border*
océano	*ocean*
país	*country*

G U A T E M A L A

Ciudad de Guatemala

Capital:	Ciudad de Guatemala
Población:	13 millones aprox.
Grupos étnicos:	mestizo 55%, amerindio 43%, blanco 2%
Idiomas:	español y 23 lenguas indígenas
Moneda:	quetzal
Área:	aproximadamente del tamaño de Tennessee

Lectura

Por si acaso

Expresiones útiles para comparar respuestas con otro estudiante

¿Qué tienes/ pusiste en el número 1/ 2/ 3?
Yo tengo/ puse a/ b.
Yo tengo algo diferente.
No sé la respuesta./ No tengo ni idea.
Creo que la respuesta es a/ b, pero no estoy seguro/a.
Creo que es cierto./Creo que es falso.

Entrando en materia

 8–1. ¿Qué sabes de geografía? Miren la información de arriba y el mapa, y describan la situación geográfica de Guatemala. Incluyan lo siguiente:

1. La situación geográfica de Guatemala con respecto a otros países.
2. Identifica las áreas montañosas y las áreas costeras del país.
3. ¿Cuál es la capital de Guatemala?
4. Usa la información anterior como base para elaborar una hipótesis sobre la presencia indígena en Guatemala.

Perfil de Guatemala

LA CIVILIZACIÓN MAYA

La civilización maya floreció por todo el área guatemalteca hace más de dos mil años y se extendió también a territorios de México, Belice y Honduras. Se especula que la población maya llegó a los tres millones durante el período clásico (300 a 900 d. C.). Los miembros de esta brillante civilización esencialmente se dedicaban a la agricultura y vivían en pequeñas aldeas cercanas a centros ceremoniales. Tikal fue el mayor centro urbano del período clásico maya. La ciudad tenía plazas, templos y palacios majestuosos.

Los mayas tenían piel oscura, baja estatura y cabezas redondas con la frente plana. La frente plana era un signo de belleza para esta civilización. También apreciaban la estética de los ojos **bizcos**[1], una "moda" maya comparable a los lentes de contacto que se usan en el presente para cambiar el color de los ojos.

Los mayas desarrollaron un sistema numérico muy sofisticado basado en puntos y barras. El punto equivalía a una unidad y la barra, a cinco unidades. Estas cifras se usaban para los cálculos de la vida diaria, y también para medir el tiempo. El calendario maya era asombrosamente sofisticado y superaba en exactitud al calendario que se usaba en Europa en aquellos tiempos.

Tikal

Los mayas usaban un complejo sistema jeroglífico para representar sus cálculos matemáticos y su escritura. Era el sistema de escritura y representación numérica más complejo del continente. Los mayas cubrían sus monumentos con numerosas inscripciones y también "escribieron" misteriosos mensajes jeroglíficos (con figuras humanas y animales) usando la corteza de los árboles como papel.

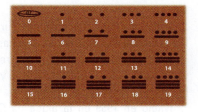

La civilización maya desapareció misteriosamente alrededor del año 900. Nadie ha podido explicar el motivo del colapso del pueblo maya. La hipótesis más plausible indica que los mayas tenían frecuentes conflictos bélicos con otros pueblos que contribuyeron a su desaparición.

---

1. *cross-eyed*

LOS GOBIERNOS AUTOCRÁTICOS

Guatemala por fin consiguió la independencia de España el 15 de septiembre de 1821. A partir de esa fecha, entre la mitad del siglo XIX y la década de 1980, la historia política de Guatemala estuvo caracterizada por gobiernos autocráticos y dictatoriales, insurrecciones y golpes de estado. Esta inestabilidad política ha caracterizado igualmente al resto de los países centroamericanos, a excepción de Costa Rica.

LOS ÚLTIMOS VEINTE AÑOS

En la década de 1990 la presidencia de Ramiro de León Carpio ha contribuido notablemente a la reducción de la corrupción y a la consolidación del proceso de **paz**[2] entre las diferentes facciones políticas y militares. Entre 1994 y 1995 el gobierno firmó **tratados**[3] de derechos humanos, derechos indígenas y reinserción de personas desplazadas.

En cuanto a las relaciones con el exterior, Guatemala tuvo una disputa de fronteras con Belice que se solucionó en 1992. Las relaciones con EE.UU. siempre han sido **estrechas**[4].

8-2 **Answers:**
1. g; 2. b; 3. e; 4. f; 5. d;
6. h; 7. a; 8. c

8-2 **Teaching tip:** Have students work in pairs or larger groups. Students study the map on page 2 and prepare two questions each about where different countries are located. Each question is written in a small piece of paper. Then the pieces, placed upside-down, are shuffled. One student draws a question for someone in the group to answer, then another student proceeds in the same way until all the questions are answered.

8-2. Asociar ideas. Repasen la sección *Perfil de Guatemala* y tomen nota de los puntos más importantes. Después utilicen la información para asociar los elementos de la columna A con los elementos de la columna B.

A	B
1. 1821	a. período clásico maya
2. sistema jeroglífico	b. complejos y misteriosos símbolos
3. civilización maya	c. negociación de límites territoriales
4. tres millones de habitantes	d. buenas relaciones políticas y económicas
5. EE.UU.	e. desaparición de la civilización maya
6. Tikal	f. los mayas del período clásico
7. 900 años d.C.	g. independencia
8. Belice	h. ciudad maya más importante

Rigoberta Menchú

Se le conoce internacionalmente por su lucha en favor de los derechos humanos, la paz y los derechos de los pueblos indígenas.

El Premio Nobel de la Paz que recibió en 1992 es un reconocimiento simbólico a las víctimas de la represión, el racismo y la **pobreza**[5] en el continente americano, así como un homenaje a las mujeres indígenas.

Nació en 1959 en la aldea de Chimel, Guatemala, que es una comunidad que ha mantenido vigente la cultura milenaria maya-quiché. Desde muy joven trabajó en el campo y después trabajó en la ciudad como **empleada doméstica**[6]. En 1981 empezó a **luchar**[7] activamente en defensa de los indígenas guatemaltecos y tuvo que exiliarse para no ser detenida por la policía. En 1983 publicó su biografía, *Me llamo Rigoberta Menchú y así me nació la conciencia,* que ha sido traducida a doce idiomas.

---

2. *peace*   3. *treaties*   4. *close*   5. *poverty*   6. *maid*   7. *fight*

8–3. Resumir la información. Repasen la sección *Rigoberta Menchú* y después completen el cuadro de abajo escribiendo qué ocurrió en las fechas indicadas.

Cronología de momentos importantes en la vida de Rigoberta Menchú	
1959	
1981	
1983	
1992	

Gramática

The Future Tense to Talk About What Will Happen and to Express Possible or Probable Situations in the Present

The future tense is used to talk about what will happen, and to express possible situations in the present.

The future tense in Spanish corresponds to the English *shall/will*. Conjugating the future tense is quite easy since this tense uses the entire infinitive as the stem. Here is how you do it:

1. Take the infinitive of a verb, e.g., hablar, comer, escribir.
2. add the endings **-é, -ás, -á, -emos, -éis, -án**.

Use of the Future Tense

1. To express future actions

You basically use the future tense in Spanish in the same situations you would use future tense in English (*shall/will* + verb).

La clase de español **viajará** a Guatemala este verano.

*The Spanish class **will travel** to Guatemala this summer.*

Spanish speakers tend to use the future tense less frequently than English speakers. They commonly substitute this tense with either the simple present or the **ir a** + *infinitive* construction.

Mañana **voy** a la universidad en autobús.

Mañana **voy a ir** a la universidad en autobús.

Mañana **iré** a la universidad en autobús.

*Tomorrow **I'll go** to the university by bus.*

2. To express probability or conjecture

The future tense can be used to express conjecture about an event that may be happening in the present. In English we express conjecture with *probably* + present tense or *may* + verb.

With non-action verbs such as **ser, estar, parecer,** and **tener** the simple future is used.

¿Dónde está tu hermana?	*Where is your sister?*
No sé, **estará** en casa de su mejor amiga.	*I don't know, **she may be(is probably)** at her best friend's house.*

With action verbs such as **correr, escribir, caminar, viajar,** and **llegar**, the future progressive is used. The progressive form of any tense is formed by conjugating the verb **estar** and using the action verb in the present participle form (stem + **-ando** or **-iendo**). The future progressive is formed by conjugating the verb **estar** in the future tense plus the present participle of a verb.

Me pregunto si mi amigo Miguel **estará llegando** a Guatemala ahora.	*I wonder whether my friend Miguel **may be arriving** in Guatemala right now.*

3. Future tense in **si** (*if*) clauses to express possible or probable situations

Si clauses are used to talk about an event that will happen only if certain conditions are met. The **si** clause has a verb in the present tense and expresses the condition. The clause with the future tense expresses the result of the condition.

Si tengo bastante dinero, **iré** a Guatemala.	or	**Iré** a Guatemala si tengo bastante dinero.
*If I have enough money, **I'll go** to Guatemala.*		***I'll go** to Guatemala if I have enough money.*

See verb tables and *Grammar Reference 8* for a review on irregular future.

8-4 **Recycling:** This activity is connecting the future tense (already presented in *Capítulo 5, Tema 1),* with the perifrastic future, ***ir*** + infinitive. Review the perifrastic future briefly before starting the activity.

🔄 **8–4. Identificación.** Lee estas predicciones que un profeta maya hizo sobre la desaparición de su civilización. Identifica los verbos que expresan futuro. Después, vuelve a escribir el párrafo, sustituyendo estos verbos por la construcción **ir a** + infinitivo para expresar futuro.

> **MODELO**
>
> **Nuestro pueblo, tal y como lo conocemos hoy, dejará de existir.**
> **Nuestro pueblo, tal y como lo conocemos hoy, va a dejar de existir.**

Por si acaso

Los extranjeros mencionados en el texto, son el estadounidense John Lloyd Stephens y el inglés Frederick Catherwood, quienes en el siglo XIX dieron a conocer al mundo la civilización maya. Sus descubrimientos se describieron en *Incidentes del viaje a Centroamérica, Chiapas y Yucatán* (1841), y relataron un segundo viaje en *Incidentes del viaje a Yucatán* (1843). Sus libros crearon un interés popular y académico en la región.

L os dioses me han revelado terribles noticias. Nuestro pueblo, tal y como lo conocemos hoy, dejará de existir. La vegetación de la selva cubrirá y sepultará nuestras casas, templos y monumentos. Éstos quedarán olvidados durante cientos y cientos de años. Pero un día, dos hombres extranjeros con apariencia y ropas extrañas encontrarán los restos de nuestra civilización y todos los pueblos del mundo conocerán y admirarán nuestra cultura.

8-4 **Answers:**
va a dejar de existir; va a cubrir; va a sepultar; van a quedar; van a encontrar; van a conocer; van a admirar

8–5. ¿Qué haremos para resolver este problema?

El presidente de Guatemala habla con su equipo y le dice: "Tenemos una población joven con bajo nivel *(level)* educativo que trabaja mayormente en el sector rural". El presidente propone tres soluciones. Completen las ideas seleccionando la forma verbal apropiada en cada caso.

Solución 1: Yo (*negociará/negociaré*) con las Naciones Unidas para obtener fondos para la educación y formación profesional.

Solución 2: El departamento de educación (*estableceré/establecerá*) un plan para construir más escuelas y estas escuelas (*estaremos/estarán*) en áreas rurales.

Solución 3: El vicepresidente (*supervisará/supervisarás*) la implementación de estas soluciones.

Solución 4: Todos nosotros (*cooperaremos/cooperarán*) con el vicepresidente para implementar estas soluciones.

8-5 **Answers:**
1. negociaré
2. establecerá/estarán
3. supervisará
4. cooperaremos

8-5 **Teaching tip:** Have students work in pairs or larger groups. The groups have to come up with two things that they will do to assist Guatemala to improve its youth education. Students can think of hands-on solutions to get themselves involved and be part of the solution.

8–6. No estoy seguro/a pero me imagino que...

Con la información que ya tenían sobre Guatemala y lo que han aprendido en este capítulo, podrán responder a las preguntas siguientes expresando conjeturas usando el futuro de probabilidad. Escriban las respuestas en sus cuadernos y después, compárenlas con las de su compañero/a. Comiencen sus respuestas con "No estoy seguro/a pero me imagino/creo que..."

1. ¿Cuántos años creen que tiene Rigoberta Menchú?
   a. entre 55 y 60   **b.** entre 45 y 54   **c.** entre 61 y 70

2. ¿Cómo es el nivel de vida de la población indígena guatemalteca?
   a. alto   **b.** aceptable   **c.** muy bajo

3. ¿Cuál es la religión predominante en Guatemala?
   a. católica   **b.** protestante   **c.** maya

4. ¿Cuál es el índice de alfabetización en Guatemala?
   a. 23%   **b.** 69%   **c.** 80%

5. ¿Cuál es la fuente más importante de ingresos económicos para el país?
   a. la agricultura   **b.** el turismo   **c.** el petróleo

8-6 **Answers:**
1. b; 2. c; 3. a; 4. b; 5. b

8–7. Estudiante de intercambio.

En parejas, una persona va a hacer el papel de Luis, un estudiante de la Universidad de Guatemala que va a pasar el verano en EE.UU. La otra persona es Roberto, el estudiante estadounidense que va a recibir a Luis. Antes de salir de viaje, Luis llama por teléfono a Roberto para preguntarle algunas cosas. Representen la conversación entre los dos estudiantes siguiendo las preguntas 1 a 4 de la página siguiente. Después cambien de papel y representen la conversación con las preguntas 5 a 7.

8-7 **Recycling:** This is a good activity to review the expressions needed to carry out a phone conversation. See these expressions in *Capítulo 1 Vocabulario para conversar,* page 32.

> **MODELO**
>
> **¿Qué pasará... si llego a casa a las dos de la mañana?**
> **Si llegas a casa a las dos de la mañana, mi madre se pondrá furiosa,** *o*
> **Mi madre se pondrá furiosa si llegas a casa a las dos de la mañana.**

¿Qué pasará...

1. si llevo sólo ropa elegante?
2. si no aprendo a hablar inglés perfectamente antes de viajar?
3. si fumo en tu casa?
4. si llevo sólo ropa informal?
5. si a tu familia no le gustan mis hábitos?
6. si no me gusta la comida de tu país?
7. si quiero conocer otras partes del país?

8-8 **Teaching tips:** Before breaking the class into groups, discuss with the class possible questions to ask for each situation and bring to their attention that future plans can be conveyed by means other than the use of the future tense. For instance, *¿tomarás una clase de español el próximo semestre?* can also be asked with the question *¿planeas tomar una clase de español el próximo semestre?*

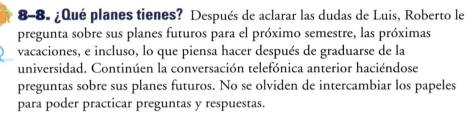

8–8. ¿Qué planes tienes? Después de aclarar las dudas de Luis, Roberto le pregunta sobre sus planes futuros para el próximo semestre, las próximas vacaciones, e incluso, lo que piensa hacer después de graduarse de la universidad. Continúen la conversación telefónica anterior haciéndose preguntas sobre sus planes futuros. No se olviden de intercambiar los papeles para poder practicar preguntas y respuestas.

> **MODELO**
>
> **Roberto: ¿Qué vas a hacer el próximo semestre, Luis?**
> **Luis: El próximo semestre tomaré dos clases más de literatura.**
> **Roberto: ¿Y qué planes tienes para las próximas vacaciones?**
> **Luis: Pues creo que iré a visitar a mi primo que vive en El Salvador.**

8-9 **Teaching tip:** Have students work in pairs or larger groups. You may limit the list of "surprising things" to three or four.

8–9. La máquina del tiempo. Imaginen que son miembros de la tripulación de una máquina del tiempo que ha viajado al año 300 d.C. La máquina aterriza en Tikal, donde conocen a un grupo de jóvenes mayas de su edad. Estos jóvenes mayas quieren usar la máquina del tiempo para visitar la época en la que ustedes viven. Ayúdenlos a prepararse para su viaje explicando en un documento qué cosas sorprendentes y avances tecnológicos encontrarán en el siglo XXI.

Lectura

Entrando en materia

8-10. Moda y costumbres contemporáneas. En grupos de tres, hablen sobre los cambios que ha habido entre la década de 1980 y la actualidad. Piensen en estos temas: música, ropa, transporte, comida, programas de televisión y películas. Después, sigan estos pasos:

1. Hagan una lista de tres características comunes y tres diferentes entre estos dos períodos.
2. Preparen un cartel clasificando estas características de forma gráfica. Pueden utilizar una tabla de tres columnas (años 1980/ características comunes/ actualidad), diagramas de Venn o ¡cualquier otra forma original de presentar la información que se les ocurra! Incluyan dibujos, fotografías, etc. para ilustrar sus carteles.
3. Presenten sus trabajos al resto de la clase. El mejor trabajo quedará expuesto en el salón de clases mientras se estudie este capítulo.

8-10 **Recycling:** Review clothing vocabulary and comparisons before starting this activity.

8-11. Vocabulario: Antes de leer. Busquen estas expresiones en la lectura e intenten deducir su significado usando el contexto. Si tienen dudas, repasen sus respuestas después de leer la sección para ver si eran correctas.

1. ...es tarde para adoptar esta moda maya porque se tiene que hacer **al nacer.**

   a. cuando eres un bebé   **b.** en la adolescencia

2. La presión de las tablas era suficiente para dar al **cráneo** una nueva forma plana, alargada.

   a. un dios maya   **b.** los huesos de la cabeza

3. Dada la gran flexibilidad del **cerebro** durante la infancia, la cabeza se adaptaba fácilmente a su nueva forma.

   a. El cerebro se encuentra dentro del cráneo.   **b.** El cerebro es una parte de los brazos.

4. un grano de **maíz**

   a. Las tortillas mexicanas tradicionales se hacen con harina de maíz.   **b.** un juego infantil maya

8-11 **Answers:**
1. a; 2. b; 3. a; 4. a; 5. a;
6. b; 7. b; 8. a; 9. a; 10. b;
11. a

Tema 1   Guatemala: Lo maya en Guatemala

5. En esos casos, los mayas tenían una creación cosmética alternativa para reducir los efectos del **fracaso.**

   a. Un fracaso es un resultado negativo.

   b. Un fracaso es algo positivo para la estética.

6. el **puente nasal**

   a. un objeto redondo que los mayas se ponían en los pies

   b. un objeto alargado que los mayas se ponían en la nariz

7. **uñas postizas**

   a. Las uñas están en la cabeza y son postizas cuando la persona lleva un sombrero.

   b. Las uñas están en los dedos y son postizas cuando no son reales o naturales.

8. Para los mayas ser **bizco** tenía un gran atractivo...

   a. bizco significa que los dos ojos están orientados hacia la nariz

   b. bizco significa llevar lentes

9. **tatuajes**

   a. dibujos permanentes en la piel

   b. un tipo de comida maya en varias partes del cuerpo

10. la persona **vencida** o el **perdedor**

    a. cuando no tienes suficiente dinero eres la persona vencida

    b. cuando no ganas en una competición eres la persona vencida

11. Este **atuendo** identificaba al hombre importante en la sociedad maya...

    a. sinónimo de ropa

    b. sinónimo de atender

Ponte a la moda al estilo maya del periódo clásico

La forma de la cabeza

Desafortunadamente, si estás leyendo este texto ya es demasiado tarde para adoptar esta moda maya porque se tiene que hacer **al nacer**. Los mayas colocaban a los recién nacidos entre dos tablas durante varios días. La presión de las tablas era suficiente para dar al **cráneo** una nueva forma plana, alargada y con el ángulo de la frente hacia atrás. Se cree que esta práctica no tenía efectos negativos en la inteligencia. Dada la gran flexibilidad del **cerebro** durante la infancia, la cabeza se adaptaba fácilmente a su nueva forma. Se piensa que esta costumbre maya tenía como objetivo remodelar la forma de la cabeza para imitar la forma de un grano de **maíz**. El maíz era la fuente esencial de alimentación para la civilización maya y,

según el *Popol Vuh*, la sustancia de este grano era el origen de todos los seres humanos.

Por supuesto, cabía la posibilidad de que a pesar de pasar por el proceso, el perfil de la cabeza no consiguiera tener ese aspecto plano y elegante que los mayas admiraban tanto. En esos casos, los mayas tenían una creación cosmética alternativa para reducir los efectos del **fracaso**: el **puente nasal**. No se

sabe con seguridad de qué estaban hechos estos artefactos nasales mesoamericanos, equivalentes a las **uñas postizas** de los tiempos modernos. **M**

La estética de los ojos, los dientes, perforaciones de la piel y tatuajes

Cambiar la disposición de los ojos es otra moda maya que ya no puedes adoptar dado que el proceso de transformación estética también se iniciaba en la infancia. Para los mayas ser **bizco** tenía un gran atractivo. Para conseguir el efecto estético deseado, colgaban una bolsita de cera entre los ojos de los niños con la esperanza de obtener el resultado esperado.

Pero incluso si la transformación de la cabeza o los ojos no es posible, todavía puedes seguir la moda maya poniéndote pirita o jade entre los dientes. Los mayas se perforaban con agujeros las orejas, la nariz y los labios para poder ponerse joyas de jade, conchas y madera. Por supuesto, no hay que olvidar que también puedes seguir la moda maya decorando tu cuerpo con **tatuajes** y pintura.

Sombreros y tocados

Los sombreros mayas variaban de un lugar a otro pero en todos los tipos de sombreros había un denominador común: cuanto más grande era el sombrero, más importante era el individuo que lo llevaba. En la ilustración que acompaña a este texto se pueden ver cuatro sombreros. Uno de ellos perteneció a la **persona vencida** en una batalla. No es muy difícil adivinar qué sombrero perteneció al **perdedor**, ¿no te parece?

Retoques finales

Las mujeres de la aristocracia maya se vestían con el hermoso y elegante huipil. También llevaban faldas cubiertas con adornos. Para los hombres, la moda era llevar pieles de jaguar desde la cabeza a los pies.

Este **atuendo** identificaba al hombre importante en la sociedad maya. En los murales de Bonampak se puede reconocer al jefe de la comunidad porque es el único que lleva sandalias de piel de jaguar. También era muy elegante llevar abundantes ornamentos de jade y plumas de **quetzal.**

Hay que mencionar que es muy posible que algunas de las prácticas estéticas descritas aquí sólo fueran propias de la aristocracia maya. A lo largo de la historia de varias culturas, la tendencia ha sido que la clase dirigente se diferenciara de la gente del pueblo por medio de su apariencia. También es lógico pensar que dedicar atención a la estética requería tiempo libre y riquezas, que típicamente caracterizan a los miembros de la clase alta.

> **M**omento de reflexión
> Marca con una X las ideas correctas.
> ☐ 1. El texto dice que algunas prácticas mayas son barbáricas.
> ☒ 2. El texto describe objetivamente algunas prácticas mayas e ideas mayas sobre la belleza.
> ☒ 3. La forma de la cabeza era importante en el ideal maya de belleza.

Lectura **Teaching tip:**
Explain to the students that in ancient Maya society, tattoos were associated with religious rituals and were also used to indicate social status.

  8–12. ¿Es verdad? Indiquen si las siguientes oraciones son ciertas o falsas basándose en la información de la lectura.

1. Los mayas nacían con el cráneo en forma de grano de maíz.
2. Los mayas no conocían la técnica del tatuaje.
3. Las mujeres mayas se vestían con pieles de jaguar.
4. Los sombreros eran un símbolo de distinción social en la sociedad maya.
5. El quetzal es un tipo de comida.

8–13. ¿Comprendieron?

A. En parejas, escriban una prueba de cuatro preguntas sobre los temas de la lista. Una persona escribe preguntas sobre los temas 1 a 4, la otra, sobre los temas 5 a 8.

1. Ser bizco en la cultura maya
2. Relación entre la clase social y la importancia de la estética
3. Signos estéticos que identificaban al hombre importante
4. El tamaño de los sombreros
5. Procedimiento para aplanar la cabeza
6. Efectos de este procedimiento en la inteligencia
7. La estética femenina
8. El jaguar y la moda

B. Hagan sus preguntas a la otra pareja y respondan a las que ellos han preparado.

8–14. Vocabulario: Después de leer. Completa las siguientes oraciones con palabras del vocabulario nuevo. Puedes usar las pistas entre paréntesis para determinar qué palabra del vocabulario debes usar.

1. Los bebés suelen llorar _____ (*cuando nacen*).
2. El tamaño del _____ (*los huesos de la cabeza*) no está relacionado con la inteligencia.
3. Muchas comidas latinoamericanas tienen como base _____ (*un cereal*).
4. Carlos está disgustado por su _____ (*mal resultado*) en los exámenes.
5. Mónica se hizo un _____ (*un dibujo permanente*) en el brazo derecho.
6. Nuestro equipo ha sido el _____ (*que no ganó*) del partido.

 8–15. Consejos estéticos. Imaginen que son esteticistas mayas del período clásico y le hablan a un grupo de jóvenes sobre una serie de posibilidades estéticas. Completen las oraciones según la información de la lectura.

MODELO

Si tienen los ojos bizcos,...
Si tienen los ojos bizcos, tendrán muchos/as novios/as.

---

1. Si se ponen una bolsita de cera entre los ojos,...
2. Si quieren tener una hermosa frente,...
3. Si los varones se ponen sandalias de piel de jaguar,...
4. Si se visten con muchas plumas y joyas,...
5. Si se ponen pirita o jade entre los dientes,...
6. Si se les permite usar un sombrero muy grande,...

8-16 **Recycling:** This activity requires for students to express their opinions. Before starting the activity, review the expressions typically used to express an opinion, to agree or disagree in *Capítulo 4 Vocabulario para conversar*, page 151.

8–16. Hablemos del tema. En parejas, hagan una lista de las diferencias y similitudes entre la moda maya y la contemporánea. Después, preparen un breve informe oral explicando qué aspectos de la moda moderna creen que asombrarían (*would shock*) a los miembros de la civilización maya y cuáles creen que ellos estarían dispuestos a adoptar. ¿Por qué? ¡Usen su imaginación y sentido del humor!

Vocabulario para conversar

Hablar de la moda

Organizing an event requires consulting with other people, evaluating, comparing, and making choices. If the event is related to the world of fashion, expressions relevant to this topic will also be part of the verbal exchange. Below are some expressions that you can use.

Organizar y evaluar

¿Por dónde empezamos?	*Where do we begin?*
Primero, hablemos de	*First, let's talk about . . .*
Hagamos una lista de los diferentes aspectos del evento/desfile	*Let's make a list of the different aspects of the event/fashion show*
este color no va con este	*this color doesn't match this other one*
este estilo es mejor/peor que aquel	*this style is better/worse than that one*
me gusta más éste	*I like this one better*

Hablar de la moda

desfile de moda	*fashion show*
estilo	*style*
moda	*fashion*
pasarela	*runway*
sentarle bien/mal a (alguien)	*fits well/bad on (someone)*

8–17. Palabras en acción. Completen las siguientes ideas con la expresión apropiada de la lista de la página anterior.

1. Las modelos exhiben sus vestidos por la _____.
2. A muchas personas les gusta leer revistas (*magazines*) de _____.
3. Muchos _____ se celebran en Nueva York.
4. A las modelos todos los vestidos _____.
5. Tenemos muchas cosas que discutir (*discuss*), ¿_____?

8–18. El mundo de la moda. Están organizando un desfile de moda (*fashion show*). Uno de ustedes tiene mucha experiencia (Estudiante A) y el otro organizador (Estudiante B) tiene una experiencia más limitada.

ESTUDIANTE A: Tienes mucha experiencia organizando desfiles de moda y tu colega (Estudiante B) quiere consultar algunas ideas contigo. Para ti lo más importante es causar sensación. Tienes ideas radicales. Te gustan los colores vivos (*bright*) y te gusta sorprender al público con diseños extravagantes. También te gusta que tus desfiles tengan un tema. En una ocasión el tema fue la selva (*jungle*) y algunas modelos gatearon (*crawled*) por la pasarela (*runway*). Los aspectos logísticos (cuántas modelos, modelos hombre/mujer, costo) y consultar con otras personas no te interesan.

ESTUDIANTE B: Tú tienes menos experiencia que tu colega. Tu mayor preocupación son los aspectos logísticos de la organización: duración del desfile, comida/bebida para los participantes, cuántos participantes, modelos hombre/mujer, número de vestidos, fotógrafos, costo, etc. Tú empiezas la actividad.

CURIOSIDADES

 8–19. Crucigrama. Completa el crucigrama según las pistas horizontales y verticales. Después, compáralo con tus compañeros.

HORIZONTALES

3. La frente de los mayas era...
5. El grupo racial más numeroso de Guatemala
6. Tipo de escritura maya

VERTICALES

1. Nombre de un pájaro y de la moneda guatemalteca
2. El nombre de la cultura indígena precolombina en Guatemala
3. Rigoberta Menchú recibió el Premio Nobel de la...
4. Un país de habla inglesa donde existió la cultura maya
5. El país que está al norte de Guatemala

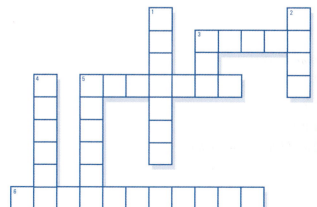

El Salvador, Honduras, Nicaragua: Un futuro prometedor

OCÉANO
PACÍFICO

Honduras

Capital:	Tegucigalpa
Población:	más de 7 millones de habitantes
Grupos étnicos:	mestizo 90%, amerindio 7%, negro 2%, blanco 1%
Idiomas:	español, algunas lenguas indígenas
Moneda:	lempira
Área:	un poco más grande que Tennessee

El Salvador

Capital:	San Salvador
Población:	más de 6 millones de habitantes
Grupos étnicos:	mestizo 90%, amerindio 1%, blanco 9%
Idiomas:	español, náhuatl
Moneda:	dólar estadounidense
Área:	un poco más pequeño que Massachusetts

Nicaragua

Capital:	Managua
Población:	aproximadamente 5 millones de habitantes
Grupos étnicos:	mestizo 69%, blanco 17%, negro 9%, amerindio 5%
Idiomas:	español, algunas lenguas indígenas
Moneda:	córdoba
Área:	un poco más pequeño que el estado de Nueva York

Por si acaso

Expresiones útiles para comparar respuestas con otro estudiante

¿Qué tienes/ pusiste en el número 1/ 2/ 3?
Yo tengo/ puse a/ b.
Yo tengo algo diferente.
No sé la respuesta./ No tengo ni idea.
Creo que la respuesta es a/ b, pero no estoy seguro/a.
Creo que es cierto./Creo que es falso.

Lectura

Entrando en materia

8-20 Answers:
1. C
2. F, El Salvador tiene un número abundante de grupos protestantes, Honduras tiene una minoría protestante, y en Nicaragua también está creciendo el número de protestantes.
3. C
4. F, Honduras no tiene volcanes activos.

 8-20. ¿Qué sabes de El Salvador, Honduras y Nicaragua? Indiquen si estas oraciones son ciertas o falsas. Si pueden, corrijan las falsas.

1. De los tres países, El Salvador es el único que no tiene costa en el mar Caribe.
2. Los tres países son exclusivamente católicos.
3. Los tres países actualmente tienen un sistema de gobierno democrático.
4. Los tres países tienen volcanes activos en su territorio.

Perfil de El Salvador, Honduras y Nicaragua

AÑOS DE CONFLICTO

El Salvador

Consiguió la independencia de España en 1821. En la vida política salvadoreña, los dos partidos protagonistas de las últimas décadas son ARENA (Alianza Republicana Nacionalista), de tendencia conservadora, y FMLN (Farabundo Martí para la Liberación Nacional), de tendencia liberal. En 1992, bajo la supervisión de las Naciones Unidas, se terminó una guerra civil que duró doce años.

Honduras

Se independizó de España en 1821. Después de más de veinte años de dictaduras militares, se celebraron elecciones y en 1982 se estableció un gobierno civil. De 1980 a 1989, Honduras fue refugio para los contras, grupo que luchaba contra el gobierno marxista nicaragüense.

Nicaragua

Como El Salvador y Honduras, Nicaragua también consiguió la independencia de España en 1821. En 1978, el pueblo nicaragüense se rebeló contra el gobierno corrupto. Esto resultó en una guerra civil que culminó con la toma del poder por parte de las guerrillas marxistas sandinistas en 1979. El apoyo que Nicaragua prestó a los rebeldes izquierdistas en El Salvador provocó la intervención de EE.UU. entre 1980 y 1989. Esta intervención tuvo lugar en forma de apoyo económico y militar a las guerrillas contra. Los sandinistas perdieron las elecciones libres en 1990 y 1996.

LOS ÚLTIMOS AÑOS

El Salvador

El Salvador es hoy una república democrática gobernada por un presidente y una asamblea legislativa. El presidente es elegido por sufragio universal y gobierna durante cinco años.

Los acuerdos de paz de 1992 establecieron las bases para una reforma militar, judicial y agraria. A consecuencia de esta reforma, el personal militar se redujo a la mitad y se formó una nueva fuerza policial de carácter civil. El código penal se ha revisado sustancialmente y se ha establecido un programa de redistribución de tierras. Todas estas reformas están incrementando el nivel de confianza de los inversores, los cuales están contribuyendo a un mejoramiento de la economía.

Honduras

Honduras es el segundo país del mundo en el sector de las **maquiladoras**[1]. Debido a sus necesidades económicas y de seguridad nacional, el apoyo político y económico de Estados Unidos es vital para Honduras. Estados Unidos es hoy el principal destinatario del intercambio comercial de Honduras.

Nicaragua

La libertad de expresión está garantizada por la constitución y los nicaragüenses ejercitan este derecho de manera regular. A pesar de que Nicaragua es el segundo país más pobre del Hemisferio Occidental, después de Haití, su situación actual muestra un ligero progreso económico.

---

1. *textile factory*

8–21. Pasado y presente. Escriban las respuestas de las siguientes preguntas.

1. ¿Qué representa la fecha de 1821 para El Salvador, Honduras y Nicaragua?
2. ¿Quiénes fueron los contras?
3. ¿Con qué país asocias a los sandinistas?
4. Señala algún aspecto positivo de la historia más reciente de estos países.

Por si acaso

El nombre de Honduras viene de la palabra "hondo" (*deep*). La leyenda dice que cuando Cristóbal Colón llegó a las costas de Centroamérica en lo que hoy es la parte norte de Honduras, sus naves fueron azotadas por un huracán. Cuando el huracán terminó y su tripulación se encontraba ya a salvo (*safe*), Cristóbal Colón exclamó: "¡Gracias a Dios que salimos de estas honduras!". Ese fue el nombre que se le dio al nuevo territorio.

EN HONDURAS: LEMPIRA

Lempira (1499–1537) fue uno de los pocos líderes amerindios que resistió con éxito a los españoles. Aunque la resistencia amerindia terminó con la muerte de Lempira, este amerindio es hoy uno de los héroes de Honduras, y su nombre, que significa "hombre de montaña", simboliza el orgullo de la herencia indígena.

Según la leyenda, como los españoles no pudieron vencerlo con tácticas militares, tuvieron que **recurrir**[2] al **engaño**[3]. Los españoles persuadieron a Lempira de que asistiera a una reunión para negociar la paz y en esa reunión Lempira fue asesinado.

EN EL SALVADOR: ÓSCAR ROMERO

Óscar Romero nació en Ciudad Barrios (El Salvador) en 1917 y estudió teología en la Universidad Gregoriana de Roma, donde en 1942 fue ordenado sacerdote. En 1977 asumió el puesto de arzobispo de San Salvador. En 1978 el parlamento inglés lo presentó como candidato al Premio Nobel de la Paz.

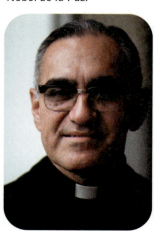

Romero hizo una petición al presidente de Estados Unidos mediante una carta, en la cual le pedía que el gobierno estadounidense suspendiera las ayudas militares a El Salvador, las cuales se transformaban en una sangrienta represión para el pueblo.

En una **homilía**[4] pronunciada en 1980 en la catedral, monseñor Romero hizo referencia explícita al ejército y pidió a los soldados que **rehusaran**[5] obedecer órdenes de matar a campesinos inocentes y desarmados. Al día siguiente, monseñor Romero caía asesinado por un **francotirador**[6].

EN NICARAGUA: AUGUSTO CÉSAR SANDINO

Augusto César Sandino nació en 1895 en Niquinohomo, un pueblecito de Nicaragua. Pasó varios años en México, donde se familiarizó con diversas ideologías políticas. Las ideas de Sandino tenían un marcado tono nacionalista y antiimperialista; concretamente, Sandino estaba en contra del control estadounidense sobre Nicaragua. La resistencia de Sandino y sus seguidores finalmente forzó a

Estados Unidos a cesar su intervención en 1933. A cambio, Sandino se comprometió a desarmar a sus seguidores, aunque cambió de opinión al ver que la Guardia Nacional, un cuerpo policial de nueva creación y bajo la dirección de Anastasio Somoza, adquiría un poder desmesurado. En 1934, Somoza, que temía ver su poder disminuido, asesinó a Sandino.

---

2. *resort to*   3. *trickery, deception*   4. *sermon, homily*   5. *refuse*   6. *sniper*

8-22 Recycling: You may want to review expressions of opinion in *Capítulo 3. Vocabulario para conversar*, page 101.

8–22. Síntesis. En la sección de lectura se presentan tres figuras importantes en la historia de estos países. En grupos de tres, elijan a un personaje y hagan un esquema con los puntos más importantes de su biografía. Después, respondan a las siguientes preguntas:

1. ¿Qué aspectos tienen en común estas tres personas?
2. ¿Quiénes de estas tres personas critican la actuación de EE.UU.? ¿Por qué? ¿Están de acuerdo con su crítica?
3. ¿Por qué las tres personas murieron violentamente? ¿Creen que la violencia es algo constante en la historia de estos países? ¿Por qué?

Gramática

The Conditional to Express Probability, Future Within a Past Perspective, and Politeness

The conditional is used to express probability, future within a past perspective, and politeness. The conditional tense in Spanish corresponds to the English *should/would*. Conjugating the conditional tense is similar to conjugating the future since this tense also uses the entire infinitive as the stem. Here is how to do it:

1. take the infinitive of a verb, e.g., hablar, comer, escribir.
2. add the endings **-ía, -ías, -ía, -íamos, -íais, -ían**.

Uses of the Conditional Tense

1. Probability in the past

You learned to use the future to express conjecture about an event that may be happening in the present. To express probability or conjecture about a past event you may use the conditional.

Ayer no fui a clase; me pregunto qué **explicaría** el profesor sobre la historia de Nicaragua.

*Yesterday I didn't go to class; I wonder what my professor **must have explained** about the history of Nicaragua.*

2. Future when the reference point is a past action

The conditional may function as the counterpart of the future when it expresses a future event within a past perspective. Therefore, when in direct speech the future tense appears, in indirect speech the conditional tense is used.

Direct speech: El próximo año el gobierno **estimulará** más el turismo.

*Next year the government **will stimulate** tourism more.*

Indirect speech: El presidente dijo que el próximo año el gobierno **estimularía** más el turismo.

*The president said that next year the government **would stimulate** tourism more.*

3. The conditional to convey politeness or wish

The use of the conditional to convey politeness or a wish with a polite tone is usually limited to **gustar, poder, desear,** and **preferir** + *infinitive.*

¿Le **gustaría** tomar un café?   Me **gustaría** conocer El Salvador.

***Would you like** to have a cup of coffee?*   ***I would like** to visit El Salvador.*

See verb tables and *Grammar Reference 8* for a review of the irregular conditional.
See irregular verb forms and additional information on the conditional in *Grammar Reference 8.*

8-23. Identificación. Prepara una tabla con tres columnas. En cada columna escribe uno de los tres usos del condicional que acabas de estudiar (probabilidad en el pasado, futuro en el pasado y cortesía o deseo). Después, lee los artículos que siguen y escribe un ejemplo de cada uso en la columna correspondiente.

Honduras después del huracán Mitch

Unos días después del huracán, muchos hondureños le preguntaron al gobierno si les darían refugio a las personas afectadas. El gobierno les aseguró que proporcionarían casas y controlarían los precios de los productos básicos.

La primera dama nicaragüense y superstición importada

¿Sería verdad lo que dijeron en la televisión ayer? La primera dama, que vivió mucho tiempo en EE.UU., le pidió al presidente que cancelara su viaje a Taiwán porque la fecha era un viernes trece.

Cartas al director

Leo su periódico semanalmente y en general me parece muy buena la sección de noticias internacionales. Sin embargo, me gustaría ver noticias positivas de El Salvador. Todo lo que publican sobre este país es muy negativo. Preferiría ver noticias sobre algún aspecto cultural, por ejemplo, las costumbres culinarias o el paisaje salvadoreño.

8-24. Los presidentes siempre prometen. En los últimos años los presidentes de Honduras, El Salvador y Nicaragua prometieron cumplir varios objetivos. Completen las ideas seleccionando la forma verbal apropiada.

1. Los presidentes de El Salvador y Honduras dijeron que (1. *resolvería/resolverían*) sus disputas sobre la frontera (*border*) entre los dos países.
2. El presidente de Nicaragua dijo que (2. *incentivaría/incentivarías*) la inversión extranjera para mejorar el sistema de comunicaciones. También dijo que él y el presidente de los EE.UU. se (3. *reunirían/reuniríamos*) para establecer planes de cooperación.
3. El presidente de El Salvador dijo que el ministro de salud y sus colaboradores (4. *mejoraría/mejorarían*) los hospitales.

8-25. Redacción de noticias. El periódico de la universidad quiere publicar una serie de biografías de personas que luchan o han luchado por los derechos del pueblo. Les han asignado la biografía de Óscar Romero. El editor quiere que comiencen con un párrafo que enumere algunas cosas que Óscar Romero dijo durante su vida. Utilicen la lista de abajo para escribir un pequeño párrafo que empiece: "Óscar Romero, arzobispo de San Salvador y defensor del pueblo, dijo que...". Después léanselo a la clase.

1. La semilla (*seed*) de la justicia crecerá algún día.
2. Juntos mejoraremos las condiciones de vida del pueblo salvadoreño.
3. No abandonaré a mi pueblo.
4. Correré todos los riesgos que mi ministerio exige.
5. Si me matan, resucitaré en el pueblo salvadoreño.

8-26. Conjeturas. Ayer el profesor de historia latinoamericana llegó muy serio a clase. En parejas, hagan una lista de cinco posibles razones por las que estaba tan preocupado y después, con cada una de esas razones, escriban una oración que responda a la pregunta: *"¿Qué le pasaría al profesor ayer?".*

> **MODELO**
>
> **Estaría deprimido porque leyó en el periódico sobre los problemas sociales del mundo.**

 8-27. Preferencias. ¡Están de suerte! Acaban de ganar un viaje y pueden elegir cualquier lugar de Centroamérica como destino. Ahora tienen que poner por escrito sus preferencias. Trabajen en parejas para preparar el documento.

A. Háganse preguntas sobre sus preferencias acerca de los siguientes temas:

- país de tu elección
- vacaciones en el campo, ciudad o playa
- tipo de alojamiento (hotel, camping, apartamento)
- duración del viaje
- dinero disponible
- personas con quienes viajar, etc.

B. Traten de llegar a un acuerdo sobre las vacaciones ideales para escribir un informe corto y entregárselo a su instructor/a. Recuerden que deben escribir el informe en primera persona en plural para expresar las preferencias de los dos.

 8-28. ¿Y ustedes? ¿Qué otra cosa les gustaría hacer después de esas vacaciones ideales? Cada uno de ustedes va a preparar una lista de preguntas para hacerle a su compañero/a sobre cosas que le gustaría hacer o conseguir en el futuro. Cuando tengan las listas preparadas, túrnense para preguntar y responder. Usen la imaginación, ¡aquí pueden soñar cuanto quieran!

> **MODELO**
>
> **Estudiante A: ¿Querrías tener un carro nuevo?**
> **Estudiante B: Sí, claro. Me gustaría tener un Ferrari rojo.**
> **Estudiante A: ¿Te gustaría casarte?**
> **Estudiante B: No estoy seguro/a, pero desearía tener uno o dos hijos.**

A escuchar

Entrando en materia

8–29. Tipos de viajes. En parejas, identifiquen las diferencias y semejanzas de los tipos de viaje de la lista. Pueden hablar sobre los siguientes aspectos: contacto con otras personas, precio, autonomía para planear, contacto con la naturaleza, contacto con áreas urbanas, efecto positivo o negativo de los visitantes. ¿Qué tipo de viaje les resultaría más interesante?

1. crucero (*cruise*)
2. safari
3. exploración de las selvas tropicales
4. viaje a Tegucigalpa (en Honduras)

8–30. Vocabulario: Antes de escuchar. Usen el contexto de la oración para deducir el significado de la palabra. Después respondan a la pregunta.

1. **medio ambiente**
   El **medio ambiente** es el grupo de elementos que hacen posible la vida, por ejemplo, el agua, el aire y la naturaleza.
   explica: Da un ejemplo de actividades beneficiosas para el medio ambiente.

2. **dañino**
   Hay actividades que son **dañinas** para la salud, por ejemplo, fumar.
   explica: Da un ejemplo de actividades dañinas para la salud de una persona.

3. **creciente**
   Describe algo que aumenta en volumen o cantidad, por ejemplo, la polución es un fenómeno **creciente**.
   explica: ¿Qué fenómenos crecientes se observan en tu región: industrialización, polución, movimientos demográficos?

4. **fauna**
   La **fauna** es el grupo de especies diferentes de animales que viven en una región.
   explica: Nombra algún animal típico de la fauna de tu región.

5. **flora**
   La **flora** es el grupo de especies diferentes de plantas que viven en una región.
   explica: Nombra alguna planta típica de la flora de tu región.

6. **inalterado/a**
   Inalterado/a es sinónimo de no cambiado.
   explica: Nombra alguna región inalterada por la industrialización.

7. **disfrutar**
   Disfrutar es tener una experiencia positiva.
   explica: De tus viajes, ¿cuál has disfrutado más?

8. **paisaje**

El **paisaje** es el conjunto de elementos que uno puede ver cuando visita un área rural o natural, por ejemplo, las montañas.

explica: Describe el paisaje de las afueras de tu ciudad o pueblo.

9. **grado de**

Expresión que se utiliza para establecer una jerarquía basada en la cantidad, por ejemplo, **grado de** inteligencia, **grado de** madurez, **grado de** industrialización.

explica: Describe el **grado de** polución de tu región

Estrategia: ¿Qué significa el título?

¿Has oído hablar del ecoturismo? Teniendo en cuenta que la palabra "ecoturismo" procede de la combinación de **ecología** (*ecology*) y **turismo**, ¿puedes escribir tres características del ecoturismo o de las personas que lo practican? Después de escuchar la miniconferencia, comprueba si tus predicciones han sido correctas.

MINICONFERENCIA   Una alternativa al turismo convencional: El ecoturismo

Ahora su instructor/a va a presentar una miniconferencia.

Teaching tip: You may want to use the Miniconferencia PowerPoint presentation available on Instructor Site at www.wiley.com/college/gallego and at www.wileyplus.com.

Miniconferencia **Teaching tip:** As all *miniconferencias* this one is designed for oral delivery in class with a partial outline to guide student comprehension. The recorded version on the textbook CD offers students reinforcement of content, vocabulary and listening skills outside of class.

8-32 **Teaching tip:** Students could write up a paragraph answering the questions.

8–31. Vocabulario: Después de escuchar. Respondan a las preguntas usando el vocabulario y la información que acaban de escuchar.

1. ¿Cuál es la ciencia que estudia la relación entre los organismos y el **medio ambiente**?
2. ¿Qué ofrece Centroamérica a la **creciente** industria del ecoturismo?
3. Explica los factores que se tienen en cuenta para determinar el **grado de** ecología de un viaje.
4. Además de disfrutar del **paisaje**, ¿qué otros aspectos motivan al ecoturista?

8–32. Hablemos del tema. Ahora, en parejas, comenten sus ideas sobre el ecoturismo. Pueden centrarse en los puntos siguientes:

1. ¿Creen que el ecoturismo será bueno o malo para Centroamérica? ¿Por qué?
2. ¿Cuáles son los aspectos más atractivos del ecoturismo? ¿Y los menos atractivos?
3. ¿Creen que el ecoturismo es más atractivo a una edad determinada? ¿Por qué?
4. ¿Qué tipo de ecoturistas les gustaría ser? Justifiquen sus respuestas.

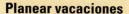

Vocabulario para conversar

Planear vacaciones

When you plan a vacation with others, it is common to have disagreements that you need to resolve by convincing others that your idea is better. In this section, you will learn and practice expressions to disagree and convince. You will also have to use vocabulary relevant to leisure activities.

Convencer, expresar acuerdo y desacuerdo

no/estar de acuerdo	*not to agree/agree*
llegar a un acuerdo	*to reach an agreement*
yo haré esto si a cambio tú ...	*I will do this if you . . .*

Hablar de las vacaciones

alquilar un coche	*rent a car*
ciudad	*city*
hospedaje	*lodging*
hospedarse	*to stay/lodge*
montaña	*mountain*
piscina	*swimming pool*
playa	*beach*
preferir	*to prefer*
tienda de campaña	*tent*
turismo urbano/rural	*urban/rural tourism*
viajar en tren/avión/autobús	*travel by train/plane/bus*
viaje organizado/paquete de viaje	*vacation packet*

Teaching tip:
You may split the class into groups of three or four students. Each group writes the Spanish expressions in *Vocabulario para conversar* in separate pieces of papers and they do the same with their English translations. The Spanish expressions are distributed equally among the members of the group. The English expressions are placed upside-down on the table and shuffled. Students take turns to draw from the English expressions pool. Once a student draws an expression, students look at their Spanish expressions and try to find the Spanish match.

8–33. Palabras en acción. Completen estas ideas con las expresiones que aparecen arriba.

1. Cuando voy a la montaña me gusta dormir en una _____.
2. Me gusta la comodidad, por eso prefiero _____ en un _____ elegante.
3. Me gustan las discotecas y las fiestas de las ciudades, por eso prefiero el turismo _____.
4. Mis padres y yo tenemos personalidades diferentes, por eso a veces _____.
5. No me gusta el transporte público, prefiero _____.

8-33 **Answers:**
1. tienda de campaña
2. hospedarme, hospedaje
3. urbano
4. no estamos de acuerdo
5. alquilar un coche

8-34 Teaching tip:
You may wish to play the *A escuchar* track for *Capítulo 8, Tema 2* from the *Activities Manual*, which presents a relevant model.

 8–34. ¿Adónde iremos? Tú y tu compañero/a están planeando un viaje juntos. Mientras planean encuentran algunas diferencias de opinión que deben resolver. ¡Suerte con la negociación!

Estudiante A: Tú eres un turista preocupado por la ecología y quieres:
- ir a Guatemala para hacer turismo rural
- pasar dos semanas allí
- viajar en transporte público
- usar tu tienda de campaña
- hacer trabajo voluntario
- quieres planear todos los aspectos del viaje

Estudiante B: Tú eres un turista urbano y quieres:
- ir a México para hacer turismo urbano e ir a la playa
- pasar una semana allí
- viajar en un coche alquilado
- hospedarte en un buen hotel con piscina
- participar en la vida nocturna (discotecas, bares, fiestas)
- quieres un viaje organizado por una agencia

CURIOSIDADES

Humor político

—*Chiste hondureño anónimo*

El presidente de Honduras se dirige a la nación después de una reunión con dignatarios internacionales:

Estimado pueblo, les traigo buenas y malas noticias. Les doy primero las buenas: ya no tenemos deuda exterior. Ahora las malas: tenemos veinticuatro horas para salir del país.

 8–35. Humor centroamericano. ¿Creen que este chiste tendría sentido en su país? ¿Por qué? Intenten adaptar el chiste para reflejar un asunto económico, político o social de su país usando el mismo formato. Después, intercambien su chiste con otro grupo.

Costa Rica: La "Suiza" de Centroamérica

Capital: San José
Población: 4,100,173 habitantes
Grupos étnicos: blanco 80%, mestizo 17%, africano 2%, amerindio 1%
Idiomas: español
Moneda: colón
Área: el doble del tamaño de Vermont

Lectura

Entrando en materia

 8–36. ¿Qué sabes de Costa Rica? Basándose en su conocimiento previo, determinen cuáles de estas oraciones son falsas y cuáles son ciertas. Si pueden corrijan las falsas.

1. Costa Rica es un país conocido por su belleza natural, sus parques nacionales y sus reservas biológicas.
2. La mayoría de los habitantes de este país es de origen africano o indígena.

Por si acaso

Expresiones útiles para comparar respuestas con otro estudiante

¿Qué tienes/ pusiste en el número 1/ 2/ 3?
Yo tengo/ puse a/ b.
Yo tengo algo diferente.
No sé la respuesta./ No tengo ni idea.
Creo que la respuesta es a/ b, pero no estoy seguro/a.
Creo que es cierto./Creo que es falso.

3. Costa Rica, bañada por las costas del mar Caribe y el océano Pacífico, limita con Nicaragua al norte y con Panamá al sur.
4. La historia contemporánea de Costa Rica está caracterizada por abundantes conflictos políticos.
5. Costa Rica es conocida como la "Suiza" de Centroamérica, por su estabilidad económica y social en relación con otros países centroamericanos.

Perfil de Costa Rica

LOS CONQUISTADORES: EN BUSCA DE LAS RIQUEZAS DE COSTA RICA

Cristóbal Colón llegó a las costas caribeñas de Costa Rica el 18 de septiembre de 1502, en su último viaje a América. Colón y sus hombres notaron que muchos indígenas llevaban adornos de oro y pensaron que estas tierras estaban llenas de **riquezas**[1]. Por eso le dieron el nombre de Costa Rica (*rich coast*). Posteriormente otros españoles y europeos llegaron a Costa Rica en busca de oro y riquezas. También querían convertir a los indígenas al catolicismo. Durante la conquista la mayoría de la población indígena de Costa Rica desapareció a causa de los malos tratos y las enfermedades traídas de Europa. A diferencia de otros países centroamericanos, como Guatemala y Belice, que todavía conservan gran parte de su población indígena, esta población en Costa Rica ha desaparecido prácticamente en su totalidad. Actualmente sólo un 1% de la población de este país es de origen indígena.

Costa Rica se independizó de España en 1821. En 1823 se convirtió en estado y pasó a formar parte de las Provincias Unidas de Centroamérica, a las que perteneció hasta el año 1838. Costa Rica se convirtió en un país independiente con la declaración de la primera república en 1848. La vida republicana del país se caracterizó por la lucha constante entre liberales y conservadores, hasta que en 1889, la política comenzó a estabilizarse y se sentaron las bases de la democracia.

COSTA RICA CONTEMPORÁNEA: UNA DEMOCRACIA EFECTIVA Y VIABLE

En el siglo XX Costa Rica se distinguió por ser el país más democrático de Latinoamérica. En 1947, Pepe Figueres

Parque Central, San José

Ferrer, un propietario cafetalero, fundó el Partido de Liberación Nacional (PLN). En 1953 ganó las elecciones y fue presidente hasta 1958. Su gobierno liberal y reformista se preocupó por el bienestar y los intereses del pueblo. Tras varios períodos presidenciales, durante los cuales el PLN alternó el poder con la oposición conservadora, Pepe Figueres fue elegido presidente otra vez en 1970.

Todos los presidentes posteriores a Figueres han mantenido los ideales democráticos y reformistas que éste inició. A diferencia de otros países en Centroamérica, Costa Rica ha mantenido su estabilidad democrática en medio de una zona geográfica caracterizada por conflictos políticos, dictaduras y guerras civiles.

Costa Rica está considerada como una de las democracias latinoamericanas más viables y efectivas. En 1949 se abolió el ejército para proteger al país de

---

1. *riches*

gobiernos dictatoriales y para dedicar más dinero a la educación escolar del pueblo. Los ticos, como se conoce familiarmente a los costarricenses, están muy **orgullosos**[2] de que su país dedique la mayor parte de su **presupuesto**[3] a la educación. Es de notar que el índice de **alfabetización**[4] de Costa Rica es del 95%. Sólo un 5% de la población no sabe leer ni escribir.

8–37. Completar ideas. Completen las siguientes ideas sobre la lectura.

1. Colón y sus hombres le dieron a este país el nombre de Costa Rica porque...
2. A diferencia de otros países centroamericanos, en Costa Rica sólo el 5% de la población...
3. A los costarricenses se los conoce con el nombre de...
4. Los ticos se sienten muy orgullosos de que su país...
5. Costa Rica se diferencia políticamente de Nicaragua, Salvador y Honduras por su...

8-37 **Answers:**
1. muchos indígenas llevaban adornos de oro y pensaron que las tierras estaban llenas de riquezas.
2. no sabe leer ni escribir.
3. ticos 4. dedique la mayor parte de su presupuesto a la educación. 5. estabilidad democrática.

Óscar Arias Sánchez

Nació en San José de Costa Rica en 1941. Fue elegido presidente de Costa Rica en 1986 y durante su mandato sus principales preocupaciones fueron resolver el problema de la **deuda**[5] externa de 4,000 millones de dólares y el problema de la paz en los países centroamericanos. En 1987 Arias recibió el Premio Nobel de la Paz por sus esfuerzos para promover la paz en los países centroamericanos. Estos esfuerzos dieron lugar a la firma de un acuerdo de paz en Guatemala el 7 de agosto de 1987. El comité Nobel reconoció la contribución de Arias como un paso decisivo hacia la paz y estabilidad en una zona geográfica caracterizada por revueltas y guerras civiles. Con la firma del acuerdo se establecían las bases para el **desarrollo**[6] democrático y la cooperación entre los países de Centroamérica. Este acuerdo de paz fue firmado por Guatemala, Costa Rica, El Salvador, Nicaragua y Honduras. Fue reelegido como presidente el 8 de mayo de 2006, por un período de cuatro años.

8–38. ¿Quién es? En parejas, háganse las siguientes preguntas.

1. ¿Cuál ha sido la contribución principal de Óscar Arias en Costa Rica?
2. ¿Por qué es Óscar Arias importante en la historia de Centroamérica?
3. ¿Qué países firmaron el acuerdo de paz en Guatemala en 1987?
4. ¿Cuáles eran los objetivos de este acuerdo?

---

2. *proud*   3. *budget*   4. *literacy*   5. *debt*   6. *development*

Conditional Clauses with si (*if*)**: Indicative vs. Subjunctive**

In *Capítulo 1* you studied how to use the future tense in **si** clauses.

Remember, the **si** (*if*) clause expresses the condition to be met. In English as well as in Spanish, the **si** clause can be placed either before or after the clause that states the result.

> **Si** voy a Costa Rica, visitaré los parques nacionales.
>
> *If I go to Costa Rica, I will visit the national parks.*
>
> Visitaré los parques nacionales **si** voy a Costa Rica.
>
> *I will visit the national parks if I go to Costa Rica.*

Let's focus on the tense and mood of the verb in the **si** clause. The **si** clause can introduce the following types of conditions:

1. Possible or probable conditions: Use the indicative:

If, in the mind of the speaker, the condition is likely or will possibly take place, the indicative mood is used in both clauses.

Si Clause	Clause that States Result
present	present
present	future
imperfect	imperfect

> Si no **estudio,** no **puedo** aprender.
>
> *If I don't **study,** I **can't** learn.*
>
> Si **voy** a Costa Rica, hablaré español. (*It is very possible that I will visit Costa Rica.*)
>
> *If **I go** to Costa Rica, **I will speak** Spanish.*
>
> Cuando era pequeña, si **terminaba** la tarea pronto, **podía** jugar con mis amigas.
>
> *As a child, if **I finished** my homework early, I **could play** with my friends.*

2. Improbable or contrary-to-fact conditions: Use the subjunctive:

When referring to the present or the future, if the situation is improbable or expresses something that is contrary to fact, use the imperfect subjunctive in the **si** clause. Note that the order of the two clauses can also be altered.

Si Clause	Clause that States Result
imperfect subjunctive	conditional

Si **tuviera** tiempo y dinero, **haría** ecoturismo en Costa Rica. (*I don't have the time and money and it's unlikely that I ever will.*)

*If **I had** time and money, I **would do** ecotourism in Costa Rica.*

Hablaría mucho español si **fuera** a San José el verano próximo. (*I probably won't go to San José.*)

*I **would speak** a lot of Spanish if **I were to go** to San José next summer.*

Como si: **Imperfect Subjunctive**

The expression **como si** is always followed by the past subjunctive in Spanish. This phrase always signals improbability or contrary-to-fact situations.

Ese muchacho habla **como si fuera** un tico.

*That young man speaks **as if he were** a Tico.*

See improbable or contrary-to-fact si clauses describing a past action in *Grammar Reference 8*.

8–39. Identificación.

Lee con atención las siguientes oraciones condicionales con **si.** Determina qué oraciones expresan una situación probable o improbable.

1. Si hablara español me gustaría viajar a Costa Rica.
2. El nivel de alfabetización de Costa Rica seguirá mejorando si el gobierno continúa dedicando fondos a la educación.
3. Si la geografía de Costa Rica no fuera tan atractiva, el país recibiría muchos menos turistas al año.
4. El equilibrio económico de Costa Rica mejorará si la política de sus países vecinos en Centroamérica se estabiliza.
5. Si los alumnos de esta clase estuvieran interesados en hacer ecoturismo, organizarían una expedición a uno de los parques nacionales de Costa Rica.

8-39 **Answers:**
1. improbable;
2. probable;
3. improbable;
4. probable;
5. improbable

8–40. ¿Y tú?

Aquí tienes una serie de situaciones en las que te puedes encontrar.

A. Primero, completa estas oraciones explicando cuál es tu reacción personal en cada situación. ¡Sé creativo/a!

> **MODELO**
>
> **Si me siento triste...**
> **Si me siento triste, llamo a mi mejor amigo/a por teléfono.**

1. Si los estudios no me van bien...
2. Si mi amigo/a me dice que necesita relajarse...
3. Si no tengo nada que hacer...
4. Si mi mejor amigo/a no cumple sus promesas...
5. Si tengo mucho trabajo...
6. Si tengo ganas de tomarme unas vacaciones anticipadas...

B. En parejas, intercambien sus reacciones a las situaciones anteriores. ¿Reaccionaron de forma similar? ¿de forma diferente? ¿Por qué creen que las reacciones de los dos son parecidas o diferentes? ¿Creen que un tico reaccionaría de la misma manera en estas situaciones? Justifiquen sus respuestas.

8–41. Si vienen a estudiar aquí. Imaginen que tienen dos amigos de Costa Rica con quienes se comunican por Internet. Ellos son estudiantes universitarios y están pensando venir a estudiar a su universidad durante el semestre de otoño. Hagan una serie de predicciones para informarles qué pasaría si vinieran a su universidad. Usen la información de las columnas.

> **MODELO**
>
> **Llegar antes del comienzo de las clases. / Poder familiarizarse mejor con la vida del campus.**
> **Si llegan antes del comienzo de las clases, podrán familiarizarse mejor con la vida del campus.**

8-41 **Answers:**
1. e; 2. b; 3. d; 4. a; 5. c

Condición	Resultado
1. No comer la comida del comedor universitario.	a. Tener problemas de sobrepeso en el aeropuerto.
2. No traer ropa de abrigo para combatir el frío.	b. Pasar frío en enero y febrero.
3. No tener buenas notas para la mitad del semestre.	c. Necesitar un carro.
4. Comprar los libros en Costa Rica.	d. Recibir una carta de aviso (*warning*) de la oficina de asuntos académicos.
5. Vivir en un apartamento en las afueras.	e. Gastar mucho dinero en restaurantes.

8–42. ¿Qué harías? En parejas, decidan en qué situaciones harían estas cosas si visitaran Costa Rica algún día.

1. Nos quedaríamos en un hotel barato si...
2. Nos gustaría conocer... si...
3. Cambiaríamos todos nuestros dólares por colones si...
4. Estudiaríamos en la universidad de San José si...
5. Haríamos una excursión a las reservas biológicas si...

8–43. Voluntarios en Monteverde, Costa Rica. Lean el siguiente anuncio en el que se buscan tres voluntarios para participar en un programa de estudios en Monteverde (localicen Monteverde en el mapa de la página 341).

Centro Creativo de Monteverde necesita voluntarios

El Centro Creativo de Monteverde busca tres jóvenes voluntarios para ayudar en la instrucción de matemáticas, arte, historia, gramática inglesa y educación física para niños de nivel escolar elemental (desde kínder hasta quinto grado). Las personas cualificadas deben tener experiencia de trabajo con niños y una gran motivación y entusiasmo por hacer trabajo voluntario.

Si les dieran esos puestos de voluntarios...

1. ¿Cómo se prepararían para el viaje?
2. Una vez en Costa Rica, ¿cómo viajarían a Monteverde? (carro, autobús, tren)
3. Si les asignaran enseñar clases de segundo grado, ¿qué materias querrían enseñar y cómo lo harían?
4. ¿Qué aspectos de la cultura estadounidense les enseñarían a los niños? ¿Por qué?
5. Si tuvieran tiempo libre, ¿qué otros lugares visitarían?

Lectura

Entrando en materia

 8–44. Anticipación. Lean el título y los subtítulos de la lectura. Después, miren la foto y lean el texto que la acompaña. ¿Cuál es el tema general del texto? Describan a las personas de la foto. ¿Qué están haciendo en Costa Rica?

 8-45. Vocabulario: Antes de leer. Las siguientes palabras y expresiones en negrita aparecen en la lectura. En parejas, intenten deducir su significado basándose en el contexto. Si no les queda claro, pueden verificar sus respuestas después de terminar la lectura.

1. ¡Díganlo **en voz alta!**
   a. expresarse con fuerza y seguridad   b. decir algo sólo una vez
2. La única condición es que se diga con una **sonrisa**, de lo contrario no resulta genuino.
   a. expresión facial de alegría   b. expresión facial de enfado o enojo
3. Costa Rica tiene un **sinfín** de expresiones únicas de la región.
   a. el final de algo   b. una gran variedad
4. Es buena idea aprender español porque esta lengua se habla en muchos países que **vale la pena** visitar.
   a. ser interesante   b. ser pobre

5. Así que, si vas a venir a Costa Rica, **apúntate** ya a clases de español.

   a. Escribe una carta en español.   b. Inscríbete en una clase de español.

6. En la calle a menudo nos encontramos con gente **desconocida**.

   a. antónimo de conocer   b. sinónimo de amigable

7. Los locales están siempre **dispuestos a echarte una mano** si necesitas ayuda.

   a. Te tocan mucho con las manos.   b. Tienen interés en ayudar.

Dos estadounidenses en Costa Rica: Diario de un viaje

Amy y Steve pasaron un año en Costa Rica dando clases de ecología en una escuela de Monteverde. Estuvieron a cargo de una reserva ecológica en la península Osa y exploraron la costa y las montañas del país. Su estancia en Costa Rica fue parte de un programa de educación ambiental patrocinado por la Fundación Watson. Steve y Amy crearon un sitio de Internet llamado *Eco-Odyssey* en el que describieron sus experiencias.

Pura vida

¡Ya hemos llegado al mundo hispanohablante! De ahora en adelante, y a lo largo de todo un año, hablaremos

español con todo el mundo. Así que... ¡pura vida! ¡Díganlo **en voz alta**! Por aquí lo dice todo el mundo y significa *"pure life"*. A nosotros nos parece que la expresión simboliza a la perfección la esencia de la vida costarricense. En Costa Rica "pura vida" es la forma popular de expresar una gran variedad de cosas. Significa "hola", "sí", "¿cómo estás?", "todo va bien". A menudo nos da la impresión de que cuando la gente lo dice puede significar cualquier cosa. La única condición es que se diga con una **sonrisa**, de lo contrario no resulta genuino. Costa Rica tiene un **sinfín** de expresiones únicas de la región. Los locales llaman "ticos" a los hombres y "ticas" a las mujeres. Como en otros países de Latinoamérica, a los estadounidenses algunas veces nos llaman "gringos" o "gringas". Los hombres de Costa Rica se llaman unos a otros "maje", que equivale más o menos a *dude* en inglés. Otra expresión frecuente en Costa Rica es "tuanis", que significa *cool* en inglés. 🅜

Es buena idea aprender español porque esta lengua se habla en muchos países que **vale la pena** visitar. Sin embargo, los lectores deben tener en cuenta que el idioma español es diferente dependiendo de la zona que visiten. Por ejemplo, es posible que un español y un costarricense de Monteverde (la localidad rural en la que nos encontramos nosotros), no se comprendan entre sí con mucha facilidad. Así que, si vas a venir a Costa Rica, **apúntate** ya a clases de español. Vas a necesitar saber unas cuantas palabras nuevas cuando estés por aquí.

Nuestras impresiones sobre los costarricenses

Viajar al extranjero puede ser muy difícil, lo sabemos por experiencia. Pero afortunadamente para nosotros, nos encontramos en Costa Rica, donde la gente local es la más amable, considerada y servicial que hemos conocido. A los costarricenses se les conoce por su hospitalidad y carácter extrovertido. En la calle, a menudo nos encontramos con gente **desconocida** a quien le encanta sentarse a charlar con nosotros. Estos desconocidos se interesan por nosotros y nos hacen todo tipo de preguntas. Los habitantes locales están siempre **dispuestos a echarte una mano** si necesitas ayuda, desde encontrar la parada del autobús o un buen restaurante, hasta encontrar un hotel para pasar la noche. En todos los lugares que hemos visitado, nuestra impresión ha sido que el costarricense está muy orgulloso de su país y les da la bienvenida a los visitantes con los brazos abiertos. Quizás lo haga porque sabe que la economía del país depende de los turistas, pero Steve y yo

creemos que la amabilidad del costarricense es genuina y que se trata esencialmente de un pueblo que da la bienvenida al extranjero de una forma sincera.

> **M**omento de reflexión
>
> Marca con una X las ideas correctas.
> ☐ 1. Amy y Steve se quejan (*complain*) porque en Costa Rica dicen *gringo* para referirse a los estadounidenses.
> ☒ 2. Amy y Steve expresan entusiasmo hacia Costa Rica y los costarricenses.
> ☒ 3. El español de Costa Rica tiene muchas expresiones que no se usan en otros países.

Adaptado de *Eco-Odyssey,* de Steve y Amy Higgs

8–46. ¿Qué comprendieron? Decidan si la información de abajo es cierta o falsa. Corrijan la información falsa.

8-46 **Answers:**
1. f; 2. f; 3. f; 4. f; 5. f

1. Steve y Amy fueron a Costa Rica para hacer turismo exclusivamente.
2. La expresión "pura vida" se usa muy poco en Costa Rica y se refiere al agua.
3. El español que se habla en Costa Rica es igual al que se habla en otros países latinos.
4. Un hombre costarricense llama a otro "tuanis".
5. Amy y Steve piensan que la gente que han conocido es muy cordial, pero que no todos los costarricenses son tan amables con los extranjeros.

8–47. Vocabulario: Después de leer. En parejas, van a hacerse unas cuantas preguntas sencillas. Una persona hará las preguntas asignadas al Estudiante A y la otra persona hará las preguntas del Estudiante B. Respondan utilizando el vocabulario nuevo cuando sea posible.

Estudiante A

1. ¿Qué efectos tiene la **sonrisa** de una persona en ti?
2. En tu opinión, ¿qué países de Latinoamérica **vale la pena** visitar? ¿Por qué?
3. ¿Cuándo crees que una persona no debe hablar **en voz alta**?

Estudiante B

1. ¿Cómo reaccionas cuando vas a una fiesta o reunión social donde hay mucha gente **desconocida**?
2. ¿Qué personas en tu vida están siempre **dispuestas a echarte una mano**?
3. ¿En qué clases te has **apuntado** este semestre?

8–48. Hablemos del tema. En la lectura se usan una variedad de expresiones para describir a los costarricenses. En parejas, hagan una lista de estas expresiones. Después, escriban un párrafo describiendo en sus propias palabras las características del costarricense. Para finalizar, compartan oralmente su descripción con otra pareja o con el resto de la clase.

Vocabulario para conversar

Una entrevista de trabajo

Below are some expressions you can use in a job interview:

Hacer una entrevista de trabajo

encargarse de	*to be in charge of*
destrezas	*skills*
solicitud	*application*
supervisar	*to supervise*

¿Cuánto tiempo ha trabajado usted con/en...?	*How long have you worked with/in. . . ?*
Estoy muy bien preparado/a para el puesto...	*I am well qualified for the job. . .*
Mi experiencia es/no es muy relevante...	*My experience is (is not) quite relevant. . .*
¿Podría hacer usted horas extraordinarias?	*Could you work over time?*
Sería/no sería posible trabajar los fines de semana...	*It would (would not) be possible to work on the weekends. . .*
El sueldo que me gustaría recibir...	*The salary I am hoping for. . .*
Le avisaremos cuando tomemos una decisión...	*We will let you know when a decision is made. . .*
¡Enhorabuena! El puesto es suyo.	*Congratulations! The position is yours.*
Soy muy emprendedor/a	*I am an enterprising person. . .*
Tengo entendido que...	*I understand that. . .*
Opino como usted...	*I share your opinion. . .*
Estoy totalmente de acuerdo con usted...	*I totally agree with you. . .*
Efectivamente...	*Indeed. . .*
Cambiando de tema...	*Changing the topic. . .*

8–49. Palabras en acción. Completen el diálogo de esta entrevista de trabajo usando las expresiones de esta sección.

1. **Entrevistador:** ¿Cuánta experiencia tiene usted para este empleo?
   Tú: ...

2. **Entrevistador:** En nuestra empresa necesitamos gente muy dedicada. ¿Podría usted trabajar horas extraordinarias?
   Tú: ...

3. **Entrevistador:** ¿Por qué cree usted que lo deberíamos contratar? Describa brevemente sus cualidades para el puesto.
   Tú: ...

4. **Tú:** ¿Cómo compensa la empresa a sus empleados por horas extraordinarias?
   Entrevistador: ...

5. **Tú:** ¿Sabe usted cuándo tomarán una decisión sobre el puesto?
   Entrevistador: ...

 8–50. Trabajar en Monteverde. Lean otra vez el anuncio de la actividad 8–43 en el que se piden voluntarios para el programa escolar de Monteverde.

Preparen y representen una entrevista de trabajo en la que un estudiante es el jefe de estudios (*program coordinator*) y otro un/a solicitante (*applicant*).

ESTUDIANTE A: (Jefe de estudios) Comienza la entrevista haciendo preguntas sobre datos biográficos. Haz preguntas de tipo profesional: experiencia, preparación académica, etc. Termina la entrevista. Dile a la persona entrevistada cuándo se le comunicará la decisión.

ESTUDIANTE B: (Solicitante) Responde a las preguntas de tu entrevistador con el mayor número de detalles posibles. Recuerda que tienes que mencionar tus cualidades más importantes para conseguir el puesto.

COLOR Y FORMA

Ciudad centroamericana, de Ricardo Ávila

Ricardo Ávila es un pintor autodidacta naíf. Nació en San José, Costa Rica, en 1966. Sus pinturas siempre representan un mundo idílico, donde el ser humano vive en armonía con su entorno.

  8–51. Mirándolo con lupa. En parejas, respondan a las siguientes preguntas para analizar la obra de este artista.

1. ¿Qué colores abundan en el cuadro?
2. ¿Qué imágenes son recurrentes?
3. ¿Qué te gusta más sobre este cuadro?
4. ¿En qué parte de tu casa colocarías este cuadro?
5. Si pudieras entrevistar al artista, ¿qué le preguntarías?

8-49 Teaching tip: Once the activity is finished, have students change partners or split the class in groups of three or four students. Have students write in English in separate pieces of paper the questions in act 8-49. The pieces of paper are placed upside-down and shuffled. Students take turns to draw a piece of paper at a time. They read the question aloud and the group gives the Spanish equivalent without looking at the textbook. Another variation of this activity is to have the Spanish questions and answers in different pieces of paper. Each member of the group randomly picks questions and answers. Then students take turns to ask the questions they have and the different members look at the answers and try to find its match.

8-50 Teaching tip: You may wish to play the *A escuchar* track for *Capítulo 8, Tema 3* from the *Activities Manual*, which presents a relevant model.

Panamá: Su nueva identidad

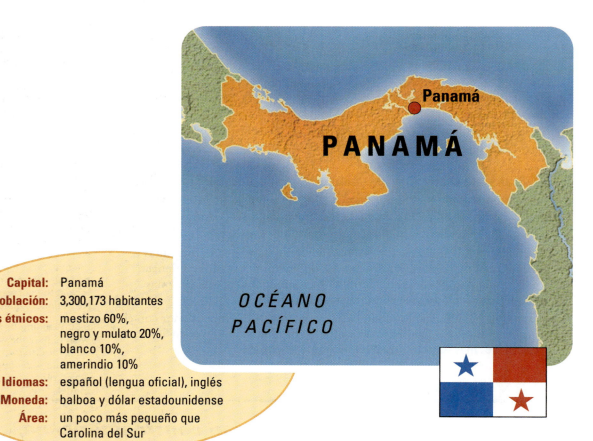

Panamá

PANAMÁ

OCÉANO PACÍFICO

Capital: Panamá
Población: 3,300,173 habitantes
Grupos étnicos: mestizo 60%, negro y mulato 20%, blanco 10%, amerindio 10%
Idiomas: español (lengua oficial), inglés
Moneda: balboa y dólar estadounidense
Área: un poco más pequeño que Carolina del Sur

Lectura

Entrando en materia

 8–52. ¿Qué sabes de Panamá? Indiquen si estas oraciones son ciertas o falsas. Si pueden, corrijan las falsas.

1. Panamá está al sur de Costa Rica y al norte de Colombia.
2. El Canal de Panamá está bajo el control de EE.UU.
3. El inglés se habla tan frecuentemente en Panamá como en otros países centroamericanos.
4. Panamá tiene un ejército.

8-52 **Answers:** 1. C; 2. F, el Canal pasó a control panameño en 1999; 3. C, el inglés se habla frecuentemente en la costa del Caribe y en el mundo profesional y de los negocios, 14% de la población habla inglés como lengua nativa.; 4. F, suprimió su ejército en 1990.

Perfil de Panamá

ÉPOCA PRECOLOMBINA Y COLONIAL

Antes de la llegada de los conquistadores en 1501, el territorio estaba habitado por los indios kuna, los guayamí y los chocó. Estos tres grupos indígenas todavía existen hoy junto con otros grupos menos numerosos.

La declaración de independencia en 1821 ocurrió de forma pacífica y sin confrontación directa con España, ya que poco después Panamá se unió a la Gran Colombia (Ecuador, Colombia y Venezuela), liberada por Simón Bolívar ese mismo año.

La importancia geográfica y económica de Panamá atrajo muy pronto la atención de españoles, franceses y estadounidenses. El interés de los españoles se manifestó en la construcción del Camino Real, una **carretera**[1] pavimentada con piedras y de cincuenta millas de longitud. Esta carretera conectaba la capital, Panamá, en el Pacífico, con Portobelo, en el Atlántico. En 1855 los estadounidenses construyeron un **ferrocarril**[2] para conectar la costa atlántica y pacífica de Panamá. Los franceses comenzaron la construcción de un canal y fracasaron. Finalmente EE.UU. **llevó a cabo**[3] la construcción del Canal, que fue inaugurado en 1914.

La construcción del Canal de Panamá ha **ligado**[4] el destino político y económico de Panamá a EE.UU., ya que el Canal motivó la firma de un tratado que le daba a EE.UU. el derecho de intervenir en la política del país. EE.UU. ejerció este derecho de manera contundente en 1989, cuando el ejército estadounidense capturó al General Manuel Noriega, entonces presidente de Panamá.

LA ÉPOCA MÁS RECIENTE

Uno de los acontecimientos más importantes de la historia reciente de Panamá es el traspaso del control del Canal, que tuvo lugar en 1999. Mireya Moscoso presidió este momento histórico.

El riesgo de nuevos gobiernos militares no existe hoy, ya que en 1990 Panamá abolió su ejército. Su defensa militar todavía hoy depende de EE.UU. En el área internacional, Panamá está intentando diversificar sus coaliciones internacionales estrechando **vínculos**[5] con otros países de Latinoamérica y con Europa. En el área de la política interna, el país tiene como objetivo muy importante el proteger su riqueza natural y utilizarla para atraer más turismo.

Por si acaso

Un acontecimiento histórico importante relacionado con el Canal es el tratado firmado en 1977 por el presidente panameño Omar Torrijos y el presidente estadounidense Jimmy Carter. Este tratado devolvió a Panamá la soberanía (*sovereignty*) del área del Canal al final de 1999 y anuló un tratado anterior, que daba a EE.UU. el control permanente del Canal.

El Canal tiene 80 kilómetros de largo desde el océano Atlántico hasta el océano Pacífico. Fue construido en la parte más estrecha del continente americano y en el punto más bajo del istmo de Panamá. Las compuertas de las esclusas (*floodgates*) pesan 750 toneladas cada una.

---

1. *road*   2. *railroad*   3. *carried out*   4. *linked*   5. *links*

8–53. En detalle. En parejas, tracen una línea cronológica para ordenar los siguientes acontecimientos y fechas de la historia de Panamá.

1.	1990	**a.**	Declaración de independencia
2.	1855	**b.**	Inauguración del Canal
3.	1821	**c.**	Llegada de los conquistadores
4.	1914	**d.**	Traspaso del control del Canal a Panamá
5.	1999	**e.**	Abolición del ejército panameño
6.	1501	**f.**	Construcción del ferrocarril para conectar las dos costas

Mireya Moscoso

Nació en la ciudad de Panamá, el 1 de julio de 1946. Pertenece a la familia Moscoso, una de las familias fundadoras de Pedasí, un pueblo en la región de Los Santos. Su padre, Plinio A. Moscoso, fue maestro y director de la escuela del pueblo. Mireya Moscoso comenzó su carrera política en 1964, año en que participó en la campaña electoral a favor de la candidatura de Arnulfo Arias, la cual fue desfavorecida por un fraude con participación militar.

En una **empresa cafetera**[6], ocupó el cargo de **gerente**[7] de ventas de 1966 a 1968. En 1969 contrajo matrimonio con Arnulfo Arias, que fue presidente de Panamá y fue derrocado y exiliado con la intervención del ejército. La Sra. Moscoso y su esposo vivieron en EE.UU. durante casi diez años de exilio.

En 1999 ganó las elecciones a la presidencia, de la cual estuvo a cargo hasta el año 2004.

8–54. Identificar temas. Identifiquen los temas de la lista que aparecen en la lectura.

1. Datos familiares
2. Información de la madre de Mireya
3. Los estudios de Mireya
4. Relación con Arnulfo Arias
5. Su vida cuando vivía en EE.UU.
6. Triunfo en la carrera política de Mireya

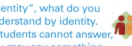

8–55. Su opinión. En parejas, comenten sus respuestas a estas preguntas.

1. Se dice que los panameños tienen un problema de identidad, ¿qué hechos históricos han contribuido a este problema de identidad?
2. ¿En qué aspectos consideran que Panamá es un país afortunado?
3. ¿En qué aspectos consideran que Panamá es un país desafortunado?
4. ¿Qué creen que representa Mireya Moscoso para los panameños?
5. ¿Cuál es su reacción frente al traspaso del control del Canal?

---

6. *coffee company*   7. *manager*

Ven a conocer

 8–56. Anticipación. Lean rápidamente la sección siguiente y clasifiquen los seis lugares en una (o varias) de estas categorías.

Ven a conocer **Teaching tip:** Recording available on the textbook CD.

1. Interés histórico
2. Interés técnico
3. Cultura indígena
4. Actividades acuáticas
5. La naturaleza

Panamá:

Lugares de interés histórico y recreativo

EL CANAL DE PANAMÁ

El Canal de Panamá es un lugar de interés no sólo por su importancia en la economía, en la política del país y en el comercio internacional sino también porque es una de las obras de ingeniería más impresionantes que existen.

Es posible observar cómo funciona el Canal desde las esclusas de Gatún o Miraflores, por las que circulan anualmente 13,056 barcos.

COLÓN

Con el ambiente característico de una ciudad portuaria, Colón está ubicada a la entrada de la costa caribeña y es famosa por su Zona Libre, bazares orientales, hermosas playas y fortalezas coloniales españolas.

ISLA GRANDE

Está a sólo 29 millas de la ciudad de Colón. Isla Grande es una belleza natural del Caribe con blancas y arenosas playas; cerca de allí encontrarás Isla Mamey, un lugar extraordinario para los amantes del buceo (*snorkeling*).

ISLA DE SAN BLAS

Está a 20 minutos por avión de la ciudad de Panamá. Aquí visitarás las islas de los indios kunas, quienes mantienen su antiguo estilo de vida y tradiciones. Las mujeres usan coloridas blusas adornadas con las famosas molas, un complejo diseño que es la expresión del arte indígena. Puedes encontrar pequeñas, pero cómodas habitaciones en algunas de las 365 islas del archipiélago. El buceo y la natación constituyen los deportes más populares.

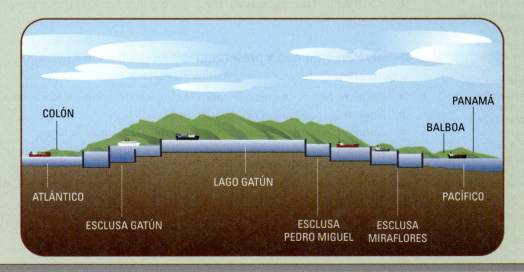

EL VALLE DE ANTÓN

Está a sólo dos horas por carretera desde la ciudad de Panamá. Aquí es donde los campesinos llegan a vender sus frutas, vegetales y artesanías. En este mercado, también puedes comprar esculturas de "piedra de jabón", tallas en madera, sombreros de paja, mesas talladas, bandejas y flores. El valle, como generalmente se le llama, tiene una fresca temperatura, atracciones tanto arqueológicas como naturales y cómodos hoteles. Este valle es el hogar de las famosas ranas doradas y los asombrosos árboles cuadrados.

PORTOBELO

Está a corta distancia de Colón y a hora y media en carro desde la ciudad de Panamá. Durante los siglos XVII y XVIII, Portobelo sirvió como puerto para los productos que llegaban del Perú y de otras colonias españolas. El puerto estaba protegido por cinco fuertes que hoy en día aún se pueden admirar. Arrecifes, corales y esponjas hacen de Portobelo un sitio favorito para fotógrafos marinos y buceadores en el Caribe.

EXPEDICIÓN Y TRABAJO VOLUNTARIO

Además de visitar los lugares de interés histórico o recreativo, hay otras dos maneras de conocer el país y su gente. Si estás en buena forma física y te gusta caminar, hay compañías que ofrecen itinerarios de quince días para viajar a pie y a caballo. Otra manera alternativa es viajar a un área del país para hacer trabajo voluntario. Hay organizaciones que necesitan voluntarios para preservar áreas históricas o forestales, para construir casas o educar a niños.

 8–57. En detalle. Contesten las siguientes preguntas sobre Panamá para verificar su comprensión de la lectura.

1. ¿Qué lugares son interesantes para ir de compras?
2. ¿Qué lugares son interesantes para visitar monumentos históricos?
3. ¿Qué lugares son interesantes para hacer buceo?
4. ¿Qué hay de interés en el Valle de Antón?
5. ¿Qué lugar fue importante para el comercio entre España y las colonias españolas?
6. ¿Cuál de las dos maneras alternativas de visitar Panamá prefieres y por qué?

 8–58. Personalidad y preferencias. En parejas, van a relacionar características de lugares y personalidades. Sigan los siguientes pasos.

a. Primero, hagan una lista de todos los lugares descritos en *Ven a conocer*.
b. Anoten las principales características de cada lugar.
c. Anoten qué tipos de actividades pueden hacerse en cada lugar.
d. Hablen sobre la personalidad y los gustos del tipo de persona que se sentiría atraída por los diferentes lugares.
e. Escriban una oración para cada lugar, explicando los resultados de su discusión.
f. Lean su informe a la clase para poder compararlo con el de otros estudiantes.

Viaje virtual

Visita la página de la red http://www.presidencia.gob.pa/ y elige una sección de tu interés. Escribe un informe para traer a la clase. Este informe puede incluir la siguiente información: por qué te interesa la sección, un resumen de su contenido, y tu opinión sobre este sitio de la red. También puedes encontrar información adicional usando tu buscador preferido.

Redacción

8–59. Una carta hipotética. Los presidentes de Guatemala, El Salvador, Honduras, Nicaragua, Costa Rica y Panamá están buscando a un experto estadounidense que asesore al gobierno en las relaciones entre sus países y los EE.UU. y tú quieres que te consideren como candidato. En esta sección tú les vas a escribir una carta a uno de los presidentes centroamericanos.

Preparación

1. Elige a qué presidente le vas a escribir.
2. Repasa la información sobre el país del presidente que has elegido y, si es necesario, consulta otras fuentes además del libro de texto.
3. Haz una lista de lo que sabes del país, lo que te gustaría o podrías contribuir como experto estadounidense, tus cualificaciones y lo que quieres aprender sobre el país.
4. El tono de la carta debe ser formal.

A escribir

1. Comienza la carta: "Estimado Presidente de ..." o "Estimado Presidente *(last name)*..."
2. Expresa tu interés en el puesto de asesor *(consultant)*.
3. Expresa tu interés en el país y en ayudarlo.
4. Da algunos ejemplos de cómo podrías ayudar en las relaciones con EE.UU.
5. Habla de tus conocimientos de la lengua española. Termina la carta.
6. Despídete con "Cordialmente, [tu nombre debajo].

MODELO

Si usted me contratara, muchos estudiantes guatemaltecos podrían estudiar en los EE.UU., *o* Si usted me contrata, muchos estudiantes guatemaltecos podrán estudiar en los EE.UU.

Revisión

1. Escribe el número de borradores *(drafts)* que te indique tu instructor/a y revisa tu texto usando la guía de revisión del Apéndice C.
2. Escribe la versión final y entrégasela a tu instructor/a.

Augusto Monterroso

Augusto Monterroso nació el 21 de diciembre de 1921 en Tegucigalpa, capital de Honduras, y murió el 7 de febrero de 2003. A los 15 años su familia se estableció en Guatemala y desde 1944 fijó su residencia en México, al que se trasladó por motivos políticos. Como narrador y ensayista guatemalteco, empezó a publicar sus textos a partir de 1959, cuando salió la primera edición de *Obras completas (y otros cuentos),* conjunto de incisivas narraciones donde comienzan a notarse los rasgos fundamentales de su narrativa: una prosa concisa, breve, y aparentemente sencilla. El cuento corto "El Eclipse" es parte de esta colección.

 8–60. Entrando en materia. Una costumbre maya era hacer sacrificios humanos para complacer a los dioses. Este cuento trata sobre el sacrificio de un sacerdote (*catholic priest*) español. Antes de leer el cuento en detalle, respondan a estas preguntas.

1. Describan qué es un eclipse y qué tipos de eclipses hay.
2. ¿Quiénes tenían más conocimientos de astronomía: los mayas o los españoles?
3. Piensen en los años 1520–1540, la época en la que ocurre el cuento. ¿Con qué grupo asocias los siguientes conceptos, los mayas o los españoles?

_____ el sacrificio humano

_____ la religión católica

_____ misión evangelizadora

_____ conocimientos de astronomía

EL ECLIPSE

Cuando **fray**[1] Bartolomé Arrazola se sintió perdido aceptó que ya nada podría salvarlo. La selva poderosa de Guatemala lo había **apresado**[2], implacable y definitiva. Ante su ignorancia topográfica se sentó con tranquilidad a esperar la muerte. Quiso morir allí, sin ninguna esperanza, aislado, con el pensamiento fijo en la España distante, particularmente en el convento de los Abrojos, donde Carlos Quinto condescendiera una vez a bajar de su eminencia para decirle que confiaba en el celo religioso de su **labor redentora**[3].

Al despertar se encontró rodeado por un grupo de indígenas de **rostro**[4] impasible que se disponían a sacrificarlo ante un altar, un altar que a Bartolomé le pareció como el **lecho**[5] en que descansaría, al fin, de sus temores, de su destino, de sí mismo.

Tres años en el país le habían **conferido**[6] un mediano dominio de las lenguas nativas. **Intentó**[7] algo. Dijo algunas palabras que fueron comprendidas.

Entonces floreció en él una idea que tuvo por digna de su talento y de su cultura universal y de su arduo conocimiento de Aristóteles. Recordó que para ese día se esperaba un eclipse total de sol. Y **dispuso**[8], en lo más íntimo, **valerse de**[9] aquel conocimiento para **engañar**[10] a sus opresores y salvar la vida.

— Si me matáis — les dijo — puedo hacer que el sol se oscurezca en su altura.

Los indígenas lo miraron fijamente y Bartolomé **sorprendió**[11] la **incredulidad**[12] en sus ojos. Vio que se produjo un pequeño **consejo**[13], y esperó confiado, no sin cierto desdén.

Dos horas después el corazón de fray Bartolomé Arrazola **chorreaba**[14] su sangre vehemente sobre la piedra de los sacrificios (brillante bajo la opaca luz de un sol eclipsado), mientras uno de los indígenas recitaba sin ninguna inflexión de voz, sin prisa, una por una, las infinitas fechas en que se producirían eclipses solares y lunares, que los astrónomos de la comunidad maya habían previsto y anotado en sus códices sin la valiosa ayuda de Aristóteles.

8–61. Ordenar ideas. Pongan estos acontecimientos del cuento en orden cronológico.

8-61 **Answers:**
2; 6; 4; 1; 5; 3

_____ Los indígenas hicieron prisionero a fray Bartolomé y se preparaban para sacrificarlo.

_____ Uno de los indígenas decía en voz alta los días en los que ocurrirían eclipses solares y lunares.

_____ Fray Bartolomé les dijo a los indígenas que si lo sacrificaban el sol desaparecería.

_____ Fray Bartolomé estaba perdido en la selva sin saber a dónde ir

_____ Los indígenas sacrificaron a fray Bartolomé.

_____ Fray Bartolomé planeó engañar a los indígenas para salvar su vida.

---

1. *friar, brother;*   2. *trapped;*   3. *redeeming work;*   4. *face;*   5. *bed;*   6. *given;*   7. *tried;*
8. *decided;*   9. *make use of;*   10. *deceive;*   11. *caught;*   12. *disbelief;*   13. *council, meeting;*
14. *was gushing*

8-62 **Teaching tip:**
For item 4, review with your students the concept of "irony". You may use this working definition: We say that a situation is ironic when the outcome of an event is the opposite of what we logically anticipate. The saying: "The shoemaker's son always goes barefoot" implies irony as we would not expect the son of a shoemaker ever being in need of shoes. We use this saying when we observe a situation that presents this type of contradiction.

For item 5, you may split the class in groups of three and have them act out the conversation that the students wrote.

8–62. Nuestra interpretación de la obra. En parejas, comparen sus respuestas a estas preguntas sobre el cuento.

1. ¿Cómo es fray Bartolomé? Lean los párrafos 1 y 4 e identifiquen tres expresiones o secciones del cuento que den información sobre cómo es él.

2. Revisen sus respuestas a la pregunta anterior e imaginen y describan cómo es la personalidad de fray Bartolomé, ¿es un hombre valiente o cobarde? ¿subestima (*underestimates*) a los indígenas o no?

3. En el párrafo 1, identifiquen tres segmentos que expresen cómo se siente Bartolomé, ¿tiene miedo?

4. Al leer el párrafo 4, el lector piensa que fray Bartolomé no morirá. Lean el párrafo 6 y expliquen por qué el final de la historia es irónico

5. Imaginen la conversación que tuvieron los mayas en el "pequeño consejo" antes de sacrificar a fray Bartolomé y escríbanla. Imaginen que hablaron tres mayas.

Vocabulario

Ampliar vocabulario

al nacer	as a newborn
apuntarse	to enroll, to sign up
atuendo *m*	outfit
cerebro *m*	brain
cráneo *m*	skull
creciente *m/f*	growing
dañino/a	harmful
desconocido/a	unknown, unfamiliar
disfrutar	to enjoy
dispuesto/a	to be ready
echar una mano	to give a hand, to help
en voz alta	out loud
fauna *f*	fauna
flora *f*	flora
fracaso *m*	failure
grado de *m*	level of
inalterado/a	undisturbed
maíz *m*	corn
medio ambiente *m*	environment
paisaje *m*	landscape
perdedor/a	loser
puente nasal *m*	nasal brigde
quetzal *m*	quetzal (type of bird)
sinfín *m*	endless
sonrisa *f*	smile
tatuaje *m*	tattoo
uña postiza *f*	fake finger nail
valer la pena	to be worthwhile
vencido/a	defeated

Vocabulario glosado

alfabetización *f*	literacy
apresado/a	trapped
bizco/a	cross-eyed
carretera *f*	road
chorrear	to gush
conferir	to give
consejo *m*	council, meeting
deuda *f*	debt

desarrollo *m*	development
disponer	to decide
empleada doméstica *f*	maid
empresa cafetera *f*	coffee company
engañar	to deceive
engaño *m*	trickery, deception
estrecho/a	close
ferrocarril *m*	railroad
francotirador *m*	sniper
fray	friar, brother
gerente *m, f*	manager
homilía *f*	sermon, homily
incredulidad *f*	disbelief
intentar	to try
labor redentora *f*	redeeming work
lecho *m*	bed
ligar	to link
llevar a cabo	to carry out
luchar	to fight
maquiladora *f*	textile factory
orgulloso/a	proud
paz *f*	peace
pobreza f	poverty
presupuesto *m*	budget
recurrir	to resort to
rehusar	to refuse
riqueza *f*	richess
rostro *m*	face
sorprender	to catch
tratado *m*	treaty
valerse de	to make use of
vínculo *m*	link

Vocabulario para conversar
Para orientarse

a la derecha de	to the right of
a la izquierda de	to the left of
abajo de	below
al este de	east of
al norte de	north of

arriba de — above
frontera — border
océano *m* — ocean
país *m* — country

Para organizar y evaluar

este color no va con este — *this color doesn't match this other one*
este estilo es mejor/peor que aquel — *this style is better/worse than that one*
Hagamos una lista de los diferentes aspectos del evento/desfile — *Let's make a list of the different aspects of the event/fashion show*
me gusta más este — *I like this one better*
¿Por dónde empezamos? — *Where do we begin?*
Primero, hablemos de — *. . . . First, let's talk about . . .*

Para hablar de la moda

desfile de moda — *fashion show*
estilo — *style*
moda — *fashion*
pasarela — *runway*
sentarle bien/mal a (alguien) — *to fit well/bad on (someone)*

Para convencer, expresar acuerdo, desacuerdo

llegar a un acuerdo — *to reach an agreement*
no/estar de acuerdo — *not to agree/agree*
yo haré esto si a cambio tú ... — *I will do this if you...*

Para hablar de las vacaciones

alquilar un coche — *rent a car*
ciudad — *city*
hospedaje — *lodging*
hospedarse — *to stay/lodge*
montaña — *mountain*
piscina — *swimming pool*
playa — *beach*
preferir — *to prefer*

tienda de campaña — *tent*
turismo urbano/rural — *urban/rural tourism*
viajar en tren/avión/autobús — *travel by train/plane/bus*
viaje organizado/paquete de viaje — *vacation packet*

Para hacer una entrevista de trabajo

Cambiando de tema... — *Changing the topic...*
¿Cuánto tiempo ha trabajado usted con/en...? — *How long have you worked with/in...?*
destrezas *f* — *skills*
Efectivamente... — *Indeed...*
¡Enhorabuena! El puesto es suyo. — *Congratulations! The position is yours.*
El sueldo que me gustaría recibir... — *The salary I am hoping for...*
encargarse de — *to be in charge of*
Estoy muy bien preparado/a para el puesto... — *I am well qualified for the job...*
Estoy totalmente de acuerdo con usted... — *I totally agree with you...*
Le avisaremos cuando tomemos una decisión... — *We will let you know when a decision is made...*
Mi experiencia es/no es muy relevante... — *My experience is (is not) quite relevant...*
Opino como usted — *I share your opinion...*
¿Podría hacer usted horas extraordinarias? — *Could you work over time?*
Sería/no sería posible trabajar los fines de semana... — *It would (would not) be possible to work in the weekends...*
solicitud *f* — *application*
Soy muy emprendedor/a... — *I am an enterprising person...*
supervisar — *to supervise*
Tengo entendido que... — *I understand that...*

CAPÍTULO

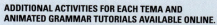

ADDITIONAL ACTIVITIES FOR EACH TEMA AND
ANIMATED GRAMMAR TUTORIALS AVAILABLE ONLINE.

9 PAÍSES ANDINOS: SUDOR DEL SOL Y LÁGRIMAS DE LA LUNA

Objetivos del capítulo

En este capítulo vas a...

- explorar la diversidad cultural de los países andinos
- expresar cuándo, cómo y dónde usando oraciones adverbiales en presente y pasado
- hablar sobre dinero y negocios
- romper el hielo para iniciar una conversación
- expresar u omitir el agente de una acción
- comunicarte formal e informalmente

TEMA

La cordillera de los Andes atraviesa Colombia, Ecuador, Perú y Bolivia. ¿Cómo crees que este accidente geográfico ha influido en estos países? Piensa en la ecología, las comunicaciones y la sociedad.

Colombia: Origen de la leyenda de El Dorado

Mar Caribe

OCÉANO PACÍFICO

● Bogotá

COLOMBIA

Capital:	Bogotá
Población:	45,888,592 habitantes
Grupos étnicos:	mestizo 56%, blanco 30%, africano 10.6%, amerindio 3.4%
Idiomas:	español y más de sesenta lenguas amerindias
Moneda:	peso
Área:	aproximadamente del tamaño de Texas, California y Nueva Jersey juntos

Lectura

▶ **Entrando en materia** 9-1 **Answers:** 1. C; 2. C; 3. F.

9–1. ¿Qué sabes de Colombia? Decidan si las oraciones de abajo son ciertas o falsas. Si pueden, corrijan las falsas. Si no están seguros/as, repasen las respuestas después de leer la sección para ver si eran correctas.

1. Colombia tiene población amerindia y negra.
2. El nombre del país fue derivado del nombre de Cristóbal Colón.
3. En Colombia, por estar en la zona ecuatorial, sólo hay temperaturas cálidas.

Perfil de Colombia

ÉPOCA PRECOLOMBINA

Mucho antes de la llegada de los conquistadores, una gran diversidad de pueblos amerindios habitaba Colombia. Entre estos pueblos, los chibchas eran los más avanzados. La sofisticación de este pueblo se observa en su organización política y su economía. Políticamente, los chibchas se organizaban en una federación de varios estados gobernados por **caciques**[1], y su economía se basaba en el cultivo de la tierra y el comercio. Cultivaban maíz, papa, tabaco y yuca. Comerciaban con los pueblos de la costa atlántica y mediante el intercambio de sus productos agrícolas obtenían **algodón**[2] y **oro**[3].

La clase guerrera dominaba la sociedad chibcha. Cuando un jefe heredaba el poder, su gobierno se iniciaba con un ritual que es el origen de la leyenda de El Dorado. En el ritual, el nuevo jefe cubría su cuerpo con polvo de oro y luego se bañaba en el lago Guatavita.

EXPLORACIÓN, CONQUISTA E INDEPENDENCIA

La conquista española del territorio empezó durante el reinado del jefe chibcha Tisquesusa (1513–1537). El último jefe chibcha fue Saquezazipa, quien fue ejecutado por Jiménez de Quesada en 1538.

La lucha por la independencia empezó en 1810 y terminó en 1819. En 1819, Colombia, que entonces se llamaba Nueva Granada (lo que hoy son Colombia y Panamá) se unió a Venezuela y Ecuador. Estos territorios formaron la Gran Colombia, que duró hasta 1830. El venezolano Simón Bolívar fue el arquitecto de la formación de esta república.

UN MILLÓN DE VOCES CONTRA LAS FARC

Las FARC (Fuerzas Armadas Revolucionarias de Colombia) se describen como un ejército del pueblo que presenta una alternativa popular de poder. Este grupo tuvo sus orígenes en la década de 1960 y es considerado como una organización terrorista por los gobiernos de 31 países entre los que se encuentran Colombia, Estados Unidos, Canadá y la Unión Europea. Los gobiernos de otros países latinoamericanos como Chile, Brasil, Ecuador, Bolivia, Venezuela y Argentina no lo **califican**[4] **como tal**[5]. Este grupo se sostiene con el **secuestro**[6], el narcotráfico y la extorsión.

Desde el año 2002, momento en el que Álvaro Uribe Vélez asumió la presidencia de Colombia, se implementó el Plan Patriota que intensificó la guerra contra las guerrillas. Con la reelección de Uribe en 2006 se logró seguir con la lucha que ha continuado **debilitando**[7] a las FARC.

El 4 de febrero de 2008 se hizo una marcha mundial llamada "Un millón de voces contra las FARC". La participación de los colombianos que **gritaban**[8] "¡No más FARC! ¡No más secuestros! ¡No más muertes!" se hizo sentir en Colombia y en muchas ciudades a través del mundo.

Simón Bolívar

9–2. Personajes históricos. Asocien el nombre de cada uno de estos personajes históricos con su período correspondiente.

Personajes	Períodos
1. Simón Bolívar	**a.** Época precolombina
2. Tisquesusa	**b.** Época de la conquista española
3. Saquezazipa	**c.** Época de la independencia
4. Jiménez de Quesada	**d.** Época actual
5. Álvaro Uribe Vélez	

---

1. *chiefs* 2. *cotton* 3. *gold* 4. *label* 5. *as such* 6. *kidnapping* 7. *weakening* 8. *shouted*

9–3. En su opinión. En parejas, busquen información de Colombia relacionada con la guerrilla y el problema de la droga y comenten lo que encuentren. Después, basándose en su conversación y en la lección anterior contesten estas preguntas.

1. ¿Cuál es la conexión entre las guerrillas y las drogas en Colombia?
2. ¿Cómo creen ustedes que afecta la guerrilla a la población colombiana?
3. ¿Por qué creen que algunos países latinoamericanos no consideran las FARC como una organización terrorista?
4. ¿Qué impresión tienen ustedes del pueblo colombiano y su reacción ante las FARC?

SHAKIRA

Nació en Barranquilla el 2 de febrero de 1977. Desde niña sintió vocación artística, una vocación que sus padres apoyaron desde que la popular cantante tenía ocho años.

Shakira se ha convertido en uno de los personajes más importantes de Colombia y en la artista colombiana que más discos ha vendido en todos los tiempos. Esta ex **niña prodigio**[9], ha sabido conquistar un lugar importante en la música latina e internacional. Su álbum, *Laundry Service*, con canciones en inglés y español, le ha dado especial relieve en el mundo del pop internacional. Shakira creó la Fundación Pies Descalzos en 1995. Con ella asume el compromiso social de impulsar la educación, la salud y la nutrición de muchos niños en condiciones vulnerables.

9-4 Teaching tip: Play some of Shakira's songs in class. Before playing the song, encourage students to try to identify the song's subject based on the title. Then play the entire song. Allow students to express what they understood from Shakira's words. Finally, provide the lyrics for the entire song and play it again.

9–4. Síntesis e imaginación. En parejas, hagan el papel de entrevistador/a y entrevistado/a. La persona que hace la entrevista trabaja como reportero/a para una revista internacional. La persona entrevistada representa a Shakira. Hagan lo siguiente:

1. Decidan quién va a hacer el papel de cada personaje.
2. Entrevistador/a: Haz un mínimo de 4 preguntas, dos sobre la vida personal del personaje y dos sobre su vida profesional.
   Entrevistado/a: Contesta las preguntas de tu compañero/a, usando la información de la lectura y tu imaginación.

---

9. *gifted child*

Adverbial Clauses with the Present Tense

Adverbial clauses are dependent clauses introduced by an adverbial expression. The adverbial clause functions in ways similar to those of an adverb. An adverb usually adds information about the place (**aquí, fuera**), time (**mañana, hoy**), or mode (**así, alegremente**) of the action expressed by a verb.

You will use the subjunctive in some adverbial clauses; in others, you will use the indicative.

Expressions that Always Take the Indicative

These adverbial expressions call for the use of the indicative because they introduce information that is factual or known.

puesto que *since*	**porque** *because*	**ya que** *since*

No compro los pasajes para Colombia **porque/ ya que/ puesto que** los precios están muy altos.
*I don't buy tickets for Colombia **because** the prices are very high.*

Expressions that Always Take the Subjunctive

These adverbial expressions call for the use of subjunctive because they introduce an action that will happen in the future or is speculative or non-factual.

En caso de que	*in case that*
Sin que	*without*
Con tal (de) que	*provided that, as long as*
A menos que	*unless*
Para que	*so that*
Antes de que	*before*
A fin de que	*so that*

El gobierno colombiano tiene que negociar la paz **para que (a fin de que)** el turismo aumente.
*The Colombian government has to negotiate peace **so that** tourism increases.*

El turismo no aumentará **a menos que** el gobierno negocie la paz.
*Tourism will not increase **unless** the government negotiates the peace.*

Las guerrillas deben parar sus ataques **antes de que** el gobierno empiece la negociación de paz.
*The guerrillas have to stop their attacks **before** the government begins peace negotiations.*

Expressions that May or May Not Require the Use of the Subjunctive

These adverbial expressions call for the use of subjunctive only when they introduce an action that will happen in the future or is speculative or non-factual.

Time Expressions

Tan pronto como	*as soon as*
Hasta que	*until*
En cuanto	*as soon as*
Cuando	*when*
Después de que	*after so that*
Other expressions	
Aunque	*although, even if*
Donde	*where, wherever*

Siempre llueve **cuando** viajo a Colombia. (*fact*)

*It always rains **when** I travel to Colombia.*

Me llevaré un paraguas **cuando** viaje a Colombia en abril. (*event to come*)

*I will carry my umbrella **when** I travel to Colombia in April.*

Siempre me quedo en Colombia **hasta que** el dinero se me acaba. (*fact*)

*I always stay in Colombia **until** I run out of money.*

Me quedaré en Colombia **hasta que** el dinero se me acabe. (*event to come*)

*I'll stay in Colombia **until** I run out of money.*

Aunque tengo dinero, este año no iré a Colombia. (*fact*)

***Although** I have money, I won't go to Colombia this year.*

Aunque ahorre suficiente dinero, este año no iré a Colombia. (*speculation/event to come*)

***Even if** I save enough money, this year I won't go to Colombia.*

Siempre viajo **a un lugar donde** puedo hacer ecoturismo. (*fact*)

*I always travel **where** I can do ecotourism.*

Este año viajaré **a un lugar donde** pueda hacer ecoturismo. (*event to come*)

*This year I will travel **where** I can do ecotourism.*

See *Grammar Reference 9* for more details on adverbial clauses.

9–5. Identificación. Primero, identifica las cláusulas adverbiales en estos titulares de noticias de Bogotá. Después, conjuga los verbos entre paréntesis en el modo verbal adecuado.

Noticias de Bogotá

1. El gobierno ha diseñado un sistema de transporte público llamado Transmilenio para que los bogotanos no (tener) que depender tanto de sus carros.

2. Los bogotanos esperan que el transporte público mejore, ya que el gobierno (pensar) terminar el sistema Transmilenio en un plazo relativamente corto.

3. El sistema Transmilenio estará completamente finalizado antes de que (terminar) 2016.

4. Los bogotanos estarán felices cuando (anunciar) que (haber) paz.

5. Los bogotanos comenzarán a ahorrar después de que (pasar) las Navidades.

9–6. Publicidad turística. A continuación tienen algunas oraciones extraídas de un folleto turístico sobre Colombia. Completen estas frases publicitarias con las expresiones apropiadas.

9-6 **Answers:** 1. cuando; 2. porque/ya que/puesto que; 3. para que/a fin (de) que; 4. después (de) que/cuando/en cuanto; 5. antes de que.

cuando   porque/ ya que/ puesto que   para que/ a fin de que
después de que   en cuanto   antes de que

1. Te esperamos en la bella Bogotá, ven a Colombia _____ quieras.
2. Para venir a Colombia no necesitas amigos _____ todos los colombianos te esperan con los brazos abiertos.
3. Compra la tarjeta Transmilenio _____ ahorres dinero al viajar en Bogotá.
4. _____ termine el semestre, regálate un viaje a Colombia.
5. Compra tu pasaje a Cartagena _____ se acaben.

9–7. Viaje y condiciones. Un amigo va a ir a Colombia este verano y te ha invitado a acompañarlo. Tú puedes ir a Colombia solamente bajo ciertas condiciones. Elige cinco de estas condiciones y escribe una oración completa usando una cláusula adverbial con cada condición para explicarle tu situación a tu amigo/a.

> **MODELO**
>
> **mis padres / darme permiso**
> **Iré a Colombia con tal (de) que mis padres me den permiso.**

Iré a Colombia con tal (de) que…

1. yo / no tener que trabajar en el verano
2. mi hermano / ir conmigo
3. yo / ahorrar suficiente dinero
4. vuelo / ser barato
5. mis mejores amigos / viajar conmigo
6. yo / aprobar todas las asignaturas
7. nuestro equipo de fútbol / no tener partidos en esa fecha
8. mis hermanos pequeños / ir a un campamento de verano

9–8. Datos informativos. A continuación tienes un pequeño párrafo en el que se presenta información sobre Colombia. Complétalo, usando las expresiones adecuadas.

antes de que   porque/ ya que/ puesto que   aunque
a menos que   hasta que

    Colombia es un país con un gran potencial económico (1) _____ tiene importantes reservas de petróleo, carbón (*coal*) y minerales. Muchos saben que el café colombiano es un producto popular, (2) _____ hay quienes no saben que Colombia exporta una gran cantidad de esmeraldas y flores. Si el gobierno colombiano implementa los planes correctos, la economía de Colombia será más fuerte (3) _____ termine el año. Pero para lograr sus objetivos económicos, Colombia necesita la ayuda de otros países. La comunidad internacional no apoyará a Colombia (4) _____ el gobierno colombiano consiga (*achieves*) sus objetivos de paz. El país también necesita ayuda internacional en otros campos, porque Colombia no puede proteger el área amazónica por su cuenta (5) _____ la comunidad internacional ayude.

9–9. ¿Y ustedes? En la vida diaria hacemos cosas por muchas razones. Por ejemplo, comemos bien para alimentarnos o hablamos de un problema con un amigo/a para sentirnos mejor. En parejas, piensen en cosas importantes que hacen por alguna razón específica. Hagan una lista de 4 ó 5 de estas cosas y después entrevístense para averiguar las razones por las que la otra persona hace cada cosa en su lista.

MODELO

Hacer una carrera universitaria
Estudiante A: ¿Para qué haces una carrera universitaria?
Estudiante B: Hago una carrera para que mi futuro sea mejor.

Lectura

Entrando en materia

9–10. Sentimientos humanos. En parejas, hablen de las acciones o reacciones que los siguientes sentimientos provocan en ustedes. Escriban al menos una oración específica para cada sentimiento. Después, compartan sus oraciones con la clase.

MODELO

compasión
Cuando una persona me inspira compasión, la ayudo.

1. envidia
2. avaricia
3. odio
4. frustración
5. amor

9–11. Vocabulario: Antes de leer. Busquen las siguientes palabras en la lectura e intenten deducir su significado por el contexto. Si no pueden explicar el significado, usen las definiciones que aparecen abajo. El vocabulario aparece en negrita en el texto.

9-11 **Answers:** 1. b; 2. f; 3. a; 4. e; 5. d; 6. c.

1. **acaparar**
2. **según**
3. **cronistas**
4. **bruto**
5. **rango**
6. **desmesurado**

a. historiadores
b. acumular más de lo necesario
c. sin control, sin medida
d. clase, estatus
e. sin refinamiento
f. de acuerdo con

Oro, El Dorado y el Museo del Oro de Bogotá

El interés obsesivo de los conquistadores por **acaparar** todo el oro era incomprensible para los indígenas. Para ellos el oro no tenía ningún valor comercial, es decir, el oro no servía para comprar cosas. **Según** el testimonio de algunos **cronistas**, los indígenas, al no poder explicarse la obsesión de los conquistadores, les preguntaron en una ocasión si comían oro.

En las sociedades indígenas de la época de la conquista, el oro no tenía valor material, sólo valor simbólico. El oro **bruto** no tenía valor, pero adquiría un valor simbólico cuando se transformaba en un objeto específico. Los objetos de oro servían para expresar algo, como símbolo de **rango** social o de devoción religiosa. **M**

M omento de reflexión

Marca con una X la idea correcta.
- ❏ 1. Los indígenas usaban oro para comprar cosas.
- ☒ 2. Los indígenas no comprendían por qué los conquistadores tenían tanto interés en el oro.

El deseo **desmesurado** de obtener oro en combinación con la mitología indígena dio origen al mito de El Dorado, el cual se propagó rápidamente entre los conquistadores y por toda Europa. Según este mito, en alguna parte de América había una ciudad de riquezas inimaginables. Se cree que el mito de El Dorado tiene su raíz en un ritual que tenía lugar en el lago Guatavita, que está cerca de Bogotá, y que seguramente ya no se practicaba en la época de la conquista. Una de las versiones de este ritual dice que el jefe (el hombre dorado) de una tribu se cubría con polvo de oro todos los días y que al final del día se bañaba en el lago. El mito de El Dorado incluso inspiró la idea de vaciar el lago Guatavita. **M**

M omento de reflexión

Marca con una X la idea correcta.
- ❏ 1. El Dorado es un dios amerindio.
- ☒ 2. Los conquistadores crearon y popularizaron el mito de El Dorado.

Hoy en día se pueden apreciar magníficas muestras de los artefactos de oro indígenas en el Museo del Oro de Bogotá y en los Museos del Oro regionales. La Academia de Historia del Quindío y Quimbaya está tratando recuperar su propio El Dorado, la colección más valiosa de artefactos indígenas de oro, el Tesoro Quimbaya. Un presidente de Colombia le regaló este tesoro a España en 1892 y ahora se está negociando su recuperación.

 9–12. ¿Comprendieron? En parejas, respondan a las siguientes preguntas:

1. ¿Con qué finalidad usaban el oro los indígenas?
2. Expliquen el mito de El Dorado.
3. ¿Por qué hay en este momento negociaciones entre el Museo del Oro y España?
4. ¿Qué piensan ustedes sobre el problema del Tesoro Quimbaya?
5. ¿Cuáles fueron las consecuencias de las diferencias entre el valor que le daban al oro las culturas indígenas y las europeas? Escriban dos o tres oraciones que expresen su opinión.

9–13. Vocabulario: Después de leer. Completen estas oraciones usando una de las palabras de la lista.

9-13 **Answers:** 1. acaparar;
2. según; 3. cronistas;
4. bruto; 5. rango;
6. desmesurado.

cronistas	según	desmesurado	acaparar	rango	bruto

1. Los conquistadores estaban interesados en _____ todo el oro.
2. _____ la opinión de los historiadores, el mito de El Dorado se basó en una historia indígena.
3. Los _____ son personas que documentan la historia.
4. El oro _____ no tenía valor para los indígenas.
5. Los indígenas expresaban el _____ social con adornos de oro.
6. El deseo de tener oro de los conquistadores era _____.

9–14. Hablemos del tema. Ustedes cuatro forman parte de las comisiones encargadas de negociar la devolución del Tesoro Quimbaya. La pareja A representará la comisión de la Academia de Historia de Quindío y la B, la comisión del Museo de las Américas en Madrid. Antes de comenzar las negociaciones, cada pareja debe preparar sus argumentos y anticipar posibles desacuerdos. Usen la información de *Por si acaso* y los *Datos importantes* que se incluyen abajo para preparar su presentación.

9-14 **Teaching tip:** Students can view pieces of the *Tesoro Quimbaya* at a browser and use a search engine and look under "*Quimbayas*".

9-14 **Recycling:** Besides using the *Por si acaso* expressions you may want to review with students the *Vocabulario para conversar* on *Capítulo 4, Tema 2* that deals with how to offer an explanation and how to express agreement and disagreement.

Datos importantes:

- El Tesoro Quimbaya se compone de 122 piezas de oro.
- Colombia regaló el tesoro a España en 1892 como agradecimiento por servir de mediador en una disputa de fronteras entre Colombia y Venezuela.
- En 1892, las autoridades colombianas no conocían la importancia arqueológica del tesoro.

Por si acaso

Utilicen estas expresiones en sus negociaciones

Les proponemos este plan…	We propose this plan . . .
Nosotros les damos… y a cambio ustedes nos dan…	We give you . . . and in exchange you give us . . .
Les prometemos que…	We promise you that . . .
Su/ Nuestro plan tendrá consecuencias graves/ negativas/ positivas para…	Your/Our plan will have grave/ negative/positive consequences for . . .
Esto nos beneficiará a todos porque…	This will work well/be advantageous to all of us because . . .
Piensen en lo que pasará si…	Think about what will happen if . . .
Admiro su inteligencia/ dinamismo/ cualidades.	I admire your intelligence/energy/character.
¡Qué buen trabajo han hecho!	What a nice job you've done!

Vocabulario para conversar

Hablar sobre dinero y negocios

¿En cuánto me lo puede dejar?

15,000 pesos para que se lo lleve.

Vocabulario para conversar
Teaching tip: You may want to introduce the concept of *"regatear"* to your students before introducing this topic. Explain how and when it is appropriate to bargain in Latin America.

In Latin America it is common to find markets of arts and crafts. You will be approached by friendly people willing to sell you their products. It is a good idea to look around to get an idea of the prices, to get ready to make a fair negotiation. You need to be prepared to bargain.

Lo que puede decir el comprador:

¿Cuánto cuesta esto?	*How much does that cost?*
¿Cuánto le debo?	*How much do I owe you?*
¿En cuánto me deja esto/ esta _____/este_____?	*How much do you want for this?*
¿Me hace un descuento?	*Can you give me a discount?*
¿Me lo deja en (cantidad de dinero)?	*Would you sell it to me for (amount)?*
¿Tiene vuelta/cambio?	*Do you have change?*
Estoy buscando…	*I am looking for . . .*
Voy a seguir mirando y ahora vuelvo.	*I'm going to look around. I will be back.*

Lo que puede decir el vendedor:

¿En qué le puedo ayudar?	*Can I help you?*
¿Qué está buscando?	*What are you looking for?*
¿Tiene un billete más pequeño?	*Do you have a lower denomination bill?*
Cuesta $ (cantidad de dinero).	*It costs (amount).*
Se lo dejo en (precio) para que se lo lleve.	*Just give me (price) and it's yours.*
Son $ (cantidad de dinero).	*It's (amount of money).*

9–15. Palabras en acción. Relacionen las expresiones de la columna izquierda con las correspondientes de la columna derecha.

1. ¿En cuánto me deja estos aretes?
2. ¿Qué está buscando?
3. ¿Cuánto le debo?
4. ¿Tiene un billete más pequeño?
5. ¿Me hace un descuento?

a. No sé exactamente. Estoy mirando.
b. No puedo. El precio que le estoy dando es bueno.
c. Son 15,000 pesos.
d. Se los dejo en 6,000 para que se los lleve.
e. No, sólo tengo este billete. de 20,000 pesos.

9-15 **Answers:** 1. d; 2. a; 3. c; 4. e; 5. b.

9-16 You may wish to play the "A escuchar" track for *Capítulo 6, Tema 1* from the *Activities Manual,* which presents a relevant model.

9–16. El regateo. Ustedes están haciendo compras en Bogotá unos días antes de regresar a los Estados Unidos. Están buscando regalitos para la familia y los amigos pero deben encontrar buenos precios.

Estudiante A: Tú eres un vendedor de artesanías. Llega un cliente que quiere comprar varias cosas pero quiere regatear. Escucha al comprador y trata de hacer negocio. ¡No bajes tus precios demasiado!

Estudiante B: Vas a un mercado de artesanías y quieres comprar regalitos para tu familia y tus amigos. Habla con el vendedor sobre sus productos y regatea hasta encontrar los precios que te convengan. ¡Sé insistente!

CURIOSIDADES

9–17. ¡Así es Colombia! Contesten las siguientes preguntas y comparen sus respuestas con las de un compañero. Pueden encontrar la información para contestar estas preguntas en el cuadro a la derecha.

1. ¿Qué porcentaje de esmeraldas abastece Colombia al mercado mundial?

   a. 35%   b. 15%   c. 55%   d. 75%

2. La rana dardo más venenosa del mundo, que mide un máximo de dos pulgadas *(inches),* se encuentra en Colombia. El veneno de una puede matar a 20,000 ratones de laboratorio. ¿A cuántos hombres mataría el veneno de una rana?

   a. 20   b. 50   c. 100   d. 1000

3. ¿Cuál es la flor nacional de Colombia?

   a. la orquídea   b. el clavel *(carnation)*   c. la rosa   d. la margarita *(daisy)*

4. ¿Cuáles de las siguientes cosas fueron inventadas por colombianos? Puedes marcar más de una opción.

   a. marcapasos
   b. vacuna sintética contra la malaria
   c. válvula Hakim
   d. todas las anteriores

5. Colombia ocupa el —————— lugar en la exportación de café.

   a. primer   b. segundo   c. tercer   d. quinto

Por si acaso

- En Colombia se encuentran las esmeraldas más puras del mundo. Colombia abastece el 55% del mercado mundial.
- La rana más venenosa del mundo es la *phyllobates terribilis* que sólo se encuentra en Colombia.
- La flor nacional es la orquídea.
- Jorge Reynolds, ingeniero colombiano, fue pionero en el diseño y la construcción del primer marcapasos en 1958.
- Colombia es, después de Brasil y Vietnam, uno de los mayores exportadores de café en el mundo.

9-17 **Answers:** 1. c; 2. c; 3. a; 4. a; 5. c.

Ecuador: Una nueva voz para los amerindios

OCÉANO PACÍFICO

Quito

ECUADOR

Capital:	Quito
Población:	13,927,650 habitantes
Grupos étnicos:	mestizo 65%, amerindio 20%, blanco 10%, negro 2.2%, mulato 2.2%
Idiomas:	español, quechua y otras diez lenguas amerindias
Moneda:	dólar estadounidense
Área:	aproximadamente del tamaño de Oregón

Lectura

Entrando en materia

9-18 **Answers:** 1. F; 2. F; 3. C; 4. F; 5. C.

 9-18. ¿Qué saben de Ecuador? Decidan si estas oraciones son ciertas o falsas. Si pueden corrijan las falsas. Si no están seguro/a, repasen tus respuestas después de leer la sección para ver si eran correctas.

1. Ecuador tiene costa en el océano Atlántico.
2. El ecuador no pasa por territorio ecuatoriano.
3. Cuzco fue la capital del Imperio Inca.
4. El territorio ecuatoriano es más grande que el colombiano.
5. Las islas Galápagos son territorio ecuatoriano.

Perfil de Ecuador

ÉPOCA PRECOLOMBINA

Quito fue uno de los centros políticos y culturales de la civilización inca. Los incas invadieron Quito en la mitad del siglo XV y la dominaron completamente hasta finales del mismo siglo. Los incas construyeron una carretera que unía Cuzco (en Perú), capital del Imperio Inca, y Quito. Cuzco fue la **sede**[1] política del imperio hasta que el emperador Huayna Cápac murió. Después de su muerte, gobernaron sus hijos; Atahualpa gobernaba parte del imperio desde Quito y su hermano Huáscar, la otra parte desde Cuzco.

EXPLORACIÓN Y CONQUISTA ESPAÑOLA

Atahualpa y su hermano Huáscar tenían diferencias entre sí que provocaron una guerra civil entre sus seguidores. Atahualpa ganó la guerra, pero Huáscar lo traicionó **aliándose**[2] con las fuerzas de Francisco Pizarro. Atahualpa, el último emperador inca, fue ejecutado por el conquistador Francisco Pizarro en 1533.

LA INDEPENDENCIA

En 1822 Ecuador consiguió su independencia de España y se unió a la República de la Gran Colombia, que comprendía Venezuela, Panamá y Colombia. Finalmente, en 1830, los territorios incluidos en la Gran Colombia se constituyeron en repúblicas independientes y se formó la República de Ecuador.

FRANCISCO PIZARRO:
Natural de Truxillo: Descubridor y Conquistador del Perú: fué asesinado en Lima á los 73 años de su edad en 1541.

9–19. Fechas históricas. Tomando como referencia la información de la sección anterior, indiquen con qué hechos históricos asocian las siguientes fechas.

9-19 **Answers:** 1. c; 2. b; 3. a; 4. d.

Hechos históricos

1. 1822
2. 1533
3. siglo XV
4. 1830

a. Los incas invaden y conquistan el territorio ecuatoriano.
b. El último emperador inca es asesinado.
c. Ecuador se declara independiente de España.
d. La República de la Gran Colombia se disuelve.

9-19 **Teaching tip:** Expand this activity by having students associate these names, Atahualpa, Huáscar, and Francisco Pizarro, with the dates listed in the activity.

Por si acaso

El país recibió su nombre por la línea del ecuador, que divide la Tierra en Hemisferio Norte y Hemisferio Sur, y atraviesa (*runs through*) el área norte del país.

---

1. *headquarters* 2. *allying*

LOS AÑOS RECIENTES

La vida política de Ecuador ha sido tumultuosa en los últimos años. Las crisis políticas y económicas que experimentó el país a finales del siglo XX pusieron al país en una situación extremadamente difícil. Buscando reactivar la economía, controlar la inflación y **alentar**[3] la inversión extranjera, Ecuador optó por la dolarización.

El 9 de septiembre de 2000, bajo la presidencia de Gustavo Noboa, se completó el proceso de cambio de **moneda**[4]. La implementación de esta **medida**[5] resultó en la desaparición del sucre después de 116 años de existencia.

Como resultado del cambio de moneda y de los altos precios del petróleo, que trae al país el 40% de los ingresos recibidos por exportaciones, la economía de Ecuador ha tenido un **crecimiento**[6] continuo **en lo que va**[7] del siglo XXI.

DOLORES CACUANGO

Es una de las pioneras del movimiento indígena ecuatoriano, el cual empezó aproximadamente a mediados del siglo XX En 1944 fundó la Federación Ecuatoriana de Indios (FEI), que es una de las primeras organizaciones indígenas de Ecuador. **Consciente**[8] de las terribles condiciones que sufrían los niños indígenas que no son hispanohablantes en las escuelas, Cacuango fundó cuatro escuelas bilingües (de quechua y español) en la zona de Cayambe en 1945. El propósito de estas escuelas era alfabetizar a los alumnos en los dos idiomas. Estas escuelas estuvieron abiertas durante 18 años, **a pesar de que**[9] el gobierno intentaba prohibirlas. En 1963, el gobierno cerró las escuelas y prohibió el uso del quechua en la **enseñanza**[10]. Dolores Cacuango, llamada **cariñosamente**[11] Mama Dulu, murió en 1971. En 1988, el Ministerio de Educación reconoció la necesidad de mejorar la educación entre la población indígena y creó la Dirección Nacional de Educación Intercultural Bilingüe.

9-20 **Recycling:** You may want to review with students expression of opinion in *Capítulo 3, Tema 1.*

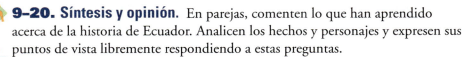

9-20. Síntesis y opinión. En parejas, comenten lo que han aprendido acerca de la historia de Ecuador. Analicen los hechos y personajes y expresen sus puntos de vista libremente respondiendo a estas preguntas.

1. ¿Qué períodos de la historia de Ecuador les parecen más difíciles y qué períodos les parecen más afortunados? Justifiquen sus razones.
2. ¿Qué personajes de la historia de Ecuador les parecen más interesantes? ¿Por qué?
3. Expliquen si están de acuerdo o no con estas afirmaciones. Justifiquen sus respuestas.
   a. Los incas y los conquistadores españoles tenían cosas en común.
   b. La población indígena de Ecuador no ha tenido problemas con el gobierno.

---

3. *encourage*   4. *currency*   5. *measure*   6. *growth*   7. *so far*   8. *Aware*   9. *in spite of*
10. *teaching*   11. *affectionately*

9–21. Proyecto sobre educación bilingüe. En grupos de cuatro van a preparar un proyecto sobre la educación bilingüe para presentarlo en forma de mural o en PowerPoint al resto de la clase. Aquí tienen las instrucciones para cada miembro del grupo:

Estudiante A: Busca más información acerca de los proyectos de educación bilingüe de Dolores Cacuango y sobre sus razones e ideas para apoyar este proyecto.

Estudiante B: Busca información sobre las reacciones del gobierno ecuatoriano a los proyectos de Dolores Cacuango y sus argumentos para cerrar las escuelas bilingües.

Estudiante C: Busca información actual de grupos e instituciones que defiendan la educación bilingüe en Estados Unidos.

Estudiante D: Busca información actual de grupos e instituciones que se opongan a la educación bilingüe en Estados Unidos.

Después de recopilar toda la información, deben decidir cómo preparar la presentación para reflejar los paralelismos entre la situación ecuatoriana y la situación estadounidense.

9–21 **Teaching tip:** Allow students a few minutes to discuss how they will handle this project. Allow them time to research information and put together some creative displays of the topic being discussed. Make sure that all students understand their individual responsibilities for completing the project.

Gramática

Adverbial Clauses with Past Tenses

In *Tema 1* you studied the concept of adverbial clauses and how adverbial expressions introducing these clauses may or may not call for the use of present indicative or present subjunctive.

When you are referring to the past, use the same rules to decide whether to use the preterit or imperfect indicative versus past subjunctive in adverbial clauses.

Always Indicative		Always Subjunctive		Could Use Indicative or Subjunctive	
Puesto que	*since*	**En caso de que**	*in case that*	*Time expressions*	
Porque	*because*	**Sin que**	*without*	**Tan pronto como**	*as soon as*
Ya que	*because*	**Con tal (de) que**	*provided that, as long as*	**Hasta que**	*until*
				En cuanto	*as soon as*
		Antes de que	*before*	**Cuando**	*when*
		Para que	*so that*	**Después de que**	*after*
		A menos que	*unless*	*Other*	
		A fin de que	*in order to, so that,*	**Aunque**	*although, even if*
				Donde	*where, wherever*

Indicative

Atahualpa murió **porque** su hermano Huáscar lo traicionó.

*Atahualpa died **because** his brother Huáscar betrayed him.*

Subjunctive

El gobierno ecuatoriano adoptó el dólar **para que** la economía se estabilizara.

*The Ecuadorian government adopted the dollar **so that** the economy would stabilize.*

El gobierno adoptó el dólar **antes de que** la economía empeorara.

*The government adopted the dollar **before** the economy worsened.*

Indicative or Subjunctive Depending on the Context

1. Time expressions

   De joven, viajaba a Ecuador **después de que** pasaba la estación de lluvia. (*fact*)

   *In my youth, I used to travel to Ecuador **after** the rainy season was over.*

   El año pasado yo quería viajar a Ecuador **después de que** pasara la estación de lluvia. (*event to come*)

   *Last year I wanted to travel to Ecuador **after** the rainy season was over.*

2. Other

   Aunque tuviera dinero, no visitaría el área del Amazonas otra vez. (*speculation/event to come*)

   ***Even if** I had money, I would not visit the Amazon area again.*

   Aunque ahorré suficiente dinero, este año no viajé. (*fact*)

   ***Although** I saved enough money, this year I didn't travel.*

Gramática **Teaching tip:** Tell students that when **aunque** is followed by the past subjunctive, the independent clause always carries the conditional. The reason for this is that this type of sentence behaves along the same lines as contrary-to-fact conditional sentences. See *Capítulo 8 Tema 3*. So, saying, **Aunque** *tuviera dinero, no visitaría el área del Amazonas otra vez*, is almost synonymous with the conditional sentence, *Incluso **si** tuviera dinero, no visitaría el área del Amazonas otra vez.*

9-22 **Teaching tip:** Tell students that the occurrence of the conditional in indirect speech in items 3 and 5.

9–22. Identificación. Identifica qué tipo de cláusulas adverbiales introducen las expresiones en negrita según el sentido de la oración principal y escribe una cláusula para completar cada ejemplo, usando las pistas entre paréntesis.

Noticias de Ecuador

1. **El Banco Mundial le prestó a Ecuador cincuenta millones de dólares para que (mejorar / situación de las comunidades indígenas y negras).**

2. **El gobierno de Ecuador realizó muchos proyectos en las comunidades indígenas, ya que (recibir / préstamo grande del Banco Mundial).**

3. El presidente anunció que visitaría algunas comunidades étnicas en cuanto (volver de / su viaje a EE.UU.).

4. El presidente visitó algunas comunidades étnicas cuando (volver de / su viaje a EE.UU.).

5. El presidente dijo que aprobaría más ayuda para las comunidades étnicas aunque (conservadores / no estar de acuerdo).

 9–23. Economía. Seleccionen la conjunción apropiada para enunciar algunos hechos sobre la economía ecuatoriana.

a menos que   antes de que   porque/ ya que/ puesto que   aunque   hasta que

1. Ecuador experimentó el boom del cacao y la banana / el petróleo se descubriera en el noreste.
2. Muchos dijeron que el petróleo no solucionaría los problemas económicos / el precio del petróleo fuera suficientemente alto.
3. El petróleo mejoró la economía / los precios internacionales bajaron.
4. Los liberales dijeron que tenían que diversificar la economía / el petróleo ecuatoriano fuera abundante.
5. El año pasado el gobierno tuvo que restringir las áreas de exploración petrolera / muchos grupos étnicos estaban perdiendo sus tierras.

 9–24. Comunidades indígenas. En el siguiente párrafo se habla sobre la relación del gobierno de Ecuador con los grupos indígenas, pero faltan algunos verbos. Completen el texto con las formas verbales adecuadas.

9-23 **Answers:** 1. antes de que; 2. a menos que; 3. hasta que; 4. aunque; 5. porque/ya que/puesto que.

9-24 **Answers:**
1. opusieron;
2. organizaran; 3. formó;
4. ayudara; 5. invirtiera.

Aunque durante mucho tiempo los conservadores se (1. oponer) a proteger a las comunidades étnicas, finalmente el gobierno empezó a dialogar con estos grupos. Antes de que las comunidades indígenas se (2. organizar), el gobierno no prestaba atención a su situación. Cuando se (3. formar) la Confederación de Nacionalidades Indígenas del Ecuador (CONAIE), los grupos étnicos se hicieron más visibles. El año pasado el Banco Mundial prestó dinero a Ecuador para que el gobierno (4. ayudar) a esas comunidades. El presidente dijo que en cuanto se (5. invertir) ese dinero, la situación de las comunidades indígenas mejoraría notablemente.

9–25. ¿Qué te dijo tu amigo/a? ¿Recuerdan las condiciones que debían cumplirse para que ustedes pudieran viajar a Colombia en el *Tema 1*? En parejas, intercambien oralmente las frases que escribieron en la Actividad 9–7. Después, escriban una lista explicando las condiciones necesarias para que su compañero/a pueda ir de viaje.

> **MODELO**
>
> **Iré a Colombia con tal de que mis padres me den permiso.**
> **Mi compañero me dijo que iría de viaje con tal de que sus padres le dieran permiso.**

A escuchar

Entrando en materia

9–26. Instrumentos musicales. Asocien los siguientes instrumentos musicales con los tipos de música correspondientes.

Instrumentos musicales	Tipo de música
1. flauta	**a.** *blue grass*
2. guitarra	**b.** *rock*
3. guitarra eléctrica	**c.** *jazz*
4. violín	**d.** clásica
5. trompeta	**f.** flamenco

9–27. Vocabulario: Antes de escuchar. Usen el contexto de cada oración para deducir el significado de la palabra en negrita. Después, respondan a la pregunta.

1. **complejidad**

   La **complejidad** de la música ecuatoriana está relacionada con la diversidad étnica.

   ¿Puedes dar ejemplos que ilustren la complejidad de la música estadounidense?

2. **costumbres**

   Dieciséis grupos étnicos mantienen sus **costumbres** e identidad.

   ¿Qué costumbres mantiene tu familia o comunidad?

3. **pura**

   Hay pocos ejemplos de música indígena **pura**.

   ¿En qué áreas del mundo se pueden encontrar las tradiciones más puras?

4. **de cuerda**

   La música precolombina no usaba instrumentos musicales **de cuerda**.

   La guitarra es un instrumento de cuerda.

   ¿Qué instrumentos de cuerda conoces?

5. **caja**

   La **caja** de la guitarra clásica es de madera.

   ¿Qué instrumentos musicales tienen caja de madera?

6. **difusión**

   La televisión hace posible la **difusión** rápida de noticias.

   ¿Qué otros medios de comunicación contribuyen a la difusión rápida de noticias?

7. **injusticia**

   La **injusticia** social es un problema en los países ricos y en los pobres.

   Da un ejemplo de un caso de injusticia social en tu ciudad o país.

8. **grabar**

   Actualmente los cantantes prefieren **grabar** discos compactos y no casetes.

   Explica las ventajas de grabar en discos compactos.

Estrategia: ¿Qué sabes ya del tema?

La miniconferencia de esta unidad trata sobre la diversidad de la música popular de Ecuador y sobre las influencias que recibe de otras músicas. Piensa en tu música favorita, ¿sabes cuál es su origen? ¿Qué influencias tiene? ¿Sabes cuáles son los instrumentos que se usan para producir esa música? ¿Cuál es su origen? Presta atención a la miniconferencia para identificar los instrumentos musicales y tipos de ritmos que producen la música popular ecuatoriana. ¿Tiene esta música algo en común con tu música favorita?

MINICONFERENCIA La música popular de Ecuador

You may want to use the *Miniconferencia* PowerPoint presentation available on Instructor Site at www.wiley.com/college/gallego and at www.wileyplus.com.

Ahora tu instructor/a va a presentar una miniconferencia.

9–28. Vocabulario: Después de escuchar. Respondan a las preguntas usando el vocabulario en negrita.

1. ¿Cómo se explica la **complejidad** de la tradición musical en Ecuador?
2. ¿Cuándo se toca la música indígena en su forma más **pura**?
3. ¿En qué se diferencia el charango de muchos instrumentos **de cuerda**?
4. ¿En qué años ocurre la **difusión** de la música andina ecléctica?
5. ¿Qué duo estadounidense **grabó** la canción "El cóndor pasa"?

Miniconferencia **Teaching tip:** As all *miniconferencias* this one is designed for oral delivery in class with a partial outline to guide student comprehension. The recorded version on the textbook CD offers students reinforcement of content, vocabulary and listening skills outside of class.

9–29. Comprendieron. Respondan a las siguientes preguntas sobre la miniconferencia:

1. ¿En qué categorías se puede clasificar la música de Ecuador?
2. ¿En qué contextos se toca la música más tradicional?
3. ¿Qué instrumento musical es típico en la música afroecuatoriana?
4. ¿Cuáles son los temas del estilo llamado "la nueva canción"?
5. ¿Qué significa el título de la canción "El cóndor pasa"?

9-30 Recycling: You may want to review with students expressions of opinion in *Vocabulario para Conversar* in *Capítulo 3, Tema 1.*

  9–30. ¿Qué opinan? En parejas, respondan a estas preguntas y comparen sus puntos de vista.

1. ¿Qué aspectos negativos y positivos tiene el mantener las costumbres y resistirse a la innovación?
2. ¿En qué condiciones pueden convivir (*live together*) la tradición y la innovación?
3. ¿Cuál creen que ha sido la contribución de la música andina a la cultura de los países andinos y al resto del mundo?

9–31 Recycling: Besides using the *Por si acaso* box you may want to review expressions to convince others in *Vocabulario para conversar* in *Capítulo 5, Tema 1.*

 9–31. Hablemos del tema. En un pueblo de los Andes se están haciendo planes para celebrar el Inti Raymi, o Fiesta del Sol. El dilema es que los jóvenes quieren que la celebración sea menos tradicional este año, pero los mayores no están de acuerdo. En grupos de tres, representen este pequeño debate:

Estudiante A: Representas los intereses tradicionales. Aquí tienes información sobre los jóvenes de la comunidad:

1. No quieren hablar quechua ni aprender las canciones tradicionales.
2. Sólo les gusta el *rock*.
3. No quieren participar en rituales de la comunidad y llevar el traje tradicional.

Estudiante B: Representas los intereses innovadores de los jóvenes. Aquí tienes información sobre las personas mayores de la comunidad.

1. Siempre critican la música que escuchan los jóvenes y su manera de vestir.
2. Quieren que los jóvenes ayuden en el campo y que sus hijos sean religiosos.
3. No entienden el propósito de tener estudios universitarios.

Estudiante C: Eres el moderador para mediar la discusión.

Vocabulario para conversar

Romper el hielo

¡Qué día tan feo!, ¿no?

Sí, estoy cansada de tanta lluvia.

Ice breakers are commonly used in the Spanish speaking world in different situations. It is not uncommon to start a conversation with people while waiting for a bus, standing in line, in an airplane, at the doctor's office, etc. It's not uncommon to hear complaints. Here you will find some common expressions to start a conversation about nothing in particular.

¡Qué calor/frío tan horrible!	*It's terribly hot/cold!*
¡Qué día tan bonito/feo/lluvioso!	*What a beautiful/ugly/rainy day!*
¡Qué frío/calor hace!	*It's so cold/hot!*
¿Cuándo dejará de llover/nevar?	*I wonder when it will stop raining/snowing.*
¿Qué hora será?	*I wonder what time is it?*
¿Sabe(s) qué hora es?	*Do you have the time?*
¡Qué demora!	*What a delay!*
¡Qué fila tan larga!	*What a line!*
¡Qué cajero/a tan lento!	*What a slow cashier!*

9-32 You may wish to play the *A escuchar* track for *Capítulo 6, Tema 2* from the *Activities Manual,* which presents a relevant model.

9–32. Palabras en acción. Hagan las preguntas apropiadas para las siguientes respuestas.

_____. ¡Uy sí! Este calor es insoportable.

_____. Deberían abrir otras cajas.

_____. Difícil saber. Aquí el invierno es eterno.

_____. Sí, el día está precioso.

_____. Sí, el doctor hoy está muy atrasado.

_____. No tengo reloj pero deben ser como las nueve.

9–33. Conversemos. En parejas, preparen una de las siguientes situaciones para que la presenten en clase. ¡Sean creativos!

a. En la oficina del doctor: Ustedes están esperando ver al mismo doctor. Los dos llevan esperando mucho tiempo. Empiecen una conversación.

b. En el banco o en el supermercado: Ustedes están haciendo fila. Hay pocos cajeros trabajando. Hablen sobre la situación.

c. En la estación del bus: Está lloviendo y el bus no llega. Inicien una conversación.

CURIOSIDADES

La influencia del quechua en el español

El español es la lengua oficial de Ecuador pero en el país se hablan otras nueve lenguas. Entre estas lenguas, el quechua, llamado quichua en Ecuador, es la lengua más hablada después del español. La Constitución reconoce el derecho a usar el quechua y las otras lenguas y a recibir instrucción escolar en ellas. El quechua es la lengua original del imperio inca. El quechua nunca tuvo forma escrita, ni antes del imperio inca ni durante la duración del mismo. Después de la conquista, el quechua se empezó a escribir usando el alfabeto romano. El contacto entre el español y el quechua ha producido préstamos (*borrowings*) lingüísticos.

9–34. Préstamo lingüístico. En la tabla de abajo, clasifica las siguientes palabras de origen quechua en una de las tres categorías semánticas. Después, escribe una breve oración con cada palabra.

1. coca
2. cóndor
3. inca
4. llama
5. papa
6. puma
7. quinoa
8. vicuña

PLANTA	ANIMAL	PERSONA

Perú: Mirando al Sol

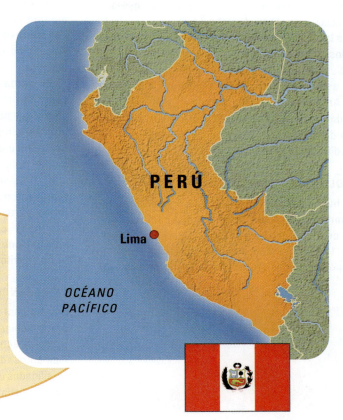

Capital: Lima
Población: 29,180,899 habitantes
Grupos étnicos: indígena (45%), mestizo (37%), europeo (14%), africano / asiático (4%)
Idiomas: español, quechua, aimara
Moneda: sol
Área: tres veces el tamaño de California

Lectura

Entrando en materia

9-35 **Answers:** 1. C; 2. C; 3. F; 4. F; 5. C.

9–35. ¿Qué saben de Perú? Basándose en sus conocimientos previos, decidan si las siguientes oraciones sobre Perú son ciertas o falsas. Si pueden, corrijan las falsas. Si no están seguros/as repasen sus respuestas después de leer la sección para ver si eran correctas.

1. La cordillera de los Andes cruza todo Perú.
2. Muchos habitantes de este país son de origen indígena.
3. El español es la única lengua que se habla en Perú.
4. La civilización inca floreció exclusivamente en este país.
5. Perú limita (*borders*) con Colombia y Ecuador al norte y con Bolivia y Chile al sur.

Por si acaso

Expresiones útiles para comparar respuestas con otro estudiante

¿Qué tienes/ pusiste en el número 1/ 2/ 3?
Yo tengo/ puse a/ b.
Yo tengo algo diferente.
No sé la respuesta./ No tengo ni idea.
Creo que la respuesta es a/ b, pero no estoy seguro/a.
Creo que es cierto./Creo que es falso.

Perfil de Perú

LOS INCAS: HIJOS DEL SOL

La civilización inca tuvo sus orígenes hacia el año 1200 d. C. en el área del lago Titicaca, un escenario de majestuosa belleza a 12,000 pies sobre el nivel del mar.

Cuando los conquistadores españoles llegaron a Perú en 1532, los incas controlaban una enorme porción del oeste de Sudamérica, que se extendía desde la **frontera**[1] sur de la actual Colombia, a Ecuador, Perú, Bolivia, el oeste de Argentina y la mitad norte de Chile. Es decir, aproximadamente 2,400 millas de norte a sur, con una población de entre cinco y doce millones de personas, según los diferentes cálculos.

DESARROLLO DEL IMPERIO INCA

Los incas nunca conocieron la escritura y su civilización jamás alcanzó ni el esplendor ni la sofisticación arquitectónica de los aztecas o los mayas. Cuzco, su capital, situada a 11,000 pies sobre el nivel del mar, fue una ciudad importante donde residían el emperador inca y su

corte en espléndidos palacios de piedra. También se hallaba en Cuzco el Gran Templo del Sol, cuyas piedras, cubiertas con placas de oro, brillaban intensamente durante el día. Las construcciones de esta cultura que han **sobrevivido**[2] muestran la perfección y precisión con la que los incas colocaban enormes piedras en sus edificios.

El verdadero mérito de los incas fue militar y administrativo. Los **dirigentes**[3] de este pueblo comprendieron que para crear un imperio poderoso era necesario no sólo conquistar territorios, sino integrar a su gente dentro de una cultura común. Por lo tanto, a cada nuevo pueblo que conquistaban le imponían su lengua, el quechua, y su religión oficial, el culto al dios Sol. El único representante del dios Sol en la tierra era el emperador. Como parte de su proyecto de expansión territorial, los incas construyeron una magnífica red de comunicaciones que les permitió controlar eficazmente sus vastos territorios.

LA HERENCIA INDÍGENA EN EL PRESENTE

Hay elementos sociales y culturales de las civilizaciones precolombinas que son evidentes en la manera de ser, pensar y actuar de sus **descendientes**[4]. Aunque ciertos elementos de las sociedades precolombinas fueron modificados o destruidos por los europeos, muchos de sus rasgos distintivos permanecen en la cultura amerindia contemporánea. **Como es de esperarse**[5] la herencia cultural prehispánica es mayor en las áreas donde hay una mayor población indígena. Una de las características que puede tener origen precolombino es el **apego**[6] a la tierra que sienten muchos amerindios. Esta importancia de la tierra está unida a cierto fervor religioso que probablemente tiene su origen en el amor precolombino a la *Pachamama* (la Madre Tierra).

Gran parte de la dieta de los descendientes de los incas se basa en los alimentos que formaban la dieta de sus antepasados prehispánicos: papa, **yuca**[7], cacao, chiles, frijoles, tomates, **calabaza**[8] y pescado. De manera similar, la música amerindia, aunque transformada por influencias europeas, conserva características de la música que sus antepasados indígenas tocaban.

---

1. *border*   2. *survived*   3. *rulers*   4. *descendants*   5. *As expected*   6. *attachment*
7. *cassava*   8. *pumpkin*

9–36. Síntesis. Respondan a las siguientes preguntas sobre las lecturas.

1. ¿Qué diferencias se mencionan entre las culturas azteca y maya y la cultura inca?
2. Según la información del texto, ¿se puede afirmar que los incas eran excelentes arquitectos? Explica tu respuesta.
3. ¿Qué hacían los incas cuando conquistaban a otro pueblo? Da un ejemplo de otra situación similar en la historia pasada o reciente.
4. ¿Qué es la *Pachamama*? ¿Por qué es importante para las culturas indígenas?
5. Menciona dos manifestaciones de la cultura precolombina en la vida contemporánea.

JULIO CESAR TELLO, PADRE DE LA ARQUEOLOGÍA MODERNA EN PERÚ

Nació en las **serranías**[9] de Huarochirí en Lima en 1880. Desde muy joven se interesó mucho en la ciencia y la investigación, especialmente la arqueología y la antropología. Estudió medicina en Perú y recibió un doctorado en Ciencias Antropológicas de la Universidad de Harvard en 1911. El Dr. Tello fue el primero que estudió con rigurosidad y con métodos adecuados las culturas antiguas del Perú. El dedicó su vida al estudio de los incas.

En 1918 identificó materiales arqueológicos de la cultura chavín, considerada por Tello como la cultura matriz del Perú. El Obelisco Tello, nombrado en su honor por haberlo descubierto, es una de las piezas de la cultura chavín que se encuentra en el Museo de Antropología, Arqueología e Historia del Perú.

El Dr. Tello descubrió cientos de tumbas, momias, templos e imágenes de dioses hechas de diferentes materiales que **evidenciaron**[10] la complejidad de los pueblos andinos. Él fundó el Museo Nacional de Antropología y Arqueología con el objetivo de reunir colecciones arqueológicas en un lugar y así dar a conocer el pasado de Perú a los visitantes y hacer que se fortaleciera en ellos un sentimiento de unidad y **orgullo**[11] nacional. Es en este museo donde **descansan los restos**[12] de este médico y antropólogo que murió en 1947.

9–37. Más allá de la historia. Ustedes son estudiantes de antropología y están especializándose en el imperio inca. Su universidad está dando unas becas para ir de expedición por dos semanas. Escojan uno de los sitios que aparecen abajo y hagan, una presentación incluyendo lo siguiente:

a. ¿Por qué han escogido el lugar?
b. ¿Cuáles son los datos más importantes del lugar?
c. ¿Por qué creen ustedes que es importante que la gente sepa de ese lugar?
d. ¿Qué harían ustedes durante la expedición?

Lugares a visitar:
Chavín de Huáncar
Tumba del Señor de Sipán
Pirámides de Túcume
Nazca
La península de Paracas
Machu Picchu

---

9. *mountainous region*   10. *proved*   11. *pride*   12. *lie the remains*

Gramática

Passive Voice

Every verb tense you have studied up to this point in *Más allá de las palabras* has been in the active voice. In the active voice, the agent, or doer of the action, is the subject of the sentence and the receiver of the action is the direct object.

subject	active verb	object
Los incas	adoraban	al Sol.
The Incas	*adored*	*the Sun.*

In the passive voice, the above structure is reversed: the receiver of the action is the subject and the agent/doer of the action is preceded by the preposition **por** (*by*).

subject	passive verb	agent/doer
El Sol	era adorado	por los incas.
The Sun	*was adored*	*by the Incas.*

There are two ways in Spanish to express the passive voice: with **ser** and with **se**.

Passive Voice with *ser*

The passive voice is formed with the verb **ser** in any tense and the past participle of the main verb. The past participle (habl**ado**, com**ido**, roto) agrees in gender and number with the subject of the sentence.

Active: Pizarro capturó a Atahualpa.   *Pizarro captured Atahualpa.*

Passive: Atahualpa fue captur**ado** por Pizarro.   *Atahualpa was captured by Pizarro.*

Active: Los incas dominaron muchas regiones.   *The Incas controlled many regions.*

Passive: Muchas regiones fueron domin**adas** por los incas.   *Many regions were controlled by the Incas.*

Passive Voice with *se*

The passive voice with **ser** is not as frequently used in Spanish as in English. In every day use the passive with **se** is more common. This construction is also known as impersonal/passive **se**. When a passive **se** construction is used, we no longer need to mention the agent or doer of the action since this element becomes irrelevant. The verb in **se** constructions is always in the third person singular or plural.

Note how the sample sentences presented on p.185 change when expressed with the passive **se**.

Passive with *ser*: Atahualpa fue capturado por Pizarro.   *Atahualpa was captured by Pizarro.*

Passive with *se*: Se capturó a Atahualpa.   *Atahualpa was captured.*

Passive with *ser*: Muchas regiones fueron dominadas por los incas.   *Many regions were controlled by the Incas.*

Passive with *se*: Se dominaron muchas regiones.   *Many regions were controlled.*

9–38. Identificación. Identifica el uso de la voz pasiva con *ser* y la voz pasiva con *se* en las siguientes oraciones. Después transforma las oraciones pasivas con *ser* a pasivas con *se* y viceversa. Recuerda que en las oraciones pasivas con *se* no es necesario mencionar al agente.

1. El término *inca* se usaba en la época precolombina para designar a la clase aristocrática.
2. En la civilización inca no se conocía la escritura.
3. El dios Sol era adorado fervientemente por toda la población inca.
4. Atahualpa fue capturado por Pizarro en el año 1532.
5. Se construyeron impresionantes estructuras arquitectónicas en la época de los incas.

9–39. Datos históricos. Usando la voz pasiva con *ser*, escriban oraciones para informar sobre los siguientes hechos históricos.

9-39 **Teaching tip:** To prepare for this activity students may go to: www.estudiosgeograficos. org. That site compiles an expedition lead through the Inca Empire. They can also use their favorite search engine to do this project.

> **MODELO**
>
> El Museo de Antropología y Arqueología / fundar / Julio César Tello en 1925.
> El Museo de Antropología y Arqueología fue fundado por Julio César Tello en 1925.

1. Perú / conquistar / españoles en 1532
2. Ecuador, Perú, Bolivia y parte de Colombia, Chile y Argentina / dominar / el imperio inca
3. Una extraordinaria red de comunicaciones / construir / el pueblo inca
4. Varios elementos de la sociedad precolombina / tranformar / los europeos
5. Las tropas de Pizarro / recibir / el desprevenido Atahualpa

9–40. ¿Y tú? El departamento de español quiere organizar un acto cultural para celebrar el Día del Idioma y les ha pedido sugerencias para preparar el acto.

En grupos de cuatro, preparen un documento escrito con las actividades listadas a continuación para presentárselo al departamento. Usen oraciones con *se* para hacer sus sugerencias. ¡Ojo! Como se trata de sugerencias, los verbos de la cláusula dependiente deben estar en subjuntivo.

- Dar una recepción a los asistentes
- Servir platos típicos de diferentes países hispanos
- Ofrecer la actuación de un grupo de música andina
- Hacer una fiesta después de la cena
- Terminar el acto a la medianoche
- Otras sugerencias de tu elección

9-40 **Recycling:** Review with the student the use of the subjunctive in noun clauses to give recommendation or advice studied in *Capítulo 3, Tema 3.*

> **MODELO**
>
> Invitar al presidente del club de español para presidir el acto.
> Nuestro grupo sugiere/recomienda/aconseja que se invite al presidente del club de español.

9-41. Una prueba de conocimientos. En parejas, van a poner a prueba sus conocimientos sobre las culturas andinas intercambiando preguntas y respuestas y usando la pasiva con *se*. Una persona va a usar los datos de las líneas 1 a 3, y la otra los de las líneas 4 a 6 para escribir tres preguntas usando *por qué*. Después, entrevístense según el modelo.

1. Considerar, hoy en día, las papas y los tomates como alimentos precolombinos
2. Escuchar música indígena y de origen precolombino en muchos países andinos
3. Construir Machu Picchu
4. Considerar el español como lengua oficial de todos los países andinos
5. Saber que los incas eran expertos arquitectos
6. Imponer la lengua quechua a los pueblos conquistados

Lectura

Entrando en materia

9-42. Anticipación. Lean el título de la lectura. ¿Pueden identificar el tema general del texto? ¿Qué hipótesis pueden hacer antes de leerlo? Respondan a las preguntas con *creo que sí* o *creo que no*. Podrán confirmar sus hipótesis después de terminar la lectura.

		Creo que sí	Creo que no
1.	Los incas se casaban sólo una vez en su vida.	❏	❏
2.	La clase alta y la baja tenían las mismas costumbres con respecto al matrimonio.	❏	❏
3.	El hombre y la mujer inca sólo podían vivir juntos después de casarse legalmente.	❏	❏
4.	El matrimonio entre personas de la clase alta y la clase baja era imposible en la sociedad inca.	❏	❏
5.	Cuando un hombre quería casarse con una mujer se la compraba a sus padres.	❏	❏
6.	Si la pareja se separaba, los hijos se quedaban con la madre.	❏	❏

9–43. Vocabulario: Antes de leer. Busca las siguientes palabras en la lectura. Usando el contexto, infiere su significado y selecciona la mejor definición.

1. **compromiso**
   a. El compromiso matrimonial ocurre cuando el hombre y la mujer deciden casarse oficialmente.
   b. *Compromiso* es una palabra asociada con "comprar".
2. **jerarquía**
   a. el nombre que se usaba para referirse al matrimonio en la sociedad inca
   b. rango o clase social
3. **ganado**
   a. Se refiere a vacas, ovejas, caballos y otros animales.
   b. Se refiere a ganar dinero o un premio.
4. **emparejamiento/apareamiento**
   a. la ceremonia oficial del matrimonio
   b. la formación de la pareja entre un hombre y una mujer
5. **matrimonio de ensayo**
   a. una unión provisional para ver si la pareja es compatible
   b. un texto escrito que habla del matrimonio
6. **se llevaban bien**
   a. "Llevarse bien" significa ser compatible con otra persona.
   b. "Llevarse bien" es lo mismo que vivir bien y con mucho dinero.

Por si acaso

El tupu

El tupu era una extensión de tierra para el cultivo que servía para alimentar a un matrimonio. En la sociedad inca la distribución de la tierra de cada comunidad se dividía en tres partes: una parte se asignaba al dios Sol, otra parte al emperador inca y la tercera parte a la comunidad.

El matrimonio inca

La sociedad inca daba una gran importancia al matrimonio, tanto así, que el paso determinante, o sea el **compromiso**, asumía el rango de una función estatal al legalizarlo un representante del emperador inca.

El matrimonio tenía características diferentes según la **jerarquía** social. Por ejemplo, el matrimonio entre un hombre y una mujer era estrictamente monógamo, en cambio el de las clases privilegiadas y el del emperador era polígamo.

A las familias campesinas no les estaba permitido cambiar de residencia, ni la forma ni los colores de su atuendo, porque eran maneras de identificar su origen. Siempre se casaban con gente perteneciente al mismo estatus social y mezclar la sangre estaba prohibido.

Un indígena recibía un tupu al casarse y posteriormente un tupu por cada hijo varón y sólo medio tupu por cada hija. El **ganado** se dividía de forma similar a la de las tierras, pero el número de cabezas que recibía el indígena era pequeño. Cada jefe de familia recibía dos llamas, que no podía matar hasta que los animales fueran muy viejos. Ⓜ

Respecto al **emparejamiento** del hombre y la mujer, existen diversas versiones o interpretaciones. Por un lado, M. Hernández Sánchez-Barba afirma que el hombre adquiría una mujer mediante compra, en presencia de un representante de la administración inca. Otra versión relata lo siguiente:

"Todos los años el inspector del Estado o visitador del Inca llegaba a las aldeas, donde se reunían por separado hombres y mujeres, formando dos líneas paralelas. El visitador, respetando primero las jerarquías, repartía hombres y mujeres, es decir, daba carácter oficial al **apareamiento**". (Luis Bonilla García, "La mujer a través de los siglos").

Entre las diversas hipótesis existentes respecto a la forma de escoger pareja, quizá la más acertada es la del pueblo común. Si un hombre quería a una mujer, visitaba con frecuencia la casa paterna de ésta y ayudaba en las tareas. Esta relación se consolidaba cuando la pareja se sometía a lo que se ha llamado **matrimonio de ensayo**, que tenía como principal función confirmar que el hombre y la mujer **se llevaban bien**. Era una prueba, ya que una vez realizado el matrimonio definitivo, la separación era muy difícil, excepto en casos de adulterio femenino o esterilidad.

"Este ensayo permite al joven darse cuenta de las actitudes de su eventual futura esposa, que debe hacerle la comida, confeccionarle los trajes y ayudarle en los trabajos agrícolas. También permitía a la joven apreciar el carácter de su pretendiente y evitar así atar su existencia a la de un borracho o un bruto" (*Louis Baudin: La vida cotidiana en el tiempo de los últimos incas*).

Si el hombre y la mujer no se llevaban bien, la mujer volvía con sus padres, lo cual no tenía efectos negativos a nivel social o moral. Si de esta unión transitoria nacía un hijo, éste se quedaba con la madre. Por esta costumbre se puede interpretar que la virginidad a nivel del pueblo no tenía ninguna importancia. Después del tiempo de prueba, si todo había funcionado bien, se celebraba el matrimonio definitivo.

Finalmente queda explicar dónde vivía el nuevo matrimonio. En las clases populares los parientes construían la casa del nuevo matrimonio. En las casas no había muebles, se comía en el suelo y la cama era un lecho de piel de llama. La mujer inca casada continuaba su vida, haciendo las mismas labores en su nuevo hogar que de niña había aprendido de su madre.

M omento de reflexión

Selecciona la oración que mejor describa el contenido de estos párrafos.
- ☐ 1. Los incas campesinos podían casarse con los incas aristócratas.
- ☒ 2. El tupu es una porción de tierra para cultivar.
- ☐ 3. Hoy tenemos una idea exacta sobre el proceso de unión matrimonial entre los incas.

9-44 **Recycling:** This is a good activity to review the uses of the imperfect.

9–44. Vocabulario: Después de leer. Responde a estas preguntas sobre la lectura.

1. ¿Qué papel desempeñaba el **compromiso** matrimonial en la sociedad inca?
2. ¿Se podían casar los incas con miembros de otra **jerarquía** social? ¿Por qué?
3. ¿Cómo se dividía el **ganado**?
4. Menciona dos explicaciones sobre el proceso de **emparejamiento** en la sociedad inca. ¿Cuál de las versiones crees que es correcta?
5. ¿Qué ocurría si el **matrimonio de ensayo** (o período de prueba) no funcionaba?
6. ¿Cómo reaccionaba la sociedad ante la separación de la pareja si durante el matrimonio de ensayo no **se llevaban** bien?

9–45. Diferencias y semejanzas. En parejas, busquen diferencias y semejanzas entre la sociedad inca y la moderna en relación con varios temas.

A. Una persona va a analizar el caso de la sociedad inca; la otra, la sociedad actual. Usen oraciones pasivas con *se* cuando sea posible.

> **MODELO**
>
> **importancia del compromiso y del matrimonio**
> **Estudiante A:** En la sociedad inca se daba mucha importancia al compromiso de la pareja.
> **Estudiante B:** En la sociedad moderna se le da más importancia al matrimonio.

1. características diferentes para el matrimonio de la clase aristocrática
2. identificación de la clase social por medio del atuendo
3. libertad en el emparejamiento
4. libertad para casarse con una persona de otra clase
5. implicaciones sociales y morales del divorcio o la separación de la pareja
6. la custodia de los hijos
7. forma de obtener un hogar (*home*) para una pareja de recién casados
8. la función social de la mujer después del matrimonio

B. Ahora, preparen una tabla con la información que muestre las diferencias y semejanzas entre las dos sociedades.

9–46. Hablemos del tema. En la actualidad, muchas parejas también pasan por un período de prueba. Imaginen que su compañero/a es su pareja. Tras unos meses de vivir juntos, ustedes tienen una conversación sobre si deben permanecer juntos o no. Preparen esta situación y represéntenla ante la clase. ¡Sean creativos!

Estudiante A: La mujer piensa que su pareja tiene las siguientes virtudes y defectos.

Virtudes	Defectos
Es guapo y fuerte.	Es muy vago; no le gusta trabajar.
Tiene mucha energía y buen sentido del humor.	Da demasiada importancia a la opinión de sus amigos.
Le compra regalos de vez en cuando.	No le gusta salir, se pasa los días tirado en el sofá mirando el fútbol.

9-45 **Teaching tip:** You may want students to answer these questions before having them complete activity 9-45.

1. ¿Qué **compromisos** sociales y académicos tienes esta semana?
2. ¿Qué **atuendo** te parece más adecuado para una fiesta formal y una fiesta informal?
3. ¿Crees que un vegetariano radical estaría de acuerdo con la matanza de **ganado** para la alimentación? ¿Por qué?
4. ¿En qué estación del año es más común el **emparejamiento** entre los animales?
5. ¿Con qué personas de tu círculo social te **llevas bien**? ¿Qué tienen estas personas de especial?
6. ¿Qué opinas del **matrimonio de ensayo** que practicaban los incas?

9-46 **Teaching tip:** You may want to review with students comparative expressions in *Capítulo 2, Tema 2*.

Estudiante B: El hombre piensa que su pareja tiene las siguientes virtudes y defectos.

Virtudes

Es muy bonita y cariñosa.
Tiene una buena formación,
   es una profesional.
Cocina muy bien.

Defectos

No le gusta limpiar la casa.
Se pasa la semana hablando con
   sus amigas o en casa de sus padres.
Le gusta demasiado salir por la
   noche a bailar.

Vocabulario para conversar

Comunicarse formal e informalmente

¿Sería tan amable de comunicarme con la gerencia?

Con muchísimo gusto. Ya la comunico.

To effectively communicate with others, it is very important to use a register that is adequate to each situation. In this section we will concentrate on formal and informal expressions needed to communicate with others when making requests, complaining, asking for help, etc.

Formal:

¿Le gustaría dejar un mensaje?	*Would you like to leave a message?*
¿Me puede ayudar por favor?	*Can you help me, please?*
¿Sería tan amable de pasar por mi oficina?	*Would you please stop by my office?*
Disculpe que lo/la moleste.	*Sorry to bother you.*
Le agradecería que me trajera el informe.	*I would be grateful if you brought the report.*
Siento molestarlo/a. ¿Me podría ayudar?	*I am sorry to bother you but I was wondering if you could help me.*

Informal:

¿Podrías comunicarme con la gerencia por favor?	*May I speak with the manager?*
¿Quieres dejar un mensaje?	*Would you like to leave a message?*
Siento molestarte, ¿Me puedes ayudar?	*I am sorry to bother you but I was wondering if you could help me.*
Te agradecería que pasaras por mi oficina.	*I would appreciate it if you would stop by my office.*

 9–47. Palabras en acción. Lean los siguientes diálogos. Corrijan los errores de registro que encuentren.

> — Buenos días, señorita. Llamo para pedir una cita con el doctor Suárez.
> — ¿Para cuándo la quiere?
> — Para el martes si es posible. ¿Crees que el doctor pueda atenderme por la tarde?
> — Sí, ¿podría venir a las 3:00?

9-47 You may wish to play the *A escuchar* track for *Capítulo 6, Tema 3* from the *Activities Manual,* which presents a relevant model.

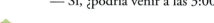 **9–48. ¿Formal o informal?** En parejas escojan dos temas de conversación, uno formal y otro informal. Represéntenlos para la clase. No se olviden de usar las expresiones listadas anteriormente u otras similares.

1. Preséntale una queja a tu profesor por la nota que recibiste en un examen.
2. Haz una cita con un dentista.
3. Llama a un/a amigo/a por teléfono para invitarlo a para salir a cenar en la noche.
4. Entra a la oficina de tu jefe para pedirle un aumento de sueldo.
5. Interrumpe a un compañero de trabajo para pedirle ayuda con algo.

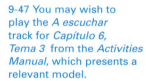 9-48 **Teaching tip:** Ask students to choose two situations, one formal and one informal. You might want to decide which one each group should present.

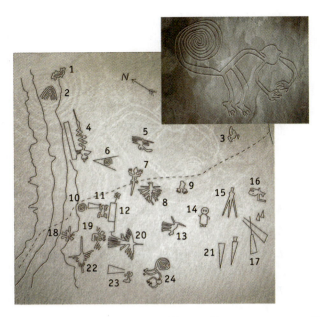

Las misteriosas líneas de Nazca

El pueblo nazca, perteneciente a una cultura anterior a la civilización inca, nos ha dejado este impresionante regalo artístico en la costa sur del país, al sur de Lima, la capital de Perú. Las líneas son una serie de enormes dibujos trazados en la arena del desierto. Se han logrado identificar 167 dibujos de diversos tamaños, distribuidos en un área de 350 kilómetros cuadrados.

Lo misterioso de estos dibujos es que sólo se pueden observar y apreciar bien desde el aire. En otras palabras, los indígenas que los hicieron, crearon obras de arte que no podían ver en toda su gloriosa perspectiva.

Existen varias teorías sobre el propósito de estas líneas. Algunos expertos dicen que fueron calendarios astronómicos gigantes; otros dicen que representan diferentes constelaciones y estrellas; otros opinan que las líneas indicaban las épocas de siembra (*sowing*) y de cosecha (*harvest*). También se ha llegado a sugerir que eran pistas de aterrizaje (*runways*) de naves extraterrestres.

Color y forma **Teaching tip:** Using a search engine, find images and information about the Nazca lines. Google Earth is a good source for pictures and videos about this site.

9-49 Answers: 3. pájaro; 7. lagartija; 8. árbol; 9. manos; 13. perro; 14. humano; 16. ballena; 20. colibrí; 24. mono.

9–49. Mirándolo con lupa. El mapa de arriba representa un conjunto de imágenes numeradas de las líneas en una extensión de varios kilómetros.

A. Identifica las imágenes del mapa que corresponden a cada uno de los números.

3. _____   9. _____   16. _____

7. _____   13. _____   20. _____

8. _____   14. _____   24. _____

B. Ahora contesta las siguientes preguntas:

1. ¿Qué tipo de imágenes abunda más? ¿Qué crees que significa esta abundancia?
2. ¿Con qué teoría sobre el propósito de las líneas estás de acuerdo?
3. Si pudieras viajar al pasado, ¿qué le preguntarías al pueblo nazca?
4. Elabora una teoría personal sobre el propósito de las líneas. ¡Sé creativo/a!

Bolivia: Desde las alturas de América

Por si acaso

Expresiones útiles para comparar respuestas con otro estudiante

¿Qué tienes/ pusiste en el número 1/ 2/ 3?
Yo tengo/ puse a/ b.
Yo tengo algo diferente.
No sé la respuesta./ No tengo ni idea.
Creo que la respuesta es a/ b, pero no estoy seguro/a.
Creo que es cierto./Creo que es falso.

Capital:	La Paz
Población:	9,247,816 habitantes
Grupos étnicos:	mestizo 35%, quechua 30%, aimara 25%, blanco 7%
Idiomas:	español, quechua, aimara, guaraní y otras 32 lenguas
Moneda:	boliviano
Área:	aproximadamente del tamaño de Texas y California juntos

Lectura

Entrando en materia

 9–50. ¿Qué saben de Bolivia? Decidan si las siguientes oraciones son ciertas o falsas. Si pueden, corrijan las falsas. Si no están seguros/as, repasen sus respuestas después de leer la sección para ver si eran correctas.

1. El nombre del país se deriva del nombre de Simón Bolívar.
2. Aunque se habla quechua y aimara, solamente el español es la lengua oficial.
3. El lago Titicaca es parte peruano y parte boliviano.
4. Bolivia no formó parte del imperio inca.
5. El área geográfica de Bolivia es comparable a la de Colombia.

9-49 **Answers:** 1. C; 2. F; 3. C; 4. F; 5. C.

Teaching tip: 9-50 Tell your students: *La capital oficial y sede del poder judicial es Sucre y la sede del gobierno (poder ejecutivo y legislativo) es La Paz.*

Tema 4   Bolivia: Desde las alturas de América

Perfil de Bolivia

ÉPOCA PRECOLOMBINA

La civilización de Tiahuanaco, cerca del área sudeste del lago Titicaca, floreció antes de la llegada de los incas. El imperio tiahuanaco se expandió rápidamente en los años 1000 y todavía hoy no se comprende su rápida decadencia hacia 1200. La caída del imperio tiahuanaco resultó en la formación de ocho reinos aimaras. Los aimaras eran un pueblo **belicoso**[1]. Las comunidades aimaras vivían en ciudades fortificadas en la parte más alta de las montañas. En la segunda mitad del siglo XV, los incas invadieron y conquistaron el territorio dominado por los aimaras.

CONQUISTA Y COLONIZACIÓN

Durante la época colonial, la actividad minera tuvo una gran importancia, ya que las minas de plata del área de la ciudad de Potosí convirtieron al país en el mayor exportador de plata del mundo en la primera década de 1600. La ciudad era tan rica en esta época que la frase "vale un Potosí" se generalizó como sinónimo de "vale mucho". La decadencia de Potosí comenzó cuando la plata empezó a **agotarse**[2] hacia finales del siglo XVIII.

INDEPENDENCIA

Bolivia se declaró independiente en 1825 y nombró como primer presidente a Simón Bolívar. Un año más tarde, Bolívar dejó la presidencia y el General Antonio José de Sucre ocupó el cargo. El país, que antes de la independencia se llamaba Alto Perú, tomó su nombre del apellido de Simón Bolívar.

9-51 **Answers:** 1. b, d, f; 2. c, g; 3. a, e.

 9–51. Asociación. Asocia la época con el acontecimiento, lugar o personaje correspondiente.

Épocas	Acontecimientos, lugares y personajes
1. época precolombina	**a.** Antonio José de Sucre
2. exploración y colonización	**b.** reinos aimaras
3. independencia	**c.** minas de plata
	d. civilización tiahuanaca
	e. Simón Bolívar
	f. los incas
	g. Alto Perú

LOS AÑOS RECIENTES

Bolivia es uno de dos países en América del Sur que **no tiene salida al mar**[3]. Bolivia perdió su salida al océano Pacífico en el siglo XIX después de una guerra en la que Bolivia, aliada con Perú, luchó contra Chile y perdió el puerto de Antofagasta y toda la costa del desierto de Atacama. Bolivia quiere usar sus reservas de gas natural como producto de intercambio para negociar su salida al Pacífico. Esta salida es importante para Bolivia puesto que facilitaría sus actividades de exportación e importación.

La economía de Bolivia se basa en la minería, la industria del petróleo y gas natural, y las industrias agropecuaria, cementera y textil. Es de notar que en Bolivia se encuentra la mayor concentración de población indígena suramericana y que es uno de los países más pobres de Sudamérica. La brecha en términos de ingreso entre pobres y ricos es una de las más grandes del mundo.

En 2006, bajo el mandato de Evo Morales quien es el primer presidente indígena del país, se llevó a cabo la nacionalización de los hidrocarburos. Se crean así

---

1. *prone to warfare*   2. *to run out*   3. *is landlocked*

empresas mixtas en las que Bolivia tiene el 51% del capital. La nacionalización se quiere extender a los **ferrocarriles**[4] y la distribución de tierras. Morales tiene la intención de redistribuir una quinta parte de las tierras bolivianas para que queden en manos de los campesinos. Algunos **temen**[5] que las medidas adoptadas por Morales puedan afectar la inversión extranjera.

VÍCTOR PAZ ESTENSSORO

Nació el 2 de octubre de 1907 en la ciudad de Tarija. Murió el 7 de junio de 2001 en su ciudad natal, después de una intervención quirúrgica que se complicó en pocas horas.

Abogado de profesión, Paz Estenssoro fue uno de los hombres más influyentes del país en el siglo XX. Protagonista central de la Revolución de abril de 1952, fue

presidente en cuatro ocasiones, siendo sus medidas más importantes la nacionalización de las minas, la reforma agraria y el sufragio universal durante su primera administración (1952–1956).

En su último término (1985–89) tomó medidas extremas para combatir la crisis económica y logró controlar la inflación; sin embargo, sus iniciativas económicas provocaron una crisis social. Como consecuencia de sus reformas económicas, el sector minero **se declaró en huelga**[6] en varias ocasiones porque el gobierno liberalizó el sector y muchos mineros perdieron su trabajo.

 9–52. Tu opinión. En parejas, usen la información de esta sección y sus propias opiniones para responder a estas preguntas.

1. Piensen en otros países del mundo que no tienen salida al mar. ¿Creen que esto es un problema para esos países?
2. ¿Cómo puede Bolivia negociar su salida al mar? ¿Qué le aconsejarían (*advise*) al presidente de Bolivia?
3. ¿Cuáles fueron los mayores logros (*achievements*) y fracasos (*failures*) de Paz Estenssoro?
4. Paz Estenssoro fue presidente cuatro veces. ¿Cómo creen que afectó este factor a la vida política, social y económica del país?
5. ¿Por qué creen que los presidentes estadounidenses sólo pueden ejercer el cargo de presidente por dos términos?

Ven a conocer

 9–53. Anticipación. Lean los títulos de la lectura en la página siguiente y decidan cuáles de los siguientes temas pueden aparecer en el texto.

1. Excursión planeada día por día
2. Dimensiones del lago
3. Turismo urbano
4. Cómo se formó el lago
5. Lugares para visitar en el lago

Ven a conocer **Teaching tip:** Recording available on the textbook CD.

---

4. *railroads*   5. *worry*   6. *went on strike*

El lago Titicaca

Este lago está situado a 65 km (35 millas) de La Paz y es el lago más alto del mundo (3,808 m— 12,500 pies—sobre el nivel del mar). Tiene 196 km (106 millas) de largo, 56 km (30 millas) de ancho y el área más profunda tiene 350 m (1,148 pies). La mitad oeste del lago pertenece a Perú y la mitad este a Bolivia. La palabra aimara *titicaca* significa "puma de piedra".

ORIGEN DEL LAGO

Todavía no existe una explicación científica definitiva sobre cómo se formó este lago. Una de las hipótesis es que el lago es el cráter de un volcán inactivo. Sin embargo, hay muchas leyendas acerca del lago Titicaca y su origen. Una de ellas dice que el lago nació de las lágrimas del dios Sol, que lloró cuando unos pumas devoraron a los hombres que habitaban la región. Otra leyenda dice que en el fondo del lago hay tesoros que los incas lanzaron allí para que los españoles no pudieran robarlos.

COPACABANA Y LAS ISLAS

En el lago hay unas cuarenta islas que se pueden explorar a pie o en bicicleta. Entre ellas está Isla del Sol. Aquí el visitante encontrará varios lugares de interés arqueológico y una roca sagrada en forma de puma. Para llegar a la isla, muchos viajeros toman un barco desde Copacabana, un pueblo situado a orillas del Titicaca. Una de las mejores fechas para estar en Copacabana es el 5 de agosto, cuando se celebra la fiesta de la Virgen de la Candelaria, también llamada Virgen de Copacabana, que es la patrona de Bolivia.

Cerca de la Isla del Sol, está la Isla de la Luna, donde se pueden ver las ruinas del templo tiahuanaco de las Vírgenes del Sol.

Otra de las atracciones del lago Titicaca es la Isla Suriqui, donde el visitante puede observar cómo se hace una balsa de totora. La totora es una planta que crece en el lago y también se usa para hacer pequeñas islas flotantes donde pueden vivir pequeños grupos de personas. Los uros viven en estas islas.

LUGAR SAGRADO

El lago Titicaca era un lugar sagrado para las civilizaciones que vivieron a su alrededor y todavía lo es para mucha gente. La presencia de los chamanes (*healers*) kallahuayas enfatiza el aura sagrada que muchas personas perciben cuando visitan el lago. Los chamanes kallahuayas piensan que las enfermedades son el resultado de un desequilibrio de energías en el cuerpo y usan hierbas, piedras, amuletos y rituales para restablecer el equilibrio.

9–54. ¿Qué opinas? Escribe un párrafo breve sobre tu impresión de la lectura acerca del lago. Ten en cuenta los puntos que se indican abajo. Después intercambia tu párrafo con un/a compañero/a para ver si han coincidido en algún punto.

1. El aspecto geográfico del lago que te parece más impresionante.
2. Los aspectos del lago que te parecen más intrigantes.
3. Las razones que pueden tener muchas personas para querer visitar el lago.
4. Cómo crees que el lago puede ofrecer una experiencia espiritual a los visitantes.
5. El tipo de actividades que se podrían recomendar a una persona que quiera tener una experiencia espiritual en el lago Titicaca.

Viaje virtual

Escoge uno de estos lugares e investígalos en la red.
Parque Nacional Madidi
Parque Nacional Noel Kempff Mercado
Chacaltaya, la pista de esquí más alta del mundo
Tihuanaco, recinto arqueológico
La Isla del Sol y la Isla de la Luna
Prepara una presentación con la siguiente información: ubicación, fotos, importancia turística, por qué vale la pena visitar el lugar y qué harías si pudieras visitar ese sitio.

Redacción

9–55. Un ensayo informativo. En esta sección vas a profundizar sobre uno de los temas presentados en esta unidad. Vas a escribir un ensayo en el que analizarás con más detalle el tema de tu elección. Tu objetivo es informar a los lectores sobre el tema. Para escribir este ensayo, debes consultar como mínimo dos fuentes. Busca la información relevante en Internet o en la biblioteca. Al final, incluye una sección de "Referencias".

Preparación

1. Selecciona el tema general que más te interese de la lista a continuación. Puedes seleccionar otros temas relacionados con la unidad con la aprobación de tu instructor/a.
   - El mito de El Dorado
   - La música andina
   - La cultura andina indígena en la sociedad moderna
   - La civilización inca
   - Las líneas de Nazca
   - ¿Otro?
2. Limita el aspecto del tema general que vas a explorar. Por ejemplo, si el tema de tu elección es "Las líneas de Nazca", ¿cuál será la idea central de tu ensayo?
3. Cuando hayas limitado el tema, escribe las preguntas de enfoque sobre ese tema. Las respuestas a estas preguntas te servirán para desarrollar el contenido de tu ensayo.
4. Mira el modelo de tema y preguntas de enfoque a continuación. Usa este modelo para preparar el tema general de tu elección.

Tema general: **Tema limitado:**

Las líneas de Nazca   Diferentes interpretaciones sobre el objetivo de las líneas

Preguntas de enfoque sobre el tema:

a. ¿Qué son las líneas de Nazca? ¿Dónde se encuentran? ¿Quiénes las dibujaron?
b. ¿Por qué han sido estas líneas objeto del interés y estudio de muchos?
c. ¿Cuáles son las distintas teorías que se han dado para explicar su propósito?
d. Según las fuentes consultadas, ¿qué teoría parece objetivamente más convincente?

Redacción Teaching tip: Following the model above, students in small groups should practice how to limit the topic of their choice. Ask them to come up with a list of questions about the topic and then report back to the class.

A escribir

1. Usa tus preguntas de enfoque para organizar el ensayo en varios párrafos. Por ejemplo, las preguntas de enfoque sobre "Las líneas de Nazca" pueden dar lugar a la siguiente organización:

    Pregunta 1   →   Párrafo 1
    Introducción del ensayo

    Pregunta 2   →   Párrafo 2
    Propósito del ensayo y declaración de la tesis

    Preguntas 3 y 4   →   Párrafo 3
    Presentación de las varias teorías

    Conclusión   →   Párrafo 4
    Resumen breve de la información presentada

2. Recuerda la gramática estudiada en esta unidad: las oraciones pasivas con *ser* y con *se* y los conectores adverbiales. Las construcciones pasivas de ambos tipos son muy frecuentes en los ensayos informativos. Presta mucha atención a las partes donde debas usar esta construcción.

    Conectores adverbiales útiles

porque	*because*
para que	*in order to*
en caso de que	*in case*
antes de que	*before*
después de que	*after*
donde	*where*
cuando	*when*
tan pronto como	*as soon as*
aunque	*although; even though*

Revisión

3. Escribe el número de borradores que te indique tu instructor/a y revisa tu texto usando la guía de revisión del Apéndice C. Escribe la versión final y entrégasela a tu instructor/a.

El escritor tiene la palabra

COMENTARIOS REALES, DEL INCA GARCILASO DE LA VEGA

El Inca Garcilaso de la Vega nació en Cuzco, Perú, en 1539. Su madre era una princesa inca y su padre un conquistador español. Se supone que su lengua materna fue el quechua, ya que su madre no hablaba español. También se cree que empezó a hablar español hacia 1551. Su condición de mestizo le dio al autor una perspectiva bicultural de su época. Su obra es un testimonio valioso de la vida colonial ya que ofrece el punto de vista del indígena y del conquistador. En 1558 fue a estudiar a España, de acuerdo con los deseos de su padre. Murió en 1616 en Córdoba, España. Sus restos se encuentran en la catedral de esta ciudad.

9-56 **Answers:**
1. a; 2. b; 3. b.

 9–56. Entrando en materia. Contesten las siguientes preguntas antes de leer el texto literario.

1. Lean el título del texto literario. ¿En qué período creen que ocurre la acción de la historia?
   a. antes de la llegada de los conquistadores
   b. después de la llegada de los conquistadores
   c. muchos años antes de la muerte de Atahualpa
2. ¿Qué temas esperan encontrar en esta historia?
   a. amor romántico entre un hombre y una mujer
   b. un dios quiere dar una mejor vida a los hombres
   c. la destrucción de la Tierra
3. ¿Qué personajes esperan encontrar en esta historia?
   a. un monstruo
   b. un hombre o mujer enviado/a por un dios
   c. un animal

9–57. Hace años. Hagan una lectura rápida del texto en busca de detalles que muestren que fue escrito hace años. Indiquen un ejemplo de cada uno de los siguientes elementos característicos del español de la época.

1. Alguna palabra que tenga un significado distinto en el texto al significado que conoces en el español actual
2. Uso de algún tiempo verbal diferente al uso actual
3. Uso de alguna persona verbal diferente al uso actual
4. Una preposición o conjunción que no se use en el español actual

Comentarios reales

Origen de los incas, reyes del Perú

NOTA: *Éste es un fragmento del capítulo 15 que se encuentra en el libro titulado* Comentarios reales, *que publicó el Inca Garcilaso de la Vega hacia 1609. El fragmento es parte de un diálogo entre el autor y su tío. En este fragmento el tío le cuenta al autor el origen de los reyes incas.*

Sabrás que en los siglos antiguos toda esta región de tierra que ves eran unos grandes montes y **breñales**[1], y las gentes en aquellos tiempos vivían como fieras y animales **brutos**[2], sin religión ni **policía**[3], sin pueblo ni casa, sin cultivar ni **sembrar**[4] la tierra, sin vestir ni cubrir sus **carnes**[5], porque no sabían **labrar**[6] algodón ni lana para hacer de vestir; vivían de dos en dos y de tres en tres, como acertaban a juntarse en las cuevas y resquicios de peñas y cavernas de la tierra. Comían, como bestias, yerbas del campo y raíces de árboles y la fruta **inculta**[7]

que ellos daban de suyo y carne humana. Cubrían sus carnes con hojas y cortezas de árboles y **pieles**[8] de animales; otros andaban **en cueros**[9]. En suma, vivían como **venados y salvajinas**[10], y aun en las mujeres **se habían**[11] como los brutos, porque no supieron tenerlas propias ni conocidas.

[…]

Dijo el Inca: —Nuestro Padre el Sol, viendo los hombres tales como te he dicho, se apiadó y **hubo**

---

1. *scrubs*   2. *fierce*   3. *manners*   4. *sow*   5. *flesh*   6. *weave*   7. *uncultivated*   8. *hides*   9. *naked*
10 *deers and savages*   11. *behaved*

lástima[12] de ellos y envió del cielo a la tierra un hijo y una hija de los suyos para que los adoctrinasen en el conocimiento de Nuestro Padre el Sol, para que lo adorasen y lo tuviesen por su Dios, y para que les diesen preceptos y leyes en que viviesen como hombres en razón y urbanidad, para que habitasen en casas y pueblos poblados, supiesen labrar las tierras, cultivar las plantas y mieses, **criar los ganados**[13] y **gozar**[14] de ellos y de los frutos de la tierra como hombres racionales y no como bestias. Con esta orden y mandato puso Nuestro Padre el Sol estos dos hijos suyos en la laguna Titicaca, que está a ochenta **leguas**[15] de aquí, y les dijo que fuesen **por do quisiesen**[16] y, **doquiera**[17] que parasen a comer o a dormir, **procurasen hincar**[18] en el suelo una **barrilla**[19] de oro de media **vara**[20] en largo y dos dedos en grueso que les dio para señal y muestras que, donde aquella barra se les **hundiese**[21] con solo un golpe que con ella diesen en tierra, allí quería el Sol Nuestro Padre que parasen e hiciesen su asiento y corte. A lo último les dijo: "Cuando hayáis

reducido esas gentes a nuestro servicio, los mantendréis en razón y justicia, con piedad, clemencia y **mansedumbre**[22], haciendo, en todo, oficio de padre piadoso para con sus hijos tiernos y amados, a imitación y semejanza mía, que a todo el mundo hago bien, que les doy mi luz y claridad para que vean y hagan sus haciendas, y les caliento cuando **han**[23] frío y crío sus **pastos y sementeras**[24], hago fructificar sus árboles y multiplico sus ganados, lluevo y sereno a sus tiempos y tengo cuidado de **dar una vuelta**[25] cada día al mundo por ver las necesidades que en la tierra se ofrecen, para las proveer y **socorrer**[26] como sustentador y bienhechor de las gentes. Quiero que vosotros imitéis este ejemplo como hijos míos, enviados a la tierra sólo para la doctrina y beneficio de esos hombres, que viven como bestias. Y desde luego os constituyo y nombro por Reyes y señores de todas las gentes que así doctrináredes con vuestras buenas razones, **obras**[27] y gobierno".

 9–58. ¿Comprendieron? Contesten las siguientes preguntas basándose en la lectura anterior. No copien palabras del texto. Usen sus propias palabras en sus respuestas.

1. ¿Cómo se describe el paisaje en esta historia?
2. ¿Cómo se describe a las personas?
3. ¿Qué les cambió la vida a esos habitantes?
4. ¿Qué tenían que hacer los dos hijos que el Padre el Sol puso en la laguna Titicaca?
5. Al encontrar el lugar elegido, ¿qué debían hacer los hijos del Sol?
6. ¿De quién serían estos enviados Reyes y señores?

12. *had pity*   13. *to breed livestock*   14. *to enjoy*   15. *leagues*   16. *anywhere*   17. *wherever*   18. *try to stick into*   19. *little bar*   20. *yard*
21. *go deep into*   22. *gentleness*   23. *are*   24. *pasture and sown land*   25. *go around*   26. *assist*   27. *deeds*

9–59. ¿Cómo lo dirían hoy? Vuelvan a escribir las siguientes oraciones con sus propias palabras para que tengan un lenguaje y estilo contemporáneo.

1. Las gentes vivían como fieras y animales brutos, sin religión ni policía. Comían como bestias yerbas del campo y la fruta inculta.
2. Nuestro Padre el Sol, se apiadó y hubo lástima de ellos y envió a la tierra un hijo y una hija de los suyos.
3. Cuando hayáis reducido a esas gentes a nuestro servicio, los mantendréis en razón y justicia, haciendo, en todo, el oficio de padre piadoso para con sus hijos tiernos y amados.
4. Yo les doy mi luz y claridad, les caliento cuando han frío y tengo cuidado de dar una vuelta cada día al mundo por ver las necesidades que en la tierra se ofrecen, para las proveer y socorrer.
5. Os nombro por Reyes y señores de todas las gentes que así adoctrináredes con vuestras buenas razones, obras y gobierno.

9–60. Ustedes tienen la palabra. En grupos de tres, imaginen la situación del pueblo inca antes de que el dios Sol aconsejara a los primeros reyes. Basándose en la lectura, escriban un diálogo según las siguientes etapas. Al terminarlo, ensáyenlo y represéntenlo ante la clase.

1. El Padre Sol está disgustado por la situación en la que viven los humanos y decide enviar a la Tierra a un hijo y una hija suyos.
2. El Padre Sol llama a sus hijos y les explica los planes que tiene para ellos.
3. Los hijos están asustados porque son jóvenes y tienen poca experiencia. No saben por dónde empezar su misión en la Tierra.
4. Poco a poco, el Padre Sol les explica lo que deben hacer.
5. Los hijos interrumpen varias veces sus explicaciones para pedir más aclaraciones, para protestar o para mostrar su entusiasmo con la misión que el padre les encomienda.
6. Los hijos preguntan qué recompensa tendrán por llevar a cabo una labor tan difícil.
7. Por último, todo está claro y los hijos se despiden del Padre Sol antes de partir.

Ampliar vocabulario

acaparar	*to hoard*
bruto/a	*raw, unrefined*
caja	*soundbox*
complejidad *f*	*complexity*
compromiso	*engagement*
costumbre *f*	*custom*
cronista *m/f*	*chronicler*
cuerda, de *f*	*string (of)*
desmesurado/a	*uncontrolled, boundless*
difusión *f*	*dissemination*
emparejamiento aparaemiento	*matching*
ganado	*cattle*
grabar	*to record*
injusticia	*injustice*
jerarquía	*hierarchy*
llevarse bien	*to get along*
matrimonio de ensayo	*trial marriage*
puro/a	*pure*
rango	*rank, status*
según	*according to*

Vocabulario glosado

agotarse	*to run out*
alentar	*to encourage*
algodón	*cotton*
aliarse	*to ally oneself*
apego	*attachment*
a pesar de que	*in spite of*
barrilla	*little bar*
belicoso	*prone to warfare*
breñal	*scrub*
brutos	*fierce*
cacique	*chief*
calabaza	*pumpkin*
calificar	*label*
cariñosamente	*affectionately*
carnes	*flesh*

consciente	*aware*
como es de esperarse	*as expected*
como tal	*as such*
crecimiento	*growth*
criar los ganados	*to breed livestock*
dar una vuelta	*to go around*
debilitar	*to weaken*
declararse en huelga	*to go on strike*
descansar los restos	*to lie the remains*
descendiente	*descendant*
dirigente	*ruler*
doquiera	*wherever*
en cueros	*naked*
en lo que va	*so far*
enseñanza	*teaching*
evidenciar	*to prove*
ferrocarril	*railroad*
frontera	*border*
gozar	*to enjoy*
gritar	*to shout*
haber lástima	*to have pity*
han	*are*
hundirse	*to go deep into*
inculta	*uncultivated*
labrar	*weave*
leguas	*leagues*
mansedumbre	*gentleness*
medida	*measure*
moneda	*currency*
niño/a prodigio	*gifted child*
no tener salida al mar	*to be landlocked*
obras	*deeds*
orgullo	*pride*
oro	*gold*
pastos y sementeras	*pasture and sown land*
pieles	*hides*
policía	*manners*
por do quisiesen	*anywhere*

Vocabulario

procurar hincar	*to try to stick into*	sobrevivir	*to survive*
secuestro	*kidnapping*	socorrer	*to assist*
sede	*headquarters*	temer	*to be worried*
se habían	*behaved*	vara	*yard*
sembrar	*sow*	venados y salvajinas	*deers and savages*
serranía	*mountainous region*	yuca	*cassava*

Vocabulario para conversar

Para hablar sobre dinero y negocios

¿Cuánto cuesta esto?	*How much does that cost?*
¿Cuánto le debo?	*How much do I owe you?*
Cuesta $ (cantidad de dinero)	*It costs (amount)*
¿En cuánto me deja esto/ esta _____/este_____?	*How much do you want for this?*
¿En qué le puedo ayudar?	*Can I help you?*
Estoy buscando…	*I am looking for…*
¿Me hace un descuento?	*Can you give me a discount?*
¿Me lo deja en (cantidad de dinero)?	*Would you sell it to me for (amount)?*
¿Qué está buscando?	*What are you looking for?*
Se lo dejo en (precio) para que se lo lleve.	*Just give me (price) and it's yours.*
Son $ (cantidad de dinero)	*It's (amount of money)*
¿Tiene un billete más pequeño?	*Do you have a lower denomination bill?*
¿Tiene vuelta/cambio?	*Do you have change?*
Voy a seguir mirando y ahora vuelvo.	*I'm going to look around. I will be back.*

Vocabulario

Para romper el hielo

¿Cuándo dejará de llover/nevar?	*I wonder when it will stop raining/snowing.*
¡Qué cajero/a tan lento!	*What a slow cashier!*
¡Qué calor/frío tan horrible!	*It's terribly hot/cold!*
¡Qué demora!	*What a delay!*
¡Qué día tan bonito/feo/lluvioso!	*What a beautiful/ugly/rainy day!*
¡Qué fila tan larga!	*What a line!*
¡Qué frío/calor hace!	*It's so cold/hot!*
¿Qué hora será?	*I wonder what time is it?*
¿Sabe(s) qué hora es?	*Do you have the time?*

Para comunicarse formal e informalmente

Disculpe que lo/la moleste.	*Sorry to bother you.*
Le agradecería que me trajera el informe.	*I would be grateful if you brought the report.*
¿Le gustaría dejar un mensaje?	*Would you like to leave a message?*
¿Me puede ayudar por favor?	*Can you help me, please?*
¿Podrías comunicarme con la gerencia por favor?	*May I speak with the manager?*
¿Quieres dejar un mensaje?	*Would you like to leave a message?*
¿Sería tan amable de pasar por mi oficina?	*Would you please stop by my office?*
Siento molestarlo/a. ¿Me podría ayudar?	*I am sorry to bother you but I was wondering if you could help me.*
Siento molestarte, ¿Me podrías ayudar?	*I am sorry to bother you but I was wondering if you could help me.*
Te agradecería que pasaras por mi oficina.	*I would appreciate it if you would stop by my office.*

PAÍSES DEL CONO SUR: SUPERACIÓN DE INDECIBLES OBSTÁCULOS

Objetivos del capítulo

En este capítulo vas a...

- explorar algunos aspectos políticos y sociales de los países del Cono Sur
- expresar acciones en el pasado que afectan el presente
- hablar de acciones que ocurrieron antes de otra acción del pasado
- expresar los pros y los contras de una situación
- interrumpir a otras personas para pedir una aclaración
- hablar sobre acciones en progreso
- corregir a otras personas

TEMA

Todos los países incluidos en este capítulo han sufrido dictaduras. Sin embargo, estos países han encontrado maneras de superar las adversidades. ¿Crees que una dictadura puede alienar a los habitantes de un país?

Chile: Consolidación de una democracia joven

CHILE

OCÉANO PACÍFICO

● **Santiago de Chile**

OCÉANO ATLÁNTICO

Capital:	Santiago de Chile
Población:	16,763,470 habitantes
Grupos étnicos:	mestizo 90%, amerindio 6%, blanco 2%, otros 2%
Idiomas:	español
Moneda:	peso
Área:	aproximadamente del tamaño de Virginia Occidental

Lectura

Entrando en materia

 10–1. ¿Qué saben de Chile? Decidan si las oraciones de abajo son ciertas o falsas. Si pueden, corrijan las falsas. Si no están seguros/as, repasen sus respuestas después de leer la sección para ver si eran correctas.

1. La cordillera de los Andes atraviesa Chile de norte a sur.
2. El país se llama Chile porque produce muchos pimientos chiles.
3. El gobierno de Chile es una dictadura.
4. Es el país de Sudamérica con menos kilómetros de ancho.
5. Su industria pesquera no es importante.
6. EE.UU. importa vinos de Chile.

10-1 **Answers:** 1. C; 2. F; 3. F; 4. C (430 km/256 mi); 5. F; 6. C

Perfil de Chile

INDEPENDENCIA

Chile se independizó de España en 1818. Los líderes que ayudaron a Chile a obtener su independencia fueron Bernardo O'Higgins y el general argentino José de San Martín. Estos dos líderes reclutaron y entrenaron al ejército que liberó a Chile. Este ejército es conocido como el Ejército Libertador de los Andes.

EL PERÍODO DE 1818–1973

La dinámica de la política después de la independencia estableció unas bases que prometían la creación de una democracia moderna. Sin embargo, la evolución hacia una democracia moderna fue interrumpida en 1973. Ese año, un **golpe militar**[1] apoyado por EE. UU. y dirigido por Augusto Pinochet derrocó el gobierno del presidente Salvador Allende, quien murió en el palacio presidencial La Moneda durante el ataque.

El clima social y económico favoreció el éxito del golpe militar. Salvador Allende había nacionalizado varios sectores de la industria, las minas de cobre y algunas haciendas, lo cual causó descontento entre la clase media. Durante los dos últimos años de la presidencia de Allende, la economía se había deteriorado. En parte por falta de inversión extranjera, empezaron a escasear productos y la inflación se descontroló.

Durante la dictadura de Pinochet (1973–1989), un millón de chilenos se exiliaron a otros países y miles desaparecieron o fueron ejecutados sumariamente. La libertad de expresión quedó abolida completamente. En el aspecto económico, su gobierno adoptó una política económica que mantuvo bajo control la inflación y que sentó las bases del progreso económico del Chile de hoy.

LOS AÑOS RECIENTES

Después de diecisiete años de dictadura bajo el mando de Augusto Pinochet, la democracia se restableció en Chile con las elecciones de 1989. En la actualidad, el ambiente político y económico del país es uno de los más estables en América del Sur. La minería continúa siendo una actividad muy importante en la economía del país, de hecho, Chile es uno de los mayores exportadores de cobre y nitrato, llamado comúnmente salitre.

Michelle Bachelet Jeria, miembro del Partido Socialista de Chile, asumió la presidencia de Chile en 2006. Su padre había sido detenido por el régimen militar y fallecido en prisión tras el golpe de estado del 11 de septiembre de 1973.

Por si acaso
El nombre químico de salitre es nitrato de sodio. El nitrato de sodio es un componente básico en fertilizantes y materiales explosivos.

 10–2. Períodos y personajes. Relacionen las siguientes fechas con los acontecimientos y los personajes correspondientes según la información que acaban de leer.

Fechas	Acontecimientos y personajes
1. 1818	a. Bernardo O'Higgins y José de San Martín
2. 1973	b. dictadura militar de Augusto Pinochet
3. 1973–1989	c. independencia
4. 1990	d. restablecimiento de la democracia
	e. Salvador Allende muere tras un golpe de estado

10-2 **Answers:** 1. a, c; 2. e; 3. b; 4. d

---

1. *military coup*

PATRICIO AYLWIN

Patricio Aylwin es una figura central en la transición a la democracia en Chile. Nació en Viña del Mar en 1918. Estudió derecho y ciencias políticas, participó en la fundación del Partido Demócrata Cristiano y antes de llegar a ser presidente de la nación, ocupó puestos políticos importantes. Fue senador en 1965 y fue presidente del Senado entre 1971 y 1972. En esos años Salvador Allende era presidente de la nación. En la década de 1980, Aylwin fue una de las personas que defendió el restablecimiento de la democracia.

Después de diecisiete años de dictadura, Patricio Aylwin fue elegido presidente de Chile en las elecciones celebradas en diciembre de 1989 y dirigió el país de 1990 a 1994. Una de las tareas más difíciles que tuvo que enfrentar durante su presidencia fue iniciar el proceso de reconciliación entre los **partidarios**[2] de Pinochet y sus detractores.

Actualmente es presidente de la Corporación para la Democracia y la Justicia, una organización que fundó para desarrollar estrategias y soluciones para eliminar la pobreza y **fomentar**[3] valores éticos en la vida política.

En 1997 el Consejo de Europa lo **galardonó**[4] por su contribución a la defensa de los derechos humanos, la democracia y la cooperación entre Europa y Latinoamérica.

 10–3. Opinión. En parejas, respondan a las siguientes preguntas sobre la lectura:

1. ¿Qué méritos cualificaban a Patricio Aylwin para ser presidente?
2. ¿Creen que Aylwin era un buen candidato para la transición a la democracia? ¿Por qué?
3. ¿Cómo creen que era el ambiente político de Chile en 1990? Piensen en la opinión pública.
4. ¿Qué adjetivos usarían para describir el carácter de Aylwin? Justifiquen su respuesta.
5. ¿Creen que es necesario reconciliar a los defensores y detractores de Pinochet para mantener la paz en Chile? ¿Por qué?

Gramática

Present Perfect

In *Capítulo 6, Tema 2,* you studied the present perfect. Remember that this tense is used when the speaker perceives a past action as having some bearing on the present time. Certain temporal references such as **hoy, esta mañana, hace una hora, este mes, este año** or **este siglo** usually accompany the present perfect. The present perfect consists of two parts: **haber** in the present tense + past participle of another verb.

Este año, Michelle Bachelet **ha viajado** mucho por todo Chile.

*This year, Michelle Bachelet **has traveled** a lot* all over Chile.

Gramática **Recycling:** Review the information about the present perfect in *Capítulo 6, Tema 2.*

---

2. *followers*   3. *foster*   4. *awarded a prize*

Past Perfect

The formation of the past perfect requires the use of the auxiliary verb (**haber**) in the imperfect tense plus the past participle of a verb.

Imperfect tense (**haber**)   +   past participle

yo hab**ía**

tú hab**ías**

usted hab**ía**

él/ella hab**ía**

nosotros/as hab**íamos**

vosotros/as hab**íais**

ustedes hab**ían**

ellos/as hab**ían**

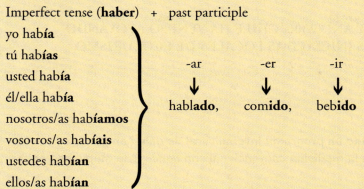

-ar   -er   -ir

habl**ado**,   com**ido**,   beb**ido**

As is in the present perfect, no word can come between the auxiliary verb and the past participle, therefore in negative sentences **no** is always placed before the auxiliary verb.

> Mi compañera me dijo que **no** había estudiado mucho para el examen de español.
>
> *My classmate told me that she had **not** studied much for the Spanish exam.*

The past perfect is used in Spanish as much as it is used in English. Also, in both languages, the preterit may be used sometimes instead of the past perfect. The past perfect conveys a past action that occurred before another past action.

> Ya **habíamos estudiado** para el examen de español cuando empezó nuestro programa de televisión favorito.
>
> *We **had already studied** for the Spanish test when our favorite TV show began.*

A very common use of the past perfect can be found in indirect speech, that is, when the sentence reports on what someone else said or thought. The following sentence, "No estoy contento porque ustedes no **han estudiado** mucho para el examen" (*I'm not happy because you **have not studied** much for the test*), when reported by someone becomes:

> El profesor dijo que no estaba contento porque **no habíamos estudiado** mucho para el examen.
>
> (*The professor said that he was not happy because we **had not studied** much for the test.*)

Notice how the verb in the second part of this sentence uses the past perfect.

See *Grammar Reference 10* for information on *ya/todavía*, **present perfect subjunctive and past perfect subjunctive.**

10–4. Identificación. Identifica los verbos en presente perfecto y en pasado perfecto.

Noticias de Chile

DESDE EL AÑO 2000, CHILE HA VENIDO APOYANDO DIVERSAS INICIATIVAS LOCALES DE ECOTURISMO.

Se ha creado un programa intercultural de salud en el que se combinará la medicina convencional con conceptos mapuches sobre la salud.

El gobierno anunció que los acuerdos económicos con Chile habían estimulado la economía.

Antes del restablecimiento de la democracia, los derechos humanos no habían recibido mucha atención del gobierno. Hoy en día Chile trabaja diligentemente en la protección de los derechos humanos.

Bachelet: Chile ha optado por una política exterior de inserción en el mundo con la exportación como clave de desarrollo.

 Ahora, en parejas, determinen cómo cambiaría el mensaje de cada oración si usaran un tiempo pasado diferente. Por ejemplo, si el verbo está en presente perfecto y lo cambian al pasado perfecto o si el verbo está en el pasado perfecto y lo cambian al presente perfecto, ¿qué dirían las noticias? Comenten sus cambios con el resto de la clase.

10–5. ¿Qué dijo Bachelet? Tú eres periodista y estás preparando un informe sobre las cosas que dijo Bachelet durante la rueda de prensa. Usa tus notas para preparar el informe en el tiempo verbal adecuado. Compara tu informe con un/a compañero/a.

> **MODELO**
>
> **Hoy los chilenos han confirmado su apoyo a la democracia. Bachelet dijo que los chilenos habían confirmado su apoyo a la democracia.**

1. *Juntos hemos construido un Chile mejor.*
2. *El gobierno ha formado un comité para integrar más efectivamente las diversas culturas del país.*
3. *Se han construido más escuelas en las áreas rurales.*
4. *Se ha mejorado el acceso de las escuelas a la tecnología.*
5. *El sector del turismo ha crecido.*

 10–6. Chile, 1973. Un exiliado chileno está recordando el momento en que, siendo él niño, ocurrieron hechos que obligaron a su familia a abandonar el país. En parejas, completen cada oración con el verbo en el pasado perfecto según se indica. Comparen sus oraciones con las de un/a compañero/a.

> **MODELO**
>
> **yo no/cumplir aún ocho años**
> **Yo no había cumplido aún ocho años.**
> **Cuando los golpistas asaltaron el Palacio de la Moneda, yo no había cumplido aún ocho años. Recuerdo que...**

1. mi hermano Luis / casarse el mes anterior
2. unos días antes del golpe, papá / recibido la confirmación de su nuevo cargo
3. mis tíos / venir a felicitar a papá y hubo una gran fiesta en la casa
4. cuando supimos que Allende había muerto, todos nos dimos cuenta de que / comenzar momentos difíciles para nuestra familia
5. cuando papá llamó a Luis para darle la noticia, él ya / salir para Santiago
6. nuestra casa se llenó de gente y papá dijo que / llegar el momento de tomar decisiones muy serias
7. todos los mayores se reunieron para hablar; a nosotros nos / mandar ir a jugar
8. más tarde, cuando los mayores entraron en la habitación, ya / hacerse de noche
9. nos dijeron que ya / prepararlo todo para irnos
10. de noche, salimos callados de la casa en la que siempre / vivir, en la que yo / pasar los mejores años de mi niñez, sin saber bien a dónde íbamos, o lo que era el exilio

10–7. ¿Y ustedes? Aquí tienen varias fechas claves en la historia de Estados Unidos. ¿Qué habían hecho ustedes ya para esas fechas? ¿Qué no habían hecho? ¿Qué estaban haciendo? En parejas, relacionen cada fecha con momentos de su vida o de su familia. ¿Son parecidas o diferentes sus respuestas?

MODELO

1982: *Thriller* **de Michael Jackson**
Cuando salió a la venta *Thriller* **de Michael Jackson, yo no**
había escuchado ninguno de sus discos anteriores.

Momentos históricos

1. 1981: Lanzamiento del transbordador Columbia (primera nave reutilizable)
2. 1983: Invasión de Granada
3. 1984: Olimpiadas de Los Ángeles. Boicoteo de los países socialistas
4. 1986: Encuentro de Reagan y Gorbachoev en Reykiavik
5. 1989: El petrolero Exxon Valdez encalla en el golfo de Alaska, arrojando al mar 260,000 barriles de crudo.
6. 1991: Guerra del Golfo
7. 2003: Guerra contra Iraq
8. 2005: Huracán Katrina
9. 2007: Debut del iPhone
10. 2007: Al Gore recibió el Premio Nobel de la Paz

Lectura

Entrando en materia

 10–8. Alternativas. En parejas, hablen sobre qué circunstancias pueden obligar a una persona a dejar a su familia, su trabajo, su universidad, su ciudad o su país. Anoten sus ideas en la siguiente tabla:

MODELO

Estudiante A: **Un joven puede dejar a su familia porque ésta**
               es muy estricta.
Estudiante B: **Una persona puede mudarse para irse a trabajar**
               a otro lugar.

---

1. Razones por las que una persona puede dejar:

	a su familia	su trabajo	sus estudios	su ciudad	su país
Estudiante A					
Estudiante B					

2. Comparen sus anotaciones. ¿Qué tienen en común? ¿Pueden sacar algunas conclusiones generales (razón más frecuente, menos frecuente, etc.)?

10–9. Vocabulario: Antes de leer. Busquen estas palabras en la lectura e intenten deducir su significado. Las palabras aparecen en negrita.

A. Seleccionen la palabra sinónima.

1. **regresé**   a. caminar   b. repasar   c. volver
2. **cariño**   a. cara   b. amor   c. indiferencia
3. **dueño**   a. vendedor   b. propietario   c. cliente
4. **me equivoqué** a. cometer un error b. equiparse   c. tener razón

B. Seleccionen la definición correcta.

1. **más bien**
   a. sinónimo de *mejor*
   b. expresión que introduce una idea más exacta que la idea anterior
2. **recuerdos**
   a. personas, lugares y momentos del pasado que están en la memoria
   b. grabaciones musicales
3. **en este sentido**
   a. expresión sinónima de *en este aspecto*
   b. hace referencia a los sentimientos de una persona
4. **incluso**
   a. da énfasis a la idea siguiente
   b. primera persona del singular del verbo *incluir*

Lectura

Testimonio de Francisco Ruiz, un exiliado chileno

Regresé a Chile con una situación económica bastante buena. Sin embargo, en general, muchos chilenos no han tenido la misma suerte. Independientemente de la situación económica, la mayoría de los que hemos regresado sentimos que el país no nos ha recibido con **cariño, más bien** con indiferencia. Nadie nos pregunta: "¿Cómo te fue?", "¿qué necesitas?". No tienen interés en saber nada de los exiliados. Todavía tengo amigos chilenos en Canadá, donde viví mi exilio, y cuando me hablan de regresar a Chile, yo siempre les recuerdo que el Chile de hace veinte años ya no existe, que el Chile de nuestras conversaciones no es el Chile actual.

Antes de regresar, yo pensaba que tenía muchos amigos en Chile. Yo siempre decía que tenía un millón de amigos en Chile, pero cuando regresas te das cuenta de que son muchísimos menos. Afortunadamente, he podido hacer nuevos amigos por medio del café del que soy **dueño**. Muchos de los que regresan vienen al café y siempre tenemos algo de qué hablar.

A veces me siento extrañamente adaptado y casi parece que nunca estuve en el exilio y que nunca hubo dictadura. Pero el otro día fui a ver la película *La casa de los espíritus*. Todo me vino a la memoria otra vez. Lloré durante la mitad de la película pensando en amigos que habían sido víctimas de la dictadura. Ⓜ

He tenido la suerte de que mi hijo de trece años y mi hija de catorce se han adaptado al regreso admirablemente. Al segundo día de llegar ya tenían amigos. Otras familias no han tenido tanta suerte. Los hijos de una familia amiga nuestra les decían a sus padres: "en Canadá esto era mejor o aquello era mejor". Pusieron tanta presión en los padres que finalmente tuvieron que regresar a Canadá. El problema de algunas familias es que los padres siempre hablaban de un Chile maravilloso. Los exiliados pensábamos un Chile

perfecto. Siempre recordábamos las cosas buenas de Chile y posiblemente con los años la fantasía adornó muchos de esos **recuerdos**.

Otra cuestión que no estaba clara era la adaptación de mi esposa, que es canadiense. **En este sentido** también tuve suerte. Ella encontró una manera artística de adaptarse a la nueva situación. En colaboración con un comediante muy conocido en Chile, escribió y representó un monólogo cómico sobre cómo era vivir con un exiliado chileno que había vivido en Canadá y regresado a Chile. Mi esposa recorrió todo Chile con el espectáculo e **incluso** lo llevó a Canadá, Nueva York y Washington.

Ahora, la gran pregunta: ¿Por qué volví a Chile? No fue porque no me gustaba la vida en Canadá. Por una razón que no puedo explicar lógicamente, yo tenía la necesidad de traer a mis hijos para que vivieran en Chile y experimentaran la vida aquí. Creo que no **me equivoqué**, creo que tomé una buena decisión.

> Ⓜ**omento de reflexión**
> Marca con una X la idea correcta.
> ❑ 1. Francisco está en una situación económica difícil.
> ❑ 2. Francisco se siente frustrado con los chilenos.
> ☒ 3. Francisco no puede olvidar el exilio y los eventos políticos que causaron el exilio.

Adaptado de Thomas C. Wright y Rody Oñate, *Flight from Chile. Voices of Exile.* (University of New Mexico Press: 1998), pp. 204–206.

Por si acaso

La casa de los espíritus fue escrita por Isabel Allende, cuyo padre era primo de Salvador Allende. La novela presenta la historia de una poderosa familia chilena de terratenientes desde el siglo XIX hasta el 1973, año en que el gobierno de Salvador Allende fue derrocado por Augusto Pinochet.

10–10. Vocabulario: Después de leer. Completen estas oraciones con una de las palabras de la lista.

regresar   cariño   dueño   recuerdos   incluso   equivocarse

1. Los hijos de Francisco se adaptaron bien e _____ su esposa canadiense supo adaptarse.
2. Francisco es el _____ de un café.
3. Francisco _____ con una buena situación económica.
4. Francisco piensa que los exiliados no fueron recibidos con _____ en Chile.
5. Algunas situaciones traen a la memoria _____ del pasado.
6. Francisco piensa que no _____ cuando decidió regresar a Chile.

10-10 **Answers:** 1. incluso;
2. dueño; 3. regresó;
4. cariño; 5. recuerdos;
6. se equivocó

10–11. ¿Comprendieron? Respondan a las siguientes preguntas:

1. ¿Qué critica Francisco del Chile actual?
2. Francisco tuvo una experiencia recientemente que le recordó el exilio. ¿Cuál fue esa experiencia?
3. ¿Cómo ha reaccionado su familia al regresar a Chile?
4. ¿Cómo han reaccionado otras familias?
5. ¿Por qué regresó Francisco a Chile?
6. ¿Cómo se siente Francisco sobre su decisión de volver?

 10–12. En su opinión. En parejas, expresen sus opiniones oralmente sobre los siguientes puntos.

1. Muchos exiliados idealizan el país que dejaron. ¿Han idealizado ustedes a alguna persona o lugar en alguna ocasión? Explíquenle la situación a su compañero/a.
2. ¿Qué opinan de la decisión de Francisco de regresar a Chile? ¿Qué creen que habrían hecho ustedes de encontrarse en su situación? ¿Por qué?
3. ¿Creen que es buena idea regresar a su país origen después de más de diez años de exilio?
4. ¿Han sentido alguna vez que "no pertenecían" a un lugar, a un grupo o a un país? Expliquen sus respuestas.

10-12 **Recycling:** You may want to review how to express opinions on *Capítulo 3, Tema 1.*

Vocabulario para conversar

Hablar de los pros y los contras de una situación

Lo bueno de vivir con mis padres es que ahorro dinero.

Lo malo es que no tengo mucha privacidad.

There are many instances when we are faced with decisions that might have positive and negative repercussions. Here are some expressions that you might find helpful.

Esta opción es/no es buena porque...	*This option is/is not good because . . .*
Esta opción es/no es válida porque...	*This option is/is not valid because . . .*
Esta opción tiene sentido/no tiene sentido porque...	*This option makes/doesn't make sense because . . .*
Lo bueno (de + inf) es/será/sería que...	*The good thing (about + gerund) is/will be/would be that . . .*
Lo malo (de + inf) es/será/sería que...	*The bad thing (about + gerund) is/will be/would be that . . .*
Lo negativo (de + inf) es/será/sería que...	*The negative thing (about + gerund) is/will be/would be that . . .*
Lo positivo (de + inf) es/será/sería que...	*The positive thing (about + gerund) is/will be/would be that . . .*
Por un lado... pero por el otro...	*On the one hand . . . but on the other . . .*

 10–13. Palabras en acción. Escojan una de las situaciones que aparecen en la lista y piensen en tres pros y tres contras. Luego, utilizando el modelo y las expresiones creen sus propias oraciones.

> **MODELO**
>
> **Trabajar o estudiar**
> **Lo bueno de trabajar es que ganaría dinero pero lo malo (de trabajar) es que tendría un horario fijo.**
> **Por un lado estudiar es positivo para mi futuro pero por el otro es negativo para mis finanzas.**

- Vivir en un apartamento o en una residencia universitaria
- Cocinar todos los días o comer afuera
- Casarse antes de los 25 años o casarse después de los 35
- Tomar el transporte público o manejar un carro

10–14. Hablemos del tema. Ustedes son dos exiliados chilenos que viven en Estados Unidos. Un amigo suyo, Sebastián, está planeando regresar a Chile. Hablen los pros y los contras de la decisión de Sebastián. Ustedes tienen esta información sobre la situación de Sebastián:

Teaching tip: You may wish to play the *A escuchar* track for *Capítulo 10, Tema 1* from the *Activities Manual,* which presents a relevant model.

Sebastián es profesor de español.

Su esposa es estadounidense y no habla español.

Su esposa trabaja en un banco y gana más que Sebastián.

Ninguno de sus tres hijos habla español. Los hijos tienen seis, quince y diecisiete años.

La familia tiene 150,000 dólares en ahorros.

Estudiante A: Tú estás a favor del regreso. Tú inicias la conversación.

Estudiante B: Tú estás en contra del regreso.

Por si acaso

Iniciar y mantener una discusión

Usa estas expresiones para iniciar y mantener una discusión sobre cualquier tema.

¿(No) Crees que...?	*Do (Don't) you believe that . . . ?*
¿Cuál es tu reacción ante...?	*What is your reaction to . . . ?*
Mira/e...	*Look . . .*
¿Está bien?	*OK?*
¿Verdad?	*Really?*

Expresar acuerdo y desacuerdo enfáticamente

Acuerdo enfático

Eso es absolutamente / totalmente cierto.	*That is totally true.*
Tiene(s) / Le / Te doy toda la razón.	*You are absolutely right.*
Creo / Me parece que es una idea buenísima.	*I think that it is a great idea.*
Por supuesto que sí.	*Absolutely.*

Desacuerdo enfático

No tiene(s) ninguna razón.	*You are absolutely wrong.*
Creo / Me parece que es una malísima idea.	*I think it is a terrible idea.*
Lo que dice(s) no tiene ningún sentido.	*You are not making any sense.*

CURIOSIDADES

Trabalenguas

Los trabalenguas son juegos lingüísticos en los que un sonido aparece repetidamente en la frase. Otra característica de los trabalenguas es que las frases no siempre tienen sentido. La palabra **trabalenguas** está compuesta de **trabar,** "obstaculizar", y **lengua,** "órgano que está en el interior de la boca".

10-15. Trabalenguas. Practiquen estos trabalenguas en parejas. ¡A ver quién consigue decirlos más rápidamente y sin equivocarse!

1. Compré pocas copas, pocas copas compré y como compré pocas copas, pocas copas pagué.

2. R con r cigarro
   r con r barril.
   Rápido ruedan los carros
   cargados de azúcar
   al ferrocarril.

3. Tres tristes tigres trigaban trigo en un trigal.

4. Me han dicho
   que has dicho un dicho,
   un dicho que he dicho yo,
   ese dicho que te han dicho
   que yo he dicho, no lo he dicho;
   y si yo lo hubiera dicho,
   estaría muy bien dicho
   por haberlo dicho yo.

Argentina: La inmigración y las riquezas naturales forjan un país

OCÉANO PACÍFICO

Buenos Aires

ARGENTINA

OCÉANO ATLÁNTICO

Capital: Buenos Aires
Población: 40,482,000 habitantes
Grupos étnicos: blanco 90%, mestizo 86% amerindio y otros 2%
Idiomas: español
Moneda: peso
Área: aproximadamente una tercera parte del tamaño de EE.UU.

Lectura

Entrando en materia

 10–16. ¿Qué saben de Argentina? Indiquen si estas oraciones son ciertas o falsas. Si pueden, corrijan las falsas. Si no están seguros/as, repasen sus respuestas después de leer la sección para ver si eran correctas.

1. La carne argentina no es famosa mundialmente.
2. El territorio argentino tiene el área habitada más cercana al Polo Sur.
3. El *gaucho* es el vaquero (*cowboy*) argentino.
4. Eva Perón fue una líder en la vida política argentina.
5. El origen del tango no es argentino.

Por si acaso

Expresiones útiles para comparar respuestas con otro estudiante

¿Qué tienes/ pusiste en el número 1/ 2/ 3?
Yo tengo/ puse a/ b.
Yo tengo algo diferente.
No sé la respuesta./ No tengo ni idea.
Creo que la respuesta es a/ b, pero no estoy segura.
Creo que es cierto/Creo que es falso.

10-16 **Answers:** 1. F; 2. C; 3. C; 4. C; 5. F

Perfil de Argentina

LA INDEPENDENCIA Y LAS DICTADURAS

Bajo el liderazgo de José de San Martín, Argentina proclama su independencia en 1816. Después de la independencia, hubo una larga secuencia de gobiernos poco estables y dictaduras militares. En la vida política del siglo XX, **destaca**[1] la figura de Juan Domingo Perón, que fue elegido como presidente en 1946, 1952 y 1974, siendo su primera época presidencial la más **exitosa**[2]. Perón tenía el apoyo de los trabajadores de la industria y del campo, y su carismática esposa, Evita, le proporcionó un importante punto de apoyo en su carrera política. La figura de Perón y su programa político de justicia social, o justicialismo, dieron origen al peronismo, un movimiento político que pretendía encontrar un punto intermedio entre el capitalismo y el comunismo.

Entre 1976 y 1983 tuvo lugar la llamada Guerra Sucia, uno de los períodos más sangrientos de la historia de Argentina caracterizado por secuestros, torturas y asesinatos. Miles de personas desaparecieron en esta época. Estas desapariciones inspiraron la formación del grupo Madres de Plaza de Mayo, que forzó al gobierno a investigar las violaciones de los derechos humanos durante la Guerra Sucia.

Por si acaso

Las Madres de Plaza de Mayo es una asociación de madres argentinas cuyos hijos desaparecieron durante la Guerra Sucia en Argentina. Las mujeres de esta asociación llevan un pañuelo blanco en la cabeza. Las madres se reúnen y caminan todos los jueves en la Plaza de Mayo. Hoy esta asociación tiene su propia estación de radio, café literario y universidad, entre otras cosas.

10–17. Eventos y personajes. Indica con qué eventos y personajes asocias las siguientes fechas.

Eventos y personajes	Fechas
1. Guerra Sucia	a. 1816
2. José de San Martín	b. 1946
3. Juan Domingo Perón	c. 1976–1983
4. Madres de Plaza de Mayo	
5. independencia	

Lectura **Teaching tip:** You may show a video about *Las Madres de Plaza de Mayo* using a search engine. Ask your students to visit www.madres.org.ar, the official site of this association.

10-17 **Answers:** 1. c; 2. a; 3. b; 4. c; 5. a

LA RECIENTE SITUACIÓN ECONÓMICA

En la economía argentina, la producción de alimentos agropecuarios ocupa un lugar muy importante. La producción de soya, que se ha **triplicado**[3] en el último **decenio**[4], le da a Argentina el tercer lugar en la lista de países productores de soya y sus derivados. La ganadería también continúa siendo un sector de gran importancia. Después del sector agroindustrial, las exportaciones de petróleo y gas natural constituyen la quinta parte de las **divisas**[5] generadas por exportaciones. La situación económica de Argentina se estabilizó en 2005 después de la gran crisis que sufrió a principios de siglo. Aunque Argentina tiene una deuda internacional que supera los 120,000 millones de dólares, es un país cuya economía ha sido revitalizada y cuyo futuro es prometedor.

---

1. *stands out* 2. *successful* 3. *tripled* 4. *decade* 5. *foreign currency*

JORGE LUIS BORGES

Jorge Luis Borges nació en Buenos Aires, Argentina, el 24 de agosto de 1899 y murió en Ginebra, Suiza, en 1986. Borges escribió poemas, ensayos breves y cuentos y su obra lo ha convertido uno de los escritores más leídos del siglo XX. En 1923 publicó su primer libro de poemas, *Fervor de Buenos Aires,* seguido de un libro de poesía titulado *Luna de enfrente,* que fue publicado en 1925. Durante las décadas de 1930 a 1950, Borges se dedicó a la narrativa fantástica y produjo obras magistrales como *Ficciones y El Aleph. El Aleph* es una colección de 17 cuentos que muestra de una manera metafórica distintas realidades del mundo.

Después de la década de 1960 la fama de Borges alcanzó un nivel internacional. En 1961 recibió el Premio Formentor, que compartió con Samuel Beckett, además de innumerable menciones y galardones en Argentina y en el exterior. Es sorprendente que nunca ganó el Premio Nobel de Literatura dado el invaluable aporte que su obra representa.

 10–18. Comprender y pensar. En parejas, dibujen una tabla como la de abajo e incluyan la información apropiada en cada casilla. Incluyan dos puntos importantes que hayan aprendido sobre Argentina en las lecturas anteriores.

Argentina	Política	Economía	Perón / Evita	Historia	Plaza de Mayo	Jorge Luis Borges
País de América Latina		Productor de soya				

Gramática

Prepositional Pronouns

In *Capítulo 6, Tema 3* you studied the prepositions and the uses of **por, para, de, a** and **en.** When these or any other preposition (**ante, bajo, con, contra, sin, sobre** and others) are followed by a pronoun, you need to use the following set of pronouns: **mí, ti, él, ella, usted, nosotros/as, vosotros/as, ustedes, ellos, ellas.** These are called prepositional pronouns because they follow a preposition.

Note that only the first-person singular and the informal second-person singular have special forms. The rest are the same as subject pronouns.

Gramática **Recycling:** You may want to review the prepositions introduced in *Capítulo 6, Tema 3.*

Si quieres ver algo diferente, las Cataratas del Iguazú son para **ti**.
*If you want to see something different, the Iguazú Falls are for **you**.*

The rest of the prepositional pronouns are the same as the subject pronouns you are already familiar with (**usted, él/ella, nosotros/as, vosotros/as, ustedes, ellos/as**).

Si quieren ver una ciudad cosmopolita, Buenos Aires es para **ustedes**.

*If you want to see a cosmopolitan city, Buenas Aires is for **you**.*

The preposition **con** (*with*) followed by **mí** or **ti** becomes **conmigo** and **contigo** respectively.

¿Quieres viajar **conmigo** a Buenos Aires?
*Do you want to travel to Buenos Aires **with me**?*

Quiero viajar **contigo** a Buenos Aires.
*I want to travel to Buenos Aires **with you**.*

The preposition **entre** (*between*) does not cause the first-person singular pronoun and the second-person singular pronoun to become **mí** and **ti** respectively.

No quiero problemas **entre tú** y **yo**.
*I don't want any problems **between you** and **me**.*

Prepositional Verbs

1. Verbs followed by a different preposition in Spanish and in English

There are about forty fairly common verbs that require a preposition in Spanish that differs from its English counterpart. The following is a list of examples.

consistir en	*to consist of*	**enamorarse de**	*to fall in love with*
pensar en	*to think of*	**felicitar por**	*to congratulate on*
depender de	*to depend on*	**llegar a**	*to arrive in/at*
despedirse de	*to say goodbye to*		

2. Verbs followed by a preposition in Spanish but not in English

There are about twenty fairly common verbs that are followed by a specific preposition in Spanish whereas their English counterparts require none.

These verbs should be learned with the preposition. The following is a list of examples.

acordarse de	*to remember*	**empezar a**	*to begin (to do something)*
aprender a	*to learn how (to do something)*	**casarse con**	*to marry*
asistir a	*to attend (a place)*	**salir de**	*to leave (a place)*

3. Verbs followed by a preposition in English but not in Spanish

buscar	*to look for*	**esperar**	*to wait for*	**pedir**	*to ask for*

See *Grammar Reference 10* for information on personal *a*.

10–19. Identificación.

Lee cada noticia sobre Argentina e identifica: a) los pronombres preposicionales, b) los verbos preposicionales y c) los verbos que necesitan una preposición en inglés.

Noticias de Argentina

La presidenta dijo: "El partido de la oposición no quiere negociar conmigo".

Dos de los posibles eslóganes de la campaña electoral son "sin ti no podemos cambiar el futuro" y "contigo cambiaremos el futuro".

La nueva política económica consiste en liberalizar el mercado. El éxito de esta nueva política dependerá de muchos factores.

La presidenta felicitó al pueblo argentino por su participación en las últimas elecciones.

La presidenta argentina llegó a Chile y se entrevistó con Bachelet.

10–20. Compañeros de viaje.

A este diálogo le faltan algunos pronombres. ¿Sabes cuáles son?

PEDRO: ¿Tienes planes para las vacaciones de verano?

MARTA: Sí, voy a ir a Buenos Aires, pero no me gusta viajar sola. Quiero que alguien viaje _____ .

PEDRO: Pues a _____ me gustaría viajar _____ . Si quieres viajamos juntos.

MARTA: Me parece buena idea.

PEDRO: Pero tengo una sorpresa para _____ . Juan y Cecilia saben que tú y yo vamos a viajar a Buenos Aires y ellos quieren venir con _____ , ¿qué piensas?

MARTA: Prefiero viajar sin _____ porque creo que combinar las preferencias de cuatro personas será difícil.

10–21. Ideas lógicas. Con la información que han aprendido en este tema, escriban cinco oraciones lógicas seleccionando elementos de cada columna.

A	B	C	D
1. Juan Perón	**1.** consistir	**1.** a	**1.** los que desaparecieron durante la dictadura
2. Los estudiantes	**2.** aprender	**2.** con	**2.** las cataratas del Iguazú
3. Las Madres de Plaza de Mayo	**3.** acordarse	**3.** de	**3.** liberalizar los mercados
4. Los turistas	**4.** enamorarse	**4.** en	**4.** Evita Duarte en 1945
5. La nueva política económica	**5.** empezar		**5.** bailar tango
	6. salir		
	7. casarse		

 10–22. Un día desastroso. Juan Martín del Potro tenía que jugar en un partido importante, pero había tanto tráfico que llegó tarde. Aquí tienes la nota que le dejó a su novia explicándole la situación. Completa las preposiciones que falten.

10-22 **Answers:** 1. a; 2. a; 3. de; 4. en; 5. a; 6. de; 7. a; 8. a; 9. en

Hoy especialmente tenía que asistir _____ un partido puntualmente para poder prepararme antes de jugar, pero llegué _____ la cancha tarde. Salí _____ mi casa a tiempo pero tuve que esperar porque había un tráfico horrible. Pensé _____ tomar un taxi pero no llevaba suficiente dinero. Finalmente llegué y empecé _____ hacer ejercicios de calentamiento, pero no me acordaba _____ la hora exacta del partido. Le pedí _____ mi entrenador que cancelara el partido completo pero él se negó y me dijo que tenía que aprender _____ ser puntual. A veces pienso _____ buscar a un nuevo entrenador.

 10–23. ¿Y ustedes? En parejas, elijan uno de los siguientes temas para entrevistar a su compañero/a. Después, la otra persona debe elegir un tema diferente. Preparen preguntas interesantes y después compartan sus respuestas con otras parejas.

1. Las características de su pareja ideal
2. La persona más inolvidable que han conocido
3. Las cosas que les gustaría aprender si tuvieran todo el tiempo necesario
4. En qué consiste el secreto de la felicidad
5. De qué depende el éxito de un estudiante

A escuchar

Entrando en materia

10–24. Baile y música. Escribe una descripción breve de los movimientos corporales que se hacen con los siguientes tipos de música. ¿Con qué grupo de personas asocias cada tipo de música? ¿Cuál prefieres bailar? ¿Cuál prefieres escuchar? ¿Cuál quieres aprender? ¿Cuál te parece más difícil?

> **MODELO**
>
> **flamenco: movimientos con las manos y los dedos; se mueven los brazos; se dan zapatadas; se dan palmadas, etc.**

1. *rock*
2. tango
3. vals (*waltz*)
4. salsa
5. *hip-hop*

10–25. Vocabulario: Antes de escuchar. Por el contexto de las oraciones, deduce el significado de las palabras en negrita. Luego, en las listas que les siguen, indica qué idea de la columna de la derecha le corresponde a cada palabra de la izquierda.

10-25 **Answers:** 1. c ; 2. f; 3. b; 4. g; 5. a; 6. d; 7. e

1. En 1810, Argentina estaba **escasamente** habitada.
2. El bajo número de personas era un obstáculo para el progreso de Argentina, **es decir** que el progreso de Argentina dependía de aumentar la población.
3. En algunos territorios no vivía nadie; estos territorios estaban **deshabitados**.
4. Argentina debía **poblar** los territorios deshabitados.
5. Los inmigrantes preferían vivir en la ciudad **en lugar de** vivir en el campo.
6. La palabra **híbrida** es antónima de *pura*.
7. En español es incorrecto decir "eres no bajo"; el verbo y la negación deben estar en orden **inverso**, "no eres bajo".

1. escasamente
2. es decir
3. deshabitados
4. poblar
5. en lugar de
6. híbrida
7. inverso

a. implica la idea de "sustituir"
b. sin gente
c. opuesto de abundantemente
d. combinación de elementos
e. opuesto
f. en otras palabras
g. habitar

Miniconferencia **Teaching tip:** As all *miniconferencias* this one is designed for oral delivery in class with a partial outline to guide student comprehension. The recorded version on the textbook CD offers students reinforcement of content, vocabulary and listening skills outside of class.

MINICONFERENCIA

Lunfardo y tango: Dos creaciones de los inmigrantes

You may want to use the *Miniconferencia* PowerPoint presentation available on Instructor Site at www.wiley.com/college/gallego and at www.wileyplus.com.

Answers: 1. híbrida; 2. deshabitados; 3. en lugar de(l); 4. poblar; 5. es decir

Ahora su instructor/a va a presentar una miniconferencia.

10–26. Vocabulario: Después de escuchar. Completen las siguientes oraciones con una de las siguientes palabras.

es decir   deshabitados   poblar   en lugar (de)   híbrida

1. Había muchas nacionalidades entre los inmigrantes; la población de Buenos Aires era una población _____ .
2. Los territorios _____ no eran atractivos para muchos inmigrantes.
3. Los argentinos del siglo XIX preferían bailar el vals _____ tango.
4. El gobierno necesitaba _____ las áreas rurales.
5. El lunfardo y el tango no tenían prestigio en siglo XIX, _____ , que la clase social alta los consideraba de mal gusto.

  10–27. ¿Comprendieron? Contesten las siguientes preguntas según la información que escucharon.

1. ¿Qué problema quería resolver el gobierno con la inmigración? ¿Crees que resolvió ese problema?
2. ¿De qué nacionalidad era la mayoría de los inmigrantes?
3. ¿A qué área geográfica se refiere la cultura porteña? ¿Recuerdas por qué?
4. ¿Qué es el lunfardo?
5. ¿Qué conexión ves entre la inmigración, el lunfardo y el tango?
6. El tango fue rechazado en su país de origen y popularizado en el extranjero. En tu cultura, ¿existe o ha existido una situación semejante? Explica.

10–28. Hablemos del tema. Ustedes están en la embajada argentina en París. Están preparando un acto cultural y no saben si incluir un espectáculo de tango o no. Sólo tienen cinco minutos para tomar una decisión.

Sigan estos pasos:

ESTUDIANTE A: Tú eres el ministro francés de cultura. Eres un entusiasta del tango y sabes bailarlo. Presenta tu opinión dando razones para incluir el tango en el acto cultural.

ESTUDIANTE B: Tú eres el embajador de Argentina. No te gusta mucho el tango. Debes ser respetuoso con el ministro francés pero no debes permitir que él te diga lo que debes hacer en tu embajada.

Por si acaso

Persuadir y convencer

Te/Le propongo este plan...
I propose this plan...

Yo te/le doy... y a cambio tú/usted me da/s...
I give you... and in exchange you give me...

Te/Le prometo que...
I promise you that...

Vocabulario para conversar

Interrumpir para pedir una aclaración

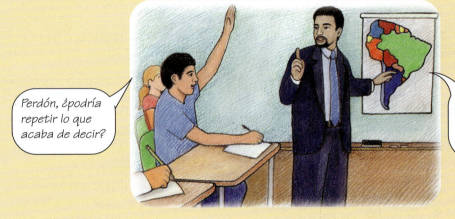

Perdón, ¿podría repetir lo que acaba de decir?

Por supuesto. Dije que Argentina es el segundo país más grande de Suramérica.

 In *Capítulo 1, Tema 2* we learned some expressions used to ask for clarifications while interacting with other speakers. In this section you will find some additional expressions to stop a conversation if clarification is needed.

The following phrases are useful in asking for further clarification

¿Puede(s)/Podría(s) repetir (eso)?	*Could you repeat (that), please?*
¿Puede(s)/Podría(s) repetir la pregunta?	*Could you repeat the question?*
¿Puede(s)/Podría(s) repetir lo que dijo/lo que dijiste?	*Could you repeat what you said, please?*
¿Puede(s)/Podría(s) ser más claro/a?	*Could you please make it a bit more clear?*
¿Cómo?	*How come? / What?*
¿De qué está(s) hablando?	*What are you talking about?*
¿Me puede(s)/podría(s) dar un ejemplo?	*Could you please give me an example?*
¿Qué dijo/dijiste?	*What did you say?*
Disculpe/a pero no entiendo.	*I am sorry but I don't understand.*
No le/te entendí.	*I didn't understand you.*
No me quedó claro lo que dijiste/dijo.	*What you said is not clear to me.*
Perdón, ¿puede(s)/podría(s) repetir lo que acaba de decir?	*Excuse me, could you repeat what you just said?*

10-29 **Answers:** 1. a; 2. e; 3. d; 4. c; 5. b

 10–29. Palabras en acción. Relacionen las expresiones de la columna izquierda con las de la derecha.

1. El verbo *to be* significa "ser" o "estar".
2. La cooperación internacional es un mecanismo mediante el cual los países se benefician mutuamente.
3. Lamento informarle que está despedido.
4. Las palabras agudas que terminan en *n*, *s* o vocal llevan tilde. Ej: canción.
5. ¿Es verdad que los miembros de Mercosur son Argentina, Brasil, Uruguay y Paraguay?

a. Disculpe pero no tengo claro ese concepto gramatical.
b. Perdón, ¿podría repetir la pregunta?
c. Podría darme otro ejemplo, por favor.
d. ¿Cómo? ¿De qué habla?
e. Perdón, ¿qué dijo sobre la cooperación internacional?

10–30 **Teaching tip:** You may wish to play the *A escuchar* track for *Capítulo 10, Tema 2* from the *Activities Manual,* which presents a relevant model.

 10–30. Una cuestión de acento. En grupos de cuatro estudiantes preparen la siguiente situación para la clase. Asegúrense de que cada estudiante interrumpa por lo menos una vez.

Estudiante A: Tú eres un/a instructor/a de español que acaba de llegar de Madrid. Tus estudiantes nunca habían tenido un profesor de España y a ellos les resulta difícil comprender tu acento. Por eso te interrumpen para pedir aclaraciones. Haz lo siguiente:

- Infórmales la fecha, el lugar y la hora del examen final.
- Menciona los temas y/o capítulos que deben estudiar.
- Explícales una regla gramatical a tus estudiantes.

Estudiantes B, C, D: Ustedes están en su clase de español pero no entienden muy bien el acento de su instructor/a. Interrúmpanlo/a para pedir una aclaración.

CURIOSIDADES

10–31. Escuchemos un tango. Lean y escuchen la siguiente canción. Después hagan la actividad que aparece al final.

VOLVER

DE CARLOS GARDEL

Yo adivino el parpadeo
de las luces que a lo lejos
van marcando mi retorno.

Son las mismas que alumbraron
con sus pálidos reflejos
hondas horas de dolor.

Y aunque no quise el regreso
siempre se vuelve
al primer amor.

La vieja calle
donde me cobijo
tuya es su vida
tuyo es su querer.

Bajo el burlón
mirar de las estrellas
que con indiferencia
hoy me ven volver.

Volver
con la frente marchita
las nieves del tiempo
platearon mi sien.

Sentir
que es un soplo la vida
que veinte años no es nada
que febril la mirada
errante en las sombras
te busca y te nombra.

Vivir
con el alma aferrada
a un dulce recuerdo
que lloro otra vez.

Tengo miedo del encuentro
con el pasado que vuelve
a enfrentarse con mi vida.

Tengo miedo de las noches
que pobladas de recuerdos
encadenen mi soñar.

Pero el viajero que huye
tarde o temprano
detiene su andar.

Y aunque el olvido
que todo destruye
haya matado mi vieja ilusión,
guardo escondida
una esperanza humilde
que es toda la fortuna
de mi corazón.

Volver
con la frente marchita
las nieves del tiempo
platearon mi sien.

Curiosidades **Teaching tip:** There are different versions of this song available if you search the Internet. It might also be a good idea to present a short video of the tango dance.

Por si acaso

Carlos Gardel

Carlos Gardel fue un popular cantante de tango cuya música todavía tiene popularidad en el presente. Se le considera el padre del tango y sus melodías se identifican con la época dorada del tango. Uruguayos y argentinos han mantenido cierta controversia sobre el lugar de nacimiento de esta figura mítica del tango. Datos fidedignos obtenidos de su partida de nacimiento han revelado que Gardel no nació ni en Uruguay ni en Argentina, sino en la ciudad de Toulouse, Francia, en diciembre de 1890.

Sentir
que es un soplo la vida
que veinte años no es nada
que febril la mirada
errante en las sombras
te busca y te nombra.

Vivir
con el alma aferrada
a un dulce recuerdo
que lloro otra vez.

1. Lean la letra de la canción y expliquen el título "Volver".
2. Seleccionen cinco palabras o expresiones que asocien con los sentimientos.
3. ¿Cómo crees que se sentía la persona que escribió esta canción? ¿Por qué?

Uruguay: La otra "Suiza" de América

Capital: Montevideo
Población: 3,477,778 habitantes
Grupos étnicos: blanco 88%, mestizo 8%, africano 4%
Idiomas: español
Moneda: peso
Área: un poco más pequeño que el estado de Washington

Lectura

Entrando en materia

Por si acaso

Expresiones útiles para comparar respuestas con otro estudiante

¿Qué tienes/ pusiste en el número 1/ 2/ 3?
Yo tengo/ puse a/ b.
Yo tengo algo diferente.
No sé la respuesta./ No tengo ni idea.
Creo que la respuesta es a/ b, pero no estoy seguro/a.
Creo que es cierto./Creo que es falso.

10–32 Answers: 1. F; 2. C; 3. C; 4. F; 5. C

 10–32. ¿Qué saben de Uruguay? Miren el mapa y la información sobre Uruguay y decidan si estas oraciones son ciertas o falsas. Si pueden, corrijan las falsas. Si no están seguros/as, repasen sus respuestas después de leer la sección para ver si eran correctas.

1. Uruguay limita con Brasil al norte y con Chile al sur.
2. La mayoría de los habitantes de este país son de descendencia europea.
3. El portuñol se habla en Uruguay porque es un país vecino de Brasil, donde se habla portugués.
4. El portuñol se habla sólo en Uruguay, dado que es el único país del Cono Sur que limita con Brasil.
5. Al igual que Costa Rica, Uruguay también se conoce como la "Suiza de América".

Perfil de Uruguay

BLANCOS Y COLORADOS

Desde que Uruguay se independizó de España en 1825, el país ha experimentado frecuentes períodos de inestabilidad política. El origen de esta inestabilidad ha sido esencialmente la división entre dos grupos políticos en oposición: los Blancos (conservadores) y los Colorados (liberales).

Bajo el régimen progresista del líder colorado José Batlle Ordóñez entre 1903 y 1915, Uruguay comenzó a experimentar una gran prosperidad económica. Batlle Ordóñez gobernó en dos períodos presidenciales (1903–07 y 1911–15) y bajo su gobierno **se sentaron**[1] las bases de una democracia progresista estable.

LA REBELIÓN DE LOS TUPAMAROS

El país experimentó cierta paz hasta mediados de la década de 1960, por lo que se ganó el nombre de la "Suiza de América". A partir de la década de 1970 comenzó una época de inestabilidad económica que dio lugar a conflictos **laborales**[2] y al surgimiento de la guerrilla de los tupamaros. Estos guerrilleros izquierdistas querían transformar radicalmente el país. Creían que la crisis económica de Uruguay se debía a la ineptitud del gobierno para diversificar la economía y **desenfatizar**[3] la centralización del desarrollo económico en Montevideo en detrimento del resto de las provincias del país.

DE LA INESTABILIDAD A LA ESTABILIDAD DEMOCRÁTICA

La crisis económica de los años 60 y 70 dio lugar a un clima de violencia, ley marcial, represión de las libertades constitucionales, secuestros de políticos y ciudadanos importantes en el **mundo de los negocios**[4], **asaltos**[5] a bancos y desorden político en general. Este país, que durante décadas había servido de modelo democrático para otros países de Latinoamérica, perdió su prestigio y posición privilegiada.

En 1973, el presidente Juan María Bordaberry, **apoyado**[6] por un grupo de militares, asumió plenos poderes, disolvió el Parlamento y lo sustituyó por un Consejo de Estado. Posteriormente, los militares derrocaron a Bordaberry y lo sustituyeron por otro presidente más fácil de manejar. Tras una serie de intentos para **"aparentar"**[7] que el gobierno era constitucional, los militares tomaron directamente el gobierno del país. Este gobierno represivo militar duró doce años y devastó la economía del país. El descontento social y la situación económica dieron lugar al exilio de más de 300,000 uruguayos.

En 1986 el régimen acordó el retorno de un gobierno régimen democrático civil. Después de doce años de dictadura militar, el pueblo uruguayo eligió como presidente a Julio Sanguinetti (del partido Colorado). Al gobierno de Sanguinetti le han seguido una serie de gobiernos democráticos cuyo común denominador ha sido y sigue siendo recuperar y revitalizar la estabilidad económica y social.

MARIO BENEDETTI

Mario Benedetti nació en Montevideo el 14 de septiembre de 1920, en Paso de los Toros. Entre 1938 y 1941 residió casi continuamente en Buenos Aires. Es uno de los autores más importantes de habla hispana y su obra está comprometida con la realidad política y social de su país.

En 1945, de vuelta en Montevideo, fue miembro del equipo de redacción del periódico *Marcha*. En 1949 publicó

---

1. *established*   2. *related to work*   3. *de-emphasize*   4. *business world*   5. *robberies*
6. *supported*   7. *feign*

Esta mañana, su primer libro de cuentos, y un año más tarde la colección de poemas *Sólo mientras tanto*. La novela *La tregua*, que apareció en 1960, le dio fama internacional. Esta novela ha tenido más de un centenar de ediciones, ha sido traducida a diecinueve idiomas y llevada al teatro, la radio, la televisión y el cine. En 1973 Benedetti tuvo que abandonar su país por razones políticas. Durante sus doce años de exilio vivió en Argentina, Perú, Cuba y España.

 10–33. Síntesis. En parejas, una persona va a preparar una prueba de tres preguntas sobre temas de las lecturas anteriores. Háganse las preguntas para ver si pasan la prueba de su compañero/a. Aquí tienen los temas para las preguntas:

Estudiante A	**Estudiante B**
El partido Blanco y el partido Colorado	La política de Uruguay en las décadas de 1960 y 1970
El régimen de José Batlle Ordóñez	Los efectos de la dictadura
Objetivos de los tupamaros	La situación política desde 1990 hasta el presente

 10–34. Ampliación. Hagan la siguiente investigación para saber más sobre la vida y obra de Mario Benedetti. Visiten la biblioteca o el Internet para encontrar algún dato curioso o interesante sobre la vida o la obra de este escritor. Después, preparen un breve informe oral para presentar lo que encontraron.

Gramática

Progressive Tenses

Formation

The progressive tense is formed with the verb **estar** plus the gerund of a verb. In English, the gerund ends in *-ing* (*talking, walking*). In Spanish, the gerund ends in **-ando** for **-ar** verbs and **-iendo** for **-er** and **-ir** verbs.

aceptar ➔ acept**ando**   mantener ➔ maten**iendo**   residir ➔ resid**iendo**

There are some irregular forms you need to remember.

1. Stem-changing verbs from **e ➔ i** and **o ➔ u** show the stem change in the gerund.

   s**e**ntir ➔ s**i**ntiendo   d**o**rmir ➔ d**u**rmiendo

2. When the stem of an **-er** or **-ir** verb ends in a vowel, the **i** of the **-iendo** ending changes to **y.**

   le-er ➔ le**y**endo   o-ír ➔ o**y**endo

In the progressive tenses only the verb **estar** is conjugated; the **-ando/-iendo** ending never changes.

Forms of the Indicative

Present	estoy hablando	Future	estaré durmiendo
Preterite	estuve diciendo	Conditional	estaría estudiando
Imperfect	estaba leyendo		

Forms of the Subjunctive

Present	esté escribiendo	Imperfect	estuviera pidiendo

Uses

Use the progressive tenses to describe actions that are ongoing or in progress at the moment of speaking.

Do not use the progressive in Spanish to indicate a future or anticipated action. Use the present tense instead.

> **Nos vamos a/ Salimos para** Montevideo esta tarde.

> *We are leaving for Montevideo this afternoon.*

Gerund (*-ndo* form) versus Infinitive

In English, the gerund can function as a noun. This means that it can be the subject or the object of a sentence. In Spanish, the equivalent of the gerund in this function is the infinitive. The gerund in Spanish can never function as a noun.

> **Viajar** por Uruguay es muy interesante.

> *Travelling in Uruguay is very interesting.*

> Me gusta **pasar** el rato con mis amigos uruguayos.

> *I like spending time with my Uruguayan friends.*

10–35. Identificación. ¿Cuánto tiempo pasas haciendo estas actividades? Marca con una X la actividad que corresponda y después habla con tu compañero/a sobre tus selecciones.

	Paso mucho tiempo	Paso poco tiempo	Nunca lo hago
1. hablando por teléfono con mis padres	❑	❑	❑
2. saliendo con un/a amigo/a especial	❑	❑	❑
3. estudiando español	❑	❑	❑
4. viendo televisión	❑	❑	❑
5. haciendo ejercicio	❑	❑	❑
6. participando en actividades universitarias	❑	❑	❑
7. yendo a fiestas	❑	❑	❑
8. discutiendo con mi compañero/a de cuarto	❑	❑	❑

10–36. Visita imaginaria a Uruguay. En parejas, hagan lo siguiente:

Estudiante A: Imagina que estás pasando unas vacaciones en una playa paradisíaca de Uruguay. Visualiza tu estancia en esta playa y dile a tu compañero/a lo que "estás viendo" en tu imaginación. Puedes describir lo que estás haciendo, quiénes están allí y qué está ocurriendo en la playa, etc. Sé lo más descriptivo posible.

Estudiante B: Tienes que dibujar la escena exactamente tal y como la describe tu compañero/a; por eso, necesitas hacerle preguntas para averiguar todos los detalles de las vacaciones que está imaginando. Al final muéstrale tu dibujo a tu compañero para ver si comprendiste claramente su visión. Después cambien sus roles.

Reporten a la clase lo que ha dicho su compañero/a. Por ejemplo: John me dijo/ha dicho que estaba tomando el sol.

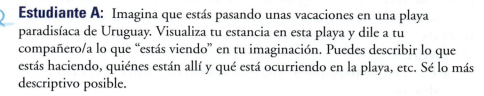

Lectura

Entrando en materia

 10–37. Anticipación. En parejas hagan lo siguiente:

1. Lean el título de la lectura y miren las fotos. ¿Pueden identificar el tema general del texto?
2. ¿En qué medio esperarían encontrar un texto como este? Marquen con una X los que correspondan.
   a. Un folleto turístico
   b. La sección de negocios de un periódico
   c. El Internet
3. La lectura está dividida en seis párrafos. Hagan una lectura rápida e intenten predecir el tema central de cada uno de los párrafos.

   Párrafo 1: _____
   Párrafo 2: _____
   Párrafo 3: _____
   Párrafo 4: _____
   Párrafo 5: _____
   Párrafo 6: _____

10–38. Vocabulario: Antes de leer. Busquen las siguientes palabras en la lectura. Intenten deducir su significado basándose en el contexto y usando las opciones **a** o **b**. Si no les queda claro, revisen sus respuestas después de terminar la lectura.

1. **aterrice**
   a. Un avión aterriza cuando entra en contacto con la tierra y llega a su destino.
   b. Un avión aterriza cuando los pilotos se preparan para comenzar un vuelo.

2. **grabada**
   a. registrada
   b. grande y buena

3. **recorrido**
   a. la ruta o la distancia entre dos o más lugares
   b. una gran variedad de cosas

4. **descongestionada**
   a. significa "mucho tráfico y polución"
   b. lo contrario de "mucho tráfico y polución"

5. **inesperadamente**
   a. sinónimo de *sorprendentemente*
   b. sinónimo de *esperar*

6. **época dorada**
   a. era o período especial
   b. la época de El Dorado

Acerca de Uruguay

Imagínese que está cómodamente sentado a unos miles de metros de altura. Faltan escasos minutos para que el avión **aterrice** en suelo uruguayo. Por la ventanilla, una primera imagen le quedará **grabada**: el extenso manto verde de las praderas que cubren casi totalmente el país. Lentamente, el Río de la Plata, ancho como el mar, irá

ingresando en el marco de su ventanilla, poniéndole límites a la llanura. Y un poco más allá, entre el verde y el mar, Montevideo comenzará a tomar forma.

Una vez en tierra, son varias las sorpresas que le esperan. Sólo cinco minutos lo separan de la ciudad. Y en otros veinte minutos ya estará en pleno centro de la capital, centro de las finanzas y negocios del país. Para llegar al estresante mundo de los negocios emprenderá un agradable **recorrido** a través de 20 kilómetros de una hermosa y **descongestionada** avenida costera, La Rambla, que bordea playas de finas arenas. En esta travesía se sentirá escoltado por numerosos montevideanos que aprovechan cada minuto de su tiempo libre para practicar deportes, caminar o pasear en bicicleta. (M)

> **M** omento de reflexión
>
> ¿Verdadero o falso?
> Esta parte del texto describe:
> _____ Montevideo como una ciudad incómoda, congestionada por el tráfico y con mucha polución.

En Montevideo es posible almorzar o cenar, por negocios o placer, en muchos restaurantes especializados en cocina internacional. Pero no se puede pasar por Uruguay sin experimentar el sabor único del más auténtico plato nacional: el asado (carne a las brasas, al estilo uruguayo), servido en una auténtica parrillada (restaurante especializado en asado). Porque la carne uruguaya es el resultado de la generosidad de la naturaleza, llega a su mesa en estado puro, sin intervención de hormonas ni procesos artificiales.

Una de las costumbres uruguayas que no pasan inadvertidas es la de beber mate. Se trata de una infusión caliente, parecida al té, que se elabora a partir de la yerba mate y se bebe de una pequeña calabaza (mate), a través de un sorbete de metal (bombilla). Los uruguayos lo toman durante la mañana o por la tarde, en la calle o la oficina, solos o en compañía de amigos. (M)

> **M** omento de reflexión
>
> ¿Cuál de estas dos afirmaciones resume mejor el contenido de los dos párrafos anteriores?
> ☒ 1. Comer carne asada y beber yerba mate son dos tradiciones importantes en la cultura uruguaya.
> ☐ 2. La costumbre uruguaya de beber mate es similar a la costumbre británica de tomar té.

El visitante observará un altísimo nivel cultural en el país. Producto de una tradición de acentuada formación humanística y apertura hacia el mundo, dos de cada diez uruguayos se expresan artísticamente, lo cual da lugar a un movimiento plástico, literario y musical de calidad y en constante desarrollo.

Por la noche, el tango se convierte en un verdadero protagonista de la ciudad. **Inesperadamente** para muchos, Montevideo es, junto a Buenos Aires, la "capital del tango". Dos emisoras de radio dedicadas exclusivamente a su difusión, más de veinte tanguerías y siete escuelas de baile, dan cuenta de esta particularidad. Hoy, el tango mantiene la sensualidad de sus **épocas doradas**, sin espectacularidades ni acrobacias, en un país que conserva este género musical en su estado más puro.

10–39. ¿Qué comprendieron? Completen estas oraciones de forma lógica según la información del texto.

1. Para llegar a Montevideo desde el aeropuerto se necesitan _____ minutos.
2. El recorrido desde el aeropuerto hasta el centro de la ciudad es de _____ minutos.
3. "La Rambla" es _____.
4. El asado es _____ que se sirve en _____.
5. La carne uruguaya es especial porque _____.
6. Consumir yerba mate es una tradición que consiste en _____.
7. El _____ % de la población uruguaya se expresa artísticamente.
8. Una tanguería es un lugar donde _____.

10–40. Vocabulario: Después de leer. En parejas, cada estudiante debe elegir tres palabras de la lista y hacerle tres preguntas a su compañero/a. Sean creativos pero recuerden que las preguntas deben tener sentido.

aterrice	grabado	recorrido
descongestionado	inesperadamente	época dorada

10–41. Hablemos del tema. En parejas, preparen una presentación oral sobre Uruguay. Incluyan los siguientes temas:

- Aspectos históricos importantes del pasado y del presente
- Descripción de Montevideo
- Costumbres y tradiciones
- Otros temas de su elección

Corregir a otras personas

Argentina tiene costa en el Pacífico, ¿no?

Creo que estás equivocado. Estoy segura de que tiene costa en el Atlántico.

In *Capítulo 4, Tema 2*, you studied some phrases to express agreement and disagreement. In this section you will learn expressions that will allow you to politely correct other people while expressing agreement or disagreement.

No, al contrario. Creo que...	*No, just the opposite. I think/believe that...*
¿Estás seguro/a?	*Are you sure?*
Creo que estás equivocado/a.	*I believe you are mistaken.*
Estoy seguro/a (de) que...	*I am sure that...*
No, (a mí) me parece que...	*No, I believe/I think that...*
No, yo creo que...	*I don't think that...*
Si la memoria no me falla creo que...	*If my memory doesn't fail me, I think that...*
Si mal no recuerdo creo que...	*If I remember correctly, I think that...*
Si me acuerdo bien creo que...	*If I remember correctly, I think that...*
Si no me equivoco...	*If I am not mistaken...*

10–42. Palabras en acción: Lean los enunciados que aparecen en la siguiente página. Reaccionen usando las expresiones que aparecen en la lista anterior.

> **MODELO**
>
> **Perón dio un golpe de estado en Chile en 1973.**
> **Si no me equivoco fue Pinochet.**

10-43 Teaching tip: You may want to assign this activity in advance. Encourage students to write sentences that are challenging. The sentences can be later used to review the content of the chapter.

1. La capital de Uruguay es Asunción, ¿no?

_____

2. A mí me parece que el tango es horrible.

_____

3. Carlos Gardel cantaba salsa, ¿cierto?

_____

4. La dictadura de Pinochet duró como cinco años.

_____

5. Creo que la economía de Argentina ha empeorado en los últimos diez años. ¿No te parece?

_____

10-43 Teaching tip: You may wish to play the *A escuchar* track for *Capítulo 10, Tema 3* from the *Activities Manual,* which presents a relevant model.

10–43. ¿Quién tiene razón? Cada uno de los estudiantes va a escribir una lista de cinco oraciones relacionadas con el contenido del capítulo. Por lo menos tres de las oraciones deben tener información que no es correcta y que se debe corregir. En grupos de cuatro, cada estudiante va a turnarse para leer una oración. El estudiante sentado a la derecha del que lee su lista va a corregir lo que diga el otro estudiante expresando acuerdo o desacuerdo con lo dicho.

COLOR Y FORMA

Los buenos recuerdos, de Cecilia Brugnini.

Los buenos recuerdos, de Cecilia Brugnini

Cecilia Brugnini nació en Montevideo el 8 de septiembre de 1943. Estudió arte en el Hornsey College of Arts and Crafts en Londres. A su regreso a Uruguay se dedicó a la tapicería, siendo autodidacta en la materia. Enseñó tapicería en la Universidad del Trabajo de Uruguay y actualmente da clases en su taller de la calle D. F. Berro 808.

10–44. Mirándolo con lupa. Trabajen en parejas para analizar el cuadro.

1. Describan la imagen principal del cuadro. En su opinión, ¿qué representa esta imagen?
2. ¿Por qué creen que la obra se llama *Los buenos recuerdos*?
3. Identifiquen los objetos contenidos dentro de la imagen principal.
4. ¿Creen que este cuadro contiene información autobiográfica sobre la artista? Expliquen.
5. Usando los objetos identificados en la pregunta 3, reconstruyan una historia o relato sobre los "buenos recuerdos" de la artista.

Paraguay: En el corazón de América

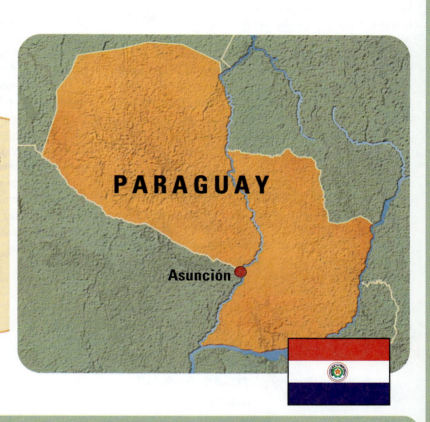

Capital:	Asunción
Población:	6,669,086 habitantes
Grupos étnicos:	mestizo 95%, amerindio, blanco y otros 5%
Idiomas:	español y guaraní
Moneda:	guaraní
Área:	aproximadamente del tamaño de California

Lectura

Entrando en materia

10-45 **Answers:** 1. F; 2. F; 3. C; 4. C; 5. C

 10–45. ¿Qué saben de Paraguay? Decidan si estas oraciones son ciertas o falsas. Si pueden, corrijan las falsas. Si no están seguros/as, repasen sus respuestas después de leer la sección para ver si eran correctas.

1. El nombre del país se deriva de "paraguas".
2. Aunque se habla guaraní, solamente el español es lengua oficial.
3. Paraguay no tiene costa marítima.
4. Los paraguayos beben mate, que es también una bebida popular en Argentina y Uruguay.
5. La democracia en Paraguay tiene una historia relativamente corta.

10-44 **Teaching tip:**
Paraguay is a Guaraní word that means "a place with a great river."

Por si acaso

Expresiones útiles para comparar respuestas con otro estudiante

¿Qué tienes/ pusiste en el número 1/ 2/ 3?
Yo tengo/ puse a/ b.
Yo tengo algo diferente.
No sé la respuesta./ No tengo ni idea.
Creo que la respuesta es a/ b, pero no estoy seguro/a.
Creo que es cierto./Creo que es falso.

Perfil de Paraguay

DESCUBRIMIENTO DEL TERRITORIO PARAGUAYO

Los aborígenes de Paraguay eran indígenas pertenecientes a varias tribus que compartían una cultura y una lengua común, la guaraní. Su población era muy numerosa cuando el navegante portugués Aleixo García descubrió los territorios del actual Paraguay. Aleixo García, quien formaba parte de la expedición de Juan Díaz de Solís, estaba buscando una ruta hacia los Andes. A su regreso exploró la región de la actual Asunción, lugar donde los indígenas paiaguás lo mataron, alrededor de 1525.

LA EVANGELIZACIÓN JESUITA Y LA INDEPENDENCIA

A finales del siglo XVI los jesuitas comenzaron a organizar las primeras misiones jesuíticas, o reducciones, que eran concentraciones de indígenas para facilitar la evangelización. En estas reducciones se desarrollaba una vida comunitaria muy similar a la que los indígenas llevaban en sus respectivas comunidades. Teniendo una autonomía casi completa de las autoridades civiles y religiosas, los jesuitas se convirtieron en el grupo más poderoso de la época colonial.

UNA COMUNIDAD BILINGÜE

El guaraní es una lengua amerindia hablada hoy en día por el 89% de la población, sin embargo el español, hablado por el 55%, ha sido el idioma tradicional en las escuelas y el gobierno. Se estima que el 48% de los habitantes de Paraguay son bilingües.

Uno de los **retos**[1] del gobierno es la implementación de la educación bilingüe. Hasta el establecimiento de la constitución de 1992, el guaraní no se usaba en las escuelas. La nueva constitución reconoce el derecho a la enseñanza bilingüe. Sin embargo, todavía hay mucho por hacer para que la enseñanza bilingüe esté garantizada.

Otro aspecto que requiere atención es la normalización del guaraní como lengua escrita, es decir, es necesario establecer unas reglas sobre cómo escribir el guaraní. También es necesario ampliar el vocabulario para que la lengua sirva de vehículo de comunicación en cualquier contexto.

 10–46. En detalle. Contesten las siguientes preguntas para verificar su comprensión de la sección anterior.

1. ¿Qué cultura y lengua tenía la población indígena de Paraguay cuando llegaron los españoles?
2. ¿Qué eran las reducciones?
3. ¿Cómo era la vida comunitaria de los indígenas en las reducciones?
4. Explica qué aspectos positivos y/o negativos observas en la implementación de la educación bilingüe en Paraguay.

---

1. *challenges*

FERNANDO LUGO

Fernando Lugo (1951), presidente de Paraguay y **obispo**[1] católico retirado, nació en San Solano y ha dedicado su vida al trabajo con los menos favorecidos del país. Después de treinta años dedicado a su formación y al **sacerdocio**[2], Lugo renunció a sus labores eclesiásticas para dedicarse de lleno a la política paraguaya. A Fernando Lugo se le conocía como el "obispo de los pobres" y en su papel como presidente ha decidido no recibir sueldo ya que cree que ese dinero le pertenece a gente más humilde.

Su elección como presidente de Paraguay pone fin a la hegemonía gubernamental que había tenido el partido Colorado por más de 60 años. Lugo se considera a sí mismo "centrista" y afirma que su labor está concentrada en mejorar la situación de los pobres y atacar la corrupción que afecta al país. Se espera que Lugo lleve a cabo una reforma agraria en Paraguay y **no se descarta**[3] la posibilidad de que se revise la constitución de 1992.

 10–47 Lo bueno y lo malo. En parejas, hagan una lista de los aspectos positivos y negativos del gobierno de Lugo. Después, intercambien sus listas con otras parejas para ver si sus impresiones coinciden.

Ven a conocer

En esta sección van a leer sobre varios aspectos interesantes de Paraguay, como son la artesanía local, una comunidad de menonitas, los vestigios de la cultura colonial, la pesca deportiva y las cataratas de Iguazú.

 10–48. Vacaciones y actividades. Descubran qué actividades de la lista prefieren hacer sus compañeros/as durante unas vacaciones al extranjero. Si los miembros del grupo no han viajado al extranjero, pueden imaginar lo que les gustaría hacer si tuvieran la oportunidad. Al final, combinen sus resultados para ver qué actividades son las más populares entre ustedes.

Ven a conocer **Teaching tip:** Recording avilable on the textbook CD.

1. pescar
2. tomar el sol
3. caminar
4. estudiar las costumbres de las personas del lugar
5. ver y comprar artesanía
6. tomar fotos
7. comer la comida típica del lugar
8. hacer amigos/as en el lugar

---

1. *Bishop*   2. *priesthood*   3. *is not ruled out*

Bienvenido *Eguache porá*

Eguache Pora, bienvenido a Paraguay. Aquí hay algo de interés para todo el mundo. Los admiradores de la artesanía local pueden visitar Itaguá, a sólo veinticinco minutos en carro de Asunción. Este pueblo es conocido por su **ñandutí**[1], donde el visitante podrá observar el proceso artesano de la producción del ñandutí.

Para aquéllos que quieran familiarizarse con un tipo de cultura colonial diferente de la española, la visita a Filadelfia puede ser de interés. Es una comunidad de menonitas en medio de la región del Chaco. Esta comunidad continúa las tradiciones de los primeros menonitas que llegaron a Paraguay en 1927. Un aspecto interesante de esta visita es ver cómo la comunidad menonita ha logrado prosperar en medio de una de las áreas más desoladas y deshabitadas del país. Esta comunidad ha demostrado que la explotación agrícola del territorio es posible.

La cultura colonial española se puede observar en Trinidad, una de las reducciones jesuíticas mejor conservadas. Las paredes originales de la reducción aún se conservan y también el **tallado**[2] de algunas de ellas. El viajero puede usar la ciudad de Encarnación como base y hacer excursiones cortas a diferentes ruinas coloniales, incluyendo las de Trinidad.

La pesca deportiva del dorado, un pez parecido al salmón, es muy popular en el área del río Paraná. Ayolas es un pueblo que atrae a las personas interesadas en la pesca del dorado.

Si te interesan las obras de ingeniería, debes visitar la **represa**[3] de Itaipú, el proyecto hidroeléctrico más grande del mundo. En la misma región se encuentran las cataratas del Iguazú. Estas cataratas no están propiamente en territorio paraguayo, pero Ciudad del Este ofrece un acceso fácil desde el lado brasileño de las cataratas. El otro lado está en Argentina. La Ciudad del Este le ofrece al turista la oportunidad de comprar sin pagar impuestos.

---

1. *lace*   2. *carving*   3. *dam*

10–49. Planear un viaje. Tienen quince días de vacaciones para visitar Paraguay. En parejas, planeen un itinerario de viaje basado en la información de la sección *Ven a conocer*. Busquen información sobre vuelos y hoteles disponibles en la región de su preferencia durante esos días y preparen un informe completo para presentarlo en clase.

10-49 **Teaching tip:** You may want to explain that *8 días* is the equivalent to one week and *15 días* the equivalent to 2 weeks. Allow students to plan their work in class, and assign the research part to be completed as homework, so that they can use Internet and other resources to find all the necessary information.

Viaje virtual

Eres el/la guía de un grupo de turistas de visita en Paraguay. Existe la oportunidad de hacer una última excursión antes de terminar un viaje de dos semanas. Ve a la red y busca información sobre estos tres lugares. Según la información que encuentres, decide adónde vas a llevar a tu grupo. Anota datos sobre cada lugar para justificar tu decisión en clase.

1. La Santísima Trinidad de Paraná, ruina jesuítica declarada Patrimonio Histórico de la Humanidad por la UNESCO
2. Casa de la Independencia, sede de reuniones de aquellos revolucionarios que buscaban la libertad de España
3. La planta hidroeléctrica de Itaipú, la más grande del mundo

10–50. Un ensayo informativo. En este ensayo vas a informar al lector sobre las diferencias entre una dictadura y una democracia como formas de gobierno. Vas a usar la técnica de comparación y contraste.

Preparación

Lo primero que debes hacer es recopilar información sobre las características de estos dos tipos de gobierno. Busca información en Internet o en la biblioteca para responder a estas preguntas. ¿Quieres añadir o cambiar alguna de estas preguntas?

1. ¿Cuáles son las diferencias fundamentales entre una dictadura y una democracia como formas de gobierno?
2. ¿Cuáles son las ventajas y desventajas de ambos tipos de gobierno?
3. ¿Qué diferencias y semejanzas hay entre diferentes tipos de dictaduras?
4. ¿Qué diferencias y semejanzas hay entre diferentes tipos de democracias?
5. ¿Qué ejemplos históricos en Latinoamérica (u otros países) indican la eficacia o ineficacia de estos tipos de gobierno?

A escribir

1. Usa las preguntas de enfoque para organizar el ensayo en varios párrafos.

Párrafo 1:   Introducción que exprese claramente el propósito del ensayo (la tesis)
Párrafo 2:   Pregunta de enfoque 1
Párrafo 3:   Pregunta de enfoque 2
Párrafo 4:   Pregunta de enfoque 3
Párrafo 5:   Pregunta de enfoque 4
Párrafo 6:   Conclusión resumiendo brevemente la información presentada

2. Las siguientes expresiones te servirán para hacer comparaciones y contrastes:

A diferencia de	*Unlike; in contrast to*
Al contrario	*On the contrary*
Al igual que	*The same as*
Compartir las mismas características	*To share the same features*
De la misma manera	*In the same way*
En cambio	*On the other hand; instead*
En contraste con	*In contrast to*
Sin embargo	*Nevertheless; however*
Tener algo en común	*To have something in common*

Revisión

Escribe el número de borradores que te indique tu instructor/a y revisa tu texto usando la guía de revisión del Apéndice C. Escribe la versión final y entrégasela a tu instructor/a.

El escritor tiene la palabra

ENRIQUE ANDERSON IMBERT

Nació en Córdoba, Argentina, en 1910 y murió en Buenos Aires en 2000. Fue un destacado novelista, ensayista, crítico literario y cuentista. Anderson Imbert fue profesor universitario en Argentina y en los Estados Unidos.

Anderson Imbert es conocido por sus "microcuentos" en los que mezcla la fantasía y el realismo mágico. El cuento que se incluye aquí es una buena muestra de este género.

10–51. Entrando en materia. Contesten las siguientes preguntas:

- La muerte es parte de la vida. ¿Le temes?
- ¿Cómo te sientes al pensar en tu eventual muerte?
- ¿Qué colores o palabras asocias con la muerte?
- En este cuento hay dos personajes, ¿puedes saber quiénes son?
- ¿Con qué palabras describirías a la muerte si tuvieras que hacerla un personaje? ¿Sería un hombre, una mujer u otra cosa?

La Muerte

La **automovilista**[1] (negro el vestido, negro el pelo, negros los ojos pero con la cara tan pálida que a pesar del mediodía parecía que en su **tez**[2] **se hubiese detenido**[3] un **relámpago**[4]) la automovilista vio en el camino a una muchacha que hacía señas para que parara. Paró.

— ¿Me llevas? Hasta el pueblo no más—dijo la muchacha.

— **Sube**[5]—dijo la automovilista. Y el auto **arrancó**[6] a toda velocidad por el camino que bordeaba la montaña.

— Muchas gracias—dijo la muchacha con un gracioso **mohín**[7]—pero ¿no tienes miedo de **levantar**[8] por el camino a personas desconocidas? Podrían hacerte daño. ¡Esto está tan desierto!

— No, no tengo miedo.

— ¿Y si levantaras a alguien que **te atraca**[9]?

— No tengo miedo.

— ¿Y si te matan?

— No tengo miedo.

— ¿No? Permíteme presentarme—dijo entonces la muchacha, que tenía los ojos grandes, **límpidos**[10], imaginativos y enseguida, conteniendo la risa, **fingió**[11] una voz **cavernosa**[12]. Soy la Muerte, la M-u-e-r-t-e.

La automovilista sonrió misteriosamente.

En la próxima curva el auto **se desbarrancó**[13]. La muchacha quedó muerta entre las piedras. La automovilista siguió a pie y al llegar a un cactus desapareció.

 10–52. Nuestra interpretación del cuento. En parejas, contesten estas preguntas:

1. ¿Les e sorprendió el final? ¿Qué esperaban?
2. ¿Cuál es la ironía de la historia?
3. ¿Creen que la historia hubiese sido diferente si la persona conduciendo fuera un hombre? Expliquen su respuesta.
4. Hagan una predicción sobre lo que podría haber ocurrido si la mujer que se subió al carro no hubiera hecho chistes sobre la muerte.
5. ¿Qué otro título sería apropiado para este cuento?

 10–53. Ustedes tienen la palabra. En grupos de tres escriban un final diferente para el cuento. Usen su imaginación y sentido del humor y compartan su cuento con la clase.

---

1. *driver*   2. *complexion*   3. *would have stopped*   4. *flash of lightning*   5. *Get in*   6. *started*   7. *grimace*   8. *pick someone up*
9. *mugs you*   10. *pure, smooth*   11. *faked*   12. *spooky*   13. *went over a sheer drop*

Vocabulario

Ampliar vocabulario

aterrizar	*to land*
cariño	*affection*
descongestionado/a	*not congested*
deshabitado/a	*uninhabited*
dueño/a	*owner*
en este sentido	*in this respect*
en lugar de	*instead of*
época dorada	*golden era*
equivocarse	*to be mistaken; to make a mistake*
es decir	*that is*
escasamente	*scarcely*
grabar	*to record*
híbrido/a	*hybrid*
incluso	*even*
inesperadamente	*unexpectedly*
inverso/a	*reverse*
más bien	*rather*
poblar (ue)	*to populate*
recorrido	*distance; route; run*
recuerdos	*memories*
regresar	*to return (to a place)*

Vocabulario glosado

aparentar	*to feign*
apoyar	*to support*
arrancar	*to start*
asaltos	*robberies*
atracar	*to mug someone*
automovilista *m/f*	*driver*

cavernosa	*spooky*
decenio	*decade*
desbarrancarse	*to go over a sheer drop*
desenfatizar	*to de-emphasize*
destacar	*to stand out*
detenerse	*to stop*
divisas	*foreign currency*
exitoso/a	*successful*
fingir	*to fake*
fomentar	*to foster*
galardonar	*to award a prize*
golpe militar	*military coup*
laboral	*related to work*
levantar	*to pick someone up*
límpido	*pure, smooth*
mohín	*grimace*
mundo de los negocios	*business world*
ñandutí *f*	*lace*
no se descarta	*is not ruled out*
obispo *m*	*Bishop*
partidarios	*followers*
relámpago	*flash of lightning*
represa *f*	*dam*
reto	*challenge*
sacerdocio	*priesthood*
sentarse	*to establish*
subir	*to get in*
tallado *m*	*carving*
tez	*complexion*
triplicar	*to triple*

Vocabulario para conversar

Para hablar de los pros y los contras de una situación

Esta opción es/no es buena porque...	*This option is/is not good because . . .*
Esta opción es/no es válida porque...	*This option is/is not valid because . . .*
Esta opción tiene sentido/no tiene sentido porque...	*This option makes/doesn't make sense because . . .*
Lo bueno (de + inf) es/será/sería que...	*The good thing (about + gerund) is/will be/would be that . . .*
Lo malo (de + inf) es/será/sería que...	*The bad thing (about + gerund) is/will be/would be that . . .*
Lo negativo (de + inf) es/será/sería que...	*The negative thing (about + gerund) is/will be/would be that . . .*
Lo positivo (de + inf) es/será/sería que...	*The positive thing (about + gerund) is/will be/would be that . . .*
Por un lado. ... pero por el otro...	*On the one hand . . . but on the other . . .*

Para interrumpir para pedir una aclaración

¿Cómo?	*How come? / What?*
¿De qué está(s) hablando?	*What are you talking about?*
Disculpe/a pero no entiendo.	*I am sorry but I don't understand.*
¿Me puede(s)/podría(s) dar un ejemplo?	*Could you please give me an example?*
No le/te entendí.	*I didn't understand you.*
No me quedó claro lo que dijiste/dijo.	*What you said is not clear to me.*
Perdón, ¿puede(s)/podría(s) repetir lo que acaba de decir?	*Excuse me, could you repeat what you just said?*
¿Puede(s)/Podría(s) repetir (eso)?	*Could you repeat (that), please?*
¿Puede(s)/Podría(s) repetir la pregunta?	*Could you repeat the question?*
¿Puede(s)/Podría(s) repetir lo que dijo/lo que dijiste?	*Could you repeat what you said, please?*
¿Puede(s)/Podría(s) ser más claro/a?	*Could you please make it a bit more clear?*
¿Qué dijo/dijiste?	*What did you say?*

Para corregir a otras personas

Creo que estás equivocado/a.	*I believe you are mistaken.*
¿Estás seguro/a?	*Are you sure?*
Estoy seguro/a (de) que...	*I am sure that . . .*
No, al contrario. Creo que...	*No, just the opposite. I think/believe that . . .*
No, (a mí) me parece que...	*No, I believe/I think that . . .*
No, yo creo que...	*I don't think that . . .*
Si la memoria no me falla creo que...	*If my memory doesn't fail me, I think that . . .*
Si mal no recuerdo creo que...	*If I remember correctly, I think that . . .*
Si me acuerdo bien creo que...	*If I remember correctly, I think that . . .*
Si no me equivoco...	*If I am not mistaken . . .*

Appendix A: Grammar Reference

Grammar Reference 1

Demonstrative Adjectives and Pronouns

Demonstrative Adjectives					
Close to the Speaker		Farther from the Speaker		Far from the Speaker	
masculine	feminine	masculine	feminine	masculine	feminine
este	esta	ese	esa	aquel	aquella
(*this*)	(*this*)	(*that*)	(*that*)	(*that*)	(*that*)
estos	estas	esos	esas	aquellos	aquellas
(*these*)	(*these*)	(*those*)	(*those*)	(*those*)	(*those*)

Demonstrative adjectives always precede a noun and agree in gender and number with that noun.

Estas casas son bonitas. *These houses are nice.*

Este profesor enseña bien. *This professor teaches well.*

Esos estudiantes de allá son aplicados. *Those students over there are very diligent.*

Demonstrative Pronouns*								
Close to the Speaker			Farther from the Speaker			Far from the Speaker		
masculine	feminine	neuter	masculine	feminine	neuter	masculine	feminine	neuter
éste	ésta	esto	ése	ésa	eso	aquél	aquélla	aquello
(*this one*)	(*this one*)	(*this*)	(*that one*)	(*that one*)	(*that*)	(*that one*)	(*that one*)	(*that*)
éstos	éstas	—	ésos	ésas	—	aquéllos	aquéllas	—
(*these ones*)	(*these ones*)		(*those ones*)	(*those ones*)		(*those ones*)	(*those ones*)	

*NOTE: According to the latest spelling rules published by the Real Academia Española, demonstrative pronouns should not carry an accent mark unless the sentence is ambiguous, such as **¿Por qué compraron aquéllos libros usados?**, where **aquéllos** (those students/people) is the subject but could be interpreted as a demonstrative adjective accompanying **libros** without an accent mark. Otherwise, by default, demonstrative pronouns do not carry an accent mark. As time goes on, the acceptance of this new rule will become more widespread. For educational purposes, the accent will be shown on demonstrative pronouns in this book.

Demonstrative pronouns replace the noun they refer to and agree in gender and number with that noun.

Esa casa es más bonita que **aquéllas**.   *This house is nicer than **those***.

The neuter forms do not refer to anything specific whose gender or noun can be identified; they refer to a situation, an idea, a concept, or a statement. Neuter forms are always singular.

Yo nunca dije **eso**.   *I never said **that***.

Possessive Adjectives and Pronouns

Short Form Adjectives		Long Form Adjectives and Pronouns	
mi/s	*my*	mío/a/os/as	*my/mine*
tu/s	*your* (informal)	tuyo/a/os/as	*your* (informal)/ *yours* (informal)
su/s	*your* (formal)	suyo/a/os/as	*your* (formal)/ *yours* (formal)
su/s	*his, her, its*	suyo/a/os/as	*his, her, its/ his, hers, its*
nuestro/a/os/as	*our*	nuestro/a/os/as	*our/ours*
vuestro/a/os/as	*your* (informal)	vuestro/a/os/as	*your* (informal)/ *yours* (informal)
su/s	*your* (formal)	suyo/a/os/as	*your* (formal)/ *yours* (formal)
su/s	*their*	suyo/a/os/as	*their/theirs*

Possessive Adjectives

Possessive adjectives always accompany a noun. All of them have a singular and plural form, which agrees with the thing that is possessed. Some forms also show gender, which agrees with the thing that is possessed. The short-form possessive adjectives are the most frequently used.

Mi casa es grande.   *My house is big.*

The long forms are used after the verb **ser** and after a noun to convey emphasis.

Esta casa es **mía**.   *This house is mine.*
Un proyecto **mío** es pasar un año   *A project of mine is to spend a year in*
   en Puerto Rico.   *Puerto Rico.*

Possessive Pronouns

The possessive pronouns replace nouns. Their forms are the same as the long-form possessive adjectives. A definite article usually precedes the possessive pronoun.

Éste es tu cuarto y aquél es **el mío**.   *This is your room and that one is mine.*

Gustar and Similar Verbs

Sentences with **gustar** do not follow the same pattern as English sentences expressing *to like*. Notice that the Spanish construction has an indirect object and that the verb agrees in number with the subject.

Indirect Object	Verb	Subject
Me	gusta	mi vecino.
Subject *I*	Verb *like*	Direct Object *my neighbor.*

Me gusta mi vecino.   *I like my neighbor.*

Me gustan mis vecinos.   *I like my neighbors.*

If the indirect object is a noun or proper name, the preposition **a** precedes the noun or name and the indirect-object pronoun follows.

A mi esposo **le** gusta nuestro vecino.   *My husband likes our neighbor.*

The preposition **a** + *prepositional pronoun* (**mí, ti, él/ella, usted, nosotros/as, vosotros/as, ustedes**) + *indirect object pronoun* (**me, te, le, nos, os, les**) is used for emphasis or clarification.

A él le gusta nuestro vecino.   *He likes our neighbor.*

The verbs below follow the **gustar** pattern.

convenir	*to suit*	molestar	*to bother*
doler	*to hurt*	parecer	*to seem*
fascinar	*to fascinate*	preocupar	*to worry*
interesar	*to interest*	sorprender	*to surprise*

Indefinite and Negative Words

Adjective	Negative Adjective
algún/a/os/as	ningún/a
some, any	*any, none*
Pronouns	**Negative Pronouns**
algo	nada
something, anything	*nothing, anything*
alguien	nadie
someone, somebody, anybody	*nobody, anybody, no one*
alguno/a/os/as	ninguno/a
some, any	*any, none*
Adverbs	**Negative Adverbs**
siempre	nunca
always	*never*
también	tampoco
also, too, as well	*neither, either*

Negative words can precede or follow the verb.

- In general, when the negative word follows the verb, use **no** in front of the verb.
  No tengo tiempo **nunca** para estudiar.   *I never have time to study.*

- If the negative word appears before the verb, do not include the word **no.**
  Nunca tengo tiempo para estudiar.   *I never have time to study.*

- The personal **a** is placed in front of indefinite and negative words that refer to people.
  Conozco **a alguien** que habla alemán.   *I know someone who speaks German.*

Alguno and *Ninguno*

They agree in gender and number with the noun they accompany or refer to. **Ninguno** is always used in singular.

Este semestre no tengo **ninguna** clase de filosofía, ¿tienes **alguna**?   *This semester I don't have any philosophy classes, do you have any?*

Alguno and **ninguno** drop the **-o** when they function as adjectives, that is, when they accompany a masculine noun.

No tengo **ningún** interés en la clase de geografía.   *I have no interest in the geography class.*

Algún día hablaré español muy bien.   *Some day I'll speak Spanish very well.*

Ser and Estar

Some adjectives can never be used with **estar**. Below is a partial list.

crónico	*chronic*
efímero	*ephemeral*
eterno	*eternal*
inteligente	*intelligent*

Some adjectives can never be used with **ser**. Below is a partial list.

ausente	*absent*
contento	*happy*
enfermo	*sick*
muerto	*dead*
presente	*present*
satisfecho	*satisfied*

Some adjectives have different meanings when used with **ser** or **estar**.

	ser	estar
aburrido	*boring*	*bored*
bueno	*good (personality)*	*in good health*
interesado	*selfish*	*interested*
listo	*clever*	*ready*
malo	*bad (personality)*	*in poor health*
molesto	*bothersome*	*bothered*
nuevo	*just made*	*unused*
seguro	*safe*	*sure*
vivo	*lively*	*alive*

Noun-Adjective Agreement

Adjectives agree in gender and number with the nouns they modify.

Tengo un carr**o** roj**o**.

Tengo dos carr**os** roj**os**.

Tengo una cas**a** roj**a**.

Tengo dos cas**as** roj**as**.

Noun-Adjective Gender Agreement

Many adjectives end in **-o** when they are in the masculine form and in **-a** when they are in the feminine form. However, the endings of some adjectives are the same for each.

Mi profesor es **cortés**.	*My (male) professor is courteous.*
Mi profesora es **cortés**.	*My (female) professor is courteous.*

Examples:

audaz	*audacious*
canadiense	*Canadian*
cortés	*courteous (but inglés/ inglesa)*
cursi	*corny*
interesante	*interesting*
mejor	*better*
útil	*useful*

Adjectives of nationality that end in a consonant are made feminine by adding **-a**.

Mi profesor no es inglés.	*My (male) professor is not English.*
Mi profesora no es ingles**a**.	*My (female) professor is not English.*

Examples:

alemán/alemana	*German*
español/española	*Spanish*

The adjectives whose masculine form ends in **-n** and **-dor** take an **-a** to form the feminine.

Mi hermano es habla**dor**.	*My brother is talkative.*
Mi hermana es habla**dora**.	*My sister is talkative.*

Examples:

holgazán/holgazana	*lazy*
juguetón/juguetona	*playful*
pequeñín/pequeñina	*tiny*
soñador/soñadora	*dreamer*
trabajador/trabajadora	*hard-working*

Some adjectives have an invariable **-a** ending whether they accompany a feminine or a masculine noun.

Mi profesor es **israelita**.	*My (male) professor is an Israeli.*
Mi profesora es **israelita**.	*My (female) professor is an Israeli.*

Examples:

belga	*Belgian*	pesimista	*pessimistic*
hipócrita	*hypocritical*	realista	*realistic*
optimista	*optimistic*	socialista	*socialist*

Some adjectives drop the **-o** when they precede the noun.

Éste es mi **primer** año de español.   *This is my first year of Spanish.*

Examples:

bueno	➔	buen
malo	➔	mal
primero	➔	primer
tercero	➔	tercer

Noun-Adjective Number Agreement

Adjectives ending in a vowel usually form the plural by adding an -s.

Mi hermano es inteligente,
 pesimist**a** y alt**o**.

*My brother is intelligent,
 pessimistic, and tall.*

Mis hermanos son inteligente**s**,
 pesimista**s** y alto**s**.

*My brothers are intelligent,
 pessimistic, and tall.*

Adjectives ending in **-í** and **-ú** are an exception to the previous rule as they add **-es** to form the plural.

Tengo una amiga marroqu**í**.   *I have a Moroccan (female) friend.*
Tengo dos amigas marroqu**íes**.   *I have two Moroccan (female) friends.*
Tengo una amiga hind**ú**.   *I have an Indian (female) friend.*
Tengo dos amigas hindú**es**.   *I have two Indian (female) friends.*

Adjectives ending in a consonant form the plural by adding **-es**.

Esta clase es úti**l**.   *This class is useful.*
Estas clases son útil**es**.   *These classes are useful.*
Mi hermana es auda**z**.   *My sister is audacious.*
Mis hermanas son auda**ces**.   *My sisters are audacious.*
(Note the spelling change **z c**.)

Personal Direct Object + A + Prepositional Pronoun

For clarification or emphasis, if the direct object is a person, it is sometimes reinforced with the presence of **a mí, a ti, a usted, a él/ella, a nosotros, a ustedes**.

¿Viste a María y a Juan ayer?   *Did you see María and Juan yesterday?*
Sí, **la** vi **a ella** solamente;   *Yes, I only saw her; he was not home.*
 él no estaba en casa.

Note that **Vi a ella** would not be a grammatical sentence. If **a ella** functions as a direct object, **la** needs to be added, as in: **La vi a ella**. However, if instead of **a ella**, we say **a María**, **la** is not needed, as in: **Vi a María**.

Passive Voice

Passive-voice sentences look like the sentences below.

Grammatical Subject and Receiver of the Action	Passive-Voice Verb ser (conjugated) + Past Participle	Doer
Esta novela *This novel*	fue escrita *was written*	por Hemingway. *by Hemingway.*

The active-voice counterparts look like the sentences below.

Grammatical Subject and Doer	Active-Voice Verb	Direct Object
Hemingway *Hemingway*	escribió *wrote*	esta novela. *this novel.*

In passive-voice sentences, the receiver of the action is the actual grammatical subject. If the doer of the action is explicitly stated, it is preceded by the preposition **por** (by). In active-voice sentences, the roles of grammatical subject and the doer are played by the same part of the sentence.

The passive-voice construction requires a conjugated form of **ser** plus the past participle of a verb. The past participle agrees in gender and number with the grammatical subject. The passive voice is common in Spanish in historical topics, academic writing, and journalistic writing.

Resultant State

In order to express the result of an action, in Spanish you use **estar** plus the past participle of a verb. In this structure (**estar** + *part participle*), the past participle behaves just like an adjective when **estar** + adjective describes a characteristic that is not permanent.

La ventana **está rota** porque ayer hubo una explosión. (**estar** + *part participle*)
The window is broken because yesterday there was an explosion.

Notice that **estar** + *past participle* is used only when there is no adjective to describe the condition. For instance, although there is a past participle form, **ensuciado** (soiled) from the verb **ensuciar**, the example below uses **sucia**, which is the adjective that describes the condition of being dirty or soiled.

La ventana **está sucia** porque ayer hubo una tormenta de polvo.
(**estar** + *adjective*)
The window is dirty because there was a dust storm yesterday.

No-Fault *se*

With a number of verbs, you can use a **se** structure to convey unplanned or unexpected events.

Se	Verb in Third-Person Singular or Plural	Subject
Se *The document got lost.*	perd**ió**	el documento.
Se *The documents got lost.*	perd**ieron**	los documentos.

In order to indicate who is affected by the event, you may use an indirect-object pronoun (**me, te, le, nos, os, les**) right after **se**.

Se	Indirect-Object Pronoun	Verb in Third-Person Singular or Plural	Subject
Se *I lost the document.*	**me**	perdió	el documento.
Se *I lost the documents.*	**me**	perdieron	los documentos.

The verbs below are usually associated with this structure.

acabar	*to run out*
caer	*to fall*
escapar	*to escape*
estropear	*to go bad; to break*
olvidar	*to forget*
perder	*to lose*
quedar	*to be left*
romper	*to break*

Hacer in Time Expressions

To express an action whose effect is still going on, use the structure below.

Hace + *time expression* + **que** + *verb in present tense*

Hace dos días **que** estudio para mi examen de español.
I've been studying for my Spanish exam for two days.

To express the time elapsed since an action was completed, use the structure below.

Hace + *time expression* + **que** + *verb in preterit tense*

Hace dos días **que** vi a Juan.
I saw Juan two days ago.

Preterit and Imperfect

Some verbs convey different meanings when used in the preterit or the imperfect.

conocer
- It means *to meet for the first time* when used in the preterit.
    Ayer **conocí** a mi instructora de francés.
    I met my French instructor yesterday.
- It means *to be acquainted with* (know) when used in the imperfect.
    El año pasado no **conocía** a mis compañeros de clase bien, pero este año sí.
    Last year I didn't know my classmates well, but I do this year.

haber
- It means to *occur* when used in the preterit.
    Hubo tres muertos en el accidente.
    Three fatalities occurred in the accident.
- When used in the imperfect, it means *there was/were* in the sense of what a witness can see on the scene.
    Había dos médicos y una ambulancia en el lugar del accidente.
    There were two doctors and an ambulance on the scene of the accident.

poder
- It means to succeed in when used in the preterit.
    No **pude** visitar a mis padres este semestre.
    I couldn't visit my parents this semester.
- It means *to be able to* when used in the imperfect.
    Ella no **podía** lavar los platos por causa de su alergia al detergente.
    She couldn't wash the dishes because of her allergy to the detergent.

Grammar Reference

querer

- In the preterit, it means to try if the verb is affirmative, and to refuse if the verb is negative.

    Ayer **quise** estudiar con María, pero ella **no quiso**.
    Yesterday, I tried to study with María, but she refused.

- In the imperfect, it means to want or to wish.

    Ayer yo **quería** estudiar con María, pero ella **quería** ir de compras.
    Yesterday, I wanted to study with María, but she wanted to go shopping.

saber

- In the preterit, it means to find out.

    Ayer **supe** la nota del examen de historia del arte.
    Yesterday, I found out the grade for the Art History exam.

- In the imperfect, it means to have knowledge, to know, to be aware.

    Antes de tomar la clase de español, no **sabía** mucho vocabulario.
    Before taking the Spanish class, I didn't know much vocabulary.

Direct- and Indirect-Object Pronoun Placement

When the direct- and the indirect-object pronouns occur together, the direct-object pronoun follows the indirect-object pronoun, regardless of the form of the verb. However, the form of the verb determines whether the pronouns appear before or after the verb. You have studied the position of both pronouns when accompanied by a conjugated verb.

    Yo quería flores y mi padre **me las** compró.
    I wanted flowers and my father bought them for me.

Attach both pronouns to the verb after an affirmative command form.

    Pása**me** la sal. *Pass me the salt.*   Pása**mela**. *Pass it to me.*

Place both pronouns before the verb that expresses a negative command.

    No **me la** pases.   *Don't pass it to me.*

With a conjugated verb plus infinitive or present participle, you have a choice of placement. Place both pronouns before the conjugated verb or attach them to the infinitive or present participle.

María quiere pasarme la sal.	*María wants to pass the salt to me.*
María **me la** quiere pasar.	*María wants to pass it to me.*
María quiere pasár**mela**.	*María wants to pass it to me.*
María está pasándome la sal.	*María is passing me the salt.*
María **me la** está pasando.	*María is passing it to me.*
María está pasándo**mela**.	*María is passing it to me.*

Infinitive vs. Subjunctive

Using the infinitive or the subjunctive depends on whether or not there is a new subject in the dependent clause. With impersonal expressions that convey doubt, emotion, and recommendation the verb in the dependent clause is in the subjunctive.

> **Es necesario** que estudies más.   *It is necessary for you to study more.*

However, if there is no subject in the dependent clause, the verb is used in the infinitive form.

> **Es necesario** estudiar más.   *It is necessary to study more.*

After an independent clause bearing a verb of doubt, emotion, or recommendation, use the subjunctive if the subject noun or pronoun changes in the dependent clause. Use the infinitive if the subject stays the same. Compare these two sentences.

> **Yo quiero** que **mi hermana**   *I want my sister to study more.*
>   estudie más.
> **Yo quiero** estudiar más.   *I want to study more.*

Indicative vs. Subjunctive Following *Decir*

Decir causes the use of the indicative in the dependent clause when it means to state, but **decir** causes the use of subjunctive in the dependent clause when it means *to suggest* or *to request*. Compare the two sentences below.

> **Ella dice** que su hermano viene   *She says that her brother is*
>   mañana.   *coming tomorrow.*
> **Ella dice** que comencemos la fiesta   *She says (suggests) that we start the*
>   a las nueve de la noche.   *party at nine in the evening.*

Relative Pronouns

Que

Que can be used in both restrictive (no commas) and nonrestrictive (with commas) clauses.

> Éste es el carro **que** me compré ayer.   *This is the car that I bought myself*
>   *yesterday.*

Mi carro, **que** ahora está en reparación, costó poco dinero.

My car, which is now at the mechanic's, cost little money.

El que, la que, los que, las que are used when a preposition (e.g., **a, de, con, entre**) precedes them.

Éstos son los estudiantes **de los que** te hablé.
These are the students about whom I talked to you.
These are the students that I talked to you about. (Note: Placing the preposition at the end of the clause is not grammatical in Spanish.)
These are the students I talked to you about. (Note: In English the relative pronoun can be omitted, but in Spanish the relative pronoun always has to be present.)

El que, la que, los que, las que are also used to mean he who, she who, those who, and the one(s) who.

El que quiere, puede.   **He who** *wants, can.*

Cual

El cual, la cual, los cuales, las cuales are used when preceded by a preposition (e.g., **a, de, con, entre**), whether the clause is restrictive or not. If they are not preceded by a preposition, they can only be used in nonrestrictive clauses. These pronouns convey a more formal tone.

Éstos son los estudiantes **de los cuales** te hablé.
These are the students about whom I talked to you.
Estos estudiantes, **de los cuales** te hablé ayer, son muy diligentes.
These students, about whom I talked to you yesterday, are very diligent.
Mi carro, **el cual** ahora está en reparación, costó poco dinero.
My car, which is now at the mechanic's, cost little money.

Quien, Quienes

Quien, quienes are used to refer back to people exclusively and apply to both genders. They are used when preceded by a preposition (e.g., **a, de, con, entre**), whether the clause is restrictive or not. If they are not preceded by a preposition, they can only be used in nonrestrictive clauses.

These pronouns convey a more formal tone.
Ésta es la estudiante **con quien** estudio siempre.
This is the student with whom I always study.
María, **con quien** estudio siempre, está enferma hoy.
María, with whom I always study, is sick today.
María, **quien** está en nuestro grupo de estudio, está enferma hoy.
María, who is in our study group, is sick today.

Future to Indicate Probability in the Present

The future tense can be used to express conjecture about an event that may be happening in the present. With non-action verbs such as **ser, estar, parecer** and **tener** the simple future is used.

¿Dónde está tu hermana?	*Where is your sister?*
No sé, **estará** en casa de su mejor amiga.	*I don't know, she may be at her best friend's house.*

With action verbs such as **correr, escribir, caminar, viajar, llegar,** and the like the progressive future is used. The progressive form of any tense is formed by conjugating the verb **estar** in the desired tense and using the target verb in the present participle form (stem + -**ando** or -**iendo**).

Me pregunto si mi amigo Miguel **estará llegando** a Puerto Rico ahora.
I wonder whether my friend Miguel may be arriving in Puerto Rico right now.

Conditional to Indicate Probability in the Past

To express probability or conjecture in the past the conditional tense is used. With non-action verbs such as **ser, estar, parecer** and **tener** the simple conditional is used; with action-verbs such as **correr, escribir, caminar, viajar, llegar,** and the like the progressive conditional is used.

¿Qué hora **sería** cuando Juan regresó anoche?
What time could it have been when Juan returned last night?
¿Qué **estaría haciendo** Juan ayer a las doce de la noche?
What could Juan have been doing yesterday at midnight?

Predictable Spelling Changes in the Preterit

Some verbs experience predictable spelling changes in the preterit as well as in other tenses. These changes can be predicted by applying the spelling/pronunciation rules that are used for any word in Spanish.

- Infinitive ending in **-car c** changes to **qu** before **e**

dedi**qué**	dedicamos
dedicaste	dedicasteis
dedicó	dedicaron

  acercar, calificar, colocar, criticar, destacar, educar, embarcar, erradicar, indicar, masticar, modificar, pescar, practicar, sacrificar, tocar, unificar

- Infinitive ending in **-gar g** changes to **gu** before **e**

pa**gué**	pagamos
pagaste	pagasteis
pagó	pagaron

  apagar, castigar, colgar, delegar, desligar, divulgar, entregar, fregar, investigar, jugar, juzgar, llegar, madrugar, negar, obligar, plagar, prolongar, rasgar, rogar, tragar

- Infinitive ending in **-guar gu** changes to **gü** before **e**

averi**gü**é	averiguamos
averiguaste	averiguasteis
averiguó	averiguaron

  aguar, fraguar

- Infinitive ending in **-zar z** changes to **c** before **e**

memori**c**é	memorizamos
memorizaste	memorizasteis
memorizó	memorizaron

  alcanzar, amenazar, analizar, avanzar, cazar, comenzar, destrozar, empezar, gozar, localizar, memorizar, mobilizar, paralizar, rezar, rechazar, rizar

- Infinitive ending in **-aer, -eer, -uir** Unstressed **-i-** becomes **-y-** between two vowels.

leí	leímos	creí	creímos	construí	contruimos
leíste	leísteis	creíste	creísteis	construiste	construisteis
le**y**ó	le**y**eron	cre**y**ó	cre**y**eron	constru**y**ó	constru**y**eron

  caer, distribuir, huir, proveer

Stem Changes in the Preterit

There are a number of -**ir** verbs that undergo a vowel change in the stem of the third-person singular and the third-person plural of the preterit. The change may cause **o** to become **u**, or **e** to become **i**. There is no rule to predict what verbs feature this change. You need to learn them. The vocabulary at the end of your text-book flags this type of verb as follows: **dormir (ue, u), sentir (ie, i), repetir (i, i)**.

dormí	dormimos	sentí	sentimos
dormiste	dormisteis	sentiste	sentisteis
du**r**mió	du**r**mieron	si**n**tió	si**n**tieron

The Preterit of *andar*

The verb **andar**, while regular in most of the tenses, is irregular in the preterit. It is a common error, even among native speakers of Spanish, to conjugate the preterit of **andar** as if it were regular. Below are the preterit forms.

anduve	anduvimos
anduviste	anduvisteis
anduvo	anduvieron

Personal *a*

You need to use the personal **a** when the direct object refers to nouns that refer to specific people.

Los estudiantes conocen **a** una profesora mexicana.   *The students know a Mexican professor.*

However, when **tener** has a direct object that refers to a nonspecific person, the personal **a** is not used.

Tengo una profesora mexicana.   *I have a Mexican professor.*

When pronouns that refer to people are direct objects, they take a personal **a**.

¿**A** quién conoces en México?   *Who do you know in Mexico?*
No conozco **a** nadie en México.   *I don't know anybody in Mexico.*

Personal-Direct Object Pronoun + a + Prepositional Pronoun

When the direct-object pronoun refers to a person, it can be emphasized or clarified by adding **a** + prepositional pronoun (**mí, ti, usted, él/ella, nosotros/as, vosotros/as, ustedes**).

¿Visitaste a tu abuelo y a tu tía el fin de semana pasado?
Did you visit your grandfather and your aunt last weekend?

Sí, **lo** visité **a él** y **la** llamé **a ella** por teléfono.
Yes, I visited him and called her on the telephone.

Note that **visité a él** and **llamé a ella** are incorrect, you need to add **lo** before the first verb and **la** before the second verb.

Ser and *Estar*

Ser is used to:

- establish the essence or identity of a person or thing
    Yo **soy** estudiante de español.
    I am a student of Spanish.

- express origin
    Yo **soy** de EE.UU.
    I am from the U.S.

- express time
    Son las 3:00 de la tarde.
    It's three o'clock in the afternoon.

- express possession
    Este libro **es** de mi compañera de clase.
    This book belongs to my classmate.

- express when and where an event takes place
    La fiesta del departamento de español **es** en diciembre.
    The Spanish department's party is in December.
    ¿Dónde **es** la fiesta? — En el laboratorio de lenguas.
    Where is the party? — In the language lab.

Estar is used to:

- express the location of a person or object
    Mi casa **está** cerca de la biblioteca.
    My house is near the library.

- form the progressive tenses
    Este semestre **estoy** tomando muchas clases.
    This semester I am taking many classes.

Ser and *Estar* with Adjectives

Ser is used with adjectives:

- to express an essential characteristic of a person or object
    Yo **soy** simpática.
    I am friendly.
    Este libro **es** fácil.
    This book is easy.

Estar with adjectives is used to:

- express the state or condition of a person or object
    Estoy contenta porque recibí una beca.
    I am happy because I received a scholarship.

- note a change in the person or object
    Violeta es guapa y hoy **está** más guapa todavía con su nuevo corte de pelo.
    Violeta is pretty and today she is even prettier with her new haircut.

Some adjectives can never be used with **estar**. Below is a partial list.

crónico	chronic
efímero	ephemeral
eterno	eternal
inteligente	intelligent

Some adjectives can never be used with **ser**. Below is a partial list.

ausente	*absent*
contento	*happy*
enfermo	*sick*
muerto	*dead*
presente	*present*
satisfecho	*satisfied*

Some adjectives have different meanings when combined with **ser** or **estar**.

	ser	estar
aburrido	*boring*	*bored*
bueno	*good (personality)*	*in good health*
interesado	*selfish*	*interested*
listo	*clever*	*ready*
malo	*bad (personality)*	*in poor health*
molesto	*bothersome*	*bothered*
nuevo	*brand new*	*unused*
seguro	*safe*	*sure*
vivo	*lively*	*alive*

Grammar Reference 7

Predictable Spelling Changes in the Present Subjunctive

Some verbs experience predictable spelling changes in the present subjunctive as well as in other tenses. These changes can be predicted by applying the spelling/pronunciation rules that are used for any word in Spanish.

- Infinitive ending in **-car c** changes to **qu** before **e**

dedi**que**	dedi**que**mos
dedi**que**s	dedi**qué**is
dedi**que**	dedi**que**n

acercar, calificar, colocar, criticar, destacar, educar, embarcar, erradicar, indicar, masticar, modificar, pescar, practicar, sacrificar, tocar, unificar

- Infinitive ending in **-gar g** changes to **gu** before **e**

pa**gu**e	pa**gu**emos
pa**gu**es	pa**gu**éis
pa**gu**e	pa**gu**en

apagar, colgar, castigar, delegar, desligar, divulgar, entregar, fregar, investigar, jugar, juzgar, llegar, madrugar, negar, obligar, plagar, prolongar, rasgar, rogar, tragar

- Infinitive ending in **-guar gu** changes to **gü** before **e**

averi**gü**e	averi**gü**emos
averi**gü**es	averi**gü**éis
averi**gü**e	averi**gü**en

aguar, fraguar

- Infinitive ending in **-zar z** changes to **c** before **e**

memori**c**e	memori**c**emos
memori**c**es	memori**c**éis
memori**c**e	memori**c**en

alcanzar, amenazar, analizar, avanzar, cazar, comenzar, destrozar, empezar, gozar, localizar, memorizar, mobilizar, paralizar, rezar, rechazar, rizar

Other Spelling Changes in the Present Subjunctive

Infinitive ending in **-uir**

Unstressed **-i-** becomes **-y-** between two vowels.

contribu**y**a	contribu**y**amos
contribu**y**as	contribu**y**áis
contribu**y**a	contribu**y**an

construir, distribuir, huir, restituir

Spelling Changes in the Imperfect Subjunctive

Infinitive ending in **-aer, -eer, -uir**

Unstressed **-i-** becomes **-y-** between two vowels. Since this change occurs in the preterit (*leyeron*), which is the base for the imperfect subjunctive, it is carried over to the imperfect subjunctive.

leyera/leyese	leyéramos/leyésemos
leyeras/leyeses	leyerais/leyeseis
leyera/leyese	leyeran/leyesen

caer, construir, creer, distribuir, huir, proveer

Stem Changes in the Present Subjunctive

Stem-changing **-ar** and **-er** verbs undergo the change **e → ie** or **o → ue** in the **yo, tú, él/ella** and **ellos/as** forms.

cierre cierres cierre	cuente cuentes cuente
cerremos cerréis cierren	contemos contéis cuenten

Stem-changing **-ir** verbs undergo the change **e → ie** or **i** and **o → ue** or **u** in all persons.

convertir (ie, i):

convierta	convirtamos
conviertas	convirtáis
convierta	conviertan

servir (i, i):

sirva	sirvamos
sirvas	sirváis
sirva	sirvan

dormir (ue, u):

duerma	durmamos
duermas	durmáis
duerma	duerman

The Imperfect Subjunctive of *andar*

The verb **andar**, while regular in most of the tenses, is irregular in the preterit. That irregularity is carried over to the imperfect subjunctive (as the third-person plural of the preterit is used as the base to conjugate the imperfect subjunctive).

It is a common error, even among native speakers of Spanish, to conjugate the imperfect subjunctive of **andar** as if it were regular.

anduviera/anduviese   anduviéramos/anduviésemos
anduvieras/anduvieses   anduvierais/anduvieseis
anduviera/anduviese   anduvieran/anduviesen

Grammar Reference 8

Irregular Verbs in the Future and Conditional

The irregular verbs shown below take the same endings as the regular verbs.

Future endings	Conditional endings
-é	-ía
-ás	-ías
-á	-ía
-emos	-íamos
-éis	-íais
-án	-ían

Irregular verbs

Note that these verb stems are used in the formation of both the future and the conditional.

Drop last vowel in the infinitive	Replace last vowel in the infinitive with d	Other
haber ➜ **habr-**	poner ➜ **pondr -**	decir ➜ **dir-**
poder ➜ **podr-**	salir ➜ **saldr-**	hacer ➜ **har-**
querer ➜ **querr-**	tener ➜ **tendr-**	
saber ➜ **sabr-**	valer ➜ **valdr-**	
	venir ➜ **vendr-**	

Limitations to the Use of the Conditional

Although in many instances the English would and should correspond to the conditional tense in Spanish, there are a few contexts where other tenses need to be used.

1. -Would, conveying habitual actions in relation to the past, is rendered in Spanish with the imperfect tense.

   Cada verano **visitábamos** a nuestros abuelos.
   Every summer we would visit our grandparents.

2. -Would is rendered by the present or the imperfect subjunctive, depending on the context, when preceded by wish. Wish can be expressed by **ojalá** or a verb indicating wish or desire.

   Ojalá que **venga/viniera** a Nicaragua.
   Espero que **venga** a Nicaragua.
   I wish she would come to Nicaragua.

3. Should, conveying obligation, is rendered in Spanish with **deber** in the conditional.

   Deberíamos hacer ecoturismo en Honduras.
   We should do ecotourism in Honduras.

Contrary-to-Fact si Clauses Describing the Past

1. When a **si** clause introduces a contrary-to-fact situation or condition, that is, a situation unlikely to take place in the present or future time, the imperfect subjunctive is used. When the situation or condition refers to a past time, Spanish, like English, uses the past perfect subjunctive in the *si* clause and conditional perfect for the result clause. (See verb charts for past perfect subjunctive and conditional perfect in Appendix B.)

   Si los españoles **no hubieran colonizado** Costa Rica, la población indígena **no habría desaparecido**.
   If the Spaniards hadn't colonized Costa Rica, the indigenous population wouldn't have disappeared.

2. The phrase *como si* (*as if*) always presents a contrary-to-fact situation and it takes either the imperfect or the past perfect subjunctive. The imperfect is used when the action of the *si* clause takes place at the same time as the main verb. The past perfect subjunctive is used to refer to an action that happened in the past.

   Isabel me vio ayer y actuó **como si no me conociera**.
   Isabel saw me yesterday and she acted as if she didn't know me.
   En la ceremonia del Premio Nobel, el presidente Arias actuó con humildad, como si no **hubiera hecho** algo importante.
   At the Nobel Prize Award ceremony, President Arias showed humility, as if he had not done anything important.

Como (since) as a Close Synonym of *puesto que/ya que (since)*

In a broad sense, **como** is a synonym of **puesto que/ya que**, but there are two differences.

1. While **como** can be used when the topic and context are either formal or informal, the use of **ya que** is restricted to formal topics and contexts.

   Como no estudias, no sacas buenas notas. (*informal topic/context*)
   Since you don't study, you don't get good grades.

   Puesto que (ya que) Cartagena lucha heroicamente durante la guerra de la independencia, Simón Bolívar la llama "La Ciudad Heroica". *(formal topic/context)*
   Since Cartagena fights heroically during the independence war, Simón Bolívar calls her "The Heroic City."

2. While the clause (dependent clause) introduced **by puesto que/ya que** can appear before or after the independent clause, **como** requires that the dependent clause be used only before the independent clause.

   Como no estudias, no sacas buenas notas.
   Since you don't study, you don't get good grades.

   Puesto que (ya que) Cartagena lucha heroicamente durante la guerra de la independencia, Simón Bolívar la llama "La Ciudad Heroica". *(formal topic/context)*

   Simón Bolívar la llama "La Ciudad Heroica" **puesto que (ya que)** Cartagena lucha heroicamente durante la guerra de la independencia.
   Simón Bolívar calls her "The Heroic City" since Cartagena fights heroically during the Independence war.

Como also means *if*

When **como** means *if*, it always requires the use of subjunctive. The clause with **como** must be placed before the independent clause.

   Como no estudies, no sacarás buenas notas.
   If you don't study, you won't get good grades.
   Compare the previous example to the next one, where **como** means *since*.
   Como no estudias, no sacas buenas notas.
   Since you don't study, you don't get good grades.

Use of Infinitive Instead of Subjunctive in Adverbial Clauses

The following adverbial expressions always require the use of subjunctive in the dependent clause.

a fin (de) que
antes (de) que
después (de) que
hasta que
para que

However, when the subject of the action in the independent clause is the same for the verb in the adverbial clause, an infinitive is used instead of the subjunctive. When this structure occurs, the adverbial expressions become plain prepositions (**a fin de, antes de, después de, hasta, para**) by dropping **que**.

El gobierno colombiano tiene que negociar la paz **para aumentar** el turismo.
The Colombian government has to negotiate the peace in order to increase tourism.

Grammar Reference 10

Ya and *Todavía*

Ya means *already* when the sentence is affirmative, whether the sentence is a statement or a question.

Ya habíamos estudiado para el examen de español cuando empezó nuestro programa de televisión favorito.
We had already studied for the Spanish test when our favorite TV show began.
¿**Ya** habías estudiado para el examen de español cuando empezó tu programa de televisión favorito?
Had you already studied for the Spanish test when your favorite TV show began?

Todavía is used instead of **ya** if the sentence is negative, whether the sentence is a statement or a question.

Todavía no habíamos estudiado para el examen de español cuando empezó nuestro programa de televisión favorito.
We had not yet studied for the Spanish test when our favorite TV show began.
¿**Todavía** no habías estudiado para el examen de español cuando empezó tu programa de televisión favorito?
Hadn't you studied yet for the Spanish test when your favorite TV show began?

Present Perfect Subjunctive

The present perfect subjunctive is the counterpart of the present perfect indicative. To conjugate this tense, you need the verb **haber** in the present subjunctive plus the past participle of another verb.

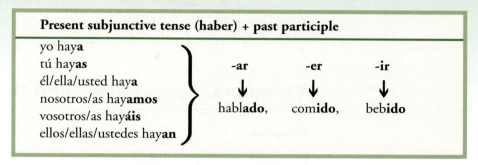

Present subjunctive tense (haber) + past participle			
yo hay**a**			
tú hay**as**	**-ar**	**-er**	**-ir**
él/ella/usted hay**a**	↓	↓	↓
nosotros/as hay**amos**			
vosotros/as hay**áis**	habl**ado**,	com**ido**,	beb**ido**
ellos/ellas/ustedes hay**an**			

You need to use the present perfect subjunctive to describe a completed event in the past or in the future when the speaker's point of reference is the present. As any other subjunctive tense, this tense appears in the dependent clause as a result of the independent clause bearing an element that calls for subjunctive in the dependent clause, e. g., expression of desire or persuasion, doubt, feelings, or reference to an unknown thing, person, or event.

> Espero que los estudiantes **hayan estudiado** mucho para el examen de hoy sobre Chile.
> *I hope the students have studied a lot for today's test on Chile.*
> No creo que los estudiantes **hayan llegado** a Chile todavía.
> *I don't think the students have yet arrived in Chile.*

Past Perfect Subjunctive

The past perfect subjunctive is the counterpart of the past perfect indicative.

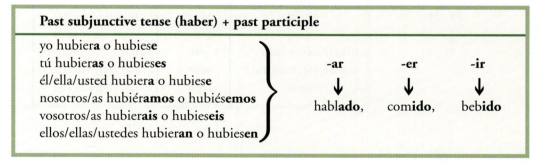

Past subjunctive tense (haber) + past participle			
yo hubier**a** o hubies**e**			
tú hubier**as** o hubies**es**	**-ar**	**-er**	**-ir**
él/ella/usted hubier**a** o hubies**e**	↓	↓	↓
nosotros/as hubiér**amos** o hubiés**emos**			
vosotros/as hubier**ais** o hubies**eis**	habl**ado**,	com**ido**,	beb**ido**
ellos/ellas/ustedes hubier**an** o hubies**en**			

You need to use the past perfect subjunctive to describe a completed event in the past that took place prior to another past action or event. As any other subjunctive tense, this tense appears in the dependent clause as a result of the independent clause bearing an element that calls for subjunctive in the dependent clause, e. g., expression of desire or persuasion, doubt, feelings; reference to an unknown thing, person, or event; and contrary-to-fact conditional sentences.

Era dudoso que los estudiantes **hubieran hablado** con muchos chilenos en sólo dos semanas de visita al país.
It was doubtful that the students had talked to many Chileans in just a two-week visit to the country.

Yo habría ido a Chile el verano pasado si no **hubiera trabajado**.
I would have gone to Chile last summer if I had not worked.

Pronouns, Possessives, and Demonstratives

Pronouns

Subject	Direct Object		Indirect Object*		Reflexive	
yo	me	*me*	me	*me*	me	*myself*
tú	te	*you*	te	*you*	te	*yourself*
él/Ud.	lo	*him*	le	*him*	se	*himself*
ella/Ud.	la	*her*	le	*her*	se	*herself*
nosotros/as	nos	*us*	nos	*us*	nos	*ourselves*
vosotros/as	os	*you*	os	*you*	os	*yourselves*
ellos/Uds.	los	*them*	les	*them*	se	*themselves*
ellas/Uds.	las	*them*	les	*them*	se	*themselves*

*NOTE: **Le/Les** become **se** when they occur along with the direct objects **lo/s, la/s**:
— ¿**Le** diste el libro a tu compañera? — Sí, **se** lo di.

Possessive Adjectives and Pronouns

Short Form Adjectives		Long Form Adjectives and Pronouns	
mi(s)	*my*	mío(s), mía(s)	*mine*
tu(s)	*your*	tuyo(s), tuya(s)	*yours*
su(s)	*his/her*	suyo(s), suya(s)	*his/hers*
nuestro(s), nuestra(s)	*our*	nuestro(s), nuestra(s)	*ours*
vuestro(s), vuestra(s)	*your*	vuestro(s), vuestra(s)	*yours*
su(s)	*their*	suyo(s), suya(s)	*theirs*

Demonstrative Adjectives

	singular	plural	singular	plural	singular	plural
masculine	este	estos	ese	esos	aquel	aquellos
	this	*these*	*that*	*those*	*that*	*those*
feminine	esta	estas	esa	esas	aquella	aquellas
	this	*these*	*that*	*those*	*that*	*those*

Demonstrative Pronouns*

	singular	plural	singular	plural	singular	plural
masculine	éste	éstos	ése	ésos	aquél	aquéllos
	this (one)	*these (ones)*	*that (one)*	*those (ones)*	*that (one)*	*those (ones)*
feminine	ésta	éstas	ésa	ésas	aquélla	aquéllas
	this (one)	*these (ones)*	*that (one)*	*those (ones)*	*that (one)*	*those (ones)*
neuter	esto	____	eso	____	aquello	____
	this (one)		*that (one)*		*that (one)*	

*NOTE: According to the latest spelling rules published by the Real Academia Española, demonstrative pronouns should not carry an accent mark unless the sentence is ambiguous, such as: **¿Por qué compraron aquéllos libros usados?,** where **aquéllos** (those students/people) is the subject but could be interpreted as demonstrative adjective accompanying **libros** if it did not have an accent mark. Otherwise, by default, demonstrative pronouns do not carry an accent mark. As time goes on the acceptance of this new rule will become more widespread. For now, for educational purposes the accent will be shown on demonstrative pronouns in this book.

Appendix B: Verb Tables

Regular Verbs

Infinitive: Simple Forms		
habl **ar** (*to speak*)	com **er** (*to eat*)	viv **ir** (*to live*)
Present Participle: Simple Forms		
habl **ando** (*speaking*)	com **iendo** (*eating*)	viv **iendo** (*living*)
Past Participle		
habl **ado** (*spoken*)	com **ido** (*eaten*)	viv **ido** (*lived*)
Infinitive: Perfect Forms		
hab **er** habl **ado** (*to have spoken*)	hab **er** com **ido** (*to have eaten*)	hab **er** viv **ido** (*to have lived*)
Present Participle: Perfect Forms		
hab **iendo** habl **ado** (*having spoken*)		
hab **iendo** com **ido** (*having eaten*)		
hab **iendo** viv **ido** (*having lived*)		

Indicative: Simple Tenses

Present		
(*I speak, am speaking, do speak, will speak*)	(*I eat, am eating, do eat, will eat*)	(*I live, am living, do live, will live*)
habl **o**	com **o**	viv **o**
habl **as**	com **es**	viv **es**
habl **a**	com **e**	viv **e**
habl **amos**	com **emos**	viv **imos**
habl **áis**	com **éis**	viv **ís**
habl **an**	com **en**	viv **en**

Imperfect		
(*I was speaking, used to speak, spoke*)	(*I was eating, used to eat, ate*)	(*I was living, used to live, lived*)
habl **aba**	com **ía**	viv **ía**
habl **abas**	com **ías**	viv **ías**
habl **aba**	com **ía**	viv **ía**
habl **ábamos**	com **íamos**	viv **íamos**
habl **abais**	com **íais**	viv **íais**
habl **aban**	com **ían**	viv **ían**

Preterit		
(*I spoke, did speak*)	(*I ate, did eat*)	(*I lived, did live*)
habl **é**	com **í**	viv **í**
habl **aste**	com **iste**	viv **iste**
habl **ó**	com **ió**	viv **ió**
habl **amos**	com **imos**	viv **imos**
habl **asteis**	com **isteis**	viv **isteis**
habl **aron**	com **ieron**	viv **ieron**

Future		
(*I shall/will speak*)	(*I shall/will eat*)	(*I shall/will live*)
hablar **é**	comer **é**	vivir **é**
hablar **ás**	comer **ás**	vivir **ás**
hablar **á**	comer **á**	vivir **á**
hablar **emos**	comer **emos**	vivir **emos**
hablar **éis**	comer **éis**	vivir **éis**
hablar **án**	comer **án**	vivir **án**

Indicative: Simple Tenses (continued)

Conditional		
(*I would speak*)	(*I would eat*)	(*I would live*)
hablar **ía**	comer **ía**	vivir **ía**
hablar **ías**	comer **ías**	vivir **ías**
hablar **ía**	comer **ía**	vivir **ía**
hablar **íamos**	comer **íamos**	vivir **íamos**
hablar **íais**	comer **íais**	vivir **íais**
hablar **ían**	comer **ían**	vivir **ían**

Subjunctive: Simple Tenses

Present		
(*that I [may] speak*)	(*that I [may] eat*)	(*that I [may] live*)
habl **e**	com **a**	viv **a**
habl **es**	com **as**	viv **as**
habl **e**	com **a**	viv **a**
habl **emos**	com **amos**	viv **amos**
habl **éis**	com **áis**	viv **áis**
habl **en**	com **an**	viv **an**

Imperfect					
(*that I [might] speak*)		(*that I [might] eat*)		(*that I [might] live*)	
habl **ar a**	habl **as e**	com **ier a**	com **ies e**	viv **ier a**	viv **ies e**
habl **ar as**	habl **as es**	com **ier as**	com **ies es**	viv **ier as**	viv **ies es**
habl **ar a**	habl **as e**	com **ier a**	com **ies e**	viv **ier a**	viv **ies e**
habl **ár amos**	habl **ás emos**	com **iér amos**	com **iés emos**	viv **iér amos**	viv **iés emos**
habl **ar ais**	habl **as eis**	com **ier ais**	com **ies eis**	viv **ier ais**	viv **ies eis**
habl **ar an**	habl **as en**	com **ier an**	com **ies en**	viv **ier an**	viv **ies en**

Affirmative Commands		
(speak)	*(eat)*	*(live)*
habl **a** (tú)	com **e** (tú)	viv **e** (tú)
habl **ad** (vosotros)	com **ed** (vosotros)	viv **id** (vosotros)
habl **e** (Ud.)	com **a** (Ud.)	viv **a** (Ud.)
habl **en** (Uds.)	com **an** (Uds.)	viv **an** (Uds.)

Negative Commands		
(don't speak)	*(don't eat)*	*(don't live)*
No habl **es** (tú)	No com **as** (tú)	No viv **as** (tú)
No habl **eis** (vosotros)	No com **ais** (vosotros)	No viv **áis** (vosotros)
No habl **e** (Ud.)	No com **a** (Ud.)	No viv **a** (Ud.)
No habl **en** (Uds.)	No com **an** (Uds.)	No viv **an** (Uds.)

Indicative: Perfect Tenses

Present Perfect Pret. Perf.		
(I have spoken)	*(I have eaten)*	*(I have lived)*
h **e**	h **e**	h **e**
h **as**	h **as**	h **as**
h **a** } habl **ado**	h **a** } com **ido**	h **a** } viv **ido**
h **emos**	h **emos**	h **emos**
h **abéis**	h **abéis**	h **abéis**
h **an**	h **an**	h **an**

Indicative: Perfect Tenses (continued)

Past Perfect (Pret. Perf.)		
(*I had spoken*)	(*I had eaten*)	(*I had lived*)
hab **ía**	hab **ía**	hab **ía**
hab **ías**	hab **ías**	hab **ías**
hab **ía** } habl **ado**	hab **ía** } com **ido**	hab **ía** } viv **ido**
hab **íamos**	hab **íamos**	hab **íamos**
hab **íais**	hab **íais**	hab **íais**
hab **ían**	hab **ían**	hab **ían**

Future Perfect		
(*I will have spoken*)	(*I will have eaten*)	(*I will have lived*)
habr **é**	habr **é**	habr **é**
habr **ás**	habr **ás**	habr **ás**
habr **á** } habl **ado**	habr **á** } com **ido**	habr **á** } viv **ido**
habr **emos**	habr **emos**	habr **emos**
habr **éis**	habr **éis**	habr **éis**
habr **án**	habr **án**	habr **án**

Conditional Perfect		
(*I would have spoken*)	(*I would have eaten*)	(*I would have lived*)
habr **ía**	habr **ía**	habr **ía**
habr **ías**	habr **ías**	habr **ías**
habr **ía** } habl **ado**	habr **ía** } com **ido**	habr **ía** } viv **ido**
habr **íamos**	habr **íamos**	habr **íamos**
habr **íais**	habr **íais**	habr **íais**
habr **ían**	habr **ían**	habr **ían**

Subjunctive: Perfect Tenses

Present Perfect		
(that I [may] have spoken)	*(that I [may] have eaten)*	*(that I [may] have lived)*
hay **a**	hay **a**	hay **a**
hay **as**	hay **as**	hay **as**
hay **a**	hay **a**	hay **a**
hay **amos** habl **ado**	hay **amos** com **ido**	hay **amos** viv **ido**
hay **áis**	hay **áis**	hay **áis**
hay **an**	hay **an**	hay **an**

Past Perfect		
(that I had [might] have spoken)	*(that I had [might] have eaten)*	*(that I had [might] have lived)*
hub **ier a**	hub **ier a**	hub **ier a**
hub **ier as**	hub **ier as**	hub **ier as**
hub **ier a**	hub **ier a**	hub **ier a**
hub **iér amos** habl **ado**	hub **iér amos** com **ido**	hub **iér amos** viv **ido**
hub **ier ais**	hub **ier ais**	hub **ier ais**
hub **ier an**	hub **ier an**	hub **ier an**
OR	OR	OR
hub **ies e**	hub **ies e**	hub **ies e**
hub **ies es**	hub **ies es**	hub **ies es**
hub **ies e**	hub **ies e**	hub **ies e**
hub **iés emos** habl **ado**	hub **iés emos** com **ido**	hub **iés emos** viv **ido**
hub **ies eis**	hub **ies eis**	hub **ies eis**
hub **ies en**	hub **ies en**	hub **ies en**

Irregular Verbs

(Only the irregular tenses are included.)

andar (*to walk, to go*)
PRETERIT: anduve, anduviste, anduvo, anduvimos, anduvisteis, anduvieron

caber (*to fit*)
PRESENT INDICATIVE: quepo, cabes, cabe, cabemos, cabéis, caben
PRETERIT: cupe, cupiste, cupo, cupimos, cupisteis, cupieron
FUTURE: cabré, cabrás, cabrá, cabremos, cabréis, cabrán
IMPERFECT SUBJUNCTIVE: cupiera (cupiese), cupieras, cupiera, cupiéramos, cupierais, cupieran

caer (*to fall, to drop*)
PRESENT INDICATIVE: caigo, caes, cae, caemos, caéis, caen
PRETERIT: caí, caíste, cayó, caímos, caísteis, cayeron

conducir (*to drive, to conduct*)
PRESENT INDICATIVE: conduzco, conduces, conduce, conducimos, conducís, conducen
PRETERIT: conduje, condujiste, condujo, condujimos, condujisteis, condujeron
IMPERATIVE: conduce (tú), no conduzcas (tú), conducid (vosotros), no conduzcáis (vosotros), conduzca (Ud.), conduzcan (Uds.)

conocer (*to know, to be acquainted with*)
PRESENT INDICATIVE: conozco, conoces, conoce, conocemos, conocéis, conocen

construir (*to build, to construct*)
PRESENT INDICATIVE: construyo, construyes, construye, construimos, construís, construyen
PRETERIT: construí, construiste, construyó, construimos, construisteis, construyeron
IMPERATIVE: construye (tú), no construyas (tú), construid (vosotros), no construyáis (vosotros), construya (Ud.), construyan (Uds.)

dar (*to give*)
PRESENT INDICATIVE: doy, das, da, damos, dais, dan
PRETERIT: di, diste, dio, dimos, disteis, dieron

decir (*to say, to tell*)

PRESENT INDICATIVE: digo, dices, dice, decimos, decís, dicen

PRETERIT: dije, dijiste, dijo, dijimos, dijisteis, dijeron

FUTURE: diré, dirás, dirá, diremos, diréis, dirán

IMPERATIVE: di (tú), no digas (tú), decid (vosotros), no digáis (vosotros), diga (Ud.), digan (Uds.)

PRESENT PARTICIPLE: diciendo

PAST PARTICIPLE: dicho

estar (*to be*)

PRESENT INDICATIVE: estoy, estás, está, estamos, estáis, están

PRETERIT: estuve, estuviste, estuvo, estuvimos, estuvisteis, estuvieron

PRESENT SUBJUNCTIVE: esté, estés, esté, estemos, estéis, estén

haber (*to have [auxiliary]*)

PRESENT INDICATIVE: he, has, ha, hemos, habéis, han

PRETERIT: hube, hubiste, hubo, hubimos, hubisteis, hubieron

FUTURE: habré, habrás, habrá, habremos, habréis, habrán

PRESENT SUBJUNCTIVE: haya, hayas, haya, hayamos, hayáis, hayan

hacer (*to do, to make*)

PRESENT INDICATIVE: hago, haces, hace, hacemos, hacéis, hacen

PRETERIT: hice, hiciste, hizo, hicimos, hicisteis, hicieron

FUTURE: haré, harás, hará, haremos, haréis, harán

IMPERATIVE: haz (tú), no hagas (tú), haced (vosotros), no hagáis (vosotros), haga (Ud.), hagan (Uds.)

PAST PARTICIPLE: hecho

ir (*to go*)

PRESENT INDICATIVE: voy, vas, va, vamos, vais, van

IMPERFECT INDICATIVE: iba, ibas, iba, íbamos, ibais, iban

PRETERIT: fui, fuiste, fue, fuimos, fuisteis, fueron

PRESENT SUBJUNCTIVE: vaya, vayas, vaya, vayamos, vayáis, vayan

IMPERATIVE: ve (tú), no vayas (tú), id (vosotros), no vayáis (vosotros), vaya (Ud.), vayan (Uds.)

PRESENT PARTICIPLE: yendo

oír (*to hear, to listen*)

PRESENT INDICATIVE: oigo, oyes, oye, oímos, oís, oyen

PRETERIT: oí, oíste, oyó, oímos, oísteis, oyeron

IMPERATIVE: oye (tú), no oigas (tú), oíd (vosotros), no oigáis (vosotros), oiga (Ud.), oigan (Uds.)

PRESENT PARTICIPLE: oyendo

poder (*to be able to, can*)

PRESENT INDICATIVE: puedo, puedes, puede, podemos, podéis, pueden

PRETERIT: pude, pudiste, pudo, pudimos, pudisteis, pudieron

FUTURE: podré, podrás, podrá, podremos, podréis, podrán

PRESENT PARTICIPLE: pudiendo

poner (*to put, to place, to set*)

PRESENT INDICATIVE: pongo, pones, pone, ponemos, ponéis, ponen

PRETERIT: puse, pusiste, puso, pusimos, pusisteis, pusieron

FUTURE: pondré, pondrás, pondrá, pondremos, pondréis, pondrán

IMPERATIVE: pon (tú), no pongas (tú), poned (vosotros), no pongáis (vosotros), ponga (Ud.), pongan (Uds.)

PAST PARTICIPLE: puesto

querer (*to wish, to want, to love*)

PRESENT INDICATIVE: quiero, quieres, quiere, queremos, queréis, quieren

PRETERIT: quise, quisiste, quiso, quisimos, quisisteis, quisieron

FUTURE: querré, querrás, querrá, querremos, querréis, querrán

saber (*to know*)

PRESENT INDICATIVE: sé, sabes, sabe, sabemos, sabéis, saben

PRETERIT: supe, supiste, supo, supimos, supisteis, supieron

FUTURE: sabré, sabrás, sabrá, sabremos, sabréis, sabrán

PRESENT SUBJUNCTIVE: sepa, sepas, sepa, sepamos, sepáis, sepan

IMPERATIVE: sabe (tú), no sepas (tú), sabed (vosotros), no sepáis (vosotros), sepa (Ud.), sepan (Uds.)

salir (*to go out, to leave*)

PRESENT INDICATIVE: salgo, sales, sale, salimos, salís, salen

FUTURE: saldré, saldrás, saldrá, saldremos, saldréis, saldrán

IMPERATIVE: sal (tú), no salgas (tú), salid (vosotros), no salgáis (vosotros), salga (Ud.), salgan (Uds.)

ser (*to be*)

PRESENT INDICATIVE: soy, eres, es, somos, sois, son

IMPERFECT INDICATIVE: era, eras, era, éramos, erais, eran

PRETERIT: fui, fuiste, fue, fuimos, fuisteis, fueron

PRESENT SUBJUNCTIVE: sea, seas, sea, seamos, seáis, sean

tener (*to have*)

PRESENT INDICATIVE: tengo, tienes, tiene, tenemos, tenéis, tienen

PRETERIT: tuve, tuviste, tuvo, tuvimos, tuvisteis, tuvieron

FUTURE: tendré, tendrás, tendrá, tendremos, tendréis, tendrán

IMPERATIVE: ten (tú), no tengas (tú), tened (vosotros), no tengáis (vosotros), tenga (Ud.), tengan (Uds.)

traer (*to bring*)

PRESENT INDICATIVE: traigo, traes, trae, traemos, traéis, traen

PRETERIT: traje, trajiste, trajo, trajimos, trajisteis, trajeron

IMPERATIVE: trae (tú), no traigas (tú), traed (vosotros), no traigáis (vosotros), traiga (Ud.), traigan (Uds.)

valer (*to be worth, to cost*)

PRESENT INDICATIVE: valgo, vales, vale, valemos, valéis, valen

FUTURE: valdré, valdrás, valdrá, valdremos, valdréis, valdrán

venir (*to come; to go*)

PRESENT INDICATIVE: vengo, vienes, viene, venimos, venís, vienen

PRETERIT: vine, viniste, vino, vinimos, vinisteis, vinieron

FUTURE: vendré, vendrás, vendrá, vendremos, vendréis, vendrán

IMPERATIVE: ven (tú), no vengas (tú), venid (vosotros), no vengáis (vosotros), venga (Ud.), vengan (Uds.)

ver (*to see, to watch*)

PRESENT INDICATIVE: veo, ves, ve, vemos, veis, ven

IMPERFECT INDICATIVE: veía, veías, veía, veíamos, veíais, veían

PRESENT SUBJUNTIVE: vea, veas, vea, veamos, veáis, vean

PAST PARTICIPLE: visto

Stem-changing Verbs

1. One change: e → ie / o → ue

pensar (*to think, to plan*)

PRESENT INDICATIVE: pienso, piensas, piensa, pensamos, pensáis, piensan

PRESENT SUBJUNCTIVE: piense, pienses, piense, pensemos, penséis, piensen

volver *(to return)*

PRESENT INDICATIVE: vuelvo, vuelves, vuelve, volvemos, volvéis, vuelven

PRESENT SUBJUNCTIVE: vuelva, vuelvas, vuelva, volvamos, volváis, vuelvan

IMPERATIVE: vuelve (tú), no vuelvas (tú), volved (vosotros), no volváis (vosotros), vuelva (Ud.), vuelvan (Uds.)

The following verbs show similar patterns:

acordarse (ue) *to remember*	jugar (ue) *to play*
acostarse (ue) *to go to bed*	llover (ue) *to rain*
cerrar (ie) *to close*	mostrar (ue) *to show*
comenzar (ie) *to start, to begin*	negar (ie) *to deny*
contar (ue) *to count, to tell*	nevar (ie) *to snow*
costar (ue) *to cost*	perder (ie) *to miss, to lose*
despertarse (ie) *to wake up*	querer (ie) *to wish, to love*
doler (ue) *to hurt*	recordar (ue) *to remember, to remind*
empezar (ie) *to start, to begin*	sentar (ie) *to sit down*
encontrar (ue) *to find*	tener (ie) *to have*
entender (ie) *to understand*	volar (ue) *to fly*

2. Double change: e → ie, i / o → ue, u

preferir *(to prefer)*

PRESENT INDICATIVE: prefiero, prefieres, prefiere, preferimos, preferís, prefieren

PRETERIT: preferí, preferiste, prefirió, preferimos, preferisteis, prefirieron

PRESENT SUBJUNCTIVE: prefiera, prefieras, prefiera, prefiramos, prefiráis, prefieran

IMPERFECT SUBJUNCTIVE: prefiriera (prefiriese), prefirieras, prefiriera, prefiriéramos, prefirierais, prefirieran

PRESENT PARTICIPLE: prefiriendo

dormir *(to sleep)*

PRESENT INDICATIVE: duermo, duermes, duerme, dormimos, dormís, duermen

PRETERIT: dormí, dormiste, durmió, dormimos, dormisteis, durmieron

PRESENT SUBJUNCTIVE: duerma, duermas, duerma, durmamos, durmáis, duerman

IMPERFECT SUBJUNCTIVE: durmiera (durmiese), durmieras, durmiera, durmiéramos, durmierais, durmieran

IMPERATIVE: duerme (tú), no duermas (tú), dormid (vosotros), no durmáis (vosotros), duerma (Ud.), duerman (Uds.)

PRESENT PARTICIPLE: durmiendo

The following verbs show similar patterns:

advertir (ie, i) *to advise, to warn*	mentir (ie, i) *to lie*
convertir (ie, i) *to convert*	morir (ue, u) *to die*
divertirse (ie, i) *to enjoy oneself*	sentir (ie, i) *to feel, to sense*
invertir (ie, i) *to invest; to reverse*	

3. Change from e → i

pedir (*to ask for*)

PRESENT INDICATIVE: pido, pides, pide, pedimos, pedís, piden

PRETERIT: pedí, pediste, pidió, pedimos, pedisteis, pidieron

PRESENT SUBJUNCTIVE: pida, pidas, pida, pidamos, pidáis, pidan

IMPERFECT SUBJUNCTIVE: pidiera (pidiese), pidieras, pidiera, pidiéramos, pidierais, pidieran

IMPERATIVE: pide (tú), no pidas (tú), pidáis (vosotros), no pidáis (vosotros), pida (Ud.), pidan (Uds.)

PRESENT PARTICIPLE: pidiendo

The following verbs show a similar pattern:

competir (i) *to compete*	perseguir (i) *to pursue, to follow*
conseguir (i) *to obtain*	proseguir (i) *to follow, to continue*
corregir (i) *to correct*	reír (i) *to laugh*
despedir (i) *to say good-bye, to fire*	repetir (i) *to repeat*
elegir (i) *to elect, to choose*	seguir (i) *to follow*
freír (i) *to fry*	servir (i) *to serve*
impedir (i) *to prevent*	sonreír (i) *to smile*
medir (i) *to measure*	vestirse (i) *to get dressed*

Verbs with Spelling Changes

1. Verbs ending in *-zar* change *z* to *c* before *e*

empezar (*to begin*)

PRETERIT: empecé, empezaste, empezó, empezamos, empezasteis, empezaron

PRESENT SUBJUNCTIVE: empiece, empieces, empiece, empecemos, empecéis, empiecen

IMPERATIVE: empieza (tú), no empieces (tú), empezad (vosotros), no empecéis (vosotros), empiece (Ud.), empiecen (Uds.)

The following verbs show a similar pattern:

alunizar *to land on the moon*	comenzar *to start, to begin*
atemorizar *to scare*	especializar *to specialize*
aterrizar *to land*	memorizar *to memorize*
cazar *to hunt*	organizar *to organize*
caracterizar *to characterize*	rezar *to pray*

2. Verbs ending in –*cer* change *c* to *z* before *o* and *a*

vencer (*to defeat, to conquer*)

PRESENT INDICATIVE: venzo, vences, vence, vencemos, vencéis, vencen

PRESENT SUBJUNCTIVE: venza, venzas, venza, venzamos, venzáis, venzan

IMPERATIVE: vence (tú), no venzas (tú), venced (vosotros), no venzáis (vosotros), venza (Ud.), venzan (Uds.)

convencer (*to convince*) shows the same pattern as **vencer**

3. Verbs ending in -*car* change *c* to *qu* before *e*

buscar (*to look for*)

PRETERIT: busqué, buscaste, buscó, buscamos, buscasteis, buscaron

PRESENT SUBJUNCTIVE: busque, busques, busque, busquemos, busquéis, busquen

IMPERATIVE: busca (tú), no busques (tú), buscad (vosotros), no busquéis (vosotros), busque (Ud.), busquen (Uds.)

The following verbs show a similar pattern:

explicar *to explain*

practicar *to practice*

sacar *to take out*

tocar *to touch, to play*

4. Verbs ending in -*gar* change *g* to *gu* before *e*

llegar (*to arrive*)

PRETERIT: llegué, llegaste, llegó, llegamos, llegasteis, llegaron

PRESENT SUBJUNCTIVE: llegue, llegues, llegue, lleguemos, lleguéis, lleguen

IMPERATIVE: llega (tú), no llegues (tú), llegad (vosotros), no lleguéis (vosotros), llegue (Ud.), lleguen (Uds.)

pagar (to pay) follows the pattern of **llegar**

5. Verbs ending in *-guir* change *gu* to *g* before *o*, *a*

seguir (*to follow*)

PRESENT INDICATIVE: sigo, sigues, sigue, seguimos, seguís, siguen

PRESENT SUBJUNCTIVE: siga, sigas, siga, sigamos, sigáis, sigan

IMPERATIVE: sigue (tú), no seguid (tú), sigáis (vosotros), no sigáis (vosotros), siga (Ud.), sigan (Uds.)

conseguir (*to obtain*) and **distinguir (*to distinguish*)** follow the pattern of **seguir**

6. Verbs ending in *-ger*, *-gir*, change *g* to *j* before *o*, *a*

coger (*to take, to seize*)

PRESENT INDICATIVE: cojo, coges, coge, cogemos, cogéis, cogen

PRESENT SUBJUNCTIVE: coja, cojas, coja, cojamos, cojáis, cojan

IMPERATIVE: coge (tú), no cogas (tú), coged (vosotros), no cojáis (vosotros), coja (Ud.), cojan (Uds.)

The following verbs show a similar pattern:

corregir *to correct*	encoger *to shrink*
dirigir *to direct*	escoger *to choose*
dirigirse *to go to*	recoger *to pick up*
elegir *to elect*	regir *to rule, to command*

7. Verbs ending in *-aer*, *-eer*, *-uir*, change *i* to *y* when *i* is unstressed and is between two vowels

leer (*to read*)

PRETERIT: leí, leíste, leyó, leímos, leísteis, leyeron

IMPERFECT SUBJUNCTIVE: leyera (leyese), leyeras, leyera, leyéramos, leyerais, leyeran

PRESENT PARTICIPLE: leyendo

The following verbs show a similar pattern:

caer *to fall*

construir *to build*

creer *to believe*

destruir *to destroy*

excluir *to exclude*

huir *to flee*

incluir *to include*

influir *to influence*

recluir *to send to jail*

Appendix C: Revision Guide

Writing is a circular process that requires repeated revisions. This is the reason why several drafts of the same composition usually precede the final version that you will turn in. As you compose the different drafts, revise what you write periodically according to this guide.

Content

1. If you followed the "Redacción" instructions at the end of the chapter, the content of your paper should need little revision. Does your paper's content reflect those instructions?

Organization

1. Do your ideas flow logically from beginning to end?
2. Does each paragraph contain a theme sentence?
3. Is your paper framed by an introduction and conclusion?
4. Are transitions between paragraphs smooth and logical?

Grammar

As you write in Spanish, you must consciously apply the rules of grammar such as word order, verb conjugations, adjective agreement, etc. Grammar comes much more naturally to us in our native language. After drafting, proofread for the following:

1. Identify each adjective and compare it to the noun it modifies. Do, for example, feminine nouns have feminine adjectives to match?
2. Study each conjugated verb form. Consult the verb tables for any forms you suspect may be misspelled or inaccurately conjugated.
3. When writing of past events, be sure you have applied the rules for preterit/imperfect usage.

4. Search your paper for missed opportunities to use the subjunctive ("Dudo que...", "No creo que...", "Me gusta que...", etc.)

5. Identify each use of *ser* and *estar*. Compare your use of these verbs to the rules in *Capítulo 1* to insure accuracy.

6. Double-check accuracy in the use of the verb *gustar*.

Vocabulary

1. Make sure you have incorporated a rich selection of vocabulary from the textbook and *Activities Manual*. Avoid repetitious vocabulary.

2. Look through your paper for any phrases that use idiomatic or non-literal language. If you suspect that a phrase represents an unsuccessful word-for-word translation from English, change it.

3. Double-check the use of problematic pairs such as *saber/conocer, por/para, ir/venir,* etc.

Tone and style

1. Read through your paper paying attention to the sound and rhythm. Make sure you have varied the structure of your sentences to avoid choppiness in your prose. If choppiness is a problem, combine short, simple sentences into longer, more complex ones using "y," "pero," "que," "cuando," or some other conjunction. Alternate sentence structure to achieve variety in rhythm.

Mechanics

Double-check the following:

1. Spelling. The Microsoft Word spell-check can help with this. (Change the default language to "Spanish.")

2. Accents.

3. Capitalization. Remember that the rules are different for Spanish.

4. Punctuation.

Glossary: Spanish-English

The boldface number following each number corresponds to the chapter (or chapters) in which the word appears. In addition, **v** stands for verb, **f** stands for feminine and **m** stands for masculine.

a causa de as a result of, because of **6**

a la orilla on the margins; on the shore **3**

a lo largo de throughout **7**

a menudo often **3**

a pesar de que in spite of **9**

a raíz de due to **6**

a sí mismos themselves **6**

abogar to defend **3**; to advocate **7**

abrírsele puertas (a alguien) to have doors open for someone **3**

acaparar to hoard **9**

acariciar to caress **6**

acercamiento *m* approaching **5**

actual current, present **3**

actualmente currently **6**

acudir en masa to flock to **4**

adarga *f* shield **5**

adhesión *f* membership **6**

afición *f* hobby **2**

agarrar to hold **4**

aglomeración *f* crowd **4**

agotarse to run out **9**

agropecuaria *f* farming, agricultural **6**

aguacate *m* avocado tree **6**

aislado/a isolated **6**

aislar to isolate **7**

al alcance within reach **3**

al cuello around the neck **1**

al igual que same as **2**

al mando de in charge of **6**

al menos at least **3**

al nacer as a newborn **8**

al ras del vientre flush with the abdomen **5**

alboroto uproar **6**

alcanzar reach **6**

aldeas de palafitos indigenous constructions built on stilts **7**

alentar to encourage **6**, **9**

alfabetización *f* literacy **8**

alfarero/a potter **2**

algodón cotton **9**

aliarse to ally oneself **9**

alternar to socialize **4**

altivo/a proud **1**

ama de casa *f* housewife **2**

amaestrado/a schooled **5**

amistad *f* friendship **2**

ampliar to enlarge **6**

anclar to put down the anchor **5**

aniquilar to destroy **3**

ante before, in front of **3**

aparentar to feign **10**

apegado/a to be attached to **1**

apego attachment **9**

apertura económica open market **6**

apogeo *m* high point **1**

aportar to contribute **7**

apoyado/a en leaning against **1**

apoyar to support **6, 7, 10**

apresado/a trapped **8**

apresar to take prisoner **5**

apuntarse to enroll, to sign up **8**

aquejar to afflict **2**

arrancar hierbas to pick plants **5**

arrancar to start **10**

arrodillarse to kneel down **6**

arruga *f* wrinkle **1**

asaetar to shoot with arrows **5**

asaltos robberies **10**

asar to roast **4**

asediar besiege **6**

asilo asylum **6**

aspaviento *m* fuss **1**

aterrizar to land **10**

atracar to mug someone **10**

atuendo *m* outfit **8**

aumento *m* increase **2**

aureola *f* round glow **2**

ausente absent **1**

automovilista *m/f* driver **10**

avanzado/a advanced **5**

azotar to whip **5**

ballesta *f* crossbow **5**

bandera *f* flag **4**

barilla little bar **9**

bastón *m* cane **1**

batel *m* skiff; small boat **5**

belicoso prone to warfare **9**

bergantín *m* boat of robbers **5**

bichero *m* boat hook **5**

bienestar *m* well being **7**

bizco/a cross-eyed **8**

boina *f* beret **1**

bordar to embroider **2**

botánica *f* botany **6**

breña *f* rough ground **5**

breñal scrub **9**

broma *f,* **truco** *m* trick **4**

brújula *f* compass **5**

bruto/a raw, unrefined **9**

brutos fierce **9**

caber + *inf* can, may **6**

cabo *m* cape **5**

cacique chief **9**

caja soundbox **9**

calabaza pumpkin **9**

calificar label **9**

calumniar to slander **3**

camarote *m* cabin **5**

campesino/a peasant **4, 7**

canonizar canonize **4**

cariño affection **10**

cariñosamente affectionately **9**

carnes flesh **9**

carnet de identidad *m* ID card **2**

carretera *f* road **8**

cascabel *m* small bell **5**

castigo *m* punishment **2**

cavernosa spooky **10**

ceja *f* eye brow **1**

celebración *f* celebration **5**

centenario centennial **5**

cepo *m* stock (for prisoners) **5**

cercano/a close, nearby **5**

cerebro *m* brain **8**

chapulín *m* grasshopper **6**

chiste *m* joke 4

chorrear to gush 8

ciudadano/a citizen 7

codiciado/a sought-after 7

collar *m* necklace 5

comisura *f* corner 1

como es de esperarse as expected 9

como tal as such 9

compaginar to fit, combine 1

compartir to share 4

complejidad *f* complexity 9

complejo/a complex 5

comprender to comprise 5

compromiso engagement 9

concurrencia *f* gathering 3

conferir (ie, i) to give 6, 8

confianza trust 7

congelado frozen 6

conmemoración *f* commemoration 5

conocedor/a knowledgeable 6

consciente aware 9

consejo *m* council, meeting 8

controversia *f* controversy 5

contundente forceful 5

coronar to crown 2

corrida de toros *f* bullfight 4

cortar el rollo end the conversation (*col.*) 1

costero/a on the coast 1

costumbre *f* custom 9

cotizado/a valued, sought-after 1

cráneo *m* skull 8

crear to create 3

creciente *m/f* growing 8

crecimiento growth 9

criar los ganados to breed livestock 9

cronista *m/f* chronicler 9

cuando menos at least 3

cuello *m* neck 5

cuenco *m* basin 2

cuenta *f* bead 5

cuerda, de *f* string (of) 9

cuerpo celeste *m* celestial object 5

cuestionar to question 3

cultivo crop 7

dañino/a harmful 8

dar a los remos to row very hard 5

dar caza to give chase 5

dar una vuelta to go around 9

dar un paseo to take a walk 2

darse cuenta de to realize 6

de mal gusto bad taste 4

de repente suddenly 6

debilitar to weaken 7, 9

decenio decade 10

declararse en huelga to go on strike 9

derecha right-wing 7

derecho right 7

derramamiento de sangre bloodshed 7

derrocar to overthrow 7

derrotar to defeat 6

desarrollo *m* development 1, 8

desbarrancarse to go over a sheer drop 10

descansar los restos to lie the remains 9

descendiente descendant 9

descongestionado/a not congested 10

desconocido/a unknown, unfamiliar 8

descubrimiento *f* discovery 5

desempleo unemployment 7

desenfatizar to de-emphasize **10**

desfile *m* parade **4**

deshabitado/a uninhabited **10**

desmesurado/a uncontrolled, boundless **9**

despectivamente derogatorily **6**

despiadada merciless **6**

despojo civil mundane refuse **4**

destacada *f* visible **6**

destacarse to stand out **10**

destreza *f* skill, ability **3**

detener(se) to stop **5**, **10**

deuda *f* debt **8**

día festivo holiday **4**

diadema *f* jeweled crown **2**

diario *m* newspaper **5**

dicción *f* diction **1**

dictadura dictatorship **7**

difusión *f* dissemination **9**

dirigente ruler **9**

disfraz *m* costume **4**

disfrutar to enjoy **8**

disparo de bombarda *m* cannon shot **5**

disponer to decide **8**

dispuesto/a to be ready **8**

divisas foreign currency **10**

doliente in pain **5**

doquiera wherever **9**

dotación *f* allotment **6**

duelo struggle **6**

dueño/a owner **10**

duradero/a lasting **2**

echar anclas to put down anchor **5**

echar de menos to miss **2**

echar una mano to lend/give a hand, to help **3**, **8**

edificio *m* building **1**

el que the fact that **3**

elegir to choose **6**

embarazada *f* pregnant **4**

embarcación *f* ship **5**

emparejamiento/apareamiento *m* matching **9**

empleada doméstica *f* maid **8**

empleado/a employee **3**

empobrecimiento impoverishment **7**

emprender to undertake **7**

empresa cafetera *f* coffee company **8**

en cueros naked **9**

en cuanto a in reference to **6**

en este sentido in this respect **10**

en gran medida in great part **2**

en lo que va so far **9**

en lugar de instead of **10**

en mis verdades in my values **4**

en vez de instead of **6**

en voz alta out loud **8**

encajar to fit **1**

enclave *m* place **6**

encuesta *f* survey **5**

engañar to deceive **8**

engaño *m* trickery, deception **8**

enseñanza teaching **9**

entendimiento thoughts, mind **4**

entorno *m* environment, setting **2**

enviar to send **3**

envidia *f* envy **2**

época *f* time, period **7**

época dorada golden era **10**

equivocado/a wrong, mistaken **7**

equivocarse to be mistaken; to make a mistake **10**

erróneo/a erroneous **3**

es decir that is **10**

escasamente scarcely **10**

esclavitud *f* slavery **5**

esperanza *f* hope **2**

estadounidense United States citizen **3**

estancamiento stagnation **6**

estar ilusionado/a to be excited **1**

estéril useless **5**

estimar to estimate **3**

estimular to stimulate **6**

estrecho/a close **8**

evidenciar to prove **9**

evitarse to avoid **4**

éxito *m* success **1**

exitoso/a successful **6**, **10**

extender (ie) to extend **7**

fauna *f* fauna **8**

fecundo/a productive **5**

fementida deceiving **4**

ferrocarril *m* railroad **8**, **9**

fiel faithful **7**

fingir to fake **10**

firmar to sign **1**

flechar reciamente to shoot many arrows **5**

flora *f* flora **8**

fomentar to foster **10**

fortaleza fort **7**

fracaso *m* failure **8**

francotirador *m* sniper **8**

fraudulento/a dishonest **7**

fray friar, brother **8**

frontera border **9**

fuegos artificiales fireworks **4**

fuente *f* source; fountain **1**

galardonar to award a prize to **10**

ganadería *f* cattle farming **6**

ganado cattle **7**, **9**

garganta throat **6**

gastado/a over-used, worn out **1**

genocidio *m* genocide **5**

gerente *m, f* manager **8**

gira *f* tour **1**

golpe de estado *m* coup d'état **1**

golpe militar military coup **10**

gozar to enjoy **9**

grabar to record **9**, **10**

gracioso/a funny, comical **3**

grado de *m* level of

gritar to shout **9**

guerrero warrior **6**

haber lástima to have pity **9**

habitar to inhabit **5**

hacer daño to harm **1**

hallarse to find oneself **3**

han are **9**

hecho *m* fact **3**

hermosura *f* beauty **4**

híbrido/a hybrid **10**

hilo *m* thread, line **2**

hogar *m* home **2**

holandés/a Dutch **7**

homilía *f* sermon, homily **8**

horca *f* gallows **5**

hueco *m* concavity, hollow **2**

huir to flee **5**

hundirse to go deep into **9**

idioma language **3**

idiosincrasia *f* idiosyncrasy **4**

ilustración *f* enlightenment **3**

impactar to impact **4**

imponer to impose **2**

improbable unlikely **7**

impuesto tax **7**

inalterable unchangeable **5**

inalterado/a undisturbed **8**

incertidumbre *f* uncertainty **6**

incierto/a uncertain **7**

incluir to include **3**

incluso even **10**

incómodo uncomfortable **4**

incredulidad *f* disbelief **8**

inculta uncultivated **9**

índice rate **2**

inesperadamente unexpectedly **10**

inestabilidad *f* instability **3**

informática *f* computer science **3**

ingresar to join **6**

ingreso income **7**

ingreso *m* admission **6**

ingreso per cápita income per capita **7**

injusticia injustice **9**

instrumento instrument **7**

integral *m/f* integral, essential **4**

intentar to try **8**

inventar to invent **7**

inverso/a reverse **10**

invertir (ie, i) to invest **7**

izar to hoist **5**

izquierda left-wing **7**

jerarquía hierarchy **9**

jeroglífico/a hieroglyphic **5**

jubilado/a retired, retiree **1**, **2**

justicia *f* justice, the law **1**

labor redentora *f* redeeming work **8**

laboral related to work **10**

labrar weave **9**

lanzador *m* pitcher **1**

lanzar to launch **6**

lanzazo *m* wound from an arrow **5**

La Tumba Cuban rhythm **7**

lazo *m* tie **3**

lealtad *f* loyalty **2**

lecho bed **6**

lecho *m* bed **6**, **8**

lector/a reader **3**

legítimo legitimate **7**

leguas leagues **9**

lengua language **3**

levantar to pick someone up **10**

levantar en hombros to carry on someone's shoulders **6**

ley *f* law **6**

ligar to bind **1**; to link **8**

límpido pure, smooth **10**

llamar a la puerta to ring the bell, to knock **4**

llevar a cabo to carry out **8**

llevarse bien to get along **9**

lograr to achieve **7**

luchar to fight **8**

lugar *m* place **2**

madrugada *f* dawn **2**; daybreak **4**

maíz *m* corn **8**

malabarismo *m* juggling **1**

manantial *m* spring, source, flowing water **2**

mandato term of office **6**

mansedumbre gentleness **9**

maquiladora *f* textile factory **8**

más bien rather **10**

mástil *m* mast **5**

matrimonio de ensayo trial marriage **9**

medida measure **9**

medio ambiente *m* environment **8**

mejilla *f* cheek **4**

melena *f* head of hair **1**

mezcla *f* mixture **5**

misericordia *f* mercy **5**

mitad *f* half **3**

mito *m* myth **3**

mohín grimace **10**

moneda currency **6**, **9**

montura *f* frames **1**

muchedumbre *f* mob **6**

multiplicar to multiply **3**

mundial worldwide **3**

mundo de los negocios business world **10**

nacer to be born **7**

ñandutí *f* lace **10**

nave *f* vessel (maritime) **5**

nene simpleton, child **3**

nido de abeja *m* bee hive **1**

niño/a prodigio gifted child **9**

no dejar de haber to be no lack of **3**

no ha mucho not long ago **3**

no se descarta is not ruled out **10**

no tener salida al mar to be landlocked **9**

nocivo/a harmful **1**

obispo *m* bishop **10**

obras deeds **9**

obsequiar to give (as a present) **5**

ocio *m* free time **1**

oposición *f* opposition **5**

orgullo pride **9**

orgulloso/a proud **3**, **8**

Oriental Eastern **6**

origen origin **7**

oro gold **9**

padrísimo/a fantastic **1**

paisaje *m* landscape **8**

papel *m* role **6**

pareja *f* couple, partner **2**

partidarios followers **10**

pasarlo bien to have a good time **2**

pastos y sementeras pasture and sown land **9**

pavés *m* shield **5**

paz *f* peace **8**

pecho *m* chest **5**

pedir perdón to ask for forgiveness **5**

pena *f* pity **6**

perdedor/a loser **8**

perderse en la historia to get lost in history **4**

peregrino pilgrim **6**

perla pearl **7**

perseguir to hound **4**

personaje *m* fictional character **1**

pieles hides **9**

platicar to talk, chat (Mex.) **1**

plausible plausible **7**

pletórico/a full, brimming over **2**

plugo a Dios to please God **5**

poblar (ue) to populate **10**

pobreza f poverty **8**

poco a poco little by little **4**

polémico/a polemical, controversial **3**

policía manners **9**

por do quisiesen anywhere **9**

por su cuenta on his/her own **4**

poseer to own **7**

posibilidad possibility **7**

precolombino/a pre-columbian **5**

premiar to award **6**

presupuesto m budget **8**

primera mirada first sight **6**

procurar hincar to try to stick into **9**

propósito m purpose **3**

puente m bridge **1**

puente nasal m nasal bridge **8**

puerto m port **5**

punto de vista m point of view **5**

puro/a pure **9**

quetzal m quetzal (type of bird) **8**

quitarle el sueño to lose sleep (over something) **1**

racial racial **3**

rama f branch **1**

ramera f prostitute **5**

rango rank, status **9**

rasgo trait **3**

recalcar to stress **6**

rechazar to reject **6**

rechazo m rejection **2**

reclamar to demand **5**

reconocimiento m recognition **1**

recorrido distance; route; run **10**

recriminación f reproach **5**

recuerdos memories **10**

recurrir to resort to **8**

red f network **6**

reformatorio m juvenile detention center **1**

regresar to return (to a place) **10**

rehusar to refuse **8**

reinstaurar to restore **6**

relámpago flash of lightning **10**

reloj de arena m hourglass **5**

reloj de sol m sundial **5**

rendir to give **4**

rendirse to surrender **6**

represa f dam **10**

resaltar to bring out **6**

reto challenge **10**

retorcido/a twisted **1**

retrasar to delay **2**

reunirse to meet, to get together **4**

rezar to pray **1**

riqueza f riches **8**

ritualizar to make into a ritual **4**

roble m oak **1**

roer to gnaw **5**

rostro m face **6**, **8**

rugido roar **6**

sabiduría f knowledge **3**

sacerdocio priesthood **10**

sacerdote/sacerdotisa priest, priestess **2**

sagrado/a sacred **2**

salir bien/mal (en algo) to do well/poorly (in something) **3**

saludar to greet **4**

sanguinario bloody **7**

sano/a healthy **1**, **6**

se habían behaved **9**

secuela *f* consequence **6**

secuestro kidnapping **9**

sede headquarters **9**

seguidor follower **7**

según according to **9**

segur *f* axe **5**

sembrar sow **9**

semilla *f* seed **3**

sentarse to establish **10**

ser de lamentarse to be regrettable **3**

serranía mountainous region **9**

sinfín *m* endless **8**

sino but (instead) **5**

siquiera if anything; at least **3**

soberanía *f* sovereignty **6**

sobrevivir to survive **9**

socorrer to assist **9**

soga *f* rope **5**

solazarse to take pleasure **5**

solicitar to request **6**

sollozar to sob **6**

soltarse to free oneself **5**

sonrisa *f* smile **8**

sorprender to catch **8**

sorprender a alguien to surprise **4**

suavización softening **7**

subir to get in **10**

suerte *f* luck **4**; fate **6**

sujeción *f* subjugation **5**

superar to overcome **1**

suspirar to sigh **6**

susurrar to whisper **6**

taíno *m* native group of the Caribbean islands **1**

talante *m* character, personality **5**

tallado *m* carving **10**

tamal *m* tamale **4**

tapas *f* snacks, appetizers **4**

tarea doméstica *f* household chore **2**

tatuaje *m* tattoo **8**

tema *m* theme, topic **3**

temer to be worried **9**

tender to tend to **6**

tener éxito to succeed **7**

tener lugar to take place **6**

teñida tinged **6**

teoría theory **7**

tez complexion **10**

tiro con arco *m* archery **1**

título degree **7**

tobillo *m* ankle **5**

toda vez que given that **3**

traductor/a translator **3**

transcurrir to pass, go by **7**

trasladarse to move **4**

tratado *m* treaty **8**

triplicar to triple **10**

trono throne **6**

tropezar con to encounter **3**

tumba *f* grave, tomb **4**

ubicado/a located **6**

uña *f* fingernail **5**

uña postiza *f* fake finger nail **8**

Upa habanera Cuban rhythm **7**

vacío/a empty **2**

valer la pena to be worthwhile **8**

valerse de to make use of **8**

valor *m* value **3**

vara yard **9**

variedad variety **5**

vasija *f* vessel **2**

vela *f* sail **5**

venados y salvajinas deers and savages **9**

vencer to win **6**

vencido/a defeated **4**, **8**

vendedor ambulante street vendor **1**

ventaja *f* advantage **6**

veracidad *f* truthfulness, veracity **3**

vertir to shed **6**

vidriado glass craft **6**

vigente in force **7**

vínculo link **6**, **8**

virtud *f* virtue **3**

voz baja low voice **4**

yuca cassava **9**

Glossary: English-Spanish

The **boldface** number following each number corresponds to the chapter (or chapters) in which the word appears. In addition, **v** stands for verb, **f** stands for feminine and **m** stands for masculine.

ability *destreza f* **3**

absent *ausente* **1**

according to *según* **9**

according to my values *en mis verdades* **4**

achieve *lograr v* **7**

admission *ingreso m* **6**

advanced *avanzado/a* **5**

advantage *ventaja f* **6**

advocate *abogar v* **7**

affection *cariño m* **10**

affectionately *cariñosamente* **9**

afflict *aquejar v* **2**

agricultural *agropecuaria f* **6**

ally oneself *aliarse v* **9**

ankle *tobillo m* **5**

anywhere *por do quisiesen* **9**

appetizers *tapas f* **4**

archery *tiro con arco m* **1**

around the neck *al cuello* **1**

as a newborn *al nacer* **8**

as a result of *a causa de* **6**

as such *como tal* **9**

as expected *como es de esperarse* **9**

ask for forgiveness *pedir perdón v* **5**

assist *socorrer v* **9**

asylum *asilo m* **6**

at least *al menos* **3**; *cuando menos* **3**; *siquiera* **3**

attached *apegado/a* **1**

attachment *apego m* **9**

avocado (tree) *aguacate m* **6**

avoid *evitarse v* **4**

award *premiar v* **6**

award a prize to *galardonar v* **10**

aware *consciente* **9**

axe *segur f* **5**

bad taste *de mal gusto* **4**

basin *cuenco (geog.)* **2**

be born *nacer v* **7**

be landlocked *no tener salida al mar* **9**

be mistaken *equivocarse v* **10**

be ready *dispuesto/a* **8**

be regrettable *ser de lamentarse* **3**

be worried *temer v* **9**

be worthwhile *valer la pena v* **8**

bead *cuenta f* **5**

beauty *hermosura f* **4**

because of *a causa de* **6**

bed *lecho m* **6, 8**

beehive *nido de abejas m* **1**

before *ante* **3**

behaved *se habian* **9**

belligerant *belicoso* **9**

beret *boina f* **1**

besiege *asediar v* **6**

bind *ligar v* **1**

bishop *obispo m* **10**

bloodshed *derramamiento de sangre m* **7**

bloody *sanguinario/a* **7**

boat hook *bichero m* **5**

boat of robbers *bergantín* **5**

border *frontera f* **9**

botany *botánica f* **6**

boundless *desmesurado/a* **9**

brain *cerebro m* **8**

branch *rama f* **1**

breed livestock *criar los ganados v* **9**

bridge *puente m* **1**

brimming over *pletórico/a* **2**

bring out *resaltar v* **6**

budget *presupuesto m* **8**

building *edificio m* **1**

bullfight *corrida de toros f* **4**

business world *mundo de los negocios m* **10**

cabin *camarote m* **5**

cane *bastón m* **1**

cannon shot *disparo de bombarda m* **5**

canonize *canonizar v* **4**

can (verb) *caber + inf* **6**

cape *cabo m* **5**

caress *acariciar v* **6**

carry on someone's shoulders *levantar en hombros v* **6**

carry out *llevar a cabo v* **8**

carving *tallado m* **10**

cassava *yuca f* **9**

catch *sorprender v* **8**

cattle *ganado m* **7**, **9**

cattle farming *ganadería f* **6**

celebration *celebración f* **5**

celestial object *cuerpo celeste m* **5**

centennial *centenario m* **5**

challenge *reto m* **10**

character *talante* **5**

character (fictional) *personaje m* **1**

chat *platicar (Mex.)* **1**

cheek *mejilla f* **4**

chest *pecho m* **5**

chief *cacique m* **9**

child *nene* **3**

choose *elegir v* **6**

chronicler *cronista m/f* **9**

citizen *ciudadano/a* **7**

close *cercano/a* **5**; *estrecho/a* **8**

coastal *costero* **1**

coffee company *empresa cafetera f* **8**

combine *compaginar v* **1**

comical *gracioso/a* **3**

commemoration *conmemoración f* **5**

compass *brújula f* **5**

complex *complejo/a* **5**

complexion *tez f* **10**

complexity *complejidad f* **9**

comprise *comprender v* **5**

computer science *informática f* **3**

consequence *secuela f* **6**

contribute *aportar v* **7**

controversial *polémico/a* **3**

controversy *controversia f* **5**

corn *maíz m* **8**

corner *comisura f* **1**

costume *disfraz m* **4**

cotton *algodón m* **9**

council *consejo m* **8**

coup d'état *golpe de estado m* **1**

couple *pareja f* **2**

create *crear v* **3**

crop *cultivo m* **7**

crossbow *ballesta f* **5**

cross-eyed *bizco/a* **8**

crowd *aglomeración f* **4**

crown *coronar v* **2**

Cuban music *La tumba f* **7**; *Upa habanera f* **7**

currency *moneda f* **6**, **9**

current *actual* **3**

currently *actualmente* **6**

custom *costumbre f* **9**

dam *represa f* **10**

dawn, daybreak *madrugada f* **2**, **4**

debt *deuda f* **8**

decade *decenio m* **10**

deceive *engañar v* **8**

deceiving *fementida* **4**

deception *engaño m* **8**

decide *disponer v* **8**

deeds *obras f* **9**

de-emphasize *desenfatizar v* **10**

deer and savages *venados y salvajinas* **9**

defeat *derrotar v* **6**

defeated *vencido/a* **4**, **8**

defend *abogar v* **3**

degree *título m* **7**

delay *retrasar v* **2**

demand *reclamar v* **5**

derogatorily *despectivamente* **6**

descendants *descendientes m* **9**

destroy *aniquilar v* **3**

development *desarrollo m* **1**, **8**

dictatorship *dictadura f* **7**

diction *dicción f* **1**

disbelief *incredulidad f* **8**

discovery *descubrimiento m* **5**

dishonest *fraudulento/a* **7**

dissemination *difusión f* **9**

distance *recorrido m* **10**

do well/poorly (in something) *salir bien/mal (en algo)* **3**

drawing closer *acercamiento m* **5**

driver *automovilista m/f* **10**

due to *a raíz de* **6**

Dutch *holandés/a* **7**

Eastern *Oriental* **6**

embroider *bordar v* **2**

employee *empleado/a* **3**

empty *vacío/a* **2**

encounter *tropezar con v* **3**

encourage *alentar v* **6**

endless *sinfín m* **8**

end the conversation *cortar el rollo (col.) v* **1**

engagement *compromiso m* **9**

enjoy *disfrutar v* **8**; *gozar* **9**

enlarge *ampliar v* **6**

enlightenment *ilustración f* **3**

enroll *apuntarse v* **8**

environment *entorno m* **2**; *medio ambiente m* **8**

envy *envidia f* **2**

erroneous *erróneo/a* **3**

essential *integral* **4**

establish *sentarse v* **10**

estimate *estimar v* **3**

excited *ilusionado/a* **1**

extend *extender v* **7**

eye brow *ceja f* **1**

face *rostro m* **6**, **8**

fact *hecho m* **3**

failure *fracaso m* **8**

faithful *fiel* **7**

fake *fingir v* **10**

fake fingernail *uña postiza* **8**

fantastic *padrísimo/a* **1**

farming *agropecuaria f* **6**

fate *suerte f* **6**

fauna *fauna f* **8**

feign *aparentar v* **10**

fierce *bruto* **9**

fight *luchar v* **8**

find oneself *hallarse v* **3**

fingernail *uña f* **5**

fireworks *fuegos artificiales m* **4**

first sight *primera mirada f* **6**

fit *compaginar v*; *encajar v* **1**

flag *bandera f* **4**

flee *huir v* **5**

flesh *carnes* **9**

flock to *acudir en masa v* **4**

flora *flora f* **8**

flush with the abdomen *al ras del vientre* **5**

followers *partidarios m* **10**; *seguidores m* **7**

forceful *contundente* **5**

foreign currency *divisas f* **10**

fort *fortaleza f* **7**

foster *fomentar v* **10**

fountain *fuente f* **1**

frames *montura f* **1**

free oneself *soltarse v* **5**

free time *ocio m* **1**

friar *fray* **8**

friendship *amistad f* **2**

frozen *congelado/a* **6**

full *pletórico/a* **2**

funny *gracioso/a* **3**

fuss *aspaviento m* **1**

gallows *horca f* **5**

gathering *concurrencia f* **3**

genocide *genocidio m* **5**

gentleness *mansedumbre f* **9**

get along *llevarse bien v* **9**

get in *subir v* **10**

get lost in history *perderse en la historia v* **4**

get together *reunirse* **4**

gifted child *niño/a prodigio* **9**

give *conferir v* **6**, **8**; *rendir v* **4**

give a hand *echar una mano* **3**, **8**

give as a gift *obsequiar v* **5**

give chase *dar caza v* **5**

given that *toda vez que* **3**

glass craft *vidriado m* **6**

gnaw *roer v* **5**

gold *oro m* **9**

golden era *época dorada f* **10**

good time, have a *pasarlo bien* **2**

go around *dar una vuelta v* **9**

go by *transcurrir v* **7**

go deep into *hundirse v* **9**

go out on strike *declararse en huelga* **9**

go over a sheer drop *desbarrancarse v* **10**

grasshopper *chapulín m* **6**

grave *tumba f* **4**

greet *saludar v* **4**

grimace *mohín m* **10**

growing *creciente m/f* **8**

growth *crecimiento m* **9**

gush *chorrear v* **8**

hair (head of hair) *melena f* **1**

half *mitad f* **3**

harm *hacer daño* v **1**

harmful *dañino/a* **8**; *nocivo/a* **1**

have doors open (for someone) *abrírsele puertas (a alguien)* **3**

have pity *haber lástima* **9**

headquarters *sede f* **9**

healthy *sano/a* **1**, **6**

help *echar una mano* v **3**, **8**

hierarchy *jerarquía f* **9**

hieroglyphic *jeroglífico/a* **5**

high point *apogeo m* **1**

hides *pieles f* **9**

hoard *acaparar* v **9**

hobby *afición f* **2**

hoist *izar* v **5**

hold *agarrar* v **4**

hole *hueco m* **2**

holiday *día festivo m* **4**

hollow *hueco adj* **2**

home *hogar m* **2**

homily *homilía f* **8**

hope *esperanza f* **2**

hound *perseguir* v **4**

hourglass *reloj de arena m* **5**

household chore *tarea doméstica f* **2**

housewife *ama de casa f* **2**

ID card *carnet de identidad m* **2**

idiosyncrasy *idiosincrasia f* **4**

if anything *siquiera* **3**

impact *impactar* v **4**

impose *imponer* v **2**

impoverishment *empobrecimiento m* **7**

in charge of *al mando de* **6**

in force *vigente* **7**

in front of *ante* **3**

in great part *en gran medida* **2**

in pain *doliente* **5**

in reference to *en cuanto a* **6**

in spite of *a pesar de que* **9**

in this respect *en este sentido* **10**

include *incluir* v **3**

income per capita *ingreso per cápita m* **7**

increase *aumento m* **2**

indigenous constructions built on stilts *aldeas de palafitos f* **7**

inhabit *habitar* v **5**

injustice *injusticia f* **9**

instability *inestabilidad f* **3**

instead of *en vez de* **6**, **10**

instrument *instrumento m* **7**

invent *inventar* v **7**

invest *invertir* v **7**

is not ruled out *no se descarta* **10**

isolated *aislado/a* **6**, **7**

jeweled crown *diadema f* **2**

join *ingresar* v **6**

joke *chiste m* **4**

juggling *malabarismo m* **1**

justice *justicia f* **1**

juvenile detention center *reformatorio m* **1**

kidnapping *secuestro m* **9**

kneel down *arrodillarse* v **6**

knock *llamar a la puerta* v **4**

knowledge *sabiduría f* **3**

knowledgeable *conocedor/a* **6**

label *calificar* v **9**

lace *ñandutí f* **10**

land *aterrizar* v **10**

landscape *paisaje m* **8**

language *idioma m* **3**

lasting *duradero/a* **2**

launch *lanzar v* **6**

law *justicia f* **1**; *ley f* **6**

leagues *leguas f* **9**

leaning against *apoyado/a* **1**

left-wing *izquierda* **7**

legitimate *legítimo/a* **7**

lend a hand *echar una mano* **3**, **8**

level of *grado de* **8**

flash of lightning *relámpago m* **10**

lie the remains to rest *descansar los restos v* **9**

line *hilo m* **2**

link *ligar v* **8**; *vínculo m* **6**, **8**

literacy *alfabetización f* **8**

little bar *barilla* **9**

little by little *poco a poco* **4**

located *ubicado/a* **6**

loser *perdedor/a* **8**

lose sleep *quitarle el sueño* **1**

low voice *voz baja* **4**

loyalty *lealtad f* **2**

luck *suerte f* **4**

maid *empleada doméstica f* **8**

make a mistake *equivocarse v* **10**

make into a ritual *ritualizar v* **4**

make use of *valerse de v* **8**

manager *gerente m/f* **8**

manners *policía* **9**

martial arts *artes marciales f* **1**

mast *mástil m* **5**

matching *emparejamiento/apareamiento m* **9**

may *caber + inf* **6**

measure *medida f* **9**

meet *reunirse v* **4**

meeting *consejo m* **8**

membership *adhesión f* **6**

memories *recuerdos m* **10**

merciless *despiadado/a* **6**

mercy *misericordia f* **5**

military coup *golpe militar m* **10**

mind *entendimiento m* **4**

miss *echar de menos v* **2**

mistaken *equivocado/a* **7**

mistaken *erróneo/a* **3**

mixture *mezcla f* **5**

mob *muchedumbre f* **6**

mountainous region *serranía f* **9**

move *trasladarse v* **4**

mug someone *atracar v* **10**

multiply *multiplicar v* **3**

mundane refuse *despojo civil m* **4**

myth *mito m* **3**

naked *en cueros* **9**

nasal bridge *puente nasal m* **8**

nearby *cercano/a* **5**

neck *cuello m* **5**

necklace *collar m* **5**

network *red f* **6**

newspaper *diario m* **5**

not congested *descongestionado/a* **10**

not long ago *no ha mucho* **3**

oak *roble m* **1**

often *a menudo* **3**

on his/her own *por su cuenta* **4**

on the margins/on the shore *a la orilla* **3**

open market *apertura económica f* **6**

English-Spanish Glossary

opposition *oposición f* **5**

outfit *atuendo m* **8**

out loud *en voz alta* **8**

overcome *superar v* **1**

overthrow *derrocar* **7**

over-used *gastado/a* **1**

own *poseer v* **7**

owner *dueño/a* **10**

parade *desfile m* **4**

partner *pareja f* **2**

pass *transcurrir v* **7**

pastures and sown land *pastos y sementeras* **9**

peace *paz f* **8**

pearl *perla f* **7**

peasant *campesino/a* **4**, **7**

period *época f* **7**

personality *talante m* **5**

pick plants *arrancar hierbas v* **5**

pick someone up *levantar v* **10**

pilgrim *peregrino m* **6**

pitcher *lanzador m* **1**

pity *pena f* **6**

place *enclave m* **6**; *lugar m* **2**

please God *plugo a Dios v* **5**

point of view *punto de vista m* **5**

polemical *polémico/a* **3**

populate *poblar v* **10**

port *puerto m* **5**

potter *alfarero/a* **2**

poverty *pobreza f* **8**

pray *rezar v* **1**

pre-Columbian *precolombino/a* **5**

pregnant *embarazada* **4**

present *actual* **3**

pride *orgullo m* **9**

priesthood *sacerdocio m* **10**

priest/priestess *sacerdote/sacerdotisa* **2**

productive *fecundo/a* **5**

prostitute *ramera f* **5**

proud *altivo/a* **2**; *orgulloso/a* **3**, **8**

prove *evidenciar v* **9**

pumpkin *calabaza f* **9**

punishment *castigo m* **2**

pure *límpido/a* **10;** *puro/a* **9**

purpose *propósito m* **3**

put down anchor *echar anclas v* **5**

question *cuestionar v* **3**

quetzal (bird) *quetzal m* **8**

racial *racial* **3**

railroad *ferrocarril m* **8**, **9**

rank *rango m* **9**

rate *índice m* **2**

rather *más bien* **10**

raw *bruto/a* **9**

reach *alcanzar v* **6**

reader *lector/a* **3**

realize *darse cuenta de v* **6**

recognition *reconocimiento m* **1**

record *grabar v* **9**, **10**

redeeming work *labor redentora f* **8**

refuse *rehusar v* **8**

reject *rechazar v* **6**

rejection *rechazo m* **2**

reproach *recriminación f* **5**

request *solicitar v* **6**

resort to *recurrir a v* **8**

restore *reinstaurar v* **6**

retired *jubilado/a adj* **1**, **2**

retiree *jubilado/a noun* **1**

return to a place *regresar v* **10**

reverse *inverso/a* **10**

riches *riqueza f* **8**

right *derecho m* **7**

right-wing *derecha* **7**

ring the bell *llamar a la puerta v* **4**

road *carretera f* **8**

roar *rugido m* **6**

roast *asar v* **4**

robberies *asaltos m* **10**

role *papel m* **6**

rope *soga f* **5**

rough ground *breña f* **5**

round glow *aureola f* **2**

route *recorrido m* **10**

row very hard *dar a los remos v* **5**

ruler *dirigente m* **9**

run *recorrido m* **10**

run out *agotarse v* **9**

sacred *sagrado/a* **2**

sail *vela f* **5**

same as *al igual que* **2**

scarcely *escasamente* **10**

schooled *amaestrado/a* **5**

scrub *breñal m* **9**

seed *semilla f* **3**

send *enviar v* **3**

sermon *homilía f* **8**

setting *entorno m* **2**

share *compartir v* **4**

shed *vertir v* **6**

shield *adarga f* **5**; *pavés m* **5**

ship *embarcación f* **5**

shoot many arrows *flechar reciamente v* **5**

shoot with arrows *asaetar v* **5**

shout *gritar v* **9**

sigh *suspirar v* **6**

sign *firmar v* **1**

sign up *apuntarse v* **8**

simpleton *nene* **3**

skiff *batel m* **5**

skill *destreza f* **3**

skull *cráneo m* **8**

slander *calumniar v* **3**

slavery *esclavitud f* **5**

small bell *cascabel m* **5**

small boat *batel m* **5**

smooth *límpido/a* **10**

snacks *tapas f* **4**

sniper *francotirador m* **8**

sob *sollozar v* **6**

socialize *alternar v* **4**

so far *en lo que* **9**

softening *suavización f* **7**

sought after *cotizado/a* **1**, **7**

soundbox *caja f* **9**

source *fuente f* **1**; *manantial m* **2**

sovereignty *soberanía f* **6**

sow *sembrar v* **9**

spooky *cavernosa* **10**

spring *manantial m* **2**

stagnation *estancamiento m* **6**

stand out *destacar v* **10**

start *arrancar v* **10**

status *rango m* **9**

stimulate *estimular v* **6**

stock (for prisoners) *cepo m* **5**

stop *detener(se) v* **5, 10**

street vendor *vendedor ambulante m* **1**

stress *recalcar v* **6**

string (of) *cuerda de* **9**

struggle *duelo m* **6**

subjugation *sujeción f* **5**

succeed *tener éxito v* **7**

success *éxito m* **1**

successful *exitoso/a* **6, 10**

suddenly *de repente* **6**

sundial *reloj de sol m* **5**

support *apoyar v* **6, 7, 10**

surprise *sorprender a alguien v* **4**

surrender *rendirse v* **6**

survey *encuesta f* **5**

survive *sobrevivir v* **9**

taíno *indigenous person of the Caribbean islands* **1**

take place *tener lugar v* **6**

take pleasure *solazarse v* **5**

take prisoner *apresar v* **5**

talk *platicar (Mex.)* **1**

tamale *tamal m* **4**

tattoo *tatuaje m* **8**

tax *impuesto m* **7**

teaching *enseñanza f* **9**

tend to *tender v* **6**

term of office *mandato m* **6**

textile factory *maquiladora f* **8**

that is *es decir* **10**

the fact that *el que* **3**

theme *tema m* **3**

themselves *a sí mismos* **6**

theory *teoría f* **7**

thoughts *entendimiento m* **4**

thread *hilo m* **2**

throat *garganta f* **6**

throne *trono m* **6**

throughout *a lo largo de* **7**

tie (link) *lazo m* **3**

time *época f* **7**

tinged *teñido/a* **6**

to be no lack of *no dejar de haber* **3**

tomb *tumba f* **4**

topic *tema m* **3**

tour *gira f* **1**

trait *rasgo m* **3**

trapped *apresado/a* **8**

treaty *tratado m* **8**

trial marriage *matrimonio de ensayo m* **9**

trick *broma f, truco m* **4**

trickery *engaño m* **8**

triple *triplicar v* **10**

trust *confianza f* **7**

truthfulness *veracidad f* **3**

try *intentar v* **8**

try to stick into *procurar hincar v* **9**

twisted *retorcido/a* **1**

uncultivated *inculto/a* **9**

uncertain *incierto/a* **7**

uncertainty *incertidumbre f* **6**

unchangeable *inalterable* **5**

uncomfortable *incómodo/a* **4**

uncontrolled *desmesurado/a* **9**

undertake *emprender v* **7**

undisturbed *inalterado/a* **8**

unemployment *desempleo m* **7**

unexpectedly *inesperadamente* **10**

unfamiliar *desconocido/a* **8**

English-Spanish Glossary

uninhabited *deshabitado/a* **10**

United States citizen *estadounidense* **3**

unknown *desconocido/a* **8**

unlikely *improbable* **7**

unrefined *bruto/a* **9**

uproar *alboroto m* **6**

useless *estéril* **5**

value *valor m* **3**

valued *cotizado/a* **1**

variety *variedad f* **5**

veracity *veracidad f* **3**

vessel *vasija f* **2**

vessel (maritime) *nave f* **5**

virtue *virtud f* **3**

visible *destacado/a* **6**

walk (take a walk) *dar un paseo* **2**

warlike *belicoso/a* **9**

warrior *guerrero m* **6**

water flow *manantial m* **2**

weaken *debilitar v* **7**, **9**

weave *labrar v* **9**

well being *bienestar m* **7**, **8**

wherever *do quiera* **9**

whip *azotar v* **5**

whisper *susurrar v* **6**

win *vencer v* **6**

within reach *al alcance* **3**

work related *laboral* **10**

worldwide *mundial* **3**

worn out *gastado/a* **1**

wound from an arrow *lanzazo m* **5**

wrinkle *arruga f* **1**

wrong *equivocado/a* **7**

Text Credits

Chapter 1

Page 36: Charla con Tego Calderón: *Hip hop* con conciencia social. Satelite Musical. "Reprinted with permission of Satélite Musical." http://www.satelitemusical.net/tego_calderon_entrevista.html. Page 36: Partial interview with Tego Calderón. "Reprinted with permission of AOL Latino." http://musica.aol.com/artistas/entrevistas-aim/tego-calderon. Pages 38–39: Azyadeth Vélez Candelario *"Intensa bioluminiscencia en mares de Puerto Rico"* by Azyadeth Vélez Candelario. "Reprinted with permission of Universidad de Puerto Rico: Mayaguez." http://www.uprm.edu/news/articles/as0902004.html. Pages 38–39: Puerto Rico: La isla de Vieques. "Reprinted with permission of Wordpress." http://elbauldejosete.wordpress.com/2008/03/30/bahia-mosquito-iluminacion-nat. Pages 38–39: Puerto Rico: La isla de Vieques. Agencia para Sustancia Tóxicas y el Registro de Enfermedades. http://www.atsdr.cdc.gov/es/vieques/es_viequesresena.html. Pages 41–42: Small fragment of: Isabel Allende's *"Paula."* Reprinted with permission of Barcelona: Plaza & Janés, Ed. S.A. 1994 pp.14–15.

Chapter 2

Page 85: Pablo Neruda *"Oda al plato."* *Navegaciones y regresos*, Pablo Neruda, Reprinted with permission of Buenos Aires: Editorial Losada, 1959, pp. 101–102.

Chapter 3

Pages 79–80: Laura Esquivel: *"Alquimista del amor y de la cocina."* Reprinted with permission of Coordinación National de Literatura. http://www.literaturainba.com/escritores/escritores_more.php?id=5798_0_15_0_M. Page 93: Arturo Fox, *"Ser hispano en Estados Unidos."* Reprinted with permission of Pearson Education © 1998. Page 103: Los Lobos, *"Mexico Americano."* Reprinted with permission of Bug Music. Page 115: Xosé Castro Roig, *"La guerra entre el Espanglish y el Español."* Carta al director de Web. Reprinted with permission. Page 129: The Alonso S. Perales Reading published in *"En otra voz: Antología de la literatura hispana de los Estados Unidos."* Reprinted with permission of Houston: Arte Publico Press, 2002. Arte Publico Press, University of Houston 452 Cullen Performance Hall, Houston, TX 77204–2004.

Chapter 4

Page 173: Sor Juana Inés de la Cruz (1651–1695) Reprinted with permission.

Chapter 5

Page 194: Adapted from: "La dieta colombina." Reprinted with permission of El Universal: Madrid, España, Jueves 22 de junio del 2006. http://wwweluniversal.com.mx/notas/357097.html. Page 197: *"El otro punto de vista."* Reprinted with permission of Mas mayo-junio 1992, vol IV, No 3, p. 75. Page 210: Miguel de Cúneo (c. 1450-c. 1500) Reprinted with permission.

Chapter 6

Page 226: *"El País."* Opinión. Jueves, 8 de marzo de 2001. Reprinted with permission of DIARIO EL PAÍS, S.L. (Miguel Yeste 40, 28037 Madrid-España). Pages 260–261: Los Novios, Leyenda Anónima. Reprinted with permission.

Chapter 7

Page 277: *"El Entierro de Fidel."* Reprinted with permission of Foro La Nueva Cuba http://www.lanuevacuba.com/foro/general/293-el-entierro-de-fidel-chistes.html Link to main page: http://www.lanuevacuba.com/foro/

Chapter 8

Page 349: "Dos estadounidenses en Costa Rica: Diario de un viaje." By Steve and Amy Higgs. Reprinted with permission of Eco-Odyssey. Page 359: Augusto Monterroso, "El eclipse." Reprinted with permission of Ciudad Seva http://www.ciudadseva.com/textos/cuentos/esp/monte/eclipse.htm

Chapter 9

Page 407: Origen de los incas, reyes del Perú. Reprinted with permission.

Chapter 10

Pages 421–422: Adapted from Thomas C. Wright & Rody Oñate, *"Flight from Chile: Voices of Exile,"* Francisco Ruiz. Reprinted with permission of University of New Mexico Press: 1998, pp. 204–206. Pages 437–438: Carlos Gardel, "Volver." Reprinted with permission of http://letras.terra.com.br/

Photo Credits

Credits

Index